高职高专物流管理专业
人民交通出版社"十一五"规划教材
教育教学改革项目推荐教材

物流技术与设备

主　编　黄照伟
副主编　陈　帆　姜晓坤

U0649802

人民交通出版社

内 容 简 介

　　本书从物流最重要的环节——运输的五大方式入手，对港口、场站、货栈等物流节点中的起重机械、装卸搬运机械、输送机械、流通加工机械、包装加工设备和仓储设备作了系统地介绍。物流技术与物流设备是密不可分的，本书对两者有较好的结合。通过对本书的学习，可使读者对物流设备的正确选择、合理配置与使用，以及规范化管理有较深切的认识，为切实选好、用好、管好物流设备，充分发挥其效能打下基础。

　　本书适合作为高职高专物流管理专业和相关专业的教材，也可作为物流从业人员的参考书及物流工程技术和管理人员的培训用书。

高职高专物流管理专业
人民交通出版社"十一五"规划教材
教育教学改革项目推荐教材

编委会 BIAN WEI HUI

前言 QIAN YAN

依托**教育部高职高专物流管理专业教育教学改革研究项目**,由项目负责人上海第二工业大学黄中鼎教授牵头,人民交通出版社组织多所院校的专家编写了本套推荐教材。本书为其中之一。

物流技术与物流设备是密不可分的,两者的科学结合在整个物流过程中,对提高物流能力与效率、降低物流成本、保证物流服务质量等方面有着非常重要的影响。本书介绍了综合交通运输系统、集装化装卸搬运系统、散料输送系统、自动仓储系统、流通加工系统、物流信息技术与配送系统、港口装卸系统等不同领域的物流作业设施与设备。此外,本书还对物流标准化、绿色包装和绿色物流的概念作了介绍。

本书由经验丰富的一线教师编写,所选用的图表和案例均具有很强的实用价值,适合作为高职高专物流管理专业和相关专业的教材,也可作为物流从业人员的参考书及物流工程技术和管理人员的培训用书,并可帮助有志从事物流业的人员掌握相应知识。

本书由广西交通职业技术学院管理系黄照伟副教授担任主编并最终定稿,陈帆、姜晓坤担任副主编,姜晓坤老师还对全书作了文案处理。具体分工如下:第一章、第三章、第五章、第八章、第十章、第十二章由黄照伟编写,第二章由广西交通职业技术学院姜晓坤编写,第四章由广东松山职业技术学院曾志勇编写,第六章、第九章由浙江水利水电高等专科学校黄宾编写,第七章由浙江科技学院陈帆编写,第十一章由广西交通职业技术学院马赛编写。

物流业是新兴产业,不断有新思想、新观念和新技术产生,限于编者水平,书中难免有疏漏和不当之处,恳请各位专家和读者不吝批评指正。

在本书的编写过程中,引用了很多专家、学者的思想和论著,在此致以深深的敬意和衷心的感谢!

编　者
2009 年 6 月

目录 **MU LU**

第一章 绪 论

【学习目标与要求】

掌握物流技术的概念；
掌握物流设施与设备的种类；
了解物流技术与装备在现代物流中的地位与作用；
了解我国物流技术与设备的基本应用情况。

第一节 物流技术与设备概述

物流技术及其设备是现代物流学研究和应用的重要内容，它贯穿于物流的全过程，深入到各作业细节，现代物流的各项功能都需依赖各种物流技术与设备才能得以实现。

一、物流技术的定义

中国国家标准 GB/T 18354—2001《物流术语》中，给物流技术下的定义是：物流活动中所采用的自然科学与社会科学方面的理论、方法，以及设施、设备、装置与工艺的总称。

物流技术是以科学知识、技术和实践经验为依据而创造的物流活动手段，是人们在进行物流活动中所使用的各种物质手段、作业程序、工艺技巧、劳动经验和工作方法的总和。物流技术与生产技术不同。生产技术是为社会生产某种产品，为社会提供有形物质的技术；物流技术是把生产出来的物资进行移动、储存，为社会提供无形服务的技术。物流技术的作用是更好更快地把各种物资从生产者手中转移到消费者手中。

物流技术也可以分为硬技术和软技术两个方面。

物流硬技术，是指实现实物流动所涉及的各种机电设施与设备，装卸及运输的设施与设备，站场港口及仓储的设施与设备，计算机与通信的设施设备等有形物质，这些有形物质称之为物流技术设备。

物流软技术,是以提高物流系统整体效益和保证供应链有效运营为中心的技术方法。包括物流网络的布局,物流系统的规划,物流预测技术,物流装备的优化和集成,物流园区和物流中心的选址与设计,各项物流功能作业的组织与管理,物流途径的最佳选择,运输终端的合理配置等。

二、现代物流技术的特性

物流技术是一种应用技术,与现实物流活动的全过程紧密相关。现代物流技术是具有开发性质的新技术,其必须与时代的发展及多样化需求相适应。物流技术不是其他技术的简单相加或直接应用,而是综合的结果。比如,机械、电子、动力等技术在运输、装卸以及储存等作业中综合利用,便产生了现代的交通运输技术、自动化或机械化装卸技术、高层货架技术、集装技术等。因而,现代物流技术具有各领域应用的广泛性、集成性、综合性和交叉性的特殊性质。

三、物流技术的表现形式

由于现代物流技术是社会科学和自然科学在各领域的创新技术的综合和集成的结果。所以,现代物流技术可以表现为抽象的规划设计、图纸、说明书、计算机程序等;也可以实物形态表现在运输、装卸、储存、流通加工、配送以及信息交互处理等物流活动中所使用的工具、仪器、设备和其他物质设施上;还可以劳动经验、工艺技巧、作业方法的形式存在于人工智能中,以及由科学知识和实践经验发展而成的各种方法、技能以及作业程序等。

四、物流设施与设备的种类

现代物流的设施与设备种类繁多,形式多样,大致包括以下几种。

1. 物流的基础性设施

(1)以全国或区域铁路枢纽、公路枢纽、航空枢纽港、水路枢纽港,国家战略物流储备基地,辐射全国、经济区域的物流基地等,构成物流网络结构中的枢纽点。

(2)以铁路、公路、航道、航线、输送管道等,构成物流网络结构中的线。

(3)交通状态信息、交通组织与管理信息、城市商务及经济地理信息等,构成物流基础信息平台。其任务是为企业的物流信息系统提供基础信息服务,承担不同企业间的信息交换枢纽支持,提供政府行业管理决策支持等。

这类设施一般具有公共性质,是宏观物流的基础,其主要特点是由政府投资建设,战略地位高,辐射范围大。

2. 物流的功能性设施

(1)以存放货物为主要职能的设施包括:储备仓库、营业仓库、中转仓库、货栈等,货物在这种设施内停滞时间较长。

（2）以组织物资在系统中运动为主要职能的设施包括：流通仓库、流通中心、配送中心和流通加工点等。

（3）物流系统中的载体包括：货运车辆、货运列车、货机、货运船舶等，这类设施往往被第三方物流企业所拥有，是提供物流功能性服务的基本手段。

3. 物流技术装备

前已述及，物流技术装备是物流硬技术，是指进行各项物流活动所需的机械设备、器具等，可供长期使用并在使用过程中，基本保持原来实物形态的生产资料。本书主要涉及以下装备。

（1）工业搬运车辆。主要指在工厂、码头应用极为广泛的叉车、跨运车、牵引车等搬运设备。

（2）集装单元器具。主要有集装箱、托盘和其他集装单元器具。

（3）起重机械。用于将重物提升、降落、移动、放置于需要的位置。起重机械是生产过程中不可缺少的物料搬运设备，它包括：千斤顶、葫芦、桥式起重机、悬臂起重机、装卸桥等。

（4）输送机械。输送机械是按照规定路线连续或间歇地运送散状物料或成件物品的搬运设备，是现代物料搬运系统的重要组成部分。主要有：带式输送机、斗式提升机、刮板输送机、悬挂输送机、架空索道等。

（5）物流仓储设备。主要用于各种配送中心、仓库存取货物。主要有：货架、堆垛机、室内搬运车、出入库输送设备、分拣设备、提升机、AGV（Automated Guided Vehicle，无人搬运车）、搬运机器人以及计算机管理和监控系统。这些设备可以组成自动化、半自动化、机械化的商业仓库，完成对物料的堆垛、存取、分拣等作业。

（6）流通加工机械。完成流通加工作业的专用机械设备，主要有切割机械与包装机械两大类。切割机械主要有：金属、木材、玻璃、塑料等原材料切割机械；包装机械主要有：充填机械、罐装机械、捆扎机械、裹包机械、贴标机械、封口机械、清洗机械、真空包装机械、多功能包装机械等。

第二节　物流技术与设备在现代物流中的地位

1. 物流设施与设备是物流系统的物质技术基础

物流设施与设备是进行物流活动的物质技术基础，也是生产力发展水平与物流现代化程度的重要标志。物流设施、设备作为生产力要素，对发展现代物流，改善物流状况，促进现代化大生产、大流通，强化物流系统能力，具有十分重要的地位和作用。

2. 物流设施与设备是物流系统中的重要资产

在物流系统中，物流设施、设备的价值占总资产的比例比较大。现代物流设施、设备既是技术密集型的生产资料，又是资金密集型的社会财富。因其造价昂贵，建设一个现代化的物流系统所需的物流设施、设备,购置投资相当可观。此外,设备购置之后还要不断投入大量的养护资金,以维持设备正常运转和发挥正常效能。

3. 物流设施、设备涉及物流活动的每一环节

从整个物流过程中的功能来看,物料或商品要经过包装、运输、装卸、储存等作业环节,这些作业的高效完成都需要不同的物流设施设备。

4. 物流设施设备是物流技术水平高低的主要标志

随着社会生产的发展和科学技术的进步,物流活动诸环节在各自领域的技术水平也不断提高。一个完善的物流系统应是现代先进物流技术水平的体现。有了现代化的交通基础设施(如高速公路、高速铁路等)再与先进的运输设备相配置,可以极大地缩短物流时间,提高运输效率;托盘、集装箱技术的发展和应用,以及各种运输方式之间的联运发展,促使搬运装卸机械化、自动化,提高了装卸效率和运行质量;高架自动化立体仓库技术的发展和应用,大大节约了仓库面积,提高了仓库使用效率;现代计算机技术、网络技术的发展以及物流管理应用软件的开发,促使物流向效率化阶段演进。可以说,物流技术是提高物流生产力的决定性因素。

第三节 我国物流技术与设备的应用现状

一、物流基础设施初具规模

我国物流基础设施条件逐步完善,交通设施规模迅速扩大,为物流业发展提供了良好的设施条件。截至 2008 年底,全国铁路营业里程 8.0 万 km,高速公路通车里程 6.03 万 km 总里程稳居世界第二位,港口泊位 3.64 万个,其中沿海万吨级以上泊位 1167 个,拥有民用机场 160 个。物流园区建设开始起步,仓储、配送设施现代化水平不断提高,一批区域性物流中心正在形成。

近年来,我国以干线铁路、高速公路、枢纽机场、国际航运中心为重点,大力推进物流基础设施建设。青藏铁路于 2006 年 7 月提前一年建成通车;以动车组开行为标志的第六次铁路大面积提速成功实施;大秦铁路重载运输年运量已突破 3 亿 t;京津城际铁路开通运营开辟了中国高速铁路的新纪元。

2007 年年底,我国"五纵七横"国道主干线基本贯通,其中 76% 是高速公路。全国国道主干线年平均日交通量达 16520 辆/日,年平均行驶量 56308 万车·km/日;全国高速公路年平均日交通量为 16990 辆/日,年平均行驶量 91598 万车·km/日。

2007 年年底,全国拥有国道交通量观测站点 4227 个,其中连续式观测站点 436 个,间隙式及其他观测站点 3791 个,观测里程 10.68 万 km,占国道总里程的 77.9%。

港口码头泊位大型化、专业化程度进一步提升。在 2007 年 11 月 28 日,我国大陆港口集装箱年吞吐量突破 1 亿标箱,连续 5 年雄踞世界第一。

管道运输是国际货物运输方式之一，随着石油、天然气生产和消费速度的增长，管道运输发展步伐不断加快。2007 年，中国已建油气管道的总长度约 6 万 km，其中原油管道 1.7 万 km，成品油管道 1.2 万 km，天然气管道 3.1 万 km，已逐渐形成了跨区域的油气管网供应格局。

随着中国石油企业"走出去"战略的实施，中国石油企业在海外的合作区块和油气产量不断增加，海外份额油田或合作区块的外输原油管道也得到了发展。未来 10 年是中国管道工业的黄金期，建设的中俄输气管线、内蒙古苏格里气田开发后将兴建的苏格里气田外输管线、吐库曼和西西伯利亚至中国的输气管线等，不仅为中国，也为世界管道业提供了发展机遇。

2004 年投产的西气东输工程(新疆—上海)横贯中国西东，放射型的支线覆盖中国许多大中城市，并于 2005 年通过冀宁(河北—南京)联络线与陕京(陕西—北京)二线连通，构成我国南北天然气管道环网。忠武(重庆市忠县—武汉市)输气管道也于 2004 年底建成投产。至 2005 年已初步形成西气东输，陕京二线，忠武线三条输气干线和川渝(西川—重庆)，京津冀鲁晋(北京—天津—河北—山东—山西)，中部、中南、长江三角洲五个区域管网并存的供气格局。

我国海底油气管道建设时间不足 20 年，管道数量虽不多，但在技术上都已达到了国际先进水平。此外，我国还自行设计建成了山西省尖山矿区至太原钢铁厂，管道全长 102km，管径 229.7mm，精矿运量 $200 \times 104t/a$ (吨/年)，矿浆重量浓度达 63%～65% 的铁精粉矿浆管道以及长距离、大口径、高压力煤气管道。

二、物流技术设备市场活跃

2007 年年底，全国公路营运汽车达 849.22 万辆，其中载客汽车 164.73 万辆，2428.81 万客位，载货汽车 684.49 万辆，3135.69 万吨位。

作为世界民用航空发展最活跃的地区之一，中国民航交通量增长率近年来保持两位数增长，"十一五"期间，每年将新增加 130 架飞机才能满足需求。

我国的集装箱生产能力在国际市场份额中已居世界首位。各种物流设备制造企业及附属配件制造企业已达 3000 多家。一些企业，如昆明船舶设备集团公司(以下简称昆船)等，在积极引进国外技术的同时加以消化吸收，现在已可以独立制造自动化仓库、AGV、搬运机器人等产品。昆船公司又成功研制了换轨堆垛机，为高速条烟分拣线配套的自动补货穿梭车、卧式分发机、旁链输送机和自动开箱机、地毯式分流机、成品物料合流系统、新型滑靴式分拣机等设备；还为重庆隆鑫，昭通，柳州卷烟厂，贵州茅台酒厂所需的物流系统配套研发了双工位穿梭车、地面驱动式穿梭车、圆带输送机、大行程升降输送机等新机型。换轨堆垛机系统已经以《使用换轨车转运堆垛机的高架仓储系统》获得了中国物流与采购联合会 2006 年度科技进步三等奖，昆船公司已成为国内实力较强的物流设备生产企业。

三、物流基础设施仍有待完善

（1）交通运输基础设施总体规模仍然很小，就承担运输主力的铁路而言，至 2008 年底，全国营运里程只有 8.0 万 km，按国土面积计算，每万 km² 不足 80km，若按人口数量计算，每万人只有约 0.58km，人均 58mm，不到一根香烟长。

（2）能够有效连接不同运输方式的大型综合货运枢纽，服务于区域或城市的物流基地，物流中心等现代化物流设施还比较缺乏，严重影响着物流集散和运输效率的提高。

（3）运输结构矛盾比较突出，各种运输方式尚未形成合理分工的关系，市场范围交叉严重，在同类货源上进行盲目竞争，使得各种运输方式不能合理地发挥各自的优势。

（4）从 2008 年 1 月、2 月份南方遭遇连续低温的冰冻灾害所造成供电中断，铁路、公路运输受阻而引起的"春运混乱"，说明我国的物流基础设施还存在着弱点。

为了改善物流基础设施，国家"十一五"规划在铁路方面拟建设新线 17000km，其中客运专用线 7000km；建设既有线复线 8000km；既有线电气化改造 15000km。2010 年全国铁路营业里程达到 9 万 km 以上，复线电气化率均达到 45％以上，快速客运网总规模达到 20000km 以上，煤炭通道总能力达到 18 亿 t，西部路网总规模达到 35000km，形成覆盖全国的集装箱运输系统。基本实现技术装备现代化，运输安全、持续、稳定，经济效益不断提升。

在公路方面，到 2010 年我国的高速公路将达到规划总里程的 60％，国家高速公路网总体上将实现"东网、中联、西通"的目标。东部地区基本形成高速公路网，长江三角洲、珠江三角洲、环渤海地区将形成较完善的城际高速公路网络；中部地区实现承东启西、连南接北，东北与华北及东北地区内部的连接将更加便捷；西部地区将开发出八条省际公路通道，真正实现内引外联、通江达海的效应。

Ｓ 本章小结

物流技术是物流活动中所采用的自然科学与社会科学方面的理论、方法，以及设施、设备、装置与工艺的总称。物流技术与生产技术不同。生产技术是为社会生产某种产品，为社会提供有形物质的技术；物流技术是把生产出来的物资进行移动、储存，为社会提供无形服务的技术。物流技术的作用就是更好更快地把各种物资从生产者手中转移到消费者手中。

现代物流的设施与设备可分为物流的基础性设施、物流的功能性设施、物流技术设备三大类。其中物流技术设备又包括六方面：物流仓储设备、起重机械、输送机械、流通加工机械、集装单元器具、工业搬运车辆。

我国物流基础设施初具规模，物流技术设备市场活跃但物流基础设施仍有待完善。

E 思考题

1.什么是物流技术装备?

2.物流技术装备在物流系统中的地位与作用如何?

3.物流技术装备的发展趋势是怎样的?

E 练习题

1. 名词解释

①物流技术　　②物流技术装备

2. 填空题

①物流技术也可以分为_____和_____两个方面。

②现代物流技术具有各领域应用的_____、_____和交叉性的特殊性质。

3. 简答题

①现代物流的设施与设备有哪些种类?

②本课程涉及到的物流技术装备主要有哪些?

③为适应现代物流产业的需要,物流技术装备是怎样一种发展趋势?

【资料】 　　　　铁道部"十一五"规划——加快建设发达铁路网

一、建设快速客运网络

通过建设客运专线、发展城际客运轨道交通和既有线提速改造,初步形成以客运专线为骨干,连接全国主要大中城市的快速客运网络。

建设北京—上海、北京—郑州—武汉—广州—深圳、哈尔滨—大连、天津—秦皇岛、上海—杭州—宁波、石家庄—太原、济南—青岛、徐州—郑州—西安—宝鸡客运专线,沪汉蓉、甬厦深快速客运通道。

建设长三角、珠三角、环渤海经济圈以及其他城镇密集地区城际轨道交通。主要建设北京—天津、上海—南京、南京—杭州、南京—芜湖—安庆、广州—珠海、九江—南昌、青岛—烟台—威海、绵阳—成都—峨眉、长春—吉林、柳州—南宁城际轨道交通系统以及沪杭磁悬浮交通。

结合既有线电化、扩能,实施既有干线提速改造,继续扩大提速网络覆盖面,使13000km既有主要干线客车最高时速达到200km。

二、强化煤炭运输通道

重点围绕十大煤炭外运地区运输需求,在建设客运专线等相关线路、释放既

有线货运能力同时,加快煤运通道建设和既有线扩能改造力度,形成运力强大、组织先进、功能完善的煤炭运输系统。

实施大秦铁路扩能及集疏运系统配套改造,建设迁安北—曹妃甸、朔州—准格尔、岢岚—瓦塘铁路,实施大同—原平四线、宁武—朔州复线、宁武—岢岚扩能、大准铁路扩能、蓟港铁路扩能等,通道能力达到 4 亿 t。进行朔黄铁路 2 亿 t 扩能改造及集疏运系统建设。

建设西煤东运新通道,主要建设长治—泰安、邢台(邯郸)—黄骅、东胜—乌海、准格尔—东胜、准格尔—神木、宿州—淮安、阜新—巴彦乌拉、赤峰—白音华、正蓝旗—丰宁、嘉峪关—策克、临河—策克、甘其毛道铁路以及其他煤运新通道等。

建设大包包惠化、北京—张家口—呼和浩特—包头四线,形成京包包兰运输大通道;建设包西铁路通道,西安安康复线,邯济邯长复线;实施候月线扩能,新菏兖日线、焦柳线、太焦线修文—长治北电化以及南同蒲线、集通线扩能等工程,大幅提高既有干线煤炭运输能力。

三、加强港口和口岸后方通道建设

畅通对外口岸和重要港口运输,适应港口及口岸大进大出需要。建设上海—南通、上海—镇江、湖州—乍浦、浦东、向塘—湄洲湾、龙岩—厦门、广州—珠海、广州南沙港、茂名—湛江、德州—龙口—烟台、黄骅—大家洼铁路等,实施黎湛线河唇—湛江复线、广西沿海铁路扩能、大连枢纽金窑线复线、沈丹线扩能以及其他疏港铁路建设等,进一步完善港口后方通道。建设滨洲线海拉尔—满洲里、滨绥线牡丹江—绥芬河、兰新线乌鲁木齐—精河复线以及集二线扩能等工程,强化既有口岸后方通道能力。

四、继续扩展西部路网

加强东中西部通道建设。续建完成青藏铁路格拉段,进行兰青线、青藏线西格段复线电化;建设宜昌—万州、重庆—利川铁路,实施武汉—安康—重庆铁路复线、达成线扩能、达万线电化,形成连接川渝地区、江汉平原和长三角地区的大能力通道;建设太中(银)、兰渝铁路,遂渝、渝怀复线等,构建西北至华北、西北至西南、西南至东南沿海的便捷通道;实施兰新线兰州—武威复线、武威—嘉峪关—乌鲁木齐电化,南疆线吐鲁番—库尔勒复线,贵昆线昆明—沾益—六盘水、成昆线昆明—广通复线等,系统强化陆桥通道、沪昆通道能力;实施湘桂铁路扩能,南昆、黔桂铁路增二线,建设贵阳—广州铁路,研究建设南宁至广州铁路;进行包兰线复线电化,增强西北与华北、东北的联系。

扩大西部路网覆盖面。建设精河—伊犁—霍尔果斯、奎屯—北屯、格尔木—敦煌、西安—平凉、大理—丽江—香格里拉、青藏铁路延伸线、峨眉—宜宾、乐坝—巴中、隆昌—黄桶、玉林—合浦、合浦—河唇、永州—岑溪—玉林和岑溪—茂名、田阳—德保—靖西、南川—涪陵、伊敏—伊尔施、乌兰浩特—锡林浩特、莫尔道嘎—室韦、海拉尔—黑山头—柴达尔—木里铁路等。开辟西南、西北进出境国际通道，建设玉溪—蒙自—河口，大理—瑞丽、玉溪—磨憨及中吉乌铁路等。

五、优化和完善东中部路网

实施京沪、津沈、京九、武九、石德、兰烟、胶新、新长、阜淮、淮南、沪杭、浙赣、宣杭、萧甬线及陇海线徐州至连云港等铁路电化改造，实现京广线以东地区干线电化成网。

建设海南东环、韶关—赣州、广州—茂名、九江—景德镇—衢州、铜陵—九江、庐江—铜陵、阜阳—六安、荆州—岳阳、连云港—盐城、淮阴—扬州、黄岛—日照、东都—平邑、保定—霸州、烟大轮渡、东北东部铁路通道、岫岩—庄河、西丰—辽源、长春—烟筒山、靖宇—松江河、白山镇—泉阳、榆树—舒兰、苇河—亚布力、古莲—洛古河、虎林—吉祥、同江铁路等，继续提高路网密度。

建设广深四线、京山铁路京津段四线、皖赣、宁启、锦州—齐齐哈尔铁路复线，进行京广线信阳—陈家河，金温、鹰厦、外福、横南、合蚌、漯阜、娄邵、叶赤、锦承、沈吉、长图、通霍、白阿、四平—梅河口—通化、四平—太平川、林口—勃利—七台河、林口—鸡东、鹤岗线扩能以及海南西环线改造等，大幅提高既有铁路运输能力。

六、建设集装箱运输系统

建设上海、天津、广州等18个集装箱物流中心，并依托相关新线建设和既有线改造，积极推进双层集装箱运输通道建设，部分特大城市间率先实现双层集装箱运输；大力发展多式联运，提高运输效率和质量。适应经济结构调整、对外贸易和港口发展需要，满足货主对便捷、安全和"门到门"运输的要求，开辟铁路新的经济增长点。

七、加强主要枢纽建设

结合快速客运网建设，新建和改建北京南、上海虹桥等一批大型客运站，形成干线铁路、城际铁路、公路运输、城市地铁、公交系统等紧密衔接的现代化客运中心；建设武汉北、新丰镇、贵阳南、成都北等路网性和区域性编组站，满足货物运输组织直达化、重载化和车流作业组织集中化需要；以集装箱中心站建设为契机，整合枢纽货运站布局，满足城市辐射区域货流集散需要；优化主要枢纽布局，实现点线能力协调，保证客货运输灵活畅通，最大限度地发挥铁路运输优势，增强区域中心城市的辐射功能。

第二章 物流运输技术及设备

【学习目标与要求】

掌握铁路、公路、水路、航空和管道运输技术与设备的基本知识;

掌握铁路系统的基本构成,铁路站场的作业构成;

掌握公路分级与技术标准以及汽车货运站的主要功能;

掌握货运船舶的类型及各自的特点;

掌握船舶装载能力的确定方法;

了解航空港内设施的组成;

了解管道运输设施的组成与特点。

第一节 铁路运输设施与设备

一、铁路运输的特点

(一)铁路运输的优点

(1)准时。铁路运输具有高度的导向性,只要行车设施无损坏,受其他交通机械及气候等因素的影响较小。可以独自按照计划运行,因此运行可以做到准时。

(2)运输能力大、运距长且运价低廉。铁路运输采用大功率机车牵引列车在轨道上运行,列车运行阻力小,运输单位大,能源消耗及劳动力消耗量低,运输系统整体价格相对低廉。铁路运输是陆路大宗货物、长距离运输的首选方式。

(3)可以实现长距离、高速运输。

(4)土地利用效率高。在陆路运输中,铁路运输与公路运输比较,可以节省大量的土地,使土地资源达到最有效的利用。

(5)环境公害问题较少。铁路运输的噪声和尾气污染都较公路运输小。

（二）铁路运输的不足

铁路运输系统具有资本密集、固定资产庞大、初始投资大、设备不易维修，且战时容易遭破坏等缺点。对于物流管理而言，其不足主要表现为：

1. 不能提供门到门的物流运输服务

在一般情况下，铁路运输货物的始发地、目的地与铁路始发站、到达站是分离的（专用线单位除外），在这之间必须用汽车等运输机械转运，中转次数多、费时。

2. 货物损失率较高

铁路货物运输因中转次数多、列车行驶的振动和货物装卸不当，而造成货物的损坏、遗失率高。由此，导致部分客户不敢将高价值的商品交由铁路承运。

3. 运输管理复杂、弹性小

（1）为了大批量运输，必须把货物拼凑成整车运输，为此，车辆编组、途中摘挂、脱钩的操作经常进行，难以做到货物随到随装运。

（2）铁路运输一定要按计划进行，不可能做到自由调度，以适应货运个性化的要求。

（3）列车只能在专用钢轨上运行，铁路线上某点发生故障，将会影响全线的运输。这也是造成铁路运输经营垄断，缺乏竞争的原因。

由于铁路运输的局限性，使铁路运输在短距离、小批量、时间紧的运输中缺乏优势。随着现代公路运输技术的发展，在中、长距离运输中也逐渐给铁路运输带来竞争压力。面对竞争压力，铁路运输必须持续改革运输技术与管理方法，改善服务，以适应现代物流的运输需求。

二、铁路系统构成

铁路运输系统技术设施与设备主要由：线路、机车车辆、信号设备和车站四部分组成。

（一）铁路线路与轨道

铁路线路承受机车、车辆和列车的重量，并且引导它们的行走方向，所以它是运行的基础。铁路线路是由路基、桥隧建筑物（包括桥梁、涵洞、隧道等）和轨道（包括钢轨、连接零件、轨枕、道床、爬坡设备和道岔等）组成的一个整体工程结构。

1. 铁路主要技术标准

铁路主要技术标准包括：铁路等级、正线数目、限制坡度、最小曲线半径、牵引种类、机车类型、机车交路、车站分布、到发线有效长度和闭塞类型等。这些标准是确定铁路运输能力大小的决定因素，不仅对设计线的工程造价和运营质量有重大影响，而且是确定设计线一系列工程标准和设备类型的依据，所以称为铁路主要技术标准。

我国《铁路线路设计规范》中规定，铁路的等级应根据其在铁路网中的作用、性质和承担的远期年客货运量确定。我国铁路共划分为三个等级，如表2-1所示。

铁路等级和主要技术标准 表2-1

等级	路网中作用	远期年客货运量(mt)	最高行车速度(km/h)	限制坡度(‰)		最小曲线半径(m)	
				一般地段	困难地段	一般地段	困难地段
I	骨干	≥20	120	6	12	1000	400(350)
II	骨干	<20	100	12	15	800	350(300)
	联络、辅助	≥10					
III	地区性	<10	80	15	20	600	300(250)

2.路基与桥隧建筑物

(1)路基

路基是铁路线路承受轨道和列车载荷的基础结构物。按地形条件及线路平面和纵断面设计要求,路基横断面可以修成路堤、路堑、半路堑三种基本形式,如图 2-1 所示。

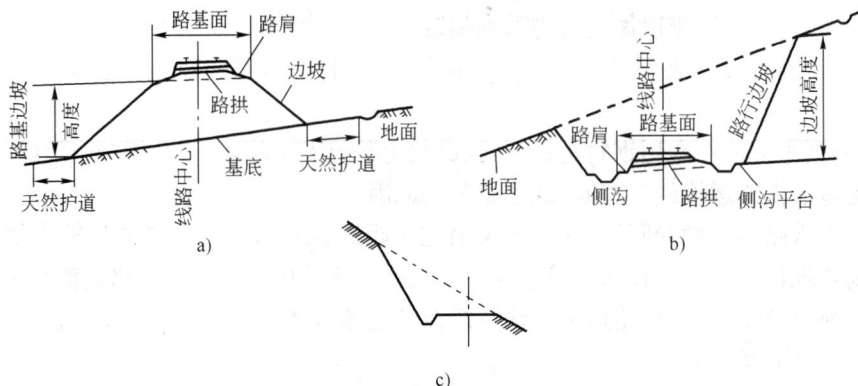

图 2-1　路基的基本形式
a)路堤;b)路堑;c)半路堑

路基顶面的宽度,根据铁路等级、轨道类型、道床标准、路肩宽度和线路间距等因素确定。路基面的形状有路拱和无路拱两种。非渗水的路基面往往做成不同形式的路拱,以便排水。为保证路基的整体稳定性,路堤和路堑的边坡都应根据有关规定筑成一定的坡度。

为了消除或减轻地面和地下水对路基的危害作用,使路基处于干燥状态,须采用地面和地下水排水措施,将降落或渗入路基范围的地面或地下水,拦截、汇集、引导和排离出路基范围外。这些排水设施有侧沟、排水沟、截水沟、渗(暗)沟等。

(2)桥隧建筑物

铁路通过江河、溪沟、谷地和山岭等天然障碍物或跨越公路、其他铁路线时需要修筑各种桥隧建筑物。桥隧建筑包括桥梁、涵洞、隧道等。

①桥梁。桥梁主要由桥面、桥跨结构和墩台所组成,如图 2-2 所示。

桥面是桥梁上的轨道部分。墩台包括桥台和桥墩,位于两端与路基邻接的叫桥台,中间的叫桥墩,横跨在两墩台之上的部分叫桥跨。两个墩台之间的空间叫桥孔。每个桥孔在设计水位处的距离叫孔径。每一桥跨两端支座间的距离叫做跨度。整个桥梁包括墩台在内的总长度,称为桥梁的全长。

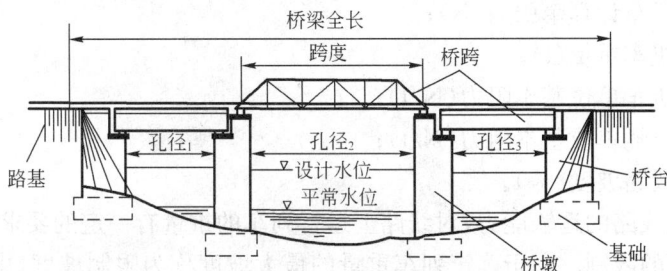

图 2-2　桥梁

　　铁路桥梁按照桥跨所用的材料分为钢桥、钢筋混凝土桥、石桥等;按照桥梁的外形分为梁桥、拱桥和斜拉桥;按照桥梁的长度(L)分为小桥($L<20m$)、中桥($20m \leqslant L<100m$)、大桥($100m \leqslant L<500m$)和特大桥($L \geqslant 500m$)。

　　②涵洞。涵洞设在路堤下部的填土中,是用以通过少量水流的一种建筑物。

　　③隧道。铁路隧道是线路穿越山岭的主要方式之一,还有穿越江河湖海与地面障碍的功能,如越江隧道、地下铁道隧道等。

　　3.铁路线路的平面和纵断面

　　铁路线路在空间的位置用线路中心线表示。中心线的位置在路肩的中点,线路的平面是指线路中心线在水平面上的投影;线路的纵断面是指线路中心线展直后在垂直面上的投影。

　　铁路线路平面由圆曲线、直线以及它们之间的缓和曲线组成。

　　设置曲线时要考虑许多问题。列车以一定的速度在曲线上行驶时,车辆会受到离心力的作用。离心力的大小与速度的平方成正比,同曲线半径成反比。离心力的作用,一方面影响到列车运行的平稳性,另一方面使外侧车轮轮缘紧压外轨,加剧其磨损,由于动轮踏面在曲线段会发生横向滑动,而曲线范围内的外轨较内轨长,车轮产生的纵向滑动,会引起车轮同钢轨间的黏着系数下降,使牵引力减小。因而,考虑到线路的稳定和旅客的舒适,列车在曲线上必须限速行驶。

　　在两个相邻曲线之间应有足够的直线段,以提供平衡的运行条件。直线段的最小长度有一定的规定,如一级铁路不得小于 80m(一般地段)或 40m(困难地段)。

　　在直线段与曲线段之间应设置缓冲曲线段,使列车经过缓冲段时,产生的离心力逐渐变化,使列车运行平稳。

　　为适应地形起伏以减少工程量,铁路线路在纵向设置有上坡或下坡。列车在坡道上行驶时,其重量平行于坡道方向的分力便成为车辆行驶的阻力,称为坡道阻力。纵坡越大,列车上坡时的坡道阻力也越大,而机车的牵引能力就越小。机车的牵引重量计算公式如下：

$$Q = \frac{F_x - p(w'_0 + i)}{w''_0 + i}$$

式中：F_x——机车计算牵引力(N)；

$\quad p$——机车重量(t)；

$\quad w'_0$——机车单位基本阻力(N/t)；

$\quad w''_0$——车辆单位基本阻力(N/t)；

$\quad i$——线路坡度(‰)。

为了保证线路的运输能力，对线路上运行列车的重量有一定的要求，因而对线路的坡度有一定的限制。用于确定列车重量的最大坡度称为限制坡度，由限制坡度确定的列车重量称为牵引定数。限制坡度定得越小，则所能牵引的列车重量越大，线路的运输能力越大。

车站内线路的坡度应同时考虑列车进站下坡能安全制动，上坡出发时能克服各种阻力(包括启动附加阻力)，没有机车连挂的车辆不会因有坡度而溜车。一般车站到发线不应设在大于1.5‰的坡度上，特殊困难条件下不大于2.5‰。

4.轨道

(1)轨道的组成

轨道由钢轨、轨枕、联结零件、道床、防爬设备和道岔等组成，如图2-3所示。

①钢轨。采用稳定性良好的"工"字形断面宽底式钢轨，由轨头、轨腰、轨底三个部分组成。

②轨枕。轨枕是钢轨的座垫，承受钢轨传来的压力并将其转给道床，还起保持钢轨位置和轨距的作用。轨枕按照制作材料分钢筋混凝土枕和木枕两种。

③连接零件。包括接头连结零件和中间连结零件两种。接头连结零件连结钢轨，由鱼尾板(又称夹板)、螺柱、螺母和弹性垫圈等组成；中间连接零件(亦称钢轨扣件)连接钢轨与轨枕，分为钢筋混凝土枕用和木枕用两类。

④道床。承受轨枕上部的荷载并均匀地传给路基，缓和车轮对钢轨的冲击，排除轨道中的雨水以及保持轨道的稳定性。一般采用碎石道砟，有坚硬、稳定和不易风化等优点。

⑤防爬设备。列车运行时纵向力的作用会使钢轨产生纵向移动，称为爬行。为了防止爬行，一方面需加强钢轨和轨枕间的扣压力与道床阻力；另一方面需设置防爬器和防爬撑。

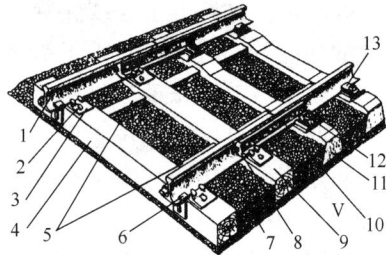

图2-3 轨道的组成

1-钢轨；2-普通道丁；3-垫板；4、9-枕木；5-防爬撑；6-防爬器；7-道床；8-鱼尾板；10-螺栓；11-钢筋混凝土轨枕；12-扣板式中间联结零件；13-弹片式中间连接零件

⑥道岔。铁路线路和线路间连接和交叉设备的总称,其作用为使机车由一条线路转向另一条线路,或者越过与其相交的另一条线路。

(2)无缝线路和新型轨下基础

①无缝线路。无缝线路是把若干根标准长度的钢轨焊接成为每段 800m～1000m 的长钢轨,再在铺轨现场焊接成更长的钢轨,具有接头少,行车平稳,轮轨磨损少及线路养护维修工作量小等优点,是轨道现代化的主要技术表现之一。

②宽混凝土轨枕和整体道床。宽钢筋混凝土轨枕比普通混凝土轨枕宽而且稍薄,在线路上连续铺设,提高了线路的稳定性,改善了钢轨的受力条件,有利于高速行车。整体道床是将路基、道床、轨枕三个基础部分用钢筋混凝土一次成形,具有线路强度高、维修工作量少的优点。

(3)钢轨的强度和稳定性

钢轨的强度和稳定性取决于钢轨类型、轨枕类型和密度、道床类型和厚度等因素。根据运量和最高行车速度等运营条件,将轨道分为特重、重、次重、中和轻型五个等级,分别对这些影响规定了不同的要求。

钢轨要支承和引导机车车辆,钢轨必须具有足够的刚度,以抵抗动轮作用下的弹性挠曲变形,并具有一定的韧度,以减轻动轮的冲击作用,不致产生折断。此外,钢轨还应具有足够的硬度,以抵抗车轮的压陷和磨损。

我国生产的标准钢轨有 70kg/m、60kg/m、50kg/m、43kg/m 等数种。标准长度为 25m 和 12.5m。钢轨连续铺设时,相邻钢轨间应留有轨缝,以适应温度变化时的胀缩。我国绝大多数线路轨距为 1435mm,称为标准轨距。直线段两股钢轨的顶面应保持在同一水平面高度。如有误差,在规定范围内,不允许超过 4mm。

机车车辆在曲线上运行时,由于离心力的作用使曲线外轨承受了较大的压力,因而造成两股钢轨磨损不均匀现象,严重时还可能造成翻车事故。因此要将曲线上的外轨抬高,使机车车辆内倾,以平衡离心力的作用。外轨比内轨高出的部分称为超高。

(4)限界

为了确保机车车辆在铁路线路上运行的安全,防止机车车辆撞击邻近线路的建筑物和设备,对机车车辆和接近线路的建筑物、设备所规定的不允许超越的轮廓尺寸线,称为限界。铁路基本限界可分为机车车辆限界和建筑接近限界两种,见图 2-4。货物装车后货物任何部分的高度和宽度超过机车车辆限界时,称为超限货物。按货物超限程度分为一级超限、二级超限和超级超限三个级别。一级超限和二级超限限界见图 2-5。

(二)铁路机车与车辆

1. 铁路机车

铁路机车是铁路运输的动力装置。铁路车辆本身没有动力装置,车辆必须有牵引力才能运行,机车是铁路车辆运行的基本动力。

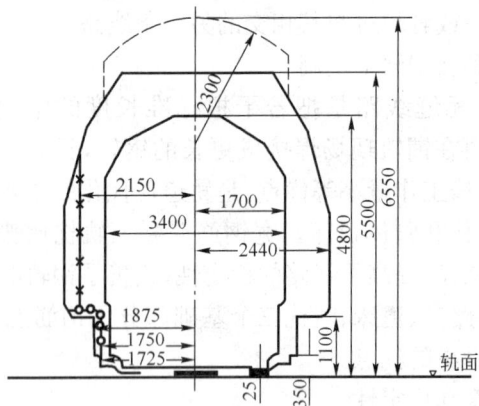

—— 各种建筑物的基本接近限界
—·—· 机车车辆限界
—*—* 信号机及水鹤的建筑接近限界(正线不适用)
—o—o 站台建筑接近限界(正线不适用)
— — — 适用于电力机车牵引的线路的跨线桥、天桥及雨棚等建筑物

图 2-4 机车车辆限界与直线建筑物接近限界(尺寸单位:mm)

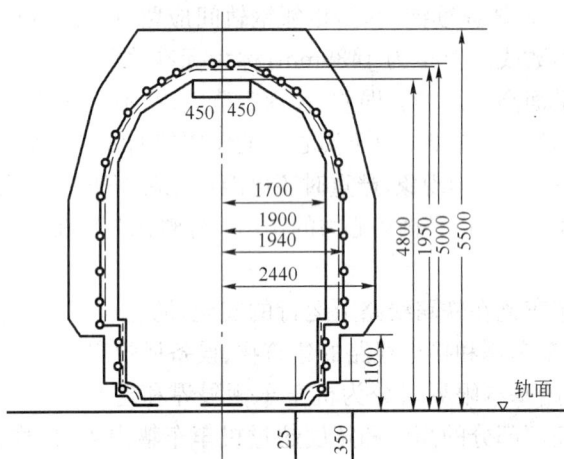

—— 各种建筑物的基本接近限界   — — — 一级超限限界
—— 机车车辆限界   —o—o 二级超限限界

图 2-5 一级、二级超限限界(尺寸单位:mm)

按机车的原动力不同,机车分为蒸汽机车、内燃机车及电力机车。

(1)蒸汽机车是通过蒸汽机,把燃料燃烧产生的热能转换成机械能,用来牵引列车的一种机车。但因其热效率低、燃煤消耗量大、环境公害问题大、乘务员劳动条件差且强度大,不能满足现代铁路运输高速度、大运量的要求,所以在现代铁路运输中,蒸汽机车已逐渐被其他新型牵引形式取代。

(2)内燃机车是以内燃机为原动力的机车,目前多为柴油内燃机。柴油内燃机车可分为两类,一类是将内燃机所产生的动力,经变速箱以机械的方式传递至车轮,称为柴油机车;另一类是利用内燃机驱动主发电机发电后供给电动机,电动机带动车轮运转,称为柴电机车。柴电机车效率略高于柴油机车。

内燃机车与蒸汽机车相比,具有热效率高(20%～30%)、持续工作时间长、通过能力大、单位功率重量轻、可实现多机联挂牵引、乘务员劳动条件较好和强度较低等优点。但还存在机车构造复杂、制造、维修和运营费用较大,对环境有较大的污染等不足。

(3)电力机车是从铁路沿线的接触网获取电能产生牵引动力的机车,它不是自带能源的机车。其效率较蒸汽机车高1倍以上,具有启动快、速度高、功率大、善爬坡、运输能力大、运营费用低、效益高,便于多机牵引,劳动条件好,环境问题少等优点。电气化铁路需要建设一套完整的供电系统,基建投资大。从世界铁路牵引动力的发展来看,电力机车被公认为最有发展前途的一种机车。

按机车用途可分为客运机车、货运机车、调车机车。客运机车要求速度快,货运机车需要功率大,调车机车要有机动灵活的特点。

2. 车辆

铁路车辆是运送旅客和货物的工具。车辆一般不具备动力装置,需要连挂成列车后由机车牵引运行。根据其用途,车辆可分为客车和货车两大类。

为了适应不同货物的运输要求,货车种类很多,主要有:

棚车(P),装运贵重及防淋湿的货物;

敞车(C),装运不怕湿的散装货物及一般机械设备;

平车(N),装运长大货物与集装箱;

罐车(G),装运液体、半液体或粉状货物;

保温车(B),又称冷藏车,装运新鲜易腐货物。

根据运输货物的类型不同,铁路货车车辆可分为通用货车和专用货车两类。通用货车能够装运多种货物,分为棚车、敞车和平车三种。专用货车用于装运某些种类的货物,包括罐车、冷藏车、矿石车、长大货物车、毒品车、家畜车、水泥车、粮食车等。

(1)棚车。具有地板、车顶、侧墙、端墙,并设有窗和滑门。用于运送比较贵重、怕晒、怕湿的货物。常见铁路棚车数据及车型见表2-2,图2-6。

常见铁路棚车车型及主要数据表 表 2-2

车 型	载重(t)	自重(t)	容积(m³)	车内尺寸(mm)		
				长	宽	高
P13	60	22.6	120	15470	2830	2740
P60	60	22.2	120	15470	2830	2750
P61	60	24	120	15140	2830	2819
P62	60	24	120	15495	2820	2760
P62(N)	60	23.4	120	15495	2820	2754
P64	58	25.4	116	15500	2796	2705

图 2-6 棚车

（2）敞车。仅有端、侧墙和地板，主要用于不怕晒、不怕湿的散货或带包装货物的运输。敞车是一种通用性和灵活性较大的货车，敞车运载的货物上盖上防水篷布可代替棚车运送怕湿货物。常见铁路敞车数据及车型见表 2-3，图 2-7。

常见铁路敞车车型及主要数据表 表 2-3

车 型	载重(t)	自重(t)	容积(m³)	车内尺寸(mm)			车底板高(mm)
				长	宽	高	
C61	61	23	69.4	11000	1083	2890	2200
C62A	60	21.7	71.6	12500	1083	2890	2200
C62B	60	22.3	71.6	12500	1082	2890	2000
C63	61	22.3	70.7	10300	1061	2890	2375
C63A	61	22.1	70.7	10300	1061	2890	2375
C64	61	22.5	73.7	12490	1082	2890	2050
C16A	64.5	19.5	44	10990	1093	2614	1400

（3）平车。大部分平车只有一个平底板，但有的具有可以放倒的侧板和端板。为单纯的底架承载结构，可装运集装箱、大型建筑材料、压延钢材、汽车、拖拉机等。常见铁路平车数据及车型见表 2-4，图 2-8。

图 2-7　敞车

常见铁路平车车型及主要数据表　　　　　　表 2-4

车　型	载重(t)	自重(t)	容积(m^3)	车内尺寸(mm)		车底板高(mm)	特　　点
				长	宽		
N60	60	18	39	13000	2990	1170	有活动的侧、端墙板
N16	65	18.4	39	13000	3000	1210	活动端墙板
N17	60	20.4	37.4	13000	2980	1209	有活动的侧、端墙板
N6A	60	18.2		13000	3070		集装箱专用平车
QD3	30	23					凹底平车
SQ2	17	32.5		20800	3040		运输小汽车的双层平车

图 2-8　平车

（4）罐车。是专门用于装运各种液体、液化气体或粉末状货物的车辆,因车体为圆筒形罐状而得名。罐车罐体上设有装卸口,为保证运送安全,有的罐车还设有空气包、安全阀等设备。罐车按运载货物的类型分为轻油罐车、粘油罐车、沥青罐车、液化气罐车、酸碱罐车、水泥罐车等。常见铁路罐车的主要数据和车型见表 2-5,图 2-9。

常见铁路罐车的车型和主要数据表　　　　　　表 2-5

车　型	载重(t)	自重(t)	容积(m^3)	罐体容积(m^3)		容重系数(t/m^3)	装卸方式
				总容积	有效容积		
G69	轻油罐	62	21	79.4	76	0.82	上装下卸
G70	轻油罐	60	19.8	72.4	69.7		上装下卸
G12	粘油罐	50	23.2	52.5	51	0.44	下卸式
G17	粘油罐	52	20.2	62.1	60	0.357	下卸式
GL8	沥青罐	58	25.2	61.2	58	0.49	下卸式
G11	酸碱罐	65	19.9	38.3	36	0.52	上卸式
GS	食油罐	54.6	21.9	62.9	60	0.91	上装下卸

图 2-9 罐车

（5）冷藏车（保温车）。外形结构类似棚车，但其墙体由两层壁板构成。壁板间用绝缘材料填充以隔热。根据制冷机制的不同，可将冷藏车分为加冰冷藏车和机械冷藏车两种。加冰冷藏车具有结构简单、运用方便、造价低廉的优点，但存在降温缓慢、车内温度不能灵活控制、途中需要经常加冰等不足，主要用于较小批量的水果、蔬菜及冷却货物的运输。目前，国内使用加冰冷藏车有 B6、B8 和 B11 等种类，其中以 B11 型使用较多。机械冷藏车是由发电乘务车和多辆冷藏货物车组成的机械冷藏车组，发电乘务车内设机械间（内装发电机组）、控制中心间（内装配电、充电、蓄电装置）、采暖锅炉等，为整个车组提供电能；冷藏货物车则设有制冷加温设备等，检测和控制冷藏货物车的温度。车外温 36℃，车内可保持−24℃；车外温−45℃时，车内可保持 14℃。目前，国内使用的机械冷藏车有 B16（23 辆车组成）、B17（12 辆车组成）、B18（10 辆车组成）、B19（5 辆车组成）、B20（9 辆车组成）。冷藏车一般用于运送新鲜蔬菜、鱼、肉等易腐的货物。见图 2-10。

图 2-10 冷藏车

（6）家畜车。家畜车的结构类似于棚车，但多为双层或多层结构，侧、端墙设有通风橱栏，车内有给水、饲料储运装置，还有押运人乘坐设施。家畜车主要用于活家禽、家畜的运输。

（7）漏斗车。漏斗车车体的下部设有一个或多个漏斗形卸货口，以便卸货。漏斗车分有盖漏斗车和无盖漏斗车两类，其主要特点是卸货方便，打开漏斗口的挡板，货物靠重力自行卸下，主要用于煤、石碴、粮食等散粒货物的运输。

(8)长大货车。用于装运大型或重型货物,如电力、冶金、化工、重型机械等行业的发电机定子、变压器、轧钢机牌坊、核电站压力壳等。长大货车结构多样,主要有长大平车、凹底平车、落下孔车、双联平车、钳夹车等。载重有 60t、90t、120t、150t、180t、210t、350t 等,一般采用多轴(有 4、6、8、10、16、32 轴)转向架或多重底结构,以便运输重型货物。

此外,铁路货车车辆按载重量可分为 20t 以下、25t~40t、50t、60t、65t、75t、90t 等各种不同的车辆,国内目前以 60t 车为主。铁路货车按轴数可分为四轴车、六轴车和多轴车,我国铁路以四轴车为主。按制作材料分为钢骨车和全钢车,钢骨车自重较轻、成本较低;全钢车坚固耐用,检修费用低,适合高速运行。

(三)信号设备

信号设备的作用是保证列车运行与调车安全和提高铁路的通过能力。包括铁路信号、联锁设备和闭塞设备。

1. 信号

信号是对列车运行和调车工作的命令,以保证安全和提高作业效率。我国规定用红色、黄色和绿色作为信号的基本颜色,红色表示停车,黄色表示注意或减速慢行,绿色表示按规定的速度运行。铁路信号按信号形式可以分为视觉信号和听觉信号两大类,按设备形式可以分为固定信号、移动信号和手信号三类。

2. 联锁设备

联锁设备的主要作用是保证站内列车运行和调车作业的安全,以及提高车站的通过能力。

在车站上,为列车进站、出站所准备的通路,称为列车进路,凡是为各种调车作业准备的通路,则称为调车进路。一般每一个列车、调车进路的始端都应设立一架信号机进行防护,以保证作业时的安全。

列车的进出站和站内的调车工作通常是根据每一进路信号机的显示状态进行,在有关的道岔和信号机之间,以及信号机和信号机之间,必须建立一种相互制约的关系,才能保证安全,这种相互制约的关系叫联锁。为完成联锁关系而安装的技术设备叫做联锁设备。根据我国《铁路技术管理规程》联锁设备应满足下列要求:

(1)当进路上有关道岔的开放位置不对或敌对信号机未关闭时,防护该进路的信号机不能开放。

(2)当防护某一进路的信号机开放后,该进路上的有关道岔均应锁闭不能扳动,其敌对信号机不能开放。

(3)在主体信号机开放以前,预告信号机不能开放;在正线出站信号机开放以前,进站信号机不能显示通过允许信号。

3. 闭塞设备

闭塞设备是用来保证列车在区间内运行安全的区间信号设备。在单线铁路上,为了防止一个区间内同时进入两列对向运行的列车而发生正面冲突,以及避免两列同向运行的列车(包括复线区间)发生追尾事故,铁路上规定区间两端车站值班员在向区间发车前必须办理的行车联络手续,叫做行车闭塞手续。用于办理行车闭塞的设备叫做闭塞设备。闭塞设备必须保证一个区间内,在同一时间里只能允许一个列车占用。

三、铁路站场

铁路运输的主要任务是安全、迅速、经济、便利地运送旅客和货物,为国家现代化建设和提高人民物质、文化生活水平服务。在完成这项任务中,铁路车站起着重要的作用。

车站既是铁路运输部门对外联系的纽带和服务窗口,又是铁路运输的基本生产单位,它集中了与运输有关的各项技术设备,如客、货运转设备,机务、车辆检修设备和信号联闭设备等。它参与运输过程的主要作业环节,如旅客乘降,售票,货物承运、保管、装卸、交付,列车接发,车列解体、编组,机车换挂、整备,机车和列车乘务组更换,车辆检修以及货运检查等等都必须在车站上办理。

铁路车站按其技术作业性质可分为会让站、越行站、中间站、区段站和编组站;按业务性质分为客运站、货运站和客货运站;按车站的地位、作用、办理运输业务和技术作业量等综合指标分为,特等站和一、二、三、四、五等站六个等级。

(一)会让站、越行站、中间站

会让站、越行站和中间站是为提高铁路区段通过能力,保证行车安全并为沿线城乡及工农业生产服务而设的车站,其主要任务是办理列车会让、越行及运行调整和一些客货运业务。

会让站、越行站和中间站的分布,应考虑地形、地质、水文和铁路运营条件,考虑区间通过能力的均衡性,必须满足国家要求的年输送能力和客车对数。办理客货运业务的中间站应根据日均客货运量,考虑货物作业集中化的要求,结合该地区其他运输工具的发展情况并与城市或地区规划合理分布。

1. 会让站

会让站设置在单线铁路上,主要办理列车的到发、会车、让车,仅办理少量的客货运业务。会让站应铺设到发线并设置通信、信号设备及旅客乘降、办公房屋等设备。会让站布置图按其到发线的相互位置主要可分为:横列式会让站和纵列式会让站两类。

2. 越行站

越行站设置在双线铁路上,主要办理同方向列车的越行,必要时办理反方向列车的转线,也办理少量客、货运业务。因此,越行站应铺设到发线并设置通信、信号设备及旅客乘降、办公房屋等设备。

3. 中间站

中间站是为了提高铁路区段通过能力,保证行车安全和为沿线城乡工农生产服务的车站。

(1)中间站的作业

①列车的通过、会让和越行,在双线铁路上还办理调整反方向运行列车的转线作业;

②旅客乘降和行包的承运、收发与保管;

③货物的承运、装卸、保管与交付;

④摘挂列车向货场甩挂车辆的调车作业;

⑤客货运量较大的中间站,还有始发、终到客货列车的作业。

中间站如有工业企业线接轨或者是加力牵引起终点以及机车折返站时,还需办理工业企业线的取送车、补机的摘挂、待班和机车整备、转向等作业。在客货运量较大的个别中间站,还有始发、终到旅客列车及编组始发货物列车的作业。

(2)中间站的设备

①列车到发线和货物装卸线,必要时还应设有调车用的牵出线和安全线;

②为旅客服务的站房、站台、站台间的跨越设备(天桥、地道或平过道)和雨棚等;

③为货运服务的货物堆放场、货物站台、仓库、雨棚、装卸设备及货运办公房屋等;

④信号及通信设备;

⑤个别车站为机车整备、转向、给水作业而设置的有关设备等;

⑥必要时还设有存车线和调车线。

(二)区段站

从区段站作业的数量和性质以及设备的种类和规模来看,各类专业车站的主要作业及基本设备在区段站上都有不同程度的体现。

1. 区段站的作业

根据所担负的任务,区段站一般办理下列作业。

(1)客运业务。与中间站所办理的客运业务基本相同,只不过数量较大。

(2)货运业务。与中间站所办理的货运业务大致一样,但作业量较大。在某些区段站上还进行保温车的整备及牲畜车的供水作业。

(3)运转作业。

①与旅客列车有关的运转作业。主要办理通过旅客列车的接发作业,有的车站还办理局管内或市郊旅客列车的始发、终到作业以及个别车辆的甩挂作业。

②与货物列车有关的运转作业。主要办理无改编中转列车的接发和有关作业,对区段和摘挂列车,要进行解体和编组作业,同时还办理向货场、工业企业专用线取送作业车等;有些区段站对部分改编中转列车,还要办理变更运行方向、变更列车重

量或换挂车组等作业;某些区段站还担当少量始发直达列车的编解任务。

(4)机车业务。以更换货物列车机车和乘务组为主,有些车站还更换旅客列车机车和乘务组。当采用循环交路时,在机务段所在的区段站上,列车机车不进段,仅在站内到发线上或其附近进行检查、整备作业;当采用长交路时,有的区段站无需更换机车,仅更换机车乘务组或进行部分整备作业。

(5)车辆业务。主要是办理列车的技术检查和车辆的检修(摘车检修和不摘车检修)业务,少数设有车辆段的区段站上,还办理车辆的段修业务。

由上述可知,区段站所办理的作业,无论从数量上或种类上,都远较中间站复杂。在所办理的各类列车中,又以无改编中转列车所占比重为最大,成为区段站行车组织工作的重要环节。

2. 区段站的设备

为了保证上述作业的完成,在区段站上应设有以下各项设备。

(1)客运业务设备。主要有旅客站房、旅客站台、雨棚及跨越线路设备等。

(2)货运业务设备。主要指货场及其有关设备,如装卸线、存车线、货物站台、仓库、雨棚、堆放场及装卸机械等。

(3)运转设备。

①供旅客列车使用的运转设备。主要有旅客列车到发线,必要时设客车车底停留线。

②供货物列车使用的运转设备。主要有货物列车到发线、调车线、牵出线(有时设小能力驼峰)、机车走行线及机待线等。

(4)机务设备。在机务段(或机务折返段)所在的区段站上,如采用循环交路,在到发场或其附近,设有机车整备设备。当采用长交路轮乘制时,可设机车运用段或机务换乘点。

(5)车辆设备。主要指列车检修所(简称列检所)、站修所。在规模较大的区段站上还设有车辆段。

除上述各项设备外,还有信号、通信、给水、排水、电力、照明、技术办公房屋以及城镇道路的平(立)交设备等。

(三)编组站

编组站是在铁路网上办理货物列车解体、编组作业,并为此设有比较完善的调车设备的车站。编组站以处理改编中转货物列车为主,负责路网上和枢纽中车流的组织,同时还供应列车动力,对机车进行整备和检修,并对车辆进行日常维修和定期检修,作业数量和设备规模均较大。

1. 编组站的作业

根据编组站在路网和枢纽内的作用和所承担的任务以及其作业对象,编组站主要办理以下几项作业。

（1）改编中转货物列车作业。包括解体列车的到达作业和解体作业；始发列车的集结、编组作业和出发作业。

（2）无改编中转货物列车作业。主要是换挂机车和列车技术检查作业。

（3）部分改编中转货物列车作业。除进行无改编中转货物列车的作业外，还要变更列车重量，变更列车运行方向或进行成组甩挂等少量调车作业。

（4）本站作业车的作业。本站作业车（地方作业车）是指到达本枢纽或本站货场及工业企业线进行货物装卸或倒装的车辆，其作业过程较有调中转车增加了送车、装卸和取车等内容。

（5）机务作业。包括机车出段、入段、段内整备及检修作业。

（6）车辆检修作业。包括列车技术检查及不摘车的经常维修，轴箱及制动装置的经常保养；摘车的经常维修；货车的段修等三类。

（7）其他作业。根据当地需要，编组站有时还需办理客运、货运或军运列车供应作业。

2. 编组站的设备

为完成以上各项作业，编组站应设置以下设备。

（1）调车设备。调车设备是编组站的核心设备，包括调车驼峰、调车场（线）、牵出线、调车机车等几部分。当区段车流较大时，可设置专门的辅助调车场。

（2）行车设备。行车设备指接发货物列车的到发线。为保证各衔接方向列车同时到发，避免与其他作业进路的交叉干扰，一般应将上、下行到发线分别设置。编组站作业量较大时，应将到达场与出发场分开，以提高作业的流水性。为加速无改编中转列车作业，减少对其他作业的干扰，有时需单独设置通过车场（直通场）。

（3）机务设备。编组站一般均设机务段，而且规模较大。机务段位置应根据编组站主要车场的配置形式，结合地形、地质和风向等条件确定。路网性的双向编组站，为减少机车出入段的走行距离及与其他作业的交叉干扰，可考虑增设第二套整装设备。

（4）车辆设备。车辆设备是指供到发的车辆进行检查和修理的设备。用于日常检修的列检所，通常设在到达场、出发场和到发场的适当地点，以方便与车站运转部门的联系。站修所一般设在调车场的最外侧。车辆段在站内的位置，应从取送便利、联系方便以及不影响车站及本段发展等方面综合考虑。

（5）货运设备。

①整倒装设备。每昼夜办理的整倒装作业量较大时，在调车场内车辆检修设备的一侧，设置相应的整倒装设备，配线连通驼峰和站修线；作业量较小时，此项作业送往附近货场办理。

②加冰设备。供保温车进行加冰作业的加冰所，一般设在调车场附近。

③牲畜、鱼苗车的上水换水设备。给水栓一般设在到达线间。

④货场。兼办货运业务的编组站需设置货场，需要办理零担中转作业的编组还

应设置零担中转货场。货场(或工业企业线)必须在站接轨时,其衔接方式应视货场到发车流性质及车站布置图形等因素确定。

(6)其他设备

①客运设备。编组站的客运业务很少,一般利用正线办理客车到发(通过)。

②站内外连接线路设备。有进出站线路、站内联络线和机车走行线等。

此外,编组站还必须具有信号、联锁、闭塞、通讯和照明等设备。

第二节 公路运输设施与设备

公路运输有广义和狭义两种含义。从广义来说,是指货物和旅客借助一定的交通工具(人力车、畜力车、拖拉机、汽车等)沿着公路(一般土路、有路面铺装的道路、高速公路)的某个方向作有目的的移动的过程;从狭义来说,公路运输即指汽车运输。目前世界上多数经济发达国家,在公路上已经由汽车取代了人力车、畜力车和拖拉机等慢速运输工具。因此,公路运输,或者说作为现代交通运输方式之一的公路运输,就是指汽车运输。在我国的具体条件下,公路上除汽车承担主要的运输任务外,还存在着为数众多的拖拉机、畜力车和人力车。所以,人们往往从上述两种不同的含义上使用公路"运输"这一概念。

公路运输的特点是机动、灵活,投资少,受自然条件限制小,能够方便地实现"门到门"运输,为铁路、水运、空运起集散作用。

一、公路

(一)公路的基本构造

公路是一种线形工程构造物,主要包括路基、路面、桥梁、涵洞、隧道以及交通标志、路面标线和其他辅助建筑物等。

1. 路基

路基是公路的基本部分,是路面的基础,其好坏直接影响到公路的质量。用混合土或其他材料人工填筑的路基称为路堤,由原有地面经开挖而形成的路基为路堑。

2. 路面

公路路面是在路基上用坚硬材料铺筑供汽车行驶的层状结构物,直接承受车辆的行驶作用力。一般路面分为面层、基层、垫层和土基。在我国公路常用的路面中,碎石路面、砾石路面及加固土路面,均只适用于日交通量不超过500辆的等级不高的公路。沥青表面处理路面,适于日交通量为300~1000辆的一般或较高等级的公路。沥青贯入碎(砾)石或路拌沥青碎(砾)石路面,则可适用于日交通量达1000~2000辆的等级较高的公路。水泥混凝土路面,是一种永久性路面,可使用30~50年。

3. 桥隧

当公路跨越河流、沟谷,或者和铁路、另一条公路交叉时,需设桥梁或涵洞,在翻越山岭时,可能需要修建隧道。桥梁有梁式桥、拱桥、刚架桥和斜拉桥、悬索桥等多种。隧道内应尽可能避免设置曲线,纵坡坡度应在 0.3~3% 之间,以保证行驶安全和排水。

4. 交通标志

为了保证公路运输的安全运行,除公路工程和车辆性能所要求的设备和条件外,还必须有交通标志、路面标线等各种指挥、显示设施。

公路标志,是用一定的标记,绘以符号、图案、简单文字、号码等,装设在适当的地点,预示前方公路的状况或事故发生的状态的设施。

5. 路面标线

路面标线是在高级、次高级路面上用漆类物质喷刷或用混凝土预制块、瓷瓦等作的一种交通安全设施。其作用是配合标志牌对交通运输作有效的管制,指引车辆分道行驶,达到畅通和安全的目的。

我国公路路面标线有行车道中线、车道分界线、路缘线、停车线、禁止超车线、导流带、人行横道线、交叉路口中心圈、停车方位线、导向箭头等。

路面标线有连续实线、间断线和箭头指示线等三种形式,其颜色采用白色或黄色。

6. 公路横断面及其组成要素

公路实际上是具有一定宽度的带状结构物。若在垂直于路线中心线方向上作一垂直剖面,这个剖面就叫做横断面,其图形叫做横断面图,反映了路基的形状和尺寸。横断面图也是公路的主要技术设计文件之一。

公路横断面包括路面、路肩(路面和路肩构成路基)、边坡、边沟、截水沟、护坡道、分隔带以及专门设计的取土坑、弃土坑、植树林等。

(二)公路线路的平面与纵断面

1. 公路线路的平面

(1)线路平面及其组成要素

道路是一个三维空间的实体。其中线是一条空间曲线,中线在水平面上的投影称为线路的平面。公路的平面线形,当受到地形、地物等障碍的影响而发生转折时,在转折处就要设置曲线和曲线的组合。曲线一般为圆曲线,对于等级较高的线路,在直线和圆曲线之间还要插入缓和曲线。因此,直线、圆曲线、缓和曲线是平面线形的主要组成要素。

(2)平面视距

为了行车安全,驾驶员应能随时看到汽车前方一定距离的路面,一旦发现前方路上有障碍物或对面来车,能及时采取措施,避免相撞,这一必要的最短距离,称为行车

视距。视距类型有如下几种:

①停车视距(路面视距)。是指汽车在单车道和明显分车道上行驶,遇到障碍物不能绕行,只能刹车停住所需的最短距离。

②错车视距。在行车密度不大的双车道上,汽车常在道路中部行驶,发现对向来车时各自驶向本身车道所需的最短距离。

③会车视距。指单车道上或路面不宽的双车道上,对面的车辆没能及时或无法错车,只能相对停住避免碰撞所需最短距离。

④超车视距。指不同速度的车辆在双车道上行驶时,当快速车追上慢速车以后,需要占用供对向汽车行驶的车道进行超车,为了超车时的安全,驾驶员必须看到前方足够长的车流空隙,以便在对向车道上出现来车之前完成超车并不阻碍被超汽车的行驶。这种快速车超越慢速车后再回到原来车道上行驶所需的最短距离,称为超车视距。

2. 公路线路的纵断面

(1)线路纵断面及其组成要素

沿公路中线的竖向剖面,称为纵断面,其图形称为纵断面图。反映了公路中线地面高低起伏的情况和设计线路的坡度情况,从而可以看出纵向土石方工程的挖填工作量。纵断面图是公路设计的重要技术文件之一。把纵断面图和平面图结合起来,就能够完整地表达出道路的空间位置。

公路纵断面的线形要素包括直线(即均匀坡度线)和竖曲线两种。坡度线有上坡和下坡,是以坡度和水平长度表示的。

(2)竖曲线

当纵断面上相邻两条坡度线相交时,出现了变坡点和变坡角。汽车驶过该处时,将受到冲击,行车的平顺性受到破坏。为了缓和这种突变,保证行车平稳和满足视距要求,在变坡点处应设置竖曲线。竖曲线按其转坡点在曲线上方和下方分为凸形和凹形竖曲线。

(3)公路线形与景观的配合

国外高速公路出现以后,人们越来越感到应该将高速公路作为景观的对象来考虑。也就是说,道路设计在满足运动学和力学要求的同时,还必须重视视觉的感受。

公路景观工程包括内部协调和外部协调两方面。内部协调主要是指平、纵断面线形方面,视觉的连续性和立体协调性;外部协调则主要指公路两侧坡面、路肩、中央分隔带的协调设置,以及宏观的路线设置。

对于在公路上行车的驾驶员来说,只有眺望起来具有滑顺的、优美的线形和景观,才能称为舒适和安全的道路。

3. 我国公路的分级

(1)我国公路的技术分级

根据 JTG B01—2003《公路工程技术标准》规定将"小客车"定为各级公路交通量换算和通行能力分析的标准车型。

确定公路等级的各汽车代表车型和车辆折算系数规定如表 2-6。

各汽车代表车型与车辆折算系数　　　　　　　　表 2-6

汽车代表车型	车辆折算系数	说　　明
小客车	1.0	≤19 座的客车和载质量≤2t 的货车
中型车	1.5	>19 座的客车和载质量>2t～≤7t 的货车
大型车	2.0	载质量>7t～≤14t 的货车
拖挂车	3.0	载质量>14t 的货车

①畜力车、人力车、自行车等非机动车,在设计交通量换算中按路侧干扰因素计。

②一、二级公路上行驶的拖拉机按路侧干扰因素计。

三、四级公路上行驶的拖拉机每辆折算为 4 辆小客车。

③公路通行能力分析所要求的车辆折算系数应针对路段、交叉口等形式,按不同的地形条件和交通需求,采用相应的折算系数。

公路根据功能和适应的交通量分为以下五个等级:

①高速公路为专供汽车分向、分车道行驶并应全部控制出入的多车道公路。

四车道高速公路应能适应将各种汽车折合成小客车的年平均日交通量 25000～55000 辆;

六车道高速公路应能适应将各种汽车折合成小客车的年平均日交通量 45000～80000 辆;

八车道高速公路应能适应将各种汽车折合成小客车的年平均日交通量 60000～100000 辆。

②一级公路为供汽车分向、分车道行驶,并可根据需要控制出入的多车道公路。

四车道一级公路应能适应将各种汽车折合成小客车的年平均日交通量 15000～30000 辆;

六车道一级公路应能适应将各种汽车折合成小客车的年平均日交通量 25000～55000 辆。

③二级公路为供汽车行驶的双车道公路。

双车道二级公路应能适应将各种汽车折合成小客车的年平均日交通量 5000～15000 辆。

④三级公路为主要供汽车行驶的双车道公路。

双车道三级公路应能适应将各种车辆折合成小客车的年平均日交通量 2000～6000 辆。

⑤四级公路为主要供汽车行驶的双车道或单车道公路。

双车道四级公路应能适应将各种车辆折合成小客车的年平均日交通量 2000 辆以下。

单车道四级公路应能适应将各种车辆折合成小客车的年平均日交通量 400 辆以下。

公路设计小时交通量宜采用年第 30 位小时交通量,也可根据公路功能采用当地的年第 20～40 位小时之间最为经济合理时位的小时交通量。

各级公路设计速度规定如表 2-7。

各级公路设计速度 表 2-7

公路等级	高 速 公 路			一 级 公 路			二 级 公 路		三 级 公 路		四 级 公 路
设计速度 (km/h)	120	100	80	100	80	60	80	60	40	30	20

①高速公路特殊困难的局部路段,且因新建工程可能诱发工程地质病害时,经论证,该局部路段的设计速度可采用 60km/h,但长度不宜大于 15km,或仅限于邻两互通式立体交叉之间,与其相邻路段的设计速度不应大于 80km/h。

②一级公路作为干线公路时,设计速度宜采用 100km/h 或 80km/h。

一级公路作为集散公路时,根据混合交通量、平面交叉间距等因素,设计速度宜采用 60km/h 或 80km/h。

③二级公路作为干级公路时,设计速度宜采用 80km/h。

二级公路作为集散公路时,混合交通量较大、平面交叉间距较小的路段,设计速度宜采用 60km/h。

二级公路位于地形、地质等自然条件复杂的山区,经论证该路段的设计速度可采用 40km/h。

(2)我国公路的行政分级

《中华人民共和国公路管理条例实施细则》第三条规定:"公路分为国家干线公路(以下简称国道),省、自治区、直辖市干线公路(以下简称省道),县公路(以下简称县道),乡公路(以下简称乡道)和专用公路五个行政等级。"这是我国按照行政管理体制,根据公路所处的地理位置,公路在国民经济中的地位和作用以及公路交通运输的特点所作的公路行政分级。总的来说,我国公路系统实行的是,"统一领导、分级管理"的原则。全国的公路事业由交通运输部主管。

①国道。是指具有全国性政治、经济意义的主要干线公路,包括重要的国际公路、国防公路,连接首都与各省、自治区首府和直辖市的公路,连接各大经济中心、港站枢纽、商品生产基地和战略要地的公路。

②省道。是指具有全省(自治区、直辖市)政治、经济意义,以省会城市为中心,连接省内重要城市、交通枢纽、主要经济区的干线公路,以及不属于国道的省际间重要公路。

③县道。是指具有全县政治、经济意义,连接县城和县内主要乡(镇)、主要商品生产和集散地的公路,以及不属于国道、省道的县际间的公路。

④乡道。是直接或主要为乡、村内部经济、文化、行政服务的公路和乡、村与外部联系的公路。

⑤专用公路。就是专供或主要供某特定工厂、矿山、农场、林场、油田、电站、旅游区、军事要地等与外部连接的公路,由专用部门或单位自行规划、建设、使用和维护。

(3)我国国道系统

国道是国家干线公路的简称,是国家综合交通网中的重要干线。我国的国道系统是由以下四类公路组成:一类是首都北京通往各省、直辖市、自治区的政治、经济中心和30万人口以上城市的干线公路;二类是通向各港口、铁路枢纽、重要工农业生产基地的干线公路;三类是大中城市通向重要对外口岸、开放城市、历史名城、重要风景区的干线公路;四类是具有重要意义的国防公路。目前,在全国范围内,以七十条国道为骨架,辅以地方干线公路(省道)和普通公路,形成了全国公路网。

国道的编号根据国道的地理走向分为三类:

一类是以北京为中心的放射线国道,其编号为1××,如北京到沈阳的干线公路,编号101。这类国道共有12条,其中通向东北的3条、华北2条、华东1条、中南2条、西北1条。112线是以北京为中心的环线。目前这类国道主要为三级和四级公路。

第二类是南北走向国道(纵线国道)。其编号为2××,如鹤岗到大连的干线公路,编号为201国道,山海关到广州的干线公路为205国道,228国道为台湾环线。最长的纵向国道是锡林浩特到雷州半岛南部的海安,编号为207线。这类国道主要以三级和四级公路为主。

第二类是东西走向的国道(横线国道),编号为3××,比如绥分河到满洲里的公路为301国道,杭州到沈家门的公路为329国道。路线等级主要为三级和四级。最长的横向国道为上海到聂拉木的317国道,也是国道中最长的一条。

二、高速公路概况

(一)高速公路及其发展

1. 概念

高速公路是专供汽车高速行驶的公路。由于在高速公路上采取了限制出入、分隔行驶、汽车专用、全部立交以及采用较高的标准和完善的交通设施等措施,从而为汽车的大量、快速、安全、舒适、连续地运行创造了条件。

我国《公路工程技术标准》规定:高速公路,一般能适应的年平均昼夜小客车交通量为25000辆以上,为具有特别重要的政治、经济意义的,专供汽车分道高速行驶并全部控制出入的公路。

2. 产生及发展

高速公路是社会经济发展的必然产物,其产生和发展,是与整个社会的政治、经济、军事的发展相关的。

德国是修建高速公路最早的国家。美国是高速公路最多、路网最发达、设备最完善的国家。荷兰则是高速公路密度最大的国家。

目前,在我国已开通运营着多条高速公路,如:

(1)京津塘高速公路(2008 年更名为京沪高速)。自北京南十八里店至天津塘沽新区小滩,全长 137.2km。1988 年 12 月动工,1993 年建成通车。

(2)沈大高速公路。北起沈阳,南到大连,途径辽阳、鞍山、营口等城市,全长 375km。1984 年 6 月动工,1992 年全线完工。

(3)广深珠高速公路。自广州起,经深圳、珠海到江门止,全长近 300km。1987 年动工,1992 年全线完工。

(4)沪嘉高速公路。自上海至嘉定县,全长约 20km。1984 年 12 月动工,1988 年 10 月通车。

此外还有广佛高速公路、沪杭甬高速公路、沪宁高速公路等。

(二)高速公路的主体功能

(1)封闭、全立交、严格控制出入。高速公路实行的是一种封闭型管理,各种车辆只能在具有互通式立交的匝道进出,从而界定了运营管理的责任。

(2)汽车专用、限速通行。高速公路只供汽车专用,不允许行人、牲畜、非机动车和其他慢速车辆通行。同时,一般规定时速低于 50km 的车辆不得上路,最高时速亦不宜超过 120km,从而保证了运营管理上对象的唯一性。

(3)设中央分隔带,分道行驶。高速公路一般有 4 个以上车道,实行上下车道分离,渠化通行,隔绝了对向车辆的干扰。并通过路面交通标线分割不同车速的车辆,较好地保证了高速公路的连续畅通,从而强调了运营管理的秩序。

(4)有完善的交通设施与服务设施。高速公路能满足司乘人员在路上的多种需求,除设有各种安全、通信、监控设施和标志进行无声服务外,还建有服务区能够提供停车休息、餐饮、住宿、娱乐、救助、加油、修理等综合服务,同时,高速公路也是信息传递的多功能载体,从而决定了其运营管理的服务性。

(三)高速公路的特点

高速公路之所以备受青睐,是由其特点决定的。

(1)车速高。车速是提高公路运输效率的一个重要因素。车速加快可以使运输时间缩短,车辆周转率提高。高速公路设计时速可达 120km/h 以上,比普通公路高出 60%~70%。车辆使用效率提高,运输时间缩短,可给社会和公路运输经营者带来巨大的经济效益。

(2)通行能力大。高速公路路面宽、车道多,因而车流量大、通行能力大,解决了交通拥挤与堵塞问题。一般普通公路通行能力为每天 200～2000 辆,而四车道高速公路昼夜通行能力为 2.5 万～5.5 万辆,六车道为 4.5 万～8 万辆,八车道为 6 万～10 万辆。由此可见,高速公路所能承担的运输量要比普通公路高出几倍乃至几十倍。

(3)行车安全。高速公路采取了一系列确保交通安全的措施,行车事故大大减少。据统计,高速公路的交通事故率仅为普通公路的三分之一,事故死亡率仅为普通公路的二分之一。

(4)运输成本低。高速公路完善的道路设施条件使主要行车消耗(燃油与轮胎消耗、车辆磨损、货损货差及事故赔偿损失)降低,从而使运输成本大幅度降低。高速公路的高效率功能,进一步推动了公路运输组织方式的变革,如汽车制造可以提高轴载荷,不断朝大型化、高速化、专用车型发展。为减少装卸、中转,运输组织方式可尽量采取拖挂运输、汽车列车及集装箱运输。

(四)高速公路的沿线设施

高速公路的沿线设施包括安全设施、服务设施、交通控制及管理系统以及绿化设施。这些设施是保证高速行车安全和调节恢复驾驶员和乘客疲劳、方便旅客、保护环境不可缺少的重要组成部分。

1. 交通安全设施

(1)护栏

设在公路两侧及中央带,用以防止高速公路车辆驶出车道或者闯入对向车道,使对乘客的伤害及车辆的损坏减少到最小限度,并使车辆恢复正常行驶方向及便于诱导驾驶员的视线。

护栏通常有刚性护栏和柔性护栏两类。刚性护栏多用混凝土、石料等制成防护壁形式,如混凝土栏杆、箱形梁式护栏等;柔性护栏用钢导轨、钢缆等。护栏既有挡车辆作用,又对车辆有缓冲作用。如用支柱支承连续的横导轨,具有一定刚性和韧性的栏式护栏;用支柱支承钢缆,缓冲能力大,柔韧性强的缆式护栏等。

(2)防眩

防眩,有植树防眩,既防眩光又美观,树木可以是常青树,树木之间植以草皮;或采用百叶板式和金属网式防眩栅等。

(3)防噪声设施

通常采用的防噪设施有:

①隔声墙。通常墙高 3～5m,多用隔声水泥板或混凝土组合托架;

②遮声堤。路两旁设土堤,便于绿化。遮声堤的高度以能挡住最高受音点为宜,堤上进行植被和绿化;

③遮声林带。遮声林带一般宽 10～20m,隔声效果好,但占地较多。

(4)照明设施

高速公路的照明费用较高,一般郊外不设置照明,只有接近市区和所有立体交叉处才采用全照明或局部照明。经验证明,增加照明高度(过去用 7.5m 现在用 12m~15m)对环视周围清楚得多,光线均匀,减少目眩,而且可以减少灯柱,节省电力和费用。

(5)道路标志

①交通标志。为交通安全,行车顺利、舒适,使驾驶员能事先知晓道路交通准确情况所设置的标志设施。包括,警告标志:急弯、陡坡等;禁令标志:禁止通行、车辆限制等;指示标志:指示车辆、行人行进和停止的标志;指路标志:表示行政区划分界、地名和名胜古迹位置距离,预告中途出入口、沿途服务设施等。

②信号标志。用灯光信号或文字、图形显示的色灯信号进行交叉路口的交通管理。一般常用绿、红、黄三色。

2. 服务设施

服务设施包括服务区(加油站、休息室、小卖部、厕所等)、停车区(停车场、电话等)和辅助设施(养路站、园地等)。

3. 环境绿化

当前,公路美学已成为设计的重要方面,所以高速公路的线形与构造物应特别注意与周围优美景观及生态环境的协调,尽量减少施工痕迹或通过和谐的修复与绿化来恢复天然景观。

高速公路两侧应进行绿化,种植风景林和防护林,美化路容。

4. 交通控制及管理系统

现代化的交通管理系统,是用电子计算机控制及信号自动化来监视路段区段内的交通情况,迅速测出交通堵塞和交通事故,通过发出交通信息变换标志和无线电行车信号,告知驾驶员有关信息,以便将汽车开到合适的公路上并保证交通畅通。正确掌握道路上的交通状况是研究交通管理系统的先决条件,除需要掌握与测定交通量外,还需测定交通速度、交通密度等,以检验交通堵塞情况。

三、汽车货运站场

交通运输是国民经济的基础,汽车货运站场是道路交通运输的基础设施之一,在国家经济建设中具有重要地位。

(一)汽车货运站(场)的主要功能

货运站(场)的基本功能为:运输组织功能、中转和装卸储运功能、中介代理功能、通信信息服务、辅助服务功能。

1. 运输组织功能

货运站应具有对运输市场的组织管理和站(场)内部各机构、车辆、货流的组织管理功能。货运站对运输市场的组织管理应包括对经营区域内的货源调查和预测,了解计划期内货物种类、运量、运距,协助用户选择合理的运输方式和运输线路,签订有关运输合同和运输协议,为编制运行作业计划提供可靠的保证。在站场管理中应及时掌握站场的货物管理、堆存、运输等情况,结合长期的统计数据,提出合理利用和使用站场的决策方案,制定站场管理方法、规章制度和操作工艺等;在车辆管理中掌握运输车辆的数量、吨位、技术状况,同时对运行车辆进行跟踪,做好车辆的管、用、养、修工作;在货源组织管理中应对货源的组织制定规章制度和计划,掌握站场内货物的流向、流量和流时,并适时地对一线工作人员进行指导。

2. 中转和装卸储运功能

中转换装功能是货运站的主要功能,而与这一功能紧密相连的是装卸储运功能,没有装卸功能的货运站,中转换装就成为空话。

通过各种运输方式运到货运站的货物需中转或送到用户,但货运站不可能将全部货物及时中转或送到用户,没有及时送出的货物需要在站内储存、堆放,另外,货运站的仓库,不仅作为中转货物的储存地,更重要的是通过合同关系,出租给各企业存放成品和半成品,许多企业为了减少投资、降低成本,加快产品流通,企业自己不设仓库,而由货运站的仓库代为储存。

3. 中介代理功能

运输代理是指汽车货运站为其服务区域内的各有关单位或个体,代办各种货物运输业务,为货主和车主提供双向服务,选择最佳运输线路,合理组织多式联运,实行"一次承运,全程负责"。汽车货运站除从事公路货物运输外,还应与其他运输方式开展联合运输,充分发挥各种运输方式的特点和优势,逐步完善综合运输体系,汽车货运站应通过交通信息中心和自身的信息系统,与铁路运输、水路运输和航空运输等行业与部门建立密切的货物联运关系,作为中介代理,有效地开展联运业务。

4. 通信信息服务

货运站作为交通运输信息中心,应采用先进的信息技术手段(如 GPS 定位系统、计算机网络等),建立一个反应敏锐、处理及时的信息系统,向有关各方提供准确、及时的信息服务。其信息系统应有以下几方面的功能:

(1)业务数据统计功能。信息系统应能对货物的流量、流向、流时进行统计、计算处理,以及对货物的品种、包装、运输特性的变化进行存储和处理,为货运站的货物运输组织管理提供科学的依据。

(2)信息系统应能根据掌握的车流、货源信息,站场装卸、仓库堆存情况,货物运输距离、货物种类、批量大小,优化运输方案,合理安排货物的中转、堆存、及时调整和安排车辆的装卸等。

(3)信息系统应提供开放性服务,向相关各方提供货物流量、流向、流时及站场的装卸、堆存情况的信息。

(4)信息系统应向货主、车主等提供车、货配载信息,为车主和货主互通信息,促进运输市场的发展,提高实载率和里程利用率。

5.辅助服务功能

汽车货运站除开展正常的货运生产外,还应提供与运输生产有关的服务。如为货主代办报关、报检、保险等业务;提供商情信息服务;开展商品的包装、加工处理等服务;代货主办理货物的销售、运输、结算等服务。另外,还应为货运车辆提供停放、清洗、加油、检测和维修服务;为货主和相关人员提供食、宿、娱乐服务等。

(二)货运站的类型

目前我国汽车运输的货运形式大致可分为整车货运、快速货运、零担货运、集装箱货运四种运输方式。与这四种运输形式对应的货运站可分为整车货运站、零担货运站(含快速货运)、集装箱货运站和由上述两种或两种以上货运站组成的综合型货运站。

1.整车货运站

整车货运站是指以货运商务作业机构为代表的汽车货运站,是调查并组织货源,办理货运商务作业的场所。商务作业包括托运、承运、受理业务、结算运费等各项工作。整车汽车货运站主要经办大批货物运输,有些也兼营小批货物运输。其主要特点如下:

①是汽车运输企业调查、组织货源、办理货运等商务作业的代表机构。

②承担货运车辆在站内的专用场地停放和保管任务。

③运输企业对运输货物一般不提供仓储设施,主要提供运力,从发货单位的仓库内装车,负责运输过程的货物保管,直接运送到收货单位的仓库卸车。

④由于大批货物的装卸地点一般比较固定,所以适合于采用大型载货汽车和高生产率的装卸机械。

2.零担货运站

专门经营零担货物运输的汽车货运站,称为零担货运站或简称零担站。其主要特点如下:

(1)零担货物一般均由托运单位及个人根据其需要自行运到货运站点,也可以联系后,由车站指派业务人员上门办理托运手续。因此,货运计划性差,难以采用运输合同等方法将其纳入计划管理的轨道。

(2)站务作业工作量大而复杂。汽车零担货运作业的内容及其程序是:受理托运、退运与变更、检货称重、验收入库、开票收费、装车与卸车、货物交接、货物中转、到达与交付等。这些站务作业是零担货运站的基础工作,工作量大而复杂。

(3)对车站的设施建设要求高。由于零担货运站是沟通汽车零担货物运输网络的枢纽,货主多,货源广,货物品种繁多,质高价贵,时间性强,因此车站的建设必须满足零担货运的工艺要求,合理地设置零担货运站房、仓库、货棚、装卸场、停车场以及有关的生产辅助设施,且各组成部分的相互位置和面积,应符合方便货主、便于作业的目的。

(4)车站的设备和设施应满足零担货运的需要。由于零担货物具有数量小、批量多、包装不统一、到站分散等特点,加之零担货物普遍质高价贵,因此普通车型显然不适于用来运载零担货物,必须选择厢式车作为专用零担车辆,同时还应配置高生产率的站内装卸搬运机械设备。

3.集装箱货运站

集装箱货运站主要承担集装箱的中转运输任务,所以又称集装箱中转站。其主要工作任务如下:

(1)承担港口、火车站与货主之间的集装箱门到门运输与集装箱货物的拆箱、装箱、仓储和接运、送达任务。

(2)承担空、重集装箱的装卸、堆放和集装箱的检查、清洗、消毒、维修任务。

(3)承担车辆、设备的检查、清洗、维修和存放任务。

(4)为货主代办报关、报检等货运代理业务。

(三)货运站(场)的选择和布局

汽车货运站的建设既要从当前的实际出发,又要考虑今后发展的需要,充分利用现有资源,调动各方面的积极性,促进我国的运输结构向合理化方向发展。总的指导思想和原则应该是:科学性、先进性和可行性。

1.货运站选址原则

(1)应符合公路主枢纽总体布局规划和所在地区货运站(场)发展规划。货运站选址既要最大限度地满足货运市场需要,又要尽量减少车流、噪声及废气排放对环境的危害,货运站的地理位置应尽量远离学校、医院、住宅区等。

(2)货运站应与城市综合运输网合理衔接,具有良好的与其他运输方式换装联运条件及发展前景。货运站一般应设在城市公路出入口及城市对外交通干线、铁路货运站、货运码头附近;以中转货物为主的货运站,既要靠近城市的工业区和仓库区,又要尽可能与铁路车站、水运码头有便捷的联系方式,以便组织联合运输;主要为城市生产、生活服务的货运站及专业零担站,要考虑货物取送方便,宜布置在市场中心区边缘。

(3)在不减少货运站功能,确保工艺布置符合货运的规律性,并满足环境卫生与交通运输要求的前提下,尽量利用现有设施,并留有发展余地,力求节约投资,并重视提高投资的经济效益。

(4)货运站建设区域应具有良好的道路和通信条件,必要的水源、电源、消防及排污等设施条件。

2.选址的步骤

(1)资料收集与整理。收集城市、道路网、国土等有关规划和运输统计、站址内水文地质等有关资料,确定货运站的服务范围和功能,预测服务范围内在各个辐射方向上的货运量和适站量及发展趋势,测算设计年度货运站的生产规模(年吞吐量)和占地面积。

（2）根据站址选择原则，提出若干个货运站站址备选方案。充分研究有关资料，依据货运量和适站量预测和货运站规模测算结果，根据布局和站址选择原则，参考有关规划，通过比较找出服务区域内所有满足要求并可能作为货运站站址的场所作为货运站备选站址。

（3）对备选站址进行现场勘查。具体落实站址条件，掌握第一手资料。

（4）货运站站址的确定。以获得最大综合经济效益（或最小综合费用）为目标，经方案比较或理论计算，在满足基本要求的所有备选站址中最终确定一个最优方案。

3. 站内布局

根据货运站的功能和生产规模统一布局，并结合货运业务的实际情况突出重点，分期实施。在布局中要优先考虑生产区域，重点是确保库、场位置。分期实施的建设项目，应考虑分期建设过程中相互的衔接要求。与现有设施的改造利用相结合，减少用地和节约投资。按货运业务不同，分区设置相应设施，生产设施、设备要符合生产工艺的要求。危险货物的储存与作业应在相对独立的专门区域内进行。站内道路统一规划，合理利用，并符合国家和当地政府现行的安全、消防、环保等有关规定。

四、货运汽车

汽车是用于完成道路运输任务的主要物流设备。根据国家标准，"汽车是由动力装置驱动，具有四个或四个以上车轮的非轨道无架线的车辆"。货车是指运载货物的汽车，又称载货汽车（卡车）。货车通常采用前置发动机，车身由独立的驾驶室和货箱两部分组成。

(一)汽车的产品型号

传统的汽车型号由企业名称代号、车辆类别代号、主参数代号、产品序号几部分组成，必要时附加企业自定代号，如图 2-11 所示。

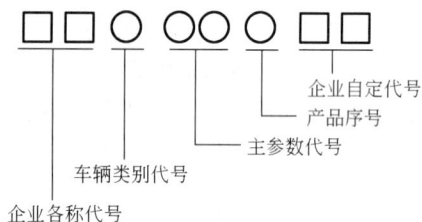

图 2-11　传统汽车产品型号构成

各部分的含义及规定如下：

第一部分是企业名称代号，用于识别车辆制造企业，用代表企业名称的两个或三个汉语拼音字母表示。

第二部分是车辆类型代号，用于表明车辆分类的代号，各类汽车的类别代号如表 2-8 所示，用一位阿拉伯数字表示。

车辆类别代号及含义　　　　表 2-8

数字	1	2	3	4	5	6	7	8	9
含义	载货汽车	越野汽车	自卸汽车	牵引汽车	专用汽车	客车	轿车		半挂车及专用半挂车

第三部分是主参数代号,用于表明车辆的主要特性参数,用两位阿拉伯数字表示。

(1)载货汽车、越野汽车、自卸汽车、牵引汽车、专用汽车与半挂车的主参数代号为车辆的总质量(t);牵引汽车的总质量包括牵引座上的最大质量,当总质量在100t以上时,允许用三位数字表示。

(2)专用汽车的主参数代号,当采用定型的汽车底盘改装时,若其主参数与定型底盘原车的主参数之差不大于原车的10%,则应沿用原车的主参数代号。

第四部分是产品序号和企业自定代号。产品序号表示一辆汽车的生产顺序号,企业自定代号是企业按需要自行规定的补充代号。

为了与国际标准接轨,我国原机械工业部1996年12月发布了《车辆识别代号(VIN)管理规则》(简称"规则"),由中华人民共和国机械工业部汽车工业司依据国际代理机构授权,对中华人民共和国境内的车辆识别代号实行统一管理,负责受理有关"世界制造厂识别代号(WMI)"的申请和对申请的批准事宜。中国汽车技术研究中心标准化研究所经授权负责车辆识别代号的备案工作。"规则"要求,1999年1月1日后,我国境内生产的所有汽车、挂车、摩托车、轻便摩托车必须打印车辆识别代号。车辆识别代号由三部分组成,如图2-12所示。

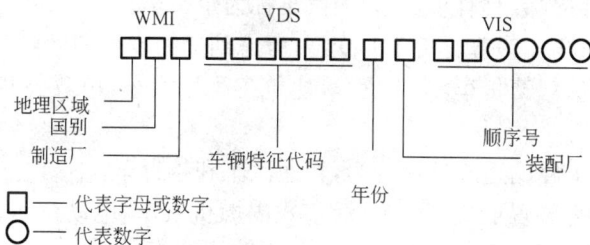

图 2-12　现代车辆识别代号的基本组成

第一部分是世界制造厂商识别代号(WMI),一般由三位字码组成。世界制造厂识别代号必须经过申请、批准和备案后方能使用。WMI能保证汽车产品制造厂商识别标志的唯一性。

第二部分是车辆特征代码(VDS),由六位字码组成,用于识别车辆的一般特性,其代码顺序由制造厂决定。

第三部分是车辆指示部分(VIS),车辆指示部分由八位字码组成,其最后四位字码应是数字用于标明车辆的生产年份以及产品生产的序列号。

(二)汽车的种类

(1)按汽车的用途可以分为以下几类:

①载客车。专门用作人员乘坐的汽车,按其座位多少又可分为轿车和客车、旅游车等种类。

a.轿车。除驾驶员外乘坐2~8人的小型客车。轿车按发动机的工作容积(排量L)大小分为:微型(1L以下)、轻型(1~1.6L)、中型(1.6~2.5L)和大型(2.5L以上)轿车。另外还可以分为普通轿车、高级轿车、旅行轿车和活顶轿车。

b.客车。除驾驶员外乘坐9人以上的载客车为客车。客车有小型、中型、大型、铰接式、单层、双层等形式(如表2-9)。另外,还可按使用目的分为旅行客车、城市客车、长途客车、游览客车和旅游车等。其中旅游车是专门用于旅游的客车,是20世纪60年代后发展起来的现代化交通工具。有的长途旅游车为住宿式,具有住宿和生活条件。

客 车 类 型   表2-9

类 型	小 型	中 型	大 型	铰 接 式	双 层
总质量(t)	<4	4~11	11~16	>18	>15
总长(m)	<6	6~9	9~12	>14	9~12

②货车。主要供运载货物用的汽车称为货车。又称载货汽车。按其载重量分为轻型(1~3.5t)、中型(4~8t)和重型(大于8t)货车。

③自卸车。货箱能自动举升并倾卸散装货物,固体货物,如:煤、砂石、矿料等。

④牵引车。专门用来牵引挂车、半挂车和长货挂车的主体,一般不搭乘旅客,没有装载货物的车厢(少数具有短货箱)的汽车称为牵引车。

⑤特种用途汽车。为普通货车的变型,考虑到货物装载和运输上的专门需求,具有特殊货箱。如:保温箱货车,罐式货车,建筑工程用汽车,市政公共事业用汽车,农用汽车,竞赛汽车等。

(2)按汽车对道路的适应性可分为,普通汽车和越野车。

(3)按汽车动力装置形式可分为,活塞式内燃机汽车、电动汽车、复合燃料汽车、太阳能汽车等等。

(三)汽车的基本构造

汽车的类型虽然很多,总体构造也有所不同,但其基本组成是一致的,均由发动机、底盘、车身和电器设备四大部分组成。

1.发动机

汽车的动力装置,是汽车的"心脏"。其作用是使燃料燃烧后产生动力,然后通过底盘的传动系驱动汽车行驶。汽车发动机由曲柄连杆机构、配气机构、燃料供给系、冷却系、润滑系和点火系、启动系("二大机构"、"五大系")组成。

目前在汽车上占优势的是往复活塞式内燃机,其中主要是汽油机和柴油机。常见的汽油机是利用化油器使汽油与空气混合后吸入发动机气缸内,用电火花强制点燃混合气体使其燃烧后产生热能而作功;柴油机则利用喷油泵使柴油产生高压后由喷油器直接喷入发动机气缸内并与气缸内压缩空气混合形成混合气,柴油自燃后产生热能而作功。

2. 底盘

底盘是汽车的基础,也可以称之为汽车的"骨架"。其作用是接受发动机的动力,使汽车产生运动,并保证正常行驶,支撑、安装汽车其他部件、总成。底盘由传动系、行驶系、转向系和制动系"四大系"组成。

(1)传动系

汽车传动系的基本作用是将发动机发出的动力传给驱动车轮。

汽车传动系由离合器、变速器、万向节和传动轴组成的万向传动装置,以及安装在驱动桥上的主减速器、差速器和半轴组成。

(2)行驶系

汽车行驶系的结构形式因车型和行驶条件的不同而有所差异。绝大多数汽车行驶在比较坚实的道路上,其行驶系中直接与路面接触的部分是车轮,因而称为轮式行驶系。除广泛应用的轮式行驶系外,还有履带式、车轮—履带式等。

行驶系的主要作用是:将汽车构成一个整体,支撑汽车的总质量;将传动系传来的扭矩转化为汽车行驶的驱动力;承受并传递路面作用在车轮上的各种反力及力矩;减少振动,缓和冲击,保证汽车平顺行驶;与转向系配合,正确控制汽车的行驶方向。

(3)转向系

转向系的作用是通过驾驶员转动方向盘,根据需要改变汽车的行驶方向。转向系由转向器和转向传动机构两大部分组成,图2-13为转向系示意图。转向器由方向盘、转向轴、转向传动轴、转向万向节等组成。转向传动机构由转向垂臂、纵拉杆、转向节臂、横拉杆、左右梯形臂等组成。

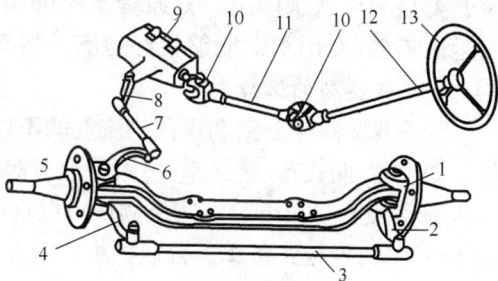

图2-13 转向系示意图

1-右转向节;2、4-梯形臂;3-转向横拉桥;5-左转向节;6-转向节臂;7-转向纵拉杆;8-转向垂臂;9-转向器;10-转向万向节;11-转向传动轴;12-转向轴;13-方向盘

(4)制动系

制动系的作用是根据需要使汽车减速或在最短的距离内停车,以确保行车安全;并保证汽车停放可靠,不致自动滑溜。汽车的制动系一般至少装有两套各自独立的系统:行车制动装置(脚制动装置)和驻车制动装置(手制动装置)。此外,较完善的制动系还应具有制动力调节装置、报警装置、压力保护装置等附加装置和采用多管路等。制动系中每套制动装置都由产生制动作用的制动器和制动传动机构组成。制动器通常采用摩擦式。图2-14为摩擦式制动系工作原理图。

3. 电器设备

汽车的电源和电气装置,由电源和用电设备两大部分组成。电源由发电机、蓄电池组成;用电设备包括发动机的启动系以及汽车的照明、信号、仪表装置等,在强制点火式发动机中还包括发动机的点火系。

4.车身

车身安装在车架上，用以安置驾驶员、乘客或货物。轿车、客车一般是整体车身，货车车身则由驾驶室和货箱两部分组成。

汽车车身是一件精制的综合艺术品，其结构主要包括车身壳体、车门、车窗、车前钣金件、车身内外装饰件、车身附件、座椅以及通风、暖气、冷气、空气调节装置等；载货汽车车身还包括货箱和其他设备。

(四)车辆的选择

车辆的选择是指根据货物的种类、特点及运输批量等对车辆的类型和主要使用性能等进行合理选择。选配车辆必须遵循技术上先进、经济上合理、生产上适用、维修上方便的基本原则。

货运车辆类型的选择，主要应根据货物的特性、包装的类型和形状来确定。普通货车能够满足一般货物的运输需要，专用车辆能够很好地满足特殊货物的运输需要。

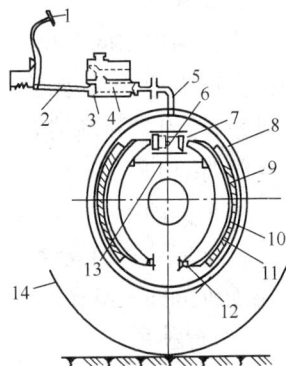

图 2-14　制动系工作原理图
1-制动踏板；2-推杆；3-主缸活塞；4-制动主缸；5-油管；6-制动轮；7-轮缸活塞；8-制动鼓；9-摩擦片；10-制动蹄；11-制动底板；12-支撑；13-制动回位弹簧；14-车轮

1.车辆类型的选择

随着我国高速公路和现代物流业的不断发展，专用汽车需求量将呈逐年递增态势。据预测，厢式车、罐式车、冷藏保温车等主要专用车种在未来10年中的年增长率将达10％以上。以下是在物流领域可以选配的常见车型。

(1)普通拦板式货车。普通拦板式货车具有整车重心低、载重量适中的特点，适合于装运百货和杂品。

(2)厢式车。在物流领域，由于厢式货车结构简单，利用率高，适应性强，是应用前景最广泛的一种车型。厢式车除具备普通车的一切力学性能外，还具备全封闭的箱式车身，以及便于装卸作业的车门。封闭式的车厢可使货物免受风吹、日晒、雨淋，将货物置于车厢内，能防止货物散失、丢失，安全性好；且小型厢式载货汽车一般带有滑动式侧门和后开门，货物装卸作业非常方便，由于其小巧灵便，无论大街小巷均可长驱直入，真正实现"门到门"的运输方式。

(3)自卸车。自卸车可以自动后翻或侧翻使货物自动卸下，具有较大的动力和较强的通过能力，是矿山和建筑工地上物流运输的理想车种。

(4)罐式车。罐式车装有罐状容器，密封性强，一般用于运送易挥发、易燃烧的危险品和粉状物料等。

(5)汽车列车。汽车列车是指一辆汽车(货车或牵引车)与一辆或一辆以上挂车的组合。汽车和牵引车为汽车列车的驱动车节，称为主车；被主车牵引的从动车节称为挂车。采用汽车列车运输是提高经济效益最有效而简单的技术手段。其具有快速、机动灵活、安全等优势,可方便地实现区段运输、甩挂运输、滚装运输。

汽车列车主要有:全挂汽车列车、半挂汽车列车、双挂汽车列车和特种汽车列车四种类型。

全挂汽车列车如图 2-15 所示,由一辆牵引汽车用牵引杆连接一辆或一辆以上的全挂车组合而成。

半挂汽车列车是指由一辆半挂牵引汽车和一辆半挂车组合而成的汽车列车,如图 2-16 所示。半挂汽车列车的牵引车上备有牵引座,半挂车上装有牵引销,半挂车通过牵引销与牵引车上的牵引座连接(或分离),并承受半挂车的部分载荷。

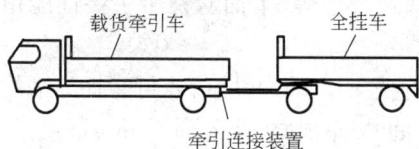

图 2-15 全挂汽车列车示意图   图 2-16 半挂汽车列车示意图

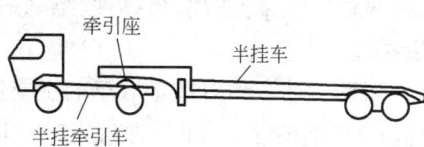

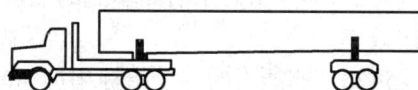

双挂汽车列车是指由一辆半挂牵引车与一辆半挂车和一辆全挂车组合而成的汽车列车,如图 2-17 所示。由于双挂汽车列车又增加了一节挂车,所以载重量增加了,运输效率大大提高。但它要求牵引车具有更大的发动机功率,并且要求运行的道路条件较好。

特种汽车列车是指具有特殊结构或装有专用设备的汽车列车,如图 2-18 为专门运输长形物料的一种汽车列车,物料的前后两端分别与牵引车和挂车有机连接,物料本身构成了汽车列车的一部分。

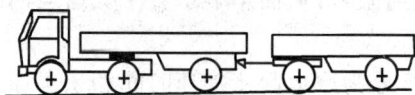

图 2-17 双挂汽车列车示意图   图 2-18 特种汽车列车

(6)冷藏保温车。冷藏保温汽车是指装有冷冻或保温设备的厢式货车,通过制冷装置为货物提供最适宜的温度和湿度条件,用来满足对温度、湿度有特殊要求的货物运输需要。

(7)集装箱运输车。集装箱运输车是指专门用来运输集装箱的专用汽车,主要用于港口码头、铁路货场与集装箱堆场之间的运输。

与一般运输方式相比,集装箱运输具有以下四大优点:

①简化了装卸作业,便于实现装卸作业的机械化,节约装卸时间,从而提高了劳动生产率,加快了货物和运输工具的周转速度。

②节省了包装费用。

③减少了货损货差。由于在整个运输过程中,只有起始运输和最终运输才打开

集装箱装卸货物,因而减少了产生货损货差的机会。

④降低了整个运输成本。集装箱运输在提高运输生产率的同时,还保证了运输质量,因而从整体上提高了经济效益,降低了运输成本。

随着我国加入WTO后,国际间的贸易日益广泛,我国的集装箱运输业将会得到迅速发展,公路集装箱运输车的需求也会进一步增加。

2. 车辆使用性能选择

汽车的使用性能是指汽车能够适应使用条件而表现出最大工作效能的能力。它既是评价和选择汽车的主要标准,又是正确使用汽车的基本依据。

评价汽车使用性能的指标很多,有动力性、燃料经济性、行驶安全性、使用方便性、操纵稳定性、舒适性、可靠性、维修适应性和通过性等,下面对几个主要性能指标加以阐述。

(1)动力性。动力性是汽车的主要使用性能之一。动力性好,才可能提高平均行车速度,汽车的平均行车速度越高,单位时间内完成的货运周转量(百吨/km、千人/km)就越大,运输生产率就越高。

评价汽车动力性的指标有三方面:最高车速、加速能力和爬坡能力。

①最高车速。汽车的最高车速是汽车在下述条件下所能达到的最高车速。

a. 最大额定载荷。

b. 发动机全负荷。

c. 水平良好的路面。

d. 无风,1个标准大气压,气温在$18\sim20℃$。

②加速能力。现代交通流量很大,如果汽车的加速能力不足,不但使本车的平均速度降低,而且阻碍了后面车流的加速,产生交通阻塞,从而影响了整个交通运输的生产效率。

汽车加速能力的评价指标用加速时间表示,分为原地起步加速时间和超车加速时间。原地起步加速时间是指在良好平直的水泥或沥青路面上,汽车满载、用头挡或二挡起步,以全油门加速,在发动机最大功率转速时换挡,直到车速达到最高挡最高车速的80%以上时所用的时间。超车加速时间是指满载、用最高挡,从稍高于该挡最低稳定车速的某一低车速加速到另一车速所需的时间。

③爬坡能力。汽车的爬坡能力是指汽车满载、在良好的水泥或沥青路上,各挡能爬过的最大坡度或最大坡道角。

在各挡最大爬坡度中,最重要的是一挡最大爬坡度和直接挡的最大爬坡度。一挡的最大爬坡度表示汽车的最大通过能力,直接挡最大爬坡度表示汽车不必换入低速挡而通过坡道的能力。直接挡的最大爬坡度大,表示在一般坡道上,不必换入低速挡就可通过,这有利于提高汽车的平均车速并可以减轻驾驶员的疲劳程度。

影响汽车动力性的主要因素有发动机的性能、底盘的技术状况、汽车的外形和尺寸、轮胎的尺寸和结构以及道路的使用条件等。

(2)汽车的燃油经济性。汽车的燃油经济性是指汽车以最小的燃油消耗量完成单位运输工作的能力,也是汽车的主要使用性能之一。

我国及欧洲燃油经济性用 L/100km 为单位,表示在指定工况下每 100km 行程,汽车消耗燃油的升数。数值越大,汽车的燃油经济性越差。该指标可用于相同载重量汽车的燃油经济性评价。另外一个常用的考核指标是以 L/100t·km 为单位,它表示每完成 100t·km 的货物周转量所用燃油的升数。同样,其数值越大,汽车的燃油经济性越差。利用该指标可对不同载重量的汽车进行燃油经济性的比较和评价。

(3)汽车的行驶安全性。汽车的行驶安全性包括:主动安全性和被动安全性两大方面。

主动安全性是指汽车本身防止或减少道路交通事故的能力。主要与汽车的制动性、操纵稳定性、驾驶舒适性、视野和灯光等因素有关,此外,动力性中的加速能力也对行车安全有较大影响。

被动安全性是指汽车发生交通事故后,汽车本身能够减轻人员受伤和货物受损的能力。

为了保障汽车的行驶安全和使汽车的动力性得以充分发挥,汽车必须具有良好的制动性能。汽车的制动性是指汽车按给定方向连续强制减速直到停车的能力,它是影响汽车行驶安全的重要性能。如果汽车的制动性能不良,即使动力性再好,也不能得到正常发挥。因此,汽车的动力性和制动性是汽车高速行驶的两个关键性能或基本条件。

汽车的制动性能有三方面的评价指标:制动效能、制动效能的恒定性和制动时的方向稳定性。

①制动效能。包括制动减速度、制动距离以及制动力等。

②制动效能的恒定性。包括抵抗制动效能的热衰退和水衰退的能力。汽车下长坡制动及汽车高速制动的情况下,制动器的工作温度显著提高,将会使制动器产生热膨胀,蹄鼓间隙增大,制动力矩显著下降,汽车的制动效能显著降低,这就是制动效能的热衰退现象。另外,汽车涉水后,由于制动器被水浸湿,摩擦系数降低,制动效能也会降低,这种现象称为制动效能的水衰退现象。

③制动时的方向稳定性。是指制动时汽车按照驾驶员给定方向行驶的能力,即制动过程中汽车不发生跑偏、侧滑和失去转向的能力。

(4)汽车的操纵稳定性。在驾驶员不感到过分紧张和疲劳的条件下,汽车按照给定方向行驶的能力,以及对各种企图改变其行驶方向的外界干扰的抵抗能力,称为汽车的操纵稳定性。

汽车的操纵稳定性包括两个方面:一方面是车辆按驾驶员所给定方向行驶的能力,称为操纵性;另一方面是汽车抵抗不平地面、坡道、大风等干扰因素,仍保持稳定行驶的能力,称为稳定性。汽车的操纵稳定性不仅影响到汽车能否稳定地驾驶,而且也是保证汽车高速行驶安全的一个主要性能。

（5）汽车的舒适性。汽车行驶时，由于路面的不平和冲击，会使乘坐者感到振动和冲击。减少振动和冲击的有效措施，一方面是改善路面质量，减少振动源；另一方面要求汽车对路面不平和冲击具有良好的隔振特性。这一性能称为汽车的行驶平顺性。由于汽车的平顺性主要是根据乘坐者的舒适程度来评价的，所以也称为乘坐舒适性。另外，汽车的舒适性还包括噪声、空气调节和居住性等内容。

（6）汽车的通过性。汽车的通过性是指汽车以足够高的平均速度通过不良道路、无路地带和克服障碍的能力。

（7）汽车的环保性。汽车的环保性是指汽车运行时对周围环境产生不利影响程度的一种性能。汽车运行过程中对周围环境产生的危害主要有，废气排放污染和噪声污染两大方面。

汽油机废气的主要污染物成分是一氧化碳（CO），碳氢化合物（HC）和氮氧化合物（NOx）；柴油机废气的主要污染物成分是氮氧化合物和炭烟。

随着世界汽车保有量的增加，由汽车尾气排放的 CO_2 数量增多所引起的温室效应，受到了世界各级的高度关注。据世界卫生组织的最新研究表明，汽车尾气是导致支气管炎的主要原因之一；汽车尾气致人死亡的数字远高于交通事故致死的人数。为此，各国都制定了非常严格的汽车尾气排放标准，我国也不例外。在进行车辆选择时，必须选择符合环保要求的汽车。

3. 汽车的质量参数选择

（1）整车装备质量。是指汽车完全装备好的质量。包括：发动机、底盘、车身、全部电气设备和车辆正常行驶所需要的辅助设备的质量，包括加足燃、润料，冷却液的质量以及随车工具、备用轮胎等的质量之和。

（2）厂定最大总质量。是指汽车满载时的总质量。包括整车装备质量、最大装载质量、驾驶员的质量之和。

（3）最大装载质量。最大总质量和整车装备质量之差。

（4）最大轴载质量。汽车单轴所承载的最大总质量。

在以上四个质量指标中，装载质量是人们所关心的主要使用指标，车辆装载时绝不允许超过车辆的额定最大装载质量。

4. 汽车的尺寸参数选择

如图 2-19 是汽车主要尺寸参数示意图，主要尺寸参数如下：

（1）车长（L）。垂直于车辆纵向对称平面并分别抵靠在汽车前、后最外端突出部位的两垂面间的距离。

（2）车宽（B）。平行于车辆纵向对称平面并分别抵靠车辆两侧固定突出部位（除后视镜、侧面标志灯、方位灯、转向指示灯等）的两平面之间的距离。

（3）车高（H）。车辆支承平面与车辆最高突出部位相抵靠的水平面之间的距离。

（4）轴距（L_1、L_2）。汽车处于直线行驶位置时，同侧相邻两轴的车轮落地中心点到车辆纵向对称平面的两条垂线间的距离。

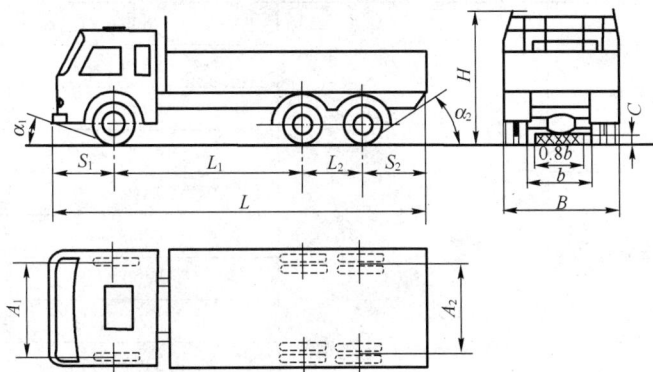

图 2-19　汽车主要尺寸参数示意图

（5）轮距（A_1、A_2）。在支承平面上，同轴左右车轮两轨迹中心线间的距离（轴两端为双轮时，为左右两条双轨迹的中心线间的距离）。

（6）前悬（S_1）。在直线行驶位置时，汽车前端刚性固定件的最前点到通过两前轮轴线的垂面间的距离。

（7）后悬（S_2）。汽车后端刚性固定件的最后点到通过最后车轮轴线的垂面间的距离。

（8）最小离地间隙（C）。满载时，车辆支承平面与车辆最低点之间的距离。

（9）接近角（α_1）。汽车前端突出点向前轮引的切线与地面的夹角。

（10）离去角（α_2）。汽车后端突出点向后轮引的切线与地面的夹角。

由于我国货运车辆货箱内部尺寸尚未有统一的规范，为了有效利用车厢的面积和容积，在选择车辆时，其内部尺寸的选择应考虑与流通容器之间的配合关系。如以货箱内部宽度 2340mm、2140mm 及 1840mm 为例，说明物流笼车及托盘与车辆货箱的配合关系（表 2-10）。其他尺寸间的配合关系可依此类推。

物流笼车及托盘与车辆货箱的配合关系　　　　表 2-10

适用装载容器(mm)	车厢内部宽度(mm)	车厢内部长度(mm)	装载数(个)
1100×1100 托盘	2340	8400	14
		7200	12
		6000	10
		4800	8
1100×800 物流笼车		8400	20
		7200	16
		6000	14
		4800	10

续上表

适用装载容器(mm)	车厢内部宽度(mm)	车厢内部长度(mm)	装载数(个)
1200×1000 托盘	2140	7800	12
		6600	10
		5400	8
		4800	8
950×800 物流笼车		7800	18
		6600	16
		5400	12
		4800	10
1100×800 物流笼车		5400	8
		4800	8
		4200	6
		3600	6
		3000	4
950×800 物流笼车	1840	5400	10
		4200	8
		3600	6
		3000	6
800×600 物流笼车		5400	12
		4800	12
		4200	9
		3600	9
		3000	6

(五)汽车保养和维修

汽车的保养和维修,是为了确保车辆在使用中具有良好的技术状况和较长的使用期限。

1.保养

保养除每日(每班)进行的,以检试、清洁为主的例行保养外,还规定有一级保养、二级保养和三级保养。

一级保养的主要任务是以紧固、润滑为中心,并清除车辆在行驶一定里程后出现的薄弱环节,保证车辆仍具有继续正常行驶的技术条件。

二级保养的主要任务是以检查、调整为中心,较为深入、细致地对车辆进行全面的检查和调整,其目的是使车辆能在以后较长的时期内有良好的运行性能。二级保养是在车辆行驶一段较长的里程后进行的,一般需中断运输生产。

三级保养以总成解体、清洗、检查、调整和清除隐患为中心。一般由专业保养工人完成。

2.维修

汽车维修的目的,是为了迅速恢复其在使用过程中由于机构的自然磨损、故障和其他损伤而丧失了的工作能力。维修也分为三级,即小修、中修、大修。

小修是一种维护性修理,是对车辆的个别部件和总成在工作中临时出现故障所必须进行的修理。

中修是一种平衡性修理,是在两次大修之间,对某些零件和总成进行一次计划性修理,以使其使用期限趋于平衡,延长大修间隔里程。

大修是将各总成拆散成零件,对其进行清洗、检验和分类;然后更换不可修的零件;修复需修的零件;再把合乎要求的零件按规定的技术标准装配、试验,以达到恢复汽车技术性能的目的。

在设备维修管理实践中,往往把有规律性的小修项目与二级保养结合起来,把中修与三级保养结合起来。这样,不仅可以省工、省时,还可以减少中断生产停场的修理时间,提高设备的利用率和生产效益。

第三节　水路运输设施与设备

水路运输是指利用船舶,在江、河、湖泊、人工水道以及海洋上,运送旅客和货物的一种运输方式。水路运输具有以下特点及功能。

1.水路运输的主要优点

(1)可以利用天然水道。与其他运输方式相比,水运对货物的载运和装卸要求不高,因而占地较少。

(2)水上航道四通八达,其通航能力几乎不受限制。一般说来,水运系统综合运输能力主要是由船队运输能力和港口通过能力决定。

(3)可以实现大吨位、长距离的运输。水运的特点是运量大、成本低,非常适合大宗货物的运输。

2.水路运输的主要缺点

(1)船舶平均航速较低。

(2)受天然水道限制,覆盖面不普遍。

(3)受自然条件影响较大,特别是受气候条件影响较大,因而呈现较大的波动性及不平衡性。

3.根据水上运输的上述特点,在综合运输体系中,水上运输的主要功能如下

(1)承担大批量货物,特别是集装箱运输。

(2)承担原料、半成品等散货运输,如建材、石油、煤炭、矿石、粮食。

(3)承担国际贸易运输,系国际商品贸易的主要运输工具之一。

一、港口的基本知识

(一)概念

港口是位于江、河、湖、海或水库沿岸,具有明确界限的水域和陆域及相应的设备和条件,提供船舶出入和停泊,旅客上下船,货物装卸、储存和驳运,以及船舶补给、修理等技术和生活服务的场所。

港口就其工程内容而言,是各种工程建筑物(水工、房建、铁路、道路、桥梁和给水、排水等)、设备以及信息基础设施所组成的综合体,而港口水工建筑物是这个综合体的主要组成部分。

港口是水陆运输乃至交通运输大动脉中的枢纽,是各种货物换装和集散的中心,是各种运输工具的衔接点,旅客在此上下,货物在此集散、暂存、换装并改变运输方式。

(二)港口的功能和作用

港口的功能具有多元性和发展性两大特征。多元性是指港口在社会经济运行过程中的许多方面都或多或少地发挥着一些作用;发展性是指港口所具有功能不是一成不变的。

港口功能依据用途、分类不同而不尽相同,这里只介绍商港或贸易港的主要功能。

(1)装卸和仓储功能。装卸和仓储是港口最基本的功能,主要包括对各种货物的装卸、搬运、储存保管、分拨、配送等。

(2)运输组织管理功能。港口作为综合运输体系中的重要枢纽,需要以满足客户要求为目标,通过有效的运输组织管理,把各种运输方式有机地联系起来,从而使物流供应全过程快速、经济、合理。

(3)贸易功能。随着市场经济的发展,港口逐步发展成为对外交往和贸易的窗口。越来越多的贸易机构在港口或港口附近开辟专门的区域,从事商品贸易活动。港口不仅自身要具备这种功能,而且要为这种贸易活动创造良好的条件。

(4)信息功能。通信及信息服务系统是港口现代化的重要组成部分,也是形成物流服务中心及管理中心的重要基础。

现代港口是多种信息的汇集中心,同时也是各种信息的服务平台,其主要信息包括:

①船舶与航线、货源与车源、车辆调度、货与车跟踪、仓储与库存控制、运输与配送计划、物流作业统计以及物流成本分析与控制等物流供应链上各种信息;

②国内和国际商贸有关信息;

③"一关三检"(即:海关、动植物检疫、卫生检疫和船舶检验)所需的服务信息;

④多式联运有关资料信息;

⑤信息服务与咨询。

(5)服务功能。作为大量车、船等交通工具的集散地和大量人流活动聚集地的港口,特别是现代化的主枢纽港必须能够提供优质的口岸服务及生产、生活服务。除边防检查、"一关三检"及维修、海事服务外,还包括船、车的燃料供应,船员、客商及与港口服务相关的各类从业人员的餐饮、娱乐、居住及其他生活服务等。

(6)生产加工功能。主要表现为两个层次,一是属于流通领域的货物加工,即分选、换装、包装等;二是随着贸易自由化及现代物流的发展,国际和国内许多制造商或生产企业,为了降低原材料运输成本,充分利用港口的综合优势,常常在港区或附近建立产品加工厂或装配厂,进行产品加工制造,然后通过港口外运或在当地销售。这种情况在建有保税区和开发区的港口已经十分普遍。

(7)辐射功能。随着港口功能的不断完善和现代物流业的发展,港口对其海外和内陆腹地的辐射作用逐渐扩大和加深,而且对周边地区的带动作用也不断增强,不仅促进了腹地经济的发展和对外交流,也使港口功能得以拓展和完善。

(8)现代物流功能。现代物流作为一种先进的组织方式和管理技术受到世界各国政府的高度重视,现代物流产业已在全球范围内迅速发展成为一个极具发展空间和潜力的新兴产业。为了充分发挥现代物流供应链重要的节点作用,越来越多的港口正在向现代物流中心发展。

除了上述功能外,随着海洋石油、海洋渔业以及海洋资源的开发,现代港口正在向航运和海洋产业的服务中心和后勤基地转化。港口功能的多样性还带动了其他诸多的贸易与产业活动,使港口的城市功能逐渐扩大。如临海城市的产业及其活动与港口的关系日益密切,越来越依赖于港口。

港口就其功能而言,是交通运输枢纽、水陆联运的咽喉;是水陆运输工具的衔接点和货物、旅客的集散地。在世界经济一体化发展的新形势下,港口正向国际贸易的综合运输中心和国际贸易后勤基地的多功能方向发展。

(三)港口的基本组成

从范围上讲,港口主要包括水域和陆域两部分。

港口水域是指与船舶进出港、停靠及港口作业相关的水上区域,其主要设施一般包括:航道、港池、锚地、船舶调头水域和码头前水域,防护建筑物及导航、助航标志设施等。

港口陆域是指从事与港口功能相关服务的陆上区域,其主要设施包括:各种生产设施,如码头、仓库、堆场、铁路、公路、港区道路、装卸机械和运输机械等;各类生产辅助设施及信息控制系统,如给排水系统、供电照明系统、通信导航系统,为生产提供直接服务的场所如现场办公室、候工室、机械库、工具库及维修车间、燃料供应站、港内工作船基地、港口设施维修基地等;另外还包括有关的生活设施、服务设施、环保设施、文化与教育设施以及为满足现代物流服务的相关设施等。

现代港口生产作业及主要设施可归纳如表 2-11。港口生产作业是系统化生产,各部分必须相互适应,只有五大系统能力协调、配合才能形成港口的综合生产能力。

港口作业系统及主要设施 表 2-11

序号	作 业 系 统	主 要 设 施
1	船舶航行作业系统	航道、通信导航设施、助航拖船、锚地、回旋水域、港池、航修设施、船舶供水、供油、船舶废弃物收集
2	乘降、装卸作业系统	码头、装卸作业锚地、装卸机械、运输机械、旅客上下船设施、防波堤、控制中心、计算机中心
3	存储、分运作业系统	港内各种仓库、堆场、库内机械、分运中心(分拨中心)、客运站、宾馆
4	集疏运作业系统	铁路、公路(进港高速路)、水网、管道
5	信息与商务系统	港口 EDI 商务中心(电子数据交换系统)、贸易服务中心(世界贸易中心)
6	环境保护	港区各种绿地、各种污水(含油、含煤、洗箱)处理、废弃物处理、油回收船、海面清扫船

(四)港口的分类

由于港口与港口之间在功能、位置、规模、能力、自然条件等方面的差异,不同的港口对国家国民经济发展的影响是不一样的。因此世界上很多国家都根据港口的用途功能、地理位置、自然条件和层次地位对其进行了分类。

1. 按港口用途分类

(1)商港。亦称贸易港,是以一般商船和货物运输为服务对象的港口。作为商港,一般兼运各类货物,设有不同货种的作业区;其不但要有优良的自然条件,还必须具备工商业比较集中、经济比较发达、交通便利等条件,并具有从事海、陆、空联运的各种设施。如上海港、香港港、鹿特丹港、神户港、汉堡港和纽约港等,都是世界上著名的商港。

(2)工业港。主要是供大型工矿企业输入原材料和输出产品而专门设置的港口,又称业主码头。如上海宝钢码头和武汉工业港即属此类。

(3)军港。是为军用舰艇驻泊、给养、训练和作战设置的专用港口。其在港口选址、总体布置和陆域设施等方面均有特殊要求。如美国的珍珠港和中国的旅顺港。

(4)渔港。供渔船停泊、修理、给养和渔货装卸、冷藏加工及保鲜储运的港口,需具有生产、贸易和分运的功能。如中国的舟山港、大连渔港。

(5)旅游港。是专为游艇停泊和保管而设计的特定形式的港池、码头及陆域设施的港口,常称为游艇基地。如日本大阪港游艇基地,布置有防波堤、港池、码头艇库、停车场、俱乐部和绿地等;又如无锡太湖灵山大佛旅游区的旅游客运码头,码头平面为船锚型布置,且在大佛的视线上。

(6)避风港。指专为船舶遇到突发性风暴时避风用的港口。如琉球群岛中的奄美大岛港。

2. 按港口所在的地理位置分类

(1)海港。位于有掩护的海湾内或位于开敞的海岸上的港口。海港利用海湾、岬角等天然掩护,可避开或减少风浪、潮汐、沿岸输沙的影响。当天然掩护不能满足要求时可修建防波堤。如中国的大连港、青岛港,日本的神户港和横滨港等。

(2)河口港。位于江、河入海口处的港口。河口港一般建在河流下游潮区界内,有通海的航道,可满足河、海船舶停泊需要。由于河口港所处的地域通常都具有经济发达、交通便利的优势,所以往往是国际上重要的国际贸易港。由于受潮汐和河道径流影响,进港航道一般容易出现泥沙淤积,形成拦门沙,因此航道的维护和治理往往是影响河口港发展的重要问题。如中国的上海港、荷兰的鹿特丹港等均为典型的河口港。

(3)河港。位于江、河、湖沿岸的港口。河道上游河港的特点是易受洪汛影响,不同季节水位落差很大,给船舶停靠和装卸带来困难。中、下游的港口受潮差和洪汛的双重影响,容易产生泥沙淤积问题。如中国的重庆港、德国的汉堡港等均为典型的河港。

(4)水库港。位于运河上的港口。如中国徐州港、扬州港和万寨港等。

3. 按港口所在地自然条件分类

(1)天然港。具有天然的船舶停靠和避风条件,有足够的水域面积和天然水深条件,底质适于锚泊的港湾。如中国的大连港、宁波港(北仑港区)、香港港,美国的旧金山港和日本的东京港等。

(2)人工港。经人工开的航道和港池,并建有防波堤的港口。如法国的勒阿弗尔港和中国的天津港等。

4. 按港口的层次地位分类

这种分类是根据港口布局和港口在国民经济及综合运输体系中的地位、作用以及所处的地理位置与功能进行的,主要有:

(1)航运中心港。是港口高度集约化的产物,这类港口所在城市的经济、金融与贸易十分发达,有广阔的经济腹地,有众多的固定航线通往国内和世界各主要港口。航运中心港一般都是集装箱枢纽港。

(2)主枢纽港。是地理位置优越,辐射面广、货源充足、有较多的固定航线,设施与设备先进,功能齐全的重要港口。这类港口一般位于综合运输主骨架的交汇点,是客货集散中枢和各种运输方式的相互衔接处。

(3)地区性枢纽港。这类港口的服务范围主要是某个地区,其航线数量、服务功能及服务设施与设备等方面都不如主枢纽港;但它具有优越的地理位置、较先进的服务设施与设备以及较齐全的服务功能,是地区客、货集散中枢和综合运输的枢纽。

(4)地区性重要港口。是在地区经济发展及对外开放中发挥重要作用的港口。依托所在地区的重要城市,具有良好的陆路运输条件,对周边地区有一定的辐射作用。

(5)其他中小港口。是指除上述以外的大量沿海中小港口,作为沿海地区交通基础设施的一部分,对所在地区经济发展起到了积极的促进和保证作用,也是完善沿海港口布局的重要补充。

5. 按集装箱运输吞吐量分类

随着集装箱运输的发展,港口按集装箱吞吐量、服务范围、服务功能、服务设施与设备及现代化管理水平可分为:

(1)国际集装箱枢纽港。是国际集装箱运输主干航线的起始港、终点港或主要挂靠港,是所在地区集装箱及货物集散的枢纽。

(2)区域性枢纽港。是国际集装箱运输主干航线挂靠港或区域性国际航线起始港、终点港,本地区及邻近地区集装箱货源较充足,并有一定数量的支线港(喂给港)。

(3)支线港(喂给港)。是区域性集装箱国际航线或分支航线的挂靠港,或是少数区域性国际航线及国内集装箱航线的起始港、终点港。

此外,港口根据装卸货物的不同还可分为综合性港口和专业性港口。综合性港口是指能够装卸多种货物的港口。专业性港口是指专门或者主要从事某种货物装卸作业的港口,其特点是某种货物在其港口吞吐量中占有很大的比重,并具备装卸该种货物的先进专用装卸设备设施,如中国的黄骅港、八所港等。

(五)港口的规模和腹地

1. 港口腹地

港口腹地是指港口货物吞吐和旅客集散所及的地区范围。现代化的港口一般具有双向腹地,即面向内陆的陆向腹地和面向海外的海向腹地。港口与腹地是互相依存,相辅相成的。港口的发展建设必须以腹地范围的开拓和腹地经济的发展为后盾,腹地是港口赖以生存和发展的基础;另一方面,港口是腹地的门户,港口的建设也对腹地经济发展产生重要影响。

(1)陆向腹地

港口的陆向腹地是指以某种运输方式与港口相连,为港口产生货源或消耗经由该港口进出口货物的地域范围。港口陆向腹地的大小不仅与港口所在的区位有关,同时也与港口同内地之间的贸易和运输联系的紧密程度相关。

有关研究认为,从地理位置上来看,港口的陆向腹地可分为近处腹地和远处腹地。而港口吞吐量的大小则主要取决于该港相对于这两种腹地的区位属性,既取决于该港相对于其近处腹地的向心性或集中性,也取决于该港相对于其远处腹地的中间化程度。世界上一些大的港口大都具有这两种区位属性,因而具有较为广阔的经济腹地。如位于长江入海口的上海港,直接依托长江三角洲地区,不仅担负着江、浙、沪等地大部分货物的进出口,而且其腹地范围通过各种运输方式延伸到几乎整个长江流域。而一些国际性的港口,其腹地甚至可以覆盖几个国家,如位于莱茵河和马斯河入海口的世界著名港口鹿特丹港属于国际性港口,其陆向腹地不仅覆盖了荷兰、比利时、卢森堡,而且还延伸到德国,尤其是德国的鲁尔工业区,其处理的进出德国的货物量比德国最大的港口汉堡港还要多,经过鹿特丹港运往德国的货物占该港进口货物的70%。

港口陆向腹地的大小,主要取决于该地区与其他地区是否存在贸易关系以及贸易量的大小。而这种贸易关系又取决于该地区经济发展水平和规模,同时该地区人口密度大小也是决定腹地进出口需求的重要因素。影响港口陆向腹地范围大小的另一个重要因素是该地区与该港口之间的运输联系。目前世界多数港口与腹地间的联系主要是通过内河、铁路和公路来连接的。

当然,港口的陆向腹地是有限的,不可能无限制地扩大。主要因为在其他条件不变的情况下,随着腹地范围的扩大,腹地与港口之间运输距离延长,运输成本增加。更重要的原因是其他港口的竞争。货主在选择港口时,通常要比较运输线路、运输工具、运输费用、运输时间以及中转次数、港口班轮密度等因素。此外,货主与承运人之间的某些协议也会影响货主对港口的选择。

(2)海向腹地

港口的海向腹地是相对于港口的陆向腹地而言的。所谓港口的海向腹地是指通过海运船舶与某海港相连接的其他国家或地区。可以是某一个国家或地区,也可以是几个国家或地区,甚至可以是几个大洲。如中国的上海港与世界上160多个国家和地区的400多个港口通航。从上海港始发的国际定期班轮航线有20余条,每月有100多个航班直达北美、欧洲、澳洲、波斯湾、地中海、东南亚及东北亚等地区。因而对于上海港这样一个国际港口而言,这些地区都成了其港口的海向腹地。

如果把陆向腹地看成是港口发展初期的传统条件,海向腹地的开拓则为港口的发展注入了新的活力,随着世界经济一体化的发展,海向腹地对港口的作用和影响将逐步加强。

港口与海向腹地各国(或地区)的联系的紧密程度主要有:
①港口海向腹地与陆向腹地的互补程度;
②港口与其海向腹地之间的距离以及与国际航线间的距离;
③传统联系的影响,远不如港口与其陆向腹地的联系那样稳定。

2. 港口吞吐量

港口吞吐量也称为货物流量,是一年之中经由港口进行装卸的货物总量。吞吐量是确定港口规模的决定性指标,对于指导港口进行规划建设具有重要意义。吞吐量预测结果的可靠与否,直接关系到港口未来的营运效果,预测量过大,而实际货源不足,将造成基础设施的浪费;预测量过于保守,将影响港口建设进度,则会造成货物滞留港内,压船、压港,也会给港口运输造成被动局面。同时,城市围绕港口进行配套设施建设,也要求对港口吞吐量进行科学预测。因此,正确地预测未来港口吞吐量,为水运发展提供可靠依据,是港口规划工作的基础性内容。

港口是为腹地服务的基础设施,影响港口吞吐量的因素很多,主要包括腹地的经济发展水平、发展目标,腹地的经济结构,综合运输交通体系的状况以及周边港口间的竞争等因素。受自然条件和历史发展过程的影响,各地区间的生产力发展水平是不同的,港口的吞吐量预测应立足于腹地的经济发展现状,根据地区的发展规划,合理确定港口货运量的发展趋势。

(六)集装箱码头

集装箱码头是专供停靠集装箱船舶,装卸集装箱的港口作业场所,是水路和陆路集装箱运输的连接点,也是集装箱多式联运的枢纽。

1. 集装箱码头的职能

集装箱码头在整个集装箱运输过程中对加速车船周转,提高货运速度,降低整体运输成本等方面,起着十分重要的作用。通常认为,集装箱码头主要有以下职能:

(1)集装箱运输系统中的集散站。

(2)提供集装箱堆场,作为转换集装箱运输方式的缓冲地。

(3)水路集装箱运输和陆路集装箱运输的连接点和枢纽。

2. 集装箱码头应具备的基本条件

集装箱码头的主要业务是组织各种装卸机械在各个不同的运输环节中迅速有效地进行集装箱装卸和换装作业,以及负责装箱和箱内货物的交接或保管。由于集装箱码头的高度机械化和高效率的大规模生产方式,加上集装箱船舶日益大型化,有时一次装载数量达4000箱以上,作业量大且集中。因此,要求集装箱码头与船舶共同形成一个不可分割的有机整体,从而保证高度严密的流水作业线高效运转,充分发挥集装箱码头三个主要职能的作用。集装箱码头不仅需要配备各种现代化设备,还需要有一套十分严密的组织管理办法才能确保集装箱码头以最少的人力、物力、安全迅速地完成任务。对集装箱码头来说完成有关业务必须具备下列条件:

①具备保证大型集装箱船舶靠离的泊位、岸壁和水深,确保船舶的安全;

②有宽敞的集装箱堆场和必要的设施,能适应大量集装箱的妥善分类、保管、交换和修理的需要。

③配备足够数量的装卸、搬运机械和有关设备以及能熟练操作这类机械的驾驶

员和维修保养人员。

④具有能直接联结陆路运输的机能。

⑤具有完善的组织管理系统和有关的工作制度。

3. 集装箱码头应具有的必要设施

集装箱码头作为运输系统中货物的交汇点,其应有的必要设施有:泊位、码头前沿、集装箱堆场、货运站、控制室、行政楼、检查口、维修车间等。

(1)泊位。专为停靠船舶使用的场所,应有一定的岸壁线,其长度应根据所要停靠的集装箱船舶的主要技术参数确定,并有一定的水深。一般集装箱船舶泊位长度为300m,水深在12m左右。

船舶停靠时所需的系船设施构成了泊位的岸壁。这些设施一般包括:系桩和碰垫木(橡胶)。船舶靠、离泊时,所需的岸壁线的有效长度一般为船舶长度的1.2倍。

(2)前沿。系指码头岸线从码头岸壁到堆场前这一部分区域。前沿处设有集装箱装卸桥,供船舶装卸集装箱之用。前沿的宽度主要根据集装箱装卸桥的跨距,以及使用的装卸机械种类而定,一般为30～50m。

码头前沿一般由下列三部分构成:

①从岸壁线到集装箱桥吊第一条轨道(海侧)的距离,一般2～3m。

②桥吊的轨道(海侧到陆侧)间距离,一般15～30m。

③从桥吊第二条轨道(陆侧)到堆场前的距离,一般10～25m。

集装箱码头前沿除安装了集装箱桥吊和铺有桥吊轨道外,一般还备有高压和低压电箱。船用电话接口、桥吊电缆沟、灯塔等设施。码头前沿应始终保持畅通,以确保集装箱桥吊的生产效率。

(3)集装箱码头堆场。广义的集装箱堆场可理解为进行装卸、交接和保管重箱、空箱的场地,包括前方堆场、后方堆场和码头前沿在内;狭义的集装箱堆场是指除码头前沿以外的堆场,其中也包括存放底盘车的场地在内。

集装箱前方堆场:位于码头前沿和后方堆场之间,是为加快船舶装卸作业效率,用以堆放集装箱的场地。主要作用是:船到港前,预先堆放要装船出口的集装箱;卸船时,临时堆存卸船进口的集装箱。

集装箱后方堆场:又称集装箱堆场,是指贮存和保管空、重箱的场地,是码头堆场中除前方堆场以外的部分。包括中转箱堆场、进口重箱堆场、空箱堆场、冷藏箱堆场、危险品箱堆场等。

事实上,后方堆场同前方堆场并没有严格明显的分界线,仅仅是地理位置上的相对概念。在实际业务中,通常将出口箱放在码头堆场的前方,中间放中转箱,而将进口箱、冷藏箱、危险品箱、空箱放在码头堆场的后方。

上述两种堆场的场地上都画有存放集装箱的长方形格子,称为"场箱位"。并编有号码,称之为"场箱位号"。集装箱在堆场上的场箱位号(又称"箱位号")是由表示行号、列号、层号的六位数字组成的,对堆存的集装箱进行位置标识。

堆场上要求有照明设备、道路交通标牌、排水明沟、冷藏箱电源插座等设施,并要求不能有妨碍码头作业或降低码头效率的任何建筑物。

(4)集装箱货运站。俗称仓库,是指对货物进行装箱、拆箱工作,并完成货物的交接、分类和短时间保管等辅助工作的场地和仓库。与传统的仓库不同,集装箱货运站是一个主要用于装、拆箱作业的场所,而不是主要用于保管货物的场所。集装箱货运站一般建于码头后方,侧面靠近码头外公路或铁路的区域,以尽可能保证陆运车辆不必进入码头堆场内,而直接进出货运站。

(5)控制塔。又称控制中心、中心控制室、控制塔、指挥塔(室),是集装箱码头各项作业的指挥调度中心。其作用是监督、调整和指挥集装箱码头作业计划的执行。其地理位置应设置在可看到整个码头上各作业现场的地方,一般设置在码头操作或办公楼的最高层。控制室内装有电子计算机系统、测风仪及气象预报系统,并配有用于指挥码头现场作业的无线对讲机(VHF),监控码头作业现场的闭路电视监控系统(CCTV,Closed-circuit Television)、望远镜,及用于对内对外联系的电话、传真机等设备。

(6)大门。俗称道口,又称检查桥、闸口等,是集装箱码头的出入口,集装箱和集装箱货物的交接点,是划分集装箱码头与其他部门责任的分界点。由于道口是集装箱进出码头的必经之口。因此,在道口处不但要检查集装箱的有关单证,而且还要对集装箱的有关箱号、铅封号和集装箱的外表状况等进行检查。道口一般设置在集装箱码头的后方,出于保证码头机械和船舶积载的安全,还设有地磅(又称地秤、地衡),另外还配有计算机、IC卡机等设备。

(7)维修车间。对码头所有的机械设备进行维修、保养的地方,以保证集装箱码头机械化作业高效顺利地进行。

(七)货物及其在港内的作业方式

1. 货种与装运方式

从运输、存储条件和装卸工艺的角度考虑,货物可分为四大类:件杂货、干散货、液体货和集装箱货。

(1)件杂货。凡成件运输和保管的货物,不论有无包装,都可称件杂货。其形式、形状、大小及重量各不相同,种类繁多。包装货常见有:袋装、捆装、箱装、桶装、篓装和罐装等。无包装的大宗零散件货,如金属及其制品、木材等;单个大件货,如机械设备、金属构件等。件杂货由于单件重量小,影响装卸设备的生产率,为了提高装卸效率,件杂货可用网络、绳扣、货板等成组工具,提高装卸单元的重量,使零散的、单件的件货组装成比较统一的成组件货,成组工具随货运转,成组件一般每件重 1.5~3t。

(2)干散货。包括散装谷物、煤炭、矿石、散装水泥、矿物性建筑材料及化学性质比较稳定的块状或粒状货物。常见的散装谷物有小麦、玉米、大米、大豆等。矿石种类繁多，大宗运输的有铁矿石、磷矿石、锰矿石等。矿物性建筑材料有砂、碎石、石材等。煤炭也是一种大宗散货。干散货通常是大宗的，因此常为其设置专用码头。

(3)液体货。包括石油、石油产品、植物油和液化气等。大量通过港口运输的原油和成品油，属于易燃液体。易燃液体按闪点分级。闪点是液体挥发出的气体和空气的混合物，在正常的大气压力下遇到火星能闪起火花，但液体本身尚未燃烧的最低温度。原油闪点为 36～38℃，汽油小于 28℃，煤油 28～45℃，柴油 45～120℃。闪点低于 28℃ 为一级，高于 45℃ 为三级，中间为二级。在运输装卸易燃液体时要特别注意遵守相应安全规则。

(4)集装箱货。国际贸易把货物分为 56 类，其中最佳装箱货类约 32 类，主要是易损、易盗的高价商品，如酒类、药品、纺织品、电气、光学仪器、仪表、照相机、高级服装和冷藏品等。用集装箱把品种繁杂、单元小的件杂货，集装成规格化重件，可大大提高装卸效率，缩短船舶在港时间，减少货损货差，节省包装费用，简化理货手续，便于多式联运、雨天装卸，从而大大降低货物运输成本。集装箱运输的发展引起了船型、装卸工艺、码头布置，乃至港口营运等一系列改革。集装箱运输实现了货物从生产厂门和经过各运输环节直到用户门，中间不需拆装的"门到门"运输。

由于货物装运方式不同，促使出现相应的专用船，也常是港口划分为不同港区或专业化港区的重要依据。

2. 货物在港内作业方式

货物通过港口一般要经过装卸、存储和短途运输三类环节，图 2-20 为出口货物在港内的装卸过程。在解释图 2-20 之前先介绍操作过程和装卸过程两个术语。

操作过程：是根据一定装卸工艺完成一次货物的搬运作业过程，通常有五种形式：

①卸车装船或卸船装车（船—车）。

②卸车入库或出库装车（库—车）。

③卸船入库或出库装船（库—船）。

④卸船装船（船—船）。

⑤库场间倒载搬运（库—库）。

装卸过程：货物从进港到出港所

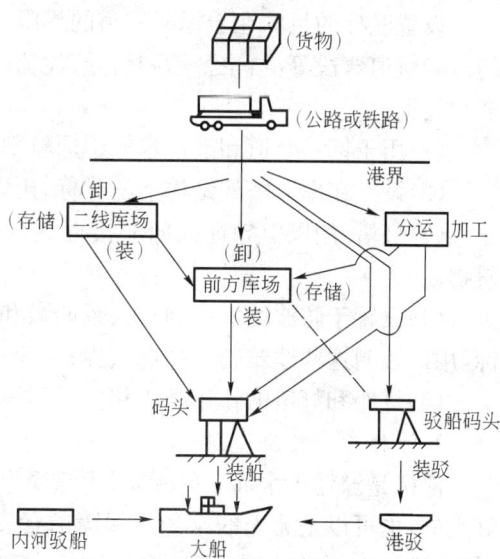
图 2-20　货物装卸过程

进行的全部作业过程,由一个或多个操作过程组成。

图 2-20 中货物陆运进港,海运出港,其装卸过程一般由三种不同形式来完成:货物由车直接装船离港;货物在前方库场或二线库场存储一段时间再装船离港;先在二线库场存储,再经由前方库场装船离港。三种情况的装卸过程分别为一个操作过程、两个操作过程和三个操作过程。图中还有经驳船再装船的装卸过程。港驳或内河船与海船操作过程可以在靠码头船舶外挡进行,也可以在锚地进行。货物在港内作业方式尚应包括船舱内作业,这往往是作业效率最低的环节。

经过操作过程(即每一个箭头表示的作业)的货物数量叫操作量,其计算单位是操作吨,是反映装卸工作量的主要指标。1t 货物从进港起到出港止,不管经过多少次操作,只算 1t 装卸量(亦称自然吨)。

图 2-16 中表示现代港口通过"分运中心"产生增值活动,而不是单纯存储。增值活动可采用多种形式,例如货物并箱、分箱;对货物包装;加标签;称重;简单组装、加工;对货物清单和货物运用情况提供最近信息等。

(八)港口导航设施

港口导航设施所包含的内容较为广泛,大致分为常规的、电子的和卫星导助航设施。常规导、助航标志也称为航标,有浮标、固定标、导标和灯塔等。电子导航设施即船舶通航服务站(VTS),利用岸上雷达测定进出港船位,用甚高频无线电话(VHF)向船舶提供导航信息,协助船舶进出港航行。卫星导航(GPS)系统是先进的导航设施,是在陆上和船上分别设有接收和发射装置,通过人造卫星传递信息,从而及时、准确地控制船位,使船舶安全进出港口。

设置航标的目的在于标明航道的界限,针对暗藏的危险障碍物,如岩礁、浅滩、拦门沙和航道弯段等,给予警示和引导,使船舶安全迅速地到达目的地。航标包括以下多种类型:

(1)用于标示航道和港口水域中通航部分外廓线的浮标和固定标;

(2)设立在岸上塔架结构上的导标,用以引导船舶通过航道和港口口门;

(3)灯塔,用以引导远处船舶接近港口,或用以指示礁石、浅滩等危及航行的障碍物;

(4)设置于防波堤堤头、码头、系船墩和其他突出于航行水域中的建筑物上的灯标,用以表明这些建筑物的外廓边界;

(5)灯船和灯塔的作用基本相同,只是用于难以建立灯塔的地点。

1. 浮标

浮标是漂浮于水面上的标志,用锚固定在需要的位置处。视具体情况,可以是有灯光的,也可以是无光的。为了保障航行安全,便于识别,浮标应按照其位置、作用(如航道侧标、方位标志、孤立危险物标志和安全水域标志等),漆上国际统一要求的颜色,并附加标志性的上部轮廓。最常用的浮标是有灯光设备的浮标,一般采用蓄电池(或干电池)为能源。如有必要,在灯浮标的中心架上还可安装雷达反射器。灯浮标的光型有闪光和间歇光等。

灯浮标标体的外径一般为 2.1～2.8m,用于海上的自重一般为 5～6t。

2. 导标

为了引导船舶安全地通过狭窄而带有危险性的或曲折的航道和港口口门,除航道两侧设置灯浮标外,还需设置导标。导标是成对地设置在航道中心线或港口口门中心线的延长线上。导标一般均建在岸上,后标须在前标之后有一定距离,且应较前标为高,以保证必要的精度。导标的灯光可有各种颜色,可以为固定光也可为闪光,且必须在其周围环境中极易识别。塔架可安装雷达反射器。

导标设计要点如下:

(1)后标应比前标高出充分的高度,当船舶驶近到最小距离时,前后两标的灯光不应重合成一个灯。同时,前标和后标之间应有一定距离,使其在导向上具有要求的灵敏度。

(2)在设计中航道宽度是十分重要的,它将决定前标与后标之间的应有距离。两标的最小间距必须足以保证船舶在航道边界范围内航行,而最大间距又不应使其灵敏度过高,以便于船舶驾驶员仍可利用航道的侧边部分。

(3)如航道有弯转而采用多组导向灯标,各组灯标的灵敏度尽可能相同。

(4)导标的灯光亮度应为所要求的能见度,且前后标的亮度应大致相同。

3. 灯塔

灯塔是高塔形建筑物,在塔顶装设灯光设备,位置应显要,并注意其特定的建筑造型,易于船舶分辨,同时成为港口景点之一。由于地球表面为一曲面,故塔身须有充分的高度,使灯光能为远距离的航船所察见,一般视距为 15～25n mile(海里,nautical mile);但灯光也不宜过高,以免受到高处云雾的遮蔽。

根据灯塔大小和所在地点的特点,灯塔可以是有人看守的,也可以是无人看守的,重要灯塔宜有人看守。

大型灯塔地点合适时,可以考虑和船舶通航服务站结合建设。

4. 船舶通航服务站

船舶通航服务站,又称航管站,主要由岸上雷达系统(包括电视扫描光栅显示器)和无线甚高频电话岸台组成。船舶通航服务站是港口现代化的重要标志之一,可大大减少事故率。

雷达系统可以在各种气候条件下发现并测定水上船舶的位置。因此,如果在雷达屏幕上显示出航道、锚地等地图形状(视频地图),则可方便地观测到船舶在雷达覆盖区内的移动状态,并通过计算机测定船舶的航向及航速。

船舶通航服务站一般具有以下功能:

(1)监视进港航道、锚地、调头区的船舶动态;

(2)在视线不良或雾天通过甚高频无线电话向船舶提供导航信息,如船位、航向、航速及到达转向点距离、偏离航道轴线情况及周围相关目标动态等;

(3)在恶劣气候或台风季节,监视抛锚船舶的锚位移动并及时发出警告;

(4)监视水上航行危险区或禁止抛锚区,遇有危险状态或违章现象及时发出警告。

二、船舶基础知识

(一)定义

船舶是指航行或停泊于水域的运输或作业工具,按不同的使用要求而具有不同的技术性能,装备和结构形式。

(二)构成

船舶是由许多部分构成的,按各部分的作用和用途,可综合归纳为船体,船舶动力装置,船舶舾装等三大部分。

1. 船体

船体是船舶的基本部分,可分为主体部分和上层建筑部分。

主体部分。一般指上甲板以下的部分,由船壳(船底及船侧)和上甲板围成的具有特定形状的空心体,是保证船舶具有所需浮力,航海性能和船体强度的关键部分。主体一般用于布置动力装置,装载货物,储存燃油和淡水,以及布置其他各种舱室。为保障船体强度,提高船舶的抗沉性和布置各种舱室,通常设置若干强固的水密横舱壁(或同时包括纵舱壁)和内底,在主体内形成一定数量的水密舱,并根据需要加设中间甲板(一层或数层)或平台,将主体水平分隔成若干层。

上层建筑。位于上甲板以上,由左右侧壁、前后端壁和各层甲板围成,其内部主要用于布置各种用途的舱室,如工作舱室、生活舱室、贮藏舱室、仪器设备舱室等。上层建筑的大小,层楼和形式因船用途和尺度而异,一般都设有首楼,而上层建筑的主要部分则位于机(炉)舱区域之上。运输货物船舶的上层建筑长度较短,而客船和科学考察船的上层建筑则很讲究。

船体结构大都用钢材,由板材和型材组合成板架结构。

2. 船舶动力装置

船舶动力装置包括:

推进装置。主机经减速装置,传动轴系以驱动推进器(螺旋桨是主要的形式);

为推进装置的运行服务的辅助机械设备和系统,如燃油泵,滑油泵,冷却水水泵,加热器,过滤器,冷却器等;

船舶电站(发电机,配电板等),它为船舶的甲板机械,机舱内的辅助机械和船上照明等提供电力;

其他辅助机械和设备,如锅炉,压气机(和空气瓶),船舶各系统的泵,起重机械设备,维修机床等(它们并不全是为主机服务的),通常把主机(及锅炉)以外的机械统称为辅机。

3. 船舶舾装和其他装备

船舶舾装包括舱室内装结构(内壁、天花板、地板等)、家具和生活设施(炊事、卫生等)、涂装和油漆、门窗、梯和栏杆、桅杆、舱口盖等。

船舶的其他装置和设备中,除推进装置外,还有:

(1)锚设备与系泊设备;

(2)舵设备与操舵装置;

(3)救生设备(救生衣,救生筏,救生艇及其收放装置);

(4)消防设备(探火和灭火设备与系统);

(5)船内外通信设备(船内电话,无线电台);

(6)照明设备;

(7)信号设备(号灯,号旗等);

(8)导航设备(雷达,各种定位仪,测探仪,计程仪等);

(9)起货设备;

(10)通风、空调和冷藏设备(食品库和冷藏货舱用);

(11)海水和生活用淡水系统;

(12)压载水系统;

(13)液体舱的测深系统和透气系统;

(14)舱底水疏干系统;

(15)船舶电气设备,包括电缆、电气控制板(箱)、蓄电池、变压器和变流机等。船舶设备中的照明,通信,信号,导航等设备也可归入电气设备;

(16)其他特殊设备(依船舶的特殊需要而定)。

(三)船舶分类

船舶分类方法很多,可按用途、航行状态、船体数目、推进动力、推进器等分类。本书仅介绍以载运货物为主的货船。货船的船型很多,大小悬殊,排水量可从数百吨至数十万吨。

1. 干散货船

干散货船又称散装货船,是用以装载无包装的大宗货物的船舶(图 2-21)。因为干散货船的货种单一,不需要包装成捆、成包、成箱的装载运输,不怕挤压,便于装卸,所以都是单甲板船。总载重量在 5 万 t 以上的,一般不装起货设备。由于谷物、煤和矿砂等的积载因数(每吨货物所占的体积)相差很大,所要求的货舱容积的大小、船体的结构、布置和设备等许多方面都有所不同。因此,一般习惯上仅把装载粮食、煤等货物积载因数相近的船舶,称为散装货船,而装载积载因数较小的矿砂等货物的船舶,称为矿砂船。用于粮食、煤、矿砂等大宗散货的船舶通常分为如下几个级别。

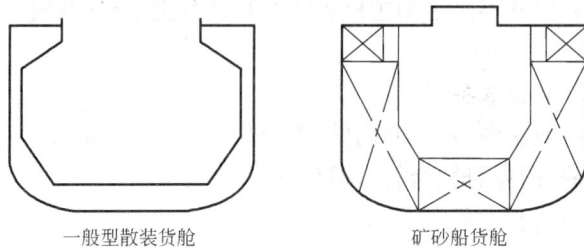

一般型散装货舱　　　　　　　矿砂船货舱

图 2-21　散装船货舱结构

(1)总载重量(DW)为 10 万吨级以上的散装货船,称为好望角型船。

(2)总载重量为 6 万吨级的散装货船,通常称为巴拿马型。这是一种巴拿马运河所容许通过的最大船型。船长要小于 245m,船宽不大于 32.2m,最大的容许吃水为 12.04m。

(3)总载重量为 3.5 万吨级~4 万吨级的散装货船,称为轻便型散货船。吃水较浅,世界上各港口基本都可以停靠。

(4)总载重量为 2 万吨级~2.7 万吨级,称为小型散货船。是可驶入美国五大湖泊的最大船型。最大船长不超过 222.5m,最大船宽小于 23.1m,最大吃水要小于7.925m。

2.杂货船

杂货船又称普通货船、通用干货船或统货船,主要用于装载一般包装、袋装、箱装和桶装的件杂货物(图 2-22)。由于件杂货物的批量较小,杂货船的吨位亦较散货船和油船为小。典型的载货量在 1 万 t~2 万 t 左右,一般为双层甲板,配备完善的起

图 2-22　杂货船

货设备。货舱和甲板分层较多,便于分隔货物。新型的杂货船一般为多用途型,既能运载普通件杂货,也能运载散货、大件货、冷藏货和集装箱。

杂货船具有下列一些特征:

(1)载重量不可能很大,远洋的杂货船总载重量为 10000~14000t 左右;近洋的杂货船总载重量为 5000t 左右;沿海的杂货船总载重量为 3000t 以下(由于货种多,货源不足,装卸速度慢,停港时间长,杂货船的载重量过大会不经济)。

(2)为了理货方便,杂货船一般设有 2~3 层甲板。载重量为万吨级的杂货船,设有 5~6 个货舱。机舱位置多数位于中后机型,也有的采用尾机型。

(3)杂货船一般都设有首楼,在机舱的上部设有桥楼。老式的 5000t 级杂货船,多采用三岛型。

(4)许多万吨级的杂货船,因压载的要求,常设有深舱,同时深舱可以用来装载液

体货物(动植物油、糖蜜等)。

(5)杂货船一般都装设有起货设备,多数以吊杆为主,也有的装有液压旋转吊。

(6)大多数杂货船,每个货舱有一个舱口,也有少数杂货船采用双排舱口。

(7)不定期的杂货船一般为低速船。航速过高对于杂货船是很不经济的。远洋杂货船约为 14～18 节(1 节=1.852km/h),续航力为 12000n mile 以上;近洋杂货船的船速约为 13～15 节;沿海杂货船的航速约为 11～13 节。

(8)杂货船一般都是一部主机,单螺旋桨。

3. 冷藏船

大多数食品类货物,如鱼、肉、蛋、水果及蔬菜等,在常温条件下进行长时间的运输、保管,会发生腐败,失去食用价值。引起动物食品货物腐败的主要原因是微生物的作用;引起植物性食品货物腐败的主要原因是货物本身的呼吸作用。降温能有效抑制这两种作用,从而达到防止货物在运输途中发生腐败。因此,冷藏运输作为一种有效的手段,得到了极为广泛的应用。冷藏并运输鱼、肉、果、疏等货物的船舶,总称为冷藏船。

冷藏船最大的特点是其货舱实际上就是一个大型冷藏库,可保持适合货物久藏的温度。冷藏舱所需的冷源由设置在机舱内的大型制冷机提供。为保证一定的制冷效率,冷藏舱的四壁、舱盖和柱子都敷覆有隔热材料,以防止外界热量传入。为使船员能及时掌握并控制舱内的温度、湿度、二氧化碳含量等舱内环境参数,冷藏舱内还装有各种远距离测量和记录装置。此外,为了有效地抑制各类微生物的繁殖和活动,舱内还设有臭氧发生器,使舱内在特定的持续时间内保持一定的臭氧浓度,以起到杀菌消毒的作用。

由于不同种类的货物所要求的冷藏温度不同,因此冷藏船还可按不同的冷藏温度进行细分。如只需要温度较低而无需达到冰点的专门运输水果、蔬菜的保温运输船;鱼、肉等动物性货物,因需要在冻结状态的低温下进行运输的冷冻船(图 2-23)。

图 2-23 冷藏船

4. 木材船

木材船是专门用以装载木材或原木的船舶。这种船舱口大,舱内无梁柱及其他妨碍装卸的设备。船舱及甲板上均可装载木材。为防止甲板上的木材被海浪冲出舷外,在船舷两侧一般设置不低于 1m 的舷墙(图 2-24)。

5. 原油船

专门用于载运原油的船舶,简称油船,如图 2-25 所示。由于原油运量巨大,载重量可达 50 多万吨,所以原油船是船舶中的最大者。结构上一般为单底,随着环保要求的提高,结构正向双壳、双底的形式演变。上层建筑设于船尾。甲板上无大的舱口,用泵和管道装卸原油。设有加热设施在低温时对原油加热,防止其凝固而影响装卸。超大型油船的吃水可达25m,往往无法靠岸装卸,而必须借助于水底管道来装卸原油。

图 2-24　木材船

图 2-25　原油船

6. 成品油船

专门载运柴油、汽油等石油制品的船舶,结构与原油船相似,但吨位较小,有很高的防火、防爆要求(图 2-26)。

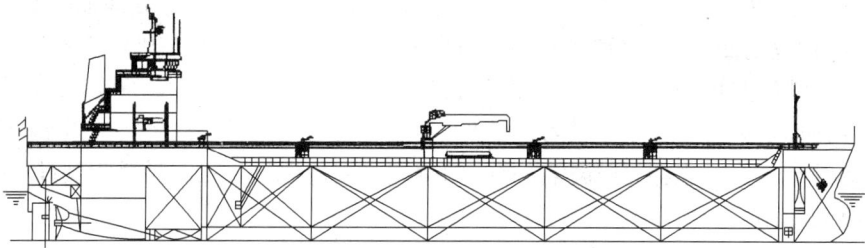

图 2-26　成品油船

7. 集装箱船

又称箱装船、货柜船或货箱船,是一种专门载运集装箱的船舶。其全部或大部分船舱用来装载集装箱,往往在甲板或舱盖上也可堆放集装箱。集装箱船的货舱口宽而长,货舱的尺寸按载箱的要求规格化。装卸效率高,大大缩短了停港时间。为获得更好的经济性,其航速一般高于其他载货船舶,最高可达 30 节以上。集装箱船可分为部分集装箱船、可变换集装箱船和全集装箱船三种。

(1)部分集装箱船。仅以船的中央部位作为集装箱的专用舱位,其他舱位仍装普通杂货。

(2)可变换集装箱船。其货舱内装载集装箱的结构为可拆装式的。因此,既可装运集装箱,也可装运普通杂货。

(3)全集装箱船。指专门用以装运集袋箱的船舶。与一般杂货船不同,其货舱内有格栅式货架,装有垂直导轨,便于集装箱沿导轨放下,四角有格栅制约,可防倾倒。

集装箱船的舱内可堆放三至九层集装箱,甲板上还可堆放三至四层(图 2-27)。

8. 滚装船

滚装船主要用来运送汽车和集装箱,如图 2-28。这种船本身无须装卸设备,一般在船侧或船的首、尾有开口斜坡连接码头,装卸货物时,或者是汽车,或者是集装箱(装在拖车上的)直接开进或开出船舱。这种船的优点是不依赖码头上的装卸设备,装卸速度快,可加速船舶周转。

图 2-27 全集装箱船

图 2-28 滚装船

9. 液化气运输船

专门运输液化气体的船舶。所运输的液化气体有液化石油气(图 2-29)、液化天然气(图2-30)、氨水、乙烯、液氯等。这些液货的沸点低,多为易燃、易爆的危险品,

图 2-29 液化天然气船

图 2-30 液化石油气船

有的还有剧毒和强腐蚀性。因此液化气运输船货舱结构复杂,造价高昂。

液化气运输船按液化气的贮存方式分为三类:

(1)压力式液化气体船。适用于近海短途运输少量的液化气体。其是在常温下,将气体加压至液化压力,把液化气贮藏在高压容器中进行运输。这种运输方式,船体结构及操作技术都比较简单,但容器重量大,船舶的容量利用率低,不适用于建造大型高压容器。

(2)低温压力式液化气体船。把液化气体的温度控制在常温 45℃以下,但高于液化气体的沸点,在这样的温度范围内,把气体加压至液态进行运输。采用这种方式运输,对于液化气体的温度和压力都需要进行控制,舱内要隔热绝缘,并且设置冷冻装置。

(3)低温式液化气体船。在大气压力下,将气体冷却至液态温度以下进行运输。船上设有温度和压力控制装置。适用于大量运输液化气体,目前这种类型的液化气体船较多。

10. 载驳船

专门载运货驳的船舶，又称母子船。其运输方式与集装箱运输方式相仿，因为货驳亦可视为能够浮于水面的集装箱。其运输过程是：将货物先装载于统一规格的方形货驳（子船）上，再将货驳装上载驳船（母船）上，载驳船将货驳运抵目的港后，将货驳卸至水面，再由拖船分送各自目的地。载驳船的特点是不需码头和堆场，装卸效率高，便于海—河联运。但由于造价高，货驳的集散组织复杂，其发展也受到了限制。目前较常用的载驳船主要有：

（1）拉西式载驳货船。这种形式的载驳船尾部有突出的悬尾，悬尾下方面临水面（图 2-31）。上甲板两侧，在整个载货区域内设有门式起重机运行轨道，轨道一直延伸到过尾上。轨道上设置了起重量达 500t 的门式起重机。装载时，驳船由推轮推入悬尾下的水面，然后由悬尾上的起重机吊起，并沿轨道送至固定舱位堆放。

（2）西比式载驳货船。"西比"型载驳船为多层全通甲板船，没有舱口，其尾部设有起重量为 2000t 的升降平台，其升降范围可从水面下一定深度达到各层甲板的高度，各层甲板上都设有轨道拖车系统（图2-32）。载驳船尾部敞开，由一个滑门封住。

图 2-31　拉西式载驳货船

图 2-32　西比式载驳货船

"西比"型驳船标准尺度为 29.7m×10.7m×3.2m，载货后重量可达 1000t。装船时，升降平台降到水下一定深度，顶推船将两只驳船推上平台并固定，然后升到各层甲板的高度，再用拖车沿轨道送至指定位置的支座上安放。

（四）船舶的性能

1. 船舶主要技术特征

船舶的主要技术特征有，船舶排水量、船舶主尺度、船体系数、舱容和登记吨位、船体型线图、船舶总布置图、船体结构图、主要技术装备的规格等。

（1）船舶排水量。根据阿基米德原理，船体水线以下所排开水的重量，即为船舶的浮力，并等于船舶总重量，称为船舶排水量。

（2）船舶主尺度。包括总长、设计水线长度、垂线间长、最大船宽、型宽、型深、满载（设计）吃水等。钢船型主尺度的度量，是指量到船壳板内表面的尺寸，称为型宽和型深，水泥船、木船等则是指量到船体外表面的尺寸。

（3）舱容。指货舱、燃油舱、水舱等的体积，其从容积能力方面表征船舶的装载能力、续航能力,它影响船舶的营运能力。

登记吨位和载重量分别反映船舱的容积能力和船的载重能力。虽互有联系,但属不同的概念。

登记吨位是历史上遗留下来的,用以衡量船舶装载能力的度量指标,是船舶买卖、纳税、服务收费的依据之一。登记吨位是按《船舶吨位丈量规范》所核定的合法吨位,是总吨位和净吨位的统称。

①总吨位(gross tonnage):表示建造船舶规模的通用统计单位,也是计算海事赔偿的基准之一。从船上所有固定围蔽处所的容积中,扣除上甲板以上的航行工作处所,航行设备处所,安全设备处所,通风采光处所、机械处所,锚设备处所,升降口及出入舱口、厨房、卫生间、工作间、储藏室、夺载水舱等所占容积后,除以 2.83 即得该船的总吨位。其丈量的具体规定可参阅《船舶吨位丈量规范》。

②净吨位(net tonnage):从总容积中扣除不能用于客货运输的容积,如机舱、物料舱、船员住舱等,然后除以 2.83 后所得的吨位数。净吨位是计算税收、港务费、停泊费、引航费、拖轮费等的依据。

(4)船体型线图。表征船舶主体(包括舷墙和首楼、尾楼)的体型表面的形状和尺寸,是设计和建造船舶的主要图样之一。由三组线图构成:横剖线图、半宽水线图和纵剖线图。三者分别由横剖面、水线面和纵剖面与船体型表面切割而成。

(5)船舶总设计图。设计和建造船舶的主要图样之一。反映船的建筑特征,外形和尺寸,各种舱室的位置和内部布置,内部梯道的布置、甲板设备的布局等。总布置图由侧视图、各层甲板平面图和双层底舱划分图组成。

(6)船体结构图。反映船体各部分的结构情况。船体各相关部分的结构是既独立又相互联系的。船舶主体结构是保证船舶纵向和横向强度的关键,通常把它看成一个空心梁进行设计,并用船的横剖面结构图来反映各部件的尺寸和规格。

2. 船舶主要性能

船舶主要性能有:浮性、稳性、抗沉性、快速性、耐波性、操纵性和经济性等。

(1)浮性是指船在各种装载情况下,能浮于水中并保持一定的首、尾吃水和干舷的能力。根据船舶的重力和浮力的平衡条件,船舶的浮性关系到装载能力和航行的安全。

(2)稳性是指船受外力作用离开平衡位置而倾斜,当外力消失后,船能回复到原平衡位置的能力。稳性是与船舶安全密切相关的一项重要性能。有关规范规定了各类船舶应具备的稳性标准,所有船舶必须达到规定的指标要求。为使船舶具有良好的稳性,可采取措施降低船舶的重心,减小上层建筑受风面积等措施。

(3)抗沉性是指船体水下部分如发生破损,船舱淹水后仍能浮于水面而不沉和不倾覆的能力。船舶主体部分的水密分舱的合理性、分舱甲板的干舷值和船舶稳性的好坏等,是影响抗沉性的主要因素。

安全限界线是指船侧舱壁甲板边线下 76mm 平行于甲板边线的曲线。按《国际海上人命安全公约》的规定,船舶遭受海损船舱进水后,其吃水应不超过安全限界线。

(4)快速性是表征船在静水中直线航行的速度,它是船舶的一项重要技术指标,对船舶营运开支影响较大。船舶快速性涉及船舶阻力和船舶推进两个方面。合理地选择船舶主尺度、船体系数和线型,是降低船舶阻力的关键。航速以"节"(1 节=1 海里/小时=1.852km/h)表示。船舶的航速依船型不同而不同,其中干散货船和油轮的航速较慢,一般为 13 节至 17 节;集装箱船的航速较快,目前最快的集装箱船航速可达 24.5 节。

(5)耐波性指船舶在风浪中遭受由于外力干扰所产生的各种摇荡运动及抨击上浪、失速飞车和波浪弯矩等,仍具有足够的稳性和船体结构强度,并能保持一定的航速安全航行的性能。耐波性不仅影响船上乘员的舒适和安全,还影响船舶安全和营运效益等,因而日益受到重视。

船在波浪中的运动有:横摇、纵摇、首尾摇,垂荡、横荡和纵荡六种。几种运动同时存在时便形成耦合运动,其中影响较大的是横摇、纵摇和垂荡。

溅浸性主要是由于纵摇和垂荡所造成的船体与海浪的相对运动,增加干舷特别是首部干舷、加大首部水上部分的外飘,是改善船舶溅浸性的有效措施。

(6)船舶的操纵性指船舶能按照驾驶者的操纵保持或改变航速、航向或位置的性能。操纵性主要包括航向稳定性和回转性两个方面,是保证船舶航行中少操舵,保持最短航程,靠离码头灵活方便和避让及时的重要环节,关系到船舶航行安全和营运经济性。

(7)经济性是指船舶投资效益的大小。它是促进新船型的开发研究、改善航运经营管理和造船工业发展的最活跃因素。船舶经济性属船舶工程经济学研究的内容,涉及使用效能、建造经济性、营运经济性和投资效果等指标。

3. 船籍和船旗

船籍指船舶的国籍。商船的所有人向本国或外国有关管理船舶的行政部门办理所有权登记,取得本国或登记国国籍后才能取得船舶的国籍。

船旗是指商船在航行中悬挂其所属国的国旗。船旗是船舶国籍的标志。按国际法规定,商船是船旗国浮动的领土,无论在公海或在他国海域航行,均需悬挂船籍国国旗。船舶有义务遵守船籍国法律的规定并享受船籍国法律的保护。

方便旗船(Ship of Flag of Convenience)是指在外国登记、悬挂外国国旗并在国际市场上进行营运的船舶。第二次世界大战以后,方便旗船迅速增加,挂方便旗的船舶主要属于一些海运较发达的国家和地区。如美国、希腊、日本、香港和韩国的船东。他们将船舶转移到外国去进行登记,以图逃避国家重税和军事征用,自由制订运价不受政府管制,自由处理船舶与运用外汇,自由雇佣外国船员以支付较低工资,降低船舶标准以节省修理费用,降低营运成本以增强竞争力等。而公开允许外国船舶在本国登记的所谓"开放登记"(Open Register)国家,主要有利比里亚、塞浦路斯、新加坡、巴拿马及百慕大等国。通过这种登记可为登记国增加外汇收入。

4. 船级

船级是表示船舶技术状态的一种指标。在国际航运界,凡注册总吨在100t以上的海运船舶,必须在某船级社或船舶检验机构监督之下进行监造。在船舶开始建造之前,船舶各部分的规格须经船级社或船舶检验机构批准。每艘船建造完毕,由船级社或船舶检验局对船体、船上机器设备、吃水标志等项目和性能进行鉴定,发给船级证书。证书有效期一般为4年,期满后需重新予以鉴定。

船舶入级可保证船舶航行安全,有利于国家对船舶进行技术监督,便于租船人和托运人选择适当的船只,以满足进出口货物运输的需要,便于保险公司决定船、货的保险费用。

世界上比较著名的船级社有:

英国劳埃德船级社(LR)、德国劳埃德船级社(GL)、挪威船级社(DNV)、法国船级局(BV)、日本海事协会(NK)、美国航运局(ABS)、中国船级社(CCS)。

中国船级社是中华人民共和国交通运输部所属的船舶检验局。

5. 船舶的主要文件

船舶文件是证明船舶所有权、性能、技术状况和营运必备条件的各种文件的总称。船舶必须通过法律登记和技术鉴定并获得这类有关正式证书后,才能参加营运。国际航行船舶的船舶文件主要有:

(1)船舶国籍证书(Certificate of Nationality);

(2)船舶所有权证书(Certificate of Ownership);

(3)船舶船级证书(Certificate of Classification);

(4)船舶吨位证书(Tonnage Certificate);

(5)船舶载重线证书(Certificate of Load Line);

(6)船员名册(Crew List);

(7)航行日志(Log Book)。

此外,还有轮机日志、卫生日志和无线电日志等。根据我国现行规定,进出口船舶必须向港务管理机关(港监)呈验上述所有文件。

(五)船舶货运常识

1. 船舶的重量性能

在海上货物运输中,船舶的重量性能表示船舶装载货物能力的大小。有船舶排水量和载重量,其计量单位为t。通常军舰的大小以船舶排水量表示,货船的大小以船舶载重量表示。

(1)船舶排水量。指船体自由浮于静水中保持静态平衡时所排开同体积水的重

量。按照阿基米德定律,其计算公式为

$$\Delta = V\rho$$

式中:Δ——排水量(t);

    V——船体排开的水的体积(m^3);

    ρ——水的密度(t/m^3)。

船舶排水量可分为:

①空船排水量。指船舶的空船重量,为船体、船机、锅炉、各种设备、锅炉中的燃料和水、冷凝器中的淡水等重量的总和。新船空船排水量是一定值,数据可查船舶资料。

②满载排水量。指船的空船排水量加上全部可变载荷(货物或旅客,航次所需的燃料、淡水、压功水、食物、船员和行李、供应品、备品及船舶常数)后的重量。通常指夏季满载排水量。

(2)船舶载重量。指船舶载重能力的大小。具体可分为:

①总载重量(DW)。指船舶在任一吃水状况下所能装载的最大重量,为货物或旅客,燃物料、淡水、船员和行李、供应品和备品等航次储备量及船舶常数的总和。其值等于该吃水下的船舶排水量与船舶空载排水量之差。

$$DW = \Delta_x - \Delta_0$$

式中:DW——总载重量(t);

    Δ_x——船舶夏季满载排水量(t);

    Δ_0——船舶空船排水量(t)。

船舶常数是指船舶经过一段时间营运后的实际空船重量与船舶新出厂时的空船重量的差值。

总载重量是随船舶排水量的变化而变化的,与航行区域和航行季节有关。在实际应用和船舶资料中,总载重量一般指夏季船舶满载排水量与船舶空载排水量之差,其值为定值。

②净载重量(NDW)。指船舶在具体航次中所能装载货物的最大重量,与航次总储备量和船舶常数有关。其值等于总载重量与航次总储备量和船舶常数之差。

$$NDW = DW - \sum G - C$$

式中:NDW——净载重量(t);

    $\sum G$——航次总储备量(t);

    C——船舶常数(t)。

总载重量表示船舶载重能力的大小,净载重量表示船舶载货能力的大小。均为水上运输管理中计算航次货运量的依据。

综上所述,船舶重量性能的相互关系如表2-12所示。

船舶重量性能间的相互关系 表 2-12

满载排水量	空船排水量	
	总载重量	净载重量
		航次储备量
		船舶常数

2. 船舶容积性能

船舶的装载能力除受船舶的载重性能限制外,还受船舶容积性能的限制。船舶容积性能是表示船舶装载多少体积货物的能力,其计量单位为立方米(m^3)。具体内容有:舱柜容积及舱容系数、船舶登记吨位等。

(1)舱柜容积。是指船舶各液、货舱的总容积或其中任一液、货舱的单舱容积。货舱容积包括货舱散装舱容和货舱包装舱容。船舶出厂时,一般都附有详细的各货舱散装舱容、包装舱容和相应的舱容中心位置资料。

(2)舱容系数。是船舶载货性能的重要指标,是指船舶货舱的总容积与船舶净载重量之比,即每一净载重吨所占有的货舱容积。

$$\omega = V/NDW$$

式中:ω——舱容系数(m^3/t);

V——船舶货舱的总容积(m^3);

NDW——船舶净载重量(t)。

这里船舶净载重量是指船舶在设计吃水,按最大续航力配备燃油淡水、供应品等状况下的数值,是一个固定值。

舱容系数是表征船舶适宜装轻货还是重货的重要容积性能。舱容系数较大的船舶适用于装轻货,舱容系数较小的船舶适用于装重货。一般杂货船的舱容系数均在 $1.5m^3/t$ 以上,有的可达 $18\sim21m^3/t$。

(3)船舶登记吨位。指按照《1969 年国际船舶吨位丈量公约》或各国制定的丈量规范的规定,以容积为丈量单位的专门吨位。船舶登记吨位分总吨位和净吨位,均由船舶设计部门计算并列入船舶资料中。我国是指按照 1992 年并经 1999 年修正的《海船法定检验技术规则》中"丈量吨位"的规定确定船舶登记吨位的。

①总吨位(GT)。指按照《1969 年国际船舶吨位丈量公约》或各国制定的丈量规范丈量确定的船舶总容积。其主要用途有:

a. 表明船舶建造规模的大小及作为航运界统计船舶吨位之用;

b. 作为计算船舶净吨位的基准;

c. 作为计算海事赔偿及船舶某些港口使用费的基准;

d. 作为船舶等级划分计算船舶建造、买卖、租赁的基准;

②净吨位(NT)。指按照《1969 年国际船舶吨位丈量公约》或各国制定的丈量规

范确定的船舶用作载货、载客的有效容积。

③运河吨位。指船舶按运河当局制订的船舶吨位丈量规范而量取的吨位。船舶过运河时必须具有运河当局颁发的运河吨位证书,该证书长期有效,运河当局据此征收通过运河的费用。运河吨位主要有:苏伊士运河吨位和巴拿马运河吨位。同一船舶运河吨位一般都比该船总吨位大。

3. 船舶装载能力

船舶装载能力是指船舶在具体航次中所能承运的货物数量的最大限额以及承运特殊货物或忌装货物的可能条件和数量限额。包括载重能力、容量能力和其他装载能力。

载重能力是指船舶在具体航次中所能承运货物重量的最大限额,用净载重量表示。

容积能力是指船舶所能容纳货物体积的最大限额。

其他装载能力对杂货船来说是指对性质互抵的货物的隔离能力以及对重大件、冷藏货、散装液体货、集装箱等特殊货物的承运能力。

提高船舶装载能力的基本途径:

(1)提高船舶的载重能力。

①根据航线上的限制水深或航次所应使用的载重线正确确定总载重量(DW)。

②确定合理的燃料、淡水补给方案尽可能减少航次储备量($\sum G$)。

③清除船上垃圾、废料和污物,减小船舶常数 C;

④确定船舶的净载重量 NDW。

(2)轻重货物合理搭配。当货源充足时,船舶能否达到满舱满载,取决于货物的组成,即取决于船舶舱容系数 ω 与所运货物的加权平均积载因数 SF 之间的关系。货物积载因数简称 SF,是指货物所具有的平均量尺体积与货物的重量之比,单位为(m^3/t),量尺体积是指货物的最大外形尺寸之长、宽、高的乘积。积载因数小于舱容系数,称为重货,反之为轻货。在为船舶分配货载时,应注意轻、重货的合理搭配,尽量做到满舱满载。配载时,往往是多种货物的品种与数量已经确定,而待选的货物品种及数量是其中的若干种。此时,在待选的货物中选择一票重货和一票轻货,就能通过求解方程组求得所选的重货重量和轻货重量。

(3)合理确定货位及提高堆装质量,减少亏舱。除了货种轻重搭配外,实际工作中还要根据货件特点合理选择舱位。如将笨重大件货尽量装在体积较大、形状规则的舱室,并配备一些小件货塞填空位;狭窄的舱位应堆装体积小的货或软包货,不在二层舱柜等高度不大的舱位堆积包装尺寸很大的货件,避免增加操作难度以致出现剩余空位无法装货而浪费舱容。装货质量的高低直接影响到舱容的利用程度,因此,要使装卸工人与船方密切配合,按照积载图的要求使货物在舱内紧密堆装,尽量减少亏舱损失。

(4)利用特殊舱室和舱面甲板装载货物。当舱容紧张,而载重能力又未得到充分利用的情况下,可考虑利用特殊舱室和舱面甲板装载货物。如,当深舱和冷藏舱没有得到利用时,可考虑把一些小包装、重量轻、易于搬运的货物装入。另外,当有可供在甲板上积载的货物,如重大件、坚固包装的桶装货,在征得货物托运人同意的条件下,应尽量利用舱面甲板装载。这些措施是充分利用船舶装载能力的有效办法。

第四节　航空运输设施与设备

一、航空运输的特点

(1)速度快,时间短,可以降低存货库存水平,加速企业资金周转,节约利息费用和仓储费用,提高企业竞争力。现代飞机巡航速度为 $800\sim900km/h$,是汽车、火车等陆路运输的 $5\sim10$ 倍,水路运输工具轮船的 $20\sim30$ 倍,能提供速度最快的物流运输服务。

(2)安全准确,节省包装费用。空运管理制度完善,货物留空时间短而准。空运过程振动、冲击小,温度、湿度条件适宜,与外界没有接触,货物破损、失窃率低,安全准确。因而,空运可以简化运输包装,节省包装材料、劳动力和时间,从而节省包装费用。

(3)不受地形限制,机动性大,适用范围广,用途广泛。飞机在空中飞行,直升机起降及飞行受陆地地形因素限制很少,受线路限制的程度也比公路、铁路和水路运输小,可以将地面上任何距离的两个地方连接起来进行定期或不定期的航空货物运输。还可用于邮政、农业、渔业、林业、气象、旅游观光和军事,尤其对灾区的救援、供应,对边远地区的急救等紧急任务。航空运输已成为必不可少的运输工具。

(4)适于长距离小批量货物的运输。航空运费以 kg 为计算单位,轻货物 $6\sim7m^3$ 折合 1t。而海运运费按 $1m^3$ 折合 1t,所以少量货物的运输采用空运反而有利。

(5)基本建设周期短、投资少。航空运输的基础设施主要有机场以及导航的设施、设备与飞机,建设周期短、投资少,收效快,不像公路、铁路运输,需要在线路建设上花费大量投资,且空运筹备开航的时间也短。据测算,在相距 1000km 的两个城市间建立交通线,修建铁路的投资是开辟航线的 1.6 倍,开辟航线只需 2 年,而修建铁路的周期则为 $5\sim7$ 年;回收航线投资只需 4 年的时间,而铁路建设投资的回收约需 33 年。

(6)航空运输具有运载量小、成本高和受气象条件限制等缺点。因而,航空运输不适宜于大批量货物、大件货物、价值低廉货物的运输。

由于航空运输具有上述特点,航空运输特别适宜于长距离贵重物品,精密仪器,小批量季节性强和时间紧迫货物,鲜活货物的运输。航空运输比较适宜 500km 以上的长途客运,以及时间性强的鲜活易腐和价值高的货物的中长途运输。

二、航空港的设施

航空港为航空运输的经停点,又称航空站或机场,是供飞机起飞、降落和停放的场所。

航空港按照所处的位置分干线航空港和支线航空港。按业务范围分国际航空港和国内航空港。其中国际航空港需经政府核准,可以用来供国际航线的航空器起降营运,航空港内配有海关、移民、检疫和卫生机构。而国内航空港仅供国内航线的航空器使用,除特殊情况外不对外国航空器开放。

航空港内一般配有以下设施:

(1)跑道。供航空器起降。跑道体系由结构道面、道肩、防吹坪和跑道安全地带组成。结构道面在结构荷载、运转、控制、稳定性等方面支承飞机;道肩抵御喷气气流的吹蚀,并承载维护和应急设备;防吹坪防止紧邻跑道端的表面地区受各种喷气气流吹蚀;跑道安全地带支撑应急和维护设备以及可能发生的转向滑出的飞机。

(2)滑行道。是航空器在跑道与停机坪之间出入的通道,提供从跑道到航站区和维修库的通道。

(3)停机坪。供飞机停留的场所,也可称为试车坪或预热机坪,设置于邻近跑道端部的位置。

(4)机场地面交通。包括出入机场交通和机场内交通两部分。机场内交通设施包括,供旅客、接送者、访问者、机场工作人员使用的公用通道;供特准车辆出入的公用服务设施和非公用服务道路;供航空货运车辆出入的货运交通通道。

(5)指挥塔或管制塔。为航空器进出航空港的指挥中心。其位置应有利于指挥与航空管制,维护飞行安全。

(6)助航系统。是为辅助安全飞行的设施。包括通信、气象、雷达、电子及目视助航设备。

(7)输油系统。为航空器补充油料的系统。

(8)维护修理基地。为航空器归航以后或起飞以前做例行检查、维护、保养和修理。

(9)货运设施。货运量大的机场应将处理货物运输的系统与旅客运输系统分开。机型大型化后导致客货混合作业时间的延长,规划机坪门位系统时应考虑货物处理问题。

航空货物包括空运货物和航空邮件。空运货物是在飞机与航站楼之间由航空公司或货运商运送需要提供运货卡车专门道路;空运邮件通常是用车辆直接运送至机场邮件中心。

常见的航空货运装卸设备是,装卸—运输联合机和升降式装卸机。装卸—运输联合机是效率较高的装卸设备;升降式装卸机适用于不同机舱高度的飞机。

(10)其他各种公共设施。包括给水、电、通信交通、消防系统等。

三、飞机的分类、组成及主要设备

飞机是航空器的一种,按国际民航组织给出的定义,"航空器是指可以从空气的反作用(但不包括从空气对地球表面的反作用)中取得支撑力的机器。"

1. 飞机的分类

飞机按其标准的不同,可有如下分类方式。

(1)按用途可分为客机、货机和客货混合机。

客机主要用于运送旅客,一般行李或货物装于飞机的深舱。到目前为止,航空运输仍以客运为主,客运航班密度高、收益大。所以大多数航空公司都采用客机运送货物。货机主要用于运送货物,舱位多,运量大,但经营成本较高,只限在某些货源充足的航线上使用。客货混合机,可以同时在主甲板运送旅客和货物,并根据需要调整运输安排,是最具灵活性的机型。

(2)根据飞机航程的远近,可将飞机分为短程、近程、中程和远程飞机。

短程飞机的航程一般在 1000km 以下,最大起飞质量在 40000kg 以上,主要用于地方支线的飞行,又称支线飞机。

近程飞机的航程约为 3000km 以下,最大起飞质量在 40000kg 以上,适用于在国内主要航线上飞行。

中程飞机的航程约在 3000～5000km,起飞质量在 100000kg 以上,用于洲内和主要航线上飞行。

远程飞机的航程约在 8000km 以上,最大起飞质量在 150000kg 以上,对机场及跑道要求高,主要用于洲际飞行。

(3)根据飞机发动机的类型,可将飞机分为螺旋桨式飞机和喷气式飞机。

螺旋桨式飞机利用螺旋桨的转动将空气向机后推动,借其反作用力推动飞机前进,在一定范围内螺旋桨转速越高,飞行速度越快。当螺旋桨转速高达某一程度时,会出现"空气阻碍"现象,这时螺旋桨四周已成真空状态,进一步加快螺旋桨的转速,飞机的速度已不能再提高。

喷气式飞机,是将空气多次压缩后喷入飞机燃烧室内,使空气与燃料混合燃烧后产生大量气体以推动涡轮,然后从机后以高速排出机外,借其反作用力推动飞机前进。喷气式飞机结构简单,制造、维修方便,推力大、速度快,装载量大,节约燃料费用,使用率高(每天可飞行 16 小时),是目前运输机的主要机种。

(4)根据飞机的发动机数量,可分为单发(动机)飞机、双发(动机)飞机、三发(动机)飞机、四发(动机)飞机。

(5)按机翼是否固定,将飞机分为定翼机和旋翼机(直升机)。

(6)我国民航总局按飞机客座数,将飞机划分为大、中、小型飞机。100座以下的为小型飞机,100~200座为中型飞机,200座以上为大型飞机。

目前世界上主要的运输机型有:波音系列(B-);麦道系列(MD-);安系列(An-);图系列(Tu-)伊尔系列;空中客车系列(A-);我国的运系列(Y-)和新舟60。主要的直升机型有:"黑鹰"S-70;CH-53;CH-47;米-26。

2. 飞机的组成

飞机主要由机体、推进装置、飞机系统和机载设备组成。

(1)机体。由机翼、机身、尾翼(组)、起落架等组成。机身是飞机的主体,用于装载人员、货物、燃油、武器、安装装备和其他物资的部件。并将飞机各部件连接为整体。

(2)推进装置。飞机飞行的动力来自发动机。航空发动机有活塞式发动机和燃气涡轮发动机两种类型。飞机飞行速度提高到需要突破"音障"时,要用结构简单、重量轻、推力大的涡轮喷气式发动机。涡轮喷气式发动机包括进气道、压力机、燃烧室、涡轮和尾喷管五部分。

(3)飞机系统。飞机系统主要有飞机操纵系统、液压传动系统、燃油系统、空调系统、防冰系统等。

(4)机载设备。现代大型运输机驾驶舱内的机载设备包括飞行和发动机仪表、导航、通信和飞行控制等辅助设备。

3. 飞机的飞行性能

飞机的飞行性能是评价飞机性能优劣的主要指标。主要包括下列几项:

(1)最大平飞速度。飞机的最大平飞速度是在发动机最大功率或最大推力时飞机所获得的平飞速度。其单位是"km/h"。影响飞机最大平飞速度的主要因素是发动机的推力和飞机的阻力。由于发动机推力、飞机阻力与高度有关,所以在说明最大平飞速度时,要明确是在什么高度上达到的。通常飞机不用最大平飞速度长时间飞行,因为耗油太多,而且发动机容易损坏。

(2)巡航速度。巡航速度是指发动机每公里消耗燃油最少情况下的飞行速度,其单位是"km/h"。这时飞机的飞行最经济,航程也最远,发动机也不大"吃力"。

(3)爬升率。飞机的爬升率是指单位时间内飞机所上升的高度,其单位是"m/s"。爬升率大,说明飞机爬升快,上升到预定高度所需的时间短。爬升率与飞行高度有关。随着飞行高度增加,空气密度减少,发动机推力降低,所以一般最大爬升率在海平面时,随着高度增加而减小。

(4)升限。飞机上升所能达到的最大高度,叫做升限。

(5)航程及续航时间。航程是指飞机一次加油所能飞越的最大距离,用巡航速度飞行可取得最大航程。增加航程的主要办法有:多带燃料、减小发动机的燃料消耗和增大升值比。

续航时间是指飞机一次加油,在空中所能持续飞行的时间。

(6)起降性能。飞机的起降性能包括飞机起飞离地速度和起飞滑跑距离,飞机着陆速度和着陆滑跑距离。

四、航空集装设备

航空运输中的集装设备主要是指为提高运输效率而采用的托盘和集装箱等成组装载设备。为使用这些设施,飞机的甲板和货舱都设置了与之配套的固定系统。由于航空运输的特殊性,这些集装设备无论从外形构造还是技术性能指标都具有自身的特点(图2-33)。以集装箱为例,分为主甲板集装箱和底甲板集装箱。海运中常见的40ft和20ft的标准箱只能装载在宽体飞机的主甲板。

航空集装箱 AIR CONTAINER	容积:	4.3m³	
	最大载重:	1588kg	
	自重:	90kg	
	型号:	NAS3610-2K2C	
软门集装箱 DQF soft Door CONTAINER	适用于飞机下货舱		
	最大载重量:	2449kg/5400Ib	
	外形尺寸:	7.9m³/280ft³	
	内部容积:	7.2m³/253ft³	
系列集装板拖车 SERIES PALLET DOLLY	最大载重:	7000kg	
	外形尺寸:	4100mm×3400mm×570mm	
	拖行速度:	24km/h	
	有效高度:	508mm	
	自重:	1450kg	
升降平台车 (型号:HW4001) PALLET AND CONTAINER LOADER	升降范围:	240~1050	
	额定载重:	4000kg	
	适用飞机:B-747、B-767、DC-10、L-1011、A-300B、A-310(前舱)		

图 2-33　航空货运集装设备

五、航空货物的运输方式

航空货物运输不仅是空中运输,还包括与之相关的部分地面运输。航空货物的运输方式一般有以下6种:

1. 普通运输

普通运输就是没有特殊要求,通过空运方式将货物送达目的地。

2. 急件运输

急件运输是指货物托运人要求以最早的航班或在限定的期限内将货物运达目的地。此种方式的货物运送业务需承运人同意方可受理。

3. 特种运输

特种运输是指需要特殊处理的空运货物,如鲜活易腐物品、动物、贵重物品、危险品等的运输。

4. 包机运输

货物托运人包用整架飞机的吨位运送货物,称为包机货运。

5. 包舱运输

货物托运人包用飞机的部分吨位(货舱)运送货物,称为包舱货运。

6. 货主押运

由于货物的性质特殊,需要货主在运输过程中,派有专人随机监护运送,称为货主押运。

第五节　管道运输设施与设备

管道运输已有约 130 余年的历史。主要有输油管道和输气管道。

管道运输作为输送原油和成品油最主要的方式之一,它的发展与能源工业,尤其是石油工业的发展密切相关。现代管道运输起源于 19 世纪中叶 1865 年美国宾夕法尼亚的第一条原油管道。我国的管道网建设则始于 50 年代末期新疆建成的全长为 147km、管径为 150mm 的克拉玛依—独山子输油管道。20 世纪 60 年代以后,随着我国石油工业的蓬勃发展,大庆、胜利等油田的建设,管道运输得到了较大发展。到 1994 年底时,以(大)庆铁(岭)、铁(岭)大(连)、铁(岭)秦(皇岛)、东(营)黄(岛)、和鲁(山东临邑)宁(江苏仪征)五大干线为主的全国原油长输管道输送的原油已达总产量的 89.31%,天然气管道输送的天然气占总产量的 60.97%;全国管道总里程达到 16800km。管道运输与其他运输方式相比,具有以下特点:

(1)运量大。管道运输的运量与管径大小成正比,管径大,则运量大。一条管径 720mm 的输油管道,可年输送原油 2000 万 t 以上,相当于一条铁路的运量;一条管径 1220mm 的输油管道,年输送原油 1 亿 t 以上。

(2)永久占用土地少。运输管道总长的 95% 被埋入地下,其永久性占用土地少。管道运输的土地占用仅为公路的 3%、铁路的 10%。在我国,土地资源变得越来越稀缺,在交通运输规划系统中,应特别重视管道运输方案。

(3)建设周期短,投资少。相同距离、运量的管道运输线,建设周期比铁路短三分之一,费用比铁路低60%。

(4)耗能低,运费低廉,效益好。管道运输连续不间断,不存在空载问题.因而运输效率高。理论分析和实践经验证明,管道口径越大,运输距离越远,运输量越大,运输成本就越低。如以石油运输为例,管道运输、水路运输、铁路运输的运输成本之比为1∶1∶1.7。可见,在无水路的条件下,管道运输是最为经济的运输方式。

(5)受恶劣气候条件影响小,安全可靠,可长期稳定运行。

(6)沿途无噪声,污染少,能较好地满足绿色物流的需要。

(7)缺乏灵活性。管道作为装运货物的运输工具,是静止不动的,不能因货源减少而改变运行路线,装运的货物也比较单一。

与国外相比,我国管道运输技术还存在一定差距,主要体现在:

(1)管道所用管材与制管工艺方面。我国采用16锰钢,制管工艺不够完善,管子承压较低,导致泵站间距短,耗钢量大。

(2)在输油工艺方面。我国原油多为高凝固点、高含蜡、高黏度的原油,需要采用加热炉直接输送。国外部分管道采用换热器间接加热,利用高速流动的摩擦热输送或经热处理后常温输送的技术,可大大降低了输送难度,提高了输送效率和效益。

(3)在机、泵、阀门等方面。国外发展方向为单级、大排量、中扬程、高效率离心泵,电机、阀门的调节性、可靠性均优于我国目前的水平。

(4)在自动化技术方面。国外采用的全线集中控制设计较先进,我国虽也在研究自动程序控制,并试用微波通讯,但距离自动化还较远。

(5)在防腐技术方面。国外普遍采用阴极保护与管道涂层相结合的技术,我国仍以沥青玻璃布涂层为主。

(6)在管道施工技术方面。我国在机械化水平、绝缘质量、焊接工艺、质量检测方面仍存在较大差距。

输气管道运输目前也正朝大口径(1400mm以上)、高压力方向发展,并不断研制采用新材料、新技术、新工艺。采用大口径管线不仅可以增加输气能力,还能降低投资和输气成本。近年来,新建管道压力较过去有较大增加。增大输气压力既可以提高输气压力,还可以减少压气站数量,降低经营成本。大口径、高压力管道的应用,需要有高强度的钢材作保证,这间接促进了冶金、制管、焊接、施工等工艺技术的发展。

一、管道运输设施的组成

管道运输设施由管道线路设施、管道站库设施和管道附属设施三部分组成。

1. 线路设施

管道的线路设施是管道运输的主体,主要有石油管道和天然气管道。

(1)管道本体,由钢管及管阀件组焊连接而成。

(2)管道防腐保护设施,包括阴极保护站、阴极保护测试桩、阳极地床和杂散电流排流站。

（3）管道水工防护构筑物，包括抗震设施，管堤、管桥及管道专用涵洞和隧道。

2. 管道站库设施

按照管道站、库位置的不同，分为首站（起点站）、中间站和末站（终点站）。按照运输介质的不同，又可分为输油站和输气站。输油站包括增压站（泵站）、加热站、热泵站、减压站和分输站；输气站包括压气站、调压计量站和分输站等。

3. 附属设施

管道附属工程主要包括管道沿线修建的通信线路工程，供电线路工程和道路工程。此外还有管理机构、维修机构及生活基地等设施。

二、运输管道的分类

1. 按所输送的物品不同分类

常用的运输管道有原油管道、成品油管道、天然气管道和固体料浆管道（前两类常统称为油品管道或输油管道）。

（1）原油管道。原油一般具有比重大、黏稠和易于凝固等特性。用管道输送时，要针对所输送原油的特性，采用不同的输送工艺。原油运输不外是自油田将原油输送给炼油厂，或输送给转运原油的港口或铁路车站。其运输特点是：输送量大、运距长、收油点和交油点少，故特别适用管道输送。世界上的原油约有85%以上是用管道输送的。

（2）成品油管道。成品油管道输送汽油、煤油、柴油、航空煤油和重油，以及从油气中分离出来的液化石油气等制成品。每种成品油在商业上有多种牌号，常采用在同一条管道中按一定顺序输送多种油品的工艺，这种工艺能保证油品的质量和准确地分批运到交油点。成品油管道的任务是将炼油厂生产的大宗成品油输送到各大城镇附近的成品油库，然后用油罐汽车转运给城镇的加油站或用户。有的燃料油（重油）则直接用管道输送给大型电厂，或用铁路油槽车外运。成品油管道运输的特点是批量多、交油点多，因此，管道的起点段管径大，输油量大；经多处交油分输以后，输油量减少，管径亦随之变小，从而形成成品油管道多级变径的特点。

（3）天然气管道。输送天然气或油田伴生气的管道，包括集气管道、输气干线和供配气管道。就长距离运输而言，输气管道系指高压、大口径的输气干线。这种输气管道约占全世界管道总长的一半。

（4）固体料浆管道。固体料浆管道是20世纪50年代中期发展起来的，到20世纪70年代初已建成能输送大量煤炭料浆的管道。其输送方法是将固体粉碎，掺水制成浆液，再用泵按液体管道输送工艺进行输送。

2. 按用途不同分类

运输管道按用途不同可分为集输管道、输油（气）管道和配油（气）管道三种。

（1）集输管道。集输管道（或集气管道）是指从油（气）田井口装置经集油（气）站到起点压力站的管道。主要用于收集从地层中开采出来的未经处理的原油（天然气）。

（2）输油（气）管道。以输气管道为例，是指从气源的气体处理厂或起点压气站到各大城市的配气中心、大型用户或储气库的管道，以及气源之间相互连通的管道。输送经过处理符合管道输送质量标准的天然气，是整个输气系统的主体部分。

（3）配油（气）管道。对于油品管道来说，是指炼油厂或油库与用户之间的管道；对于输气管道来说，是指从城市调压计量站到用户支线的管道。其特点是，压力低、分支多、管网稠密、管径小，除大量使用钢管外，低压配气管道也可用塑料管或其他材质的管道。

三、输油管道与输气管道的组成与工作原理

（一）输油管道的组成

长距离输油管道由输油站和管线两大部分组成。输送轻质或低凝点原油的管道不需加热，油品流经一定距离后，管内油温等于管线埋深处的地温，这种管道称为等温输油管，其无须考虑管内油流与周围介质的热交换。对于易凝固、高黏度油品，不能采用这种方法输送，因为当油品黏度极高或其凝固点远高于管路周围环境温度时，每公里管道的压降将高达几个甚至几十个大气压，在这种情况下，加热输送是最有效的办法。因此，热油输送管道不仅要考虑摩擦阻力的损失，还要考虑散热损失，输送工艺更为复杂。

输油管道的起点称为首站，输油管道沿途设有中间泵站，输油管道终点站又称末站。

首站的任务是集油，油品经计量、加压后向下一站输送，故首站的设备除输油机、泵外，一般有较多的油罐。

中间泵站的任务是对所输送的原油加压、升温。其主要设备有输油泵、加热炉、阀门等。

输油管道末站，接受输油管道送来的全部油品，供给用户或以其他方式转运，故末站有较多的油罐和准确的计量装置。

输油管道的线路（即管线）部分包括：管道，沿线阀室，穿越江河、山谷等的设施和管道防腐保护设施等。为保证长距离输油管道的正常运营，还设有供电和通讯设施。

长距离输油管道的组成如图2-34所示。

（二）天然气管道运输设备的组成及其工作原理

我国是世界上最早使用管道输送天然气的国家之一。1600年左右，竹管输气已有很大发展。但第一条现代意义的管道却是1963年在四川建成的，管径426mm、长度55km的巴渝线。从全世界来看，18世纪以前主要是用木竹管道输送，1880年首次出现蒸汽机驱动的压气机，19世纪90年代钢管出现后，管道运输进入工业性发展

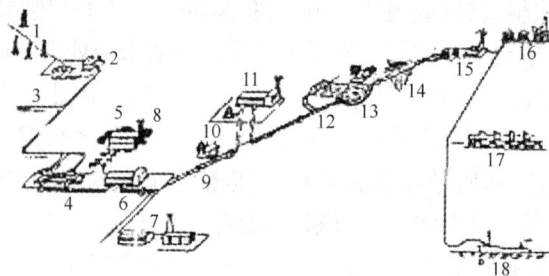

图 2-34　长距离输油管道的组成

1-井场；2-输油站；3-来自油田的输油管；4-首站灌区和泵房；5-全线调度中心；6-清管器发放室；7-首站锅炉房；8-微波通讯塔；9-线路阀室；10-维修人员住所；11-中间输油站；12-穿越铁路；13-穿越河流；14-穿越工程；15-车站；16-炼油厂；17-火车装油线桥；18-油轮码头

阶段。到 20 世纪 80 年代，全世界的输气管道约近 90 万 km。美国、西欧、加拿大及苏联等国家均建成了规模较大的输气管网甚至跨国输气管道。

1. 输气管道的组成

输气管道系统主要由矿场集气网、干线输气管道（网）、城市配气管网以及与此相关的站、场等设施设备组成。这些设施设备从气田的井口装置开始，经矿场集气、净化及干线输送，再经配气网送到用户，形成一个统一的、密闭的输气系统，如图 2-35 所示。

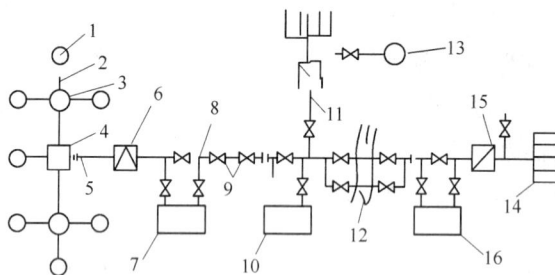

图 2-35　气输送管道系统示意图

1-井口装置；2-集气支线；3-集气站；4-集气总站；5-集气干线；6-气体处理厂；7-压缩机首站；8-输气干线；9-截断阀；10-压缩机中间站；11-输气支线；12-穿(跨)越；13-储气库；14-城市配气管阀；15-配气站；16-压缩机末站

2. 输气管道运输设备及工作原理

（1）矿场集气

集气过程从井口开始，经分离、计量、调压、净化和集中等一系列过程，到向干线输送为止。集气设备包括井场、集气管网、集气站、天然气处理厂、外输总站等。

一般气田的集气有单井集气和多井集气两种流程。单井集气方式下的每一口井场除采气树（树枝形集气管网）外，还有一套独立完整的节流（加热）、调压、分离、计量等工艺设施和仪表设备。多井集气方式下，主要靠集气站对气体进行节流、调压、分离、计量和预处理等工作,井场只有采气树。气体经初步减压后送到集气站,每一个集气站可汇集不超过 10 口井的气体。集气站将气体通过集气管网集中于总站,外输至净化厂或干线。多井集气处理的气体质量好,劳动生产率高,易于实现管理自动化,多用于气田的大规模开发。

单井集气与多井集气都可采用树枝形或环形集气管网。环形管网可靠性好,但投资较大。由于气井井口压力较高,集气管道工作压力一般可达 1MPa 以上。

（2）输气站

输气站又称压气站。核心设备是压气机和压气机车间。任务是对气体进行调压、计量、净化、加压和冷却,使气体按要求沿着管道向前流动。由于长距离输气需要不断供给压力能,故沿途每隔一定距离(一般为 110～150km)设置一座中间压气站(或称压缩机站)。

首站也是第一个压气站,当地层压力大至可将气体送到第二站时,首站也可不设压缩机车间。第二站开始称为压气站,最后一站即干线网的终点,城市配气站。

压气站也可按作用分为压气站、调压计量站、储气库等。调压计量站多设在输气管道的分输处或末站,其作用是调节气体压力,测量气体流量,为城市配气系统分配气量并分输到储气库。储气库则设于管道沿线或终点,用于解决管道均衡输气和气体消费的昼夜及季节不均衡问题。

压气站站址的选择要求地面平坦,有缓坡可排水,土壤承载能力不低于 0.12MPa,地下水位低,土壤干燥。站址尽量靠近已有的道路系统和居民区以减少建筑费用。

（3）干线输气

干线是指从矿场附近的输气首站开始到终点配气站为止。由于输气管道输送的介质是可压缩的,其输送量与流速、压力有关。压缩机站与管路是一个统一的动力系统。压缩机的出站压力就是该站所属管路的起点压力,终点压力为下一个压缩机站的进站压力。一般地说,输气管线可以有一个或多个压缩机站。

（4）城市配气

城市配气是指从配气站(即干线终点)开始,通过各级配气管网和气体调压所,按用户要求直接向用户供气的过程。配气站是干线的终点,也是城市配气的起点与枢纽。气体在配气站内经分离、调压、计量和添味后输入城市配气管网。城市配气管网的形式可分树枝形和环形两类;按压力则可分高压、次高压、中压和低压四级。由于不同级别管网上的管道设施的强度不同,上一级压力的管网必须调压后才能输向下一级管网。城市一般均设有储气库,可调节输气与供气间的不平衡。例如,当输气量大于城市用气量时,储气库储存气体,而当用气量大时储气库则输出气体。

四、管道设备的维护

1.管道防腐技术

尽管管道系统具有便于管理,运行安全的特点,但由于输送管道大多深埋于地下,给日常维护带来一定的困难。尤其是管道和储罐不仅会因腐蚀造成穿孔而引起的油、气跑漏损失与污染,给维修带来材料和人力的浪费,而且还可能会引起火灾或爆炸。针对发生腐蚀的原因,通常可采取下列措施:

(1)选用耐蚀材料,如聚氯乙烯管,含钼和含钛的合金钢管等。

(2)在输送或储存介质中加入缓蚀剂抑制内壁腐蚀。

(3)采用内外壁防腐绝缘层,将钢管与腐蚀介质隔离。

(4)采用阴极保护法。

目前国内外普遍采用的是,经济可靠的防腐绝缘层加阴极保护的综合防护措施。

2.管道清洗技术

因油、气中含有各种盐类、杂质、硫化物、细菌等,管线经长期运行所形成的结垢,不仅影响管道的输送能力还会对管道产生腐蚀损坏。因此,需按时对管道进行清洗、修复。

输油(气)管道清洗技术是一门新兴的工程技术,是一项延长管道使用寿命,保证管道正常运行的实用技术。按其清洗目的可分为投产前的清管,运行中的除垢,改输前的清洗。

目前,对于管线清洗技术主要分为三大类:物理清洗法、化学清洗法、物理—化学清洗法。

(1)物理清洗法。包括高压水射流清洗、机械法清洗、PIG 清洗、喷砂清洗、电子跟踪式清洗、爆炸清洗法等。

(2)化学清洗法。多用于一般金属管道、不锈钢管道和管道脱脂。化学法清洗管道是向管道内投入含有化学试剂的清洗液,与污垢进行化学反应,然后用水或蒸气吹洗干净。为了防止在化学清洗过程中损坏金属管道的基底材料,可在酸洗液里加入缓蚀剂。例如,为了提高管道清洗后的防锈能力,可加入钝化剂或磷化剂使管道内壁金属表层生成致密晶体,提高防腐性能。

(3)物理—化学清洗法。是把物理清洗和化学清洗这两类方法结合起来,发挥各自所具有的优势,达到技术上的取长补短,经济上的合理选用,最终实现延长管道寿命,降低清洗成本。

总之,对管线及设备进行更为有效的防护,必须对管线现状,维护要求及相关信息、资料进行综合分析优化组合,这样才能有针对性地筛选出最好的制剂和工艺方法,收到最佳防护效果。

S 本章小结

运输是物流系统的基本要素,在物流系统中起到非常重要的作用,是人类社会生产、经济、生活中一个不可缺少的重要环节。交通运输业是国民经济的重要部门之一,在整个社会机制中起着纽带作用,其既是衔接生产和消费的一个重要环节,又是保证人们在政治、经济、文化、军事等方面联系交往的手段。因此,交通运输业在现代社会的各个方面起着十分重要的作用。

本章从物流运输的角度对铁路、公路、水路、航空和管道五种运输技术和设备的含义、特点、种类、基本结构和主要技术参数进行了分析和介绍。这五种基本运输方式在运载工具、线路设备和运营方式等方面各不相同,并且铁路、水运、公路、航空和管道运输方式各有其不同的技术经济特征,因而也各有其适用的范围。

E 思考题

1. 铁路运输系统主要包括哪些设备与设施?

2. 我国铁路分哪些等级,其主要技术标准是什么?

3. 在进行货运汽车选型时应考虑哪些主要使用性能?

4. 高速公路有何特点?高速公路的主要设施和装备有哪些?

5. 集装箱码头应具备哪些基本条件?

6. 货运船舶的有哪些主要类型?各有什么特点?

7. 简述船舶的主要性能。

8. 航空运输的集装设备有何特点?

9. 运输管道有哪些主要类型?

10. 中间站与会让站、越行站在作业上的区别是什么?

11. 编组站在作业上与区段站有何异同点?

12. 货运站(场)应具有哪些功能?货运站(场)有哪些类型?分别主要进行哪些业务?

E 练习题

1. 名词解释

①限界　　②停车视距　　③港口腹地　　④浮性　　⑤巡航速度

⑥船籍　　⑦方便旗船　　⑧航程

2. 填空题

①我国生产的标准钢轨有_____、_____、_____、_____等数种。标准长度为 25m 和 12.5m。我国绝大多数线路轨距为_____,称为标准轨距。

②铁路信号设备的作用是保证列车运行与调车安全和提高铁路的通过能力。包括_____和_____。

③全国公路分为五个级别:_____、_____、_____、_____和_____。

④集装箱后方堆场包括_____、_____、_____、_____、_____等。

3. 简答题

①中间站、区段站、编组站办理的作业分别有哪些。

②高速公路的特点。

③简述带式输送机张紧装置的作用。

④集装箱码头完成有关业务必须具备哪些条件?

⑤货运船舶的类型及各自的特点。

⑥管道清洗技术有哪些?

⑦简述汽车车辆的选择应遵循什么样的原则?

⑧简述汽车保养的内容。

⑨简述货物在港内作业方式。

⑩简述船舶装载能力的确定。

【资料】
世界上第一条铁路与中国第一条铁路

世界上第一条铁路是英国在 1825 年修建的斯托克顿——达林顿铁路。

1822 年 5 月 23 日在斯托克顿开工,用了 3 年多的时间修建成功。

1825 年 9 月 27 日,世界上第一条铁路正式通车营业。从而引起了运输生产力划时代的重大改革。

自 1825 年英国修筑世界上第一条铁路后,铁路运输的优越性迅速被人们所认识。英国在 1825 年的最后 3 个月,修建了 160km,到 1860 年延长到 30300km 多,平均每年约修 800 多 km。从那时起,铁路在世界各国兴建起来。19 世纪末,世界铁路里程已经发展到 65 万 km,到 20 世纪 20 年代又将近翻了一番,达到 127 万 km。那时,工业发达的国家都基本形成了铁路网。以美国为例,于 1827 年开始修建铁路,1830 年第一条铁路建成通车。1850 年,美国铁路营业里程达到 14000 多 km。1920 年,铁路里程达到了顶峰,总长是 425522km。

从 19 世纪末到 20 世纪 20 年代,这 30 年是世界筑路高潮时期,是铁路的黄金时代。铁路是世界上运输的主要工具,其总长度约为 130 多万 km,可以绕地球赤道 32 圈。其中美国拥有 33 万 km,居世界第一位,苏联有 13.8 万多 km,加拿大 7 万多 km,印度 6.2 万多 km,中国 5 万多 km,居世界第 5 位。

1881 年开始修建的唐山至胥各庄铁路,是真正成功并保存下来加以实际应用的第一条铁路,从而揭开了中国自主修建铁路的序幕。

中国第一条华侨出资兴办的铁路是 1905 年修筑的潮(州)汕(头)铁路。

中国第一条高速磁浮铁路——上海浦东高速磁浮铁路。全长 30km,平均运行速度达到每秒 60~70 米。除启动加速和减速停车两个阶段外,列车大部分时间时速为 300 多 km,达到最高设计时速 430km 的时间有 20 多秒。

新中国自行设计施工的第一条铁路——成渝铁路,成渝铁路是完全采用国产材料修建的第一条铁路。

中国第一条跨海铁路——粤海铁路,粤海铁路 2003 年 1 月 7 日正式开通。总投资 45 亿元,由"两线一渡"工程组成,即广东省境内的湛江至海安铁路 139km、琼州海峡铁路轮渡 24km、海南省境内的海口至叉河西环铁路 182km。

中国第一条穿越沙漠的铁路——包兰铁路。包兰(包头至兰州)铁路穿越茫茫腾格里沙漠的中国第一条沙漠铁路。包兰铁路 1954 年 10 月动工,1958 年 8 月 1 日全线通车,全长 990km。横贯内蒙、宁夏、甘肃三省区,几十年间,沙漠科研人员和固沙工人在铁路沿线的沙丘上共铺设草障 67000 多亩,种植树木 1 亿 4 千多株,形成了一条长 55km、宽 500m 的绿色长廊,使包兰线通车至今,从来没有因沙害引起任何行车事故,被国外专家誉为"中国人创造的奇迹"。这一治沙工程被誉为"世界奇迹",并荣获联合国"全球 500 佳环境保护奖"。

中国第一条电气化铁路——宝成铁路,四川与全国沟通的第一条铁路,又是中国第一条电气化铁路。北起陕西宝鸡,过略阳、阳平关入四川,再经广元到达成都,全长 669km,四川境内 374km。

世界最长的高原铁路——青藏铁路,由西宁至格尔木段和格尔木至拉萨段合成,全线总里程达 1142km。青藏铁路格拉段标高全部在海拔 3000m 以上,其中海拔高度 4000m 的地段有 965km。历经 4 年于 2005 年 10 月 15 日,全线贯通。

【资料】　　　　　　　航空快递禁运物品

一、快递禁运品

(1)难以估算价值的有价证券及易丢失的贵重物品,如:提货单、核销单、护照、配额证、许可证、执照、私人证件、汇票、发票、本国或外国货币(现金)、金银饰物、人造首饰、手机。

（2）易燃易爆、腐蚀性、毒性、强酸碱性和放射性的各种危险品，如：火柴、雷管、火药、爆竹、汽油、柴油、煤油、酒精（液体和固体）、硫酸、盐酸、硝酸、有机溶剂、农药及其他列入化学工业出版社出版的"化学危险品实用手册"中的化工产品。

（3）各类烈性毒药、麻醉药物和精神物品，如：砒霜、鸦片、吗啡、可卡因、海洛因、大麻等。

（4）国家法令禁止流通或寄运的物品，如：文物、武器、弹药、仿真武器等。

（5）含有反动、淫秽或有伤风化内容的报刊书籍、图片、宣传品、音像制品，激光视盘（VCD、DVD、LD）、计算机磁盘及光盘等。

（6）妨碍公共卫生的，如尸骨（包括已焚的尸骨）、未经硝制的兽皮、未经药制的兽骨等。

（7）动物、植物及其标本。

（8）难以辨认成分的白色粉末。

（9）私人信函等。

二、航空禁运品

（1）威胁航空飞行安全的物品。指在航空运输中，可能明显地危害人身健康、安全或对财产造成损害的物品或物质。主要有以下几类：

A. 爆炸品：如烟花爆竹、起爆引信等；

B. 气体：如压缩气体、干冰、灭火器、蓄气筒（无排放装置，不能再充气的）、救生器（可自动膨胀的）等；

C. 易燃液体：如油漆、汽油、酒精类、机油、樟脑油、发动机启动液、松节油、天拿水、胶水、香水等；

D. 易燃固体：自燃物质，遇水释放易燃气体的物质，如活性炭、钛粉、椰肉干、蓖麻制品、橡胶碎屑、安全火柴（盒擦的或片擦的）、干燥的白磷、干燥的黄磷、镁粉等；

E. 氧化剂和有机过氧化物：如高锰酸钾；

F. 毒性和传染性物品：如农药、锂电池、催泪弹等；

G. 放射性物质；

H. 腐蚀品：如蓄电池、碱性的电池液。

（2）未加消磁防护包装的磁铁、磁钢等含强磁的制品。

（3）任何药品。

（4）其他航空禁运品，如：粉末状物品（不论何种颜色）、液体（不论使用何种包装）、外包装有危险标志的货品、没有国家音像出版社证明的音像制品（含CD、VCD）、刀具、榴莲、带气火机、涉及"武器"和"枪支"概念的任何货品（含玩具）等。

——摘自中国物流网（www.56age.com）

C 案例 2-1

船舶不适航导致货物损坏，契约承运人和实际承运人承担连带赔偿责任

　　2002 年 7 月，原告秦皇岛金海粮油工业有限公司与被告秦皇岛市裕东行船务有限公司签订运输协议，原告委托被告由巴西运输一套精炼棕榈油设备至秦皇岛港，包干运费 29500 美元。货物运至上海港后，第一被告安排第二被告临海市涌泉航运公司所属"涌泉 2 号"轮进行转船运输。同年 9 月 6 日，"涌泉 2 号"轮在驶往秦皇岛途中因货舱进水，船体倾斜，被救助于山东石岛港。经秦皇岛出入境检验检疫局检验，货物残损金额 22270 美元。经青岛双诚船舶技术咨询有限公司对船舶进行检验，"涌泉 2 号"轮船体开裂进水的原因是由于船舶结构缺陷或船舶材质问题所致。

　　天津海事法院经过审理认为，承运人在开航前和开航时，应当谨慎处理，使船舶处于适航状态，使货舱适于并能安全收受、载运和保管货物。"涌泉 2 号"轮虽然于 2001 年 12 月 12 日进行了年检，取得适航证书，但青岛双诚船舶技术咨询有限公司验船师在验船时拍摄的照片中显示，该轮货舱锈蚀特别严重，船底 K 列板上有一条长度约为 400mm 纵向裂口，痕迹较旧并用木塞塞住。另外被核定抗风能力 8 级的该轮，在遭遇 6 级风浪时即造成船体损坏、货舱进水，均证明该轮在开航时，实际上已不适航。被告临海市涌泉航运公司作为上海港至秦皇岛港的区段承运人，没有提供适航的船舶，对由此给原告造成的损失应承担赔偿责任。第一被告秦皇岛市东裕行船务有限公司作为全程承运人，应对全程运输负责，对于原告的损失应于第二被告承担连带赔偿责任。据此，天津海事法院依据我国海商法和合同法的有关规定判决两被告连带赔偿原告货物损失、残损检验费，货物在石岛港产生的堆存费、装卸费，外国专家来秦皇岛检查设备费用，原告重新定购被损坏设备的运输费用及其保险费，共计人民币 261795.43 元。

　　天津海事法院作出一审判决后原告、被告均未上诉。

——摘自中国物流网（www.56age.com）

C 案例 2-2

集装箱跌落海中，船方可否免责？

　　在美国一地方法院就甲板上的集装箱跌落海中一案作出有利于货方的即决裁决后，船方指出法院的裁决是错误的，其错误表现在两个方面：

　　第一，法院错误地认为：在提单没有载明集装箱可以装在甲板上的条件下，

货方可以理解为货箱是装在舱内的;

第二,法院错误地认为:船方未能举证说明双方曾有过关于货箱装载于甲板上的协议,也没有提供关于港口习惯允许在甲板上装载货箱的证据,以致难以否认货方是要求将集装箱装在舱内的。船方据此向美国第九巡回法庭提起上诉。

上诉法庭援引美国最高法院的一个判例(St. Johns V. S. A. Companhia Geral Commercial dio Rio de Janiero)并且指出:在清洁提单上如果规定货物可以装在舱内也可以装在甲板上,那么,在港口惯例不允许在甲板上积载货物的条件下,货方便可以认为:这样的清洁提单,等于宣布货物是装入舱内的;如果由于并未装入舱内而造成了损失,船方是应对其损失负责的。

但是法庭接着就指出,该判例认定有两种情况应作例外处理:第一,尽管提单是"清洁"的,但港口惯例是允许在甲板上装货的;第二,船货双方有协议允许在甲板上装货的。并且法庭进一步指出,如果航贸习惯允许甲板上装货,同样可以作为例外处理。基于上述可以作为例外处理的依据,并考虑到船方所提供的证明,上诉法庭撤销了地方法院作出的裁决。船方提出的证明有二:第一,事实上港口习惯与航贸习惯是允许在甲板上装载集装箱的;第二,船方证明,其对专用集装箱船甲板上可以装载集装箱一事是熟知的,这样做是无需在提单上特别注明的。船方又援引美国第二巡回法庭的判例,说明随着集装箱化的进展,借助于科学技术的进步和船舶设计方案的改进,将集装箱装载于甲板上已成为习惯作法,除提单另有规定者外,不得作为违规处理。

第九巡回法庭注意到第二巡回法庭的判例具有的权威性,并考虑到船方提供证明的可靠性,最后决定撤销地方法院原来所作的即决裁决,将本案发回地方法院,令其根据有关判例和船方证明,重新作出与上诉法院相一致的判决。

——摘自中国物流网(www.56age.com)

C 案例 2-3

空运转改陆运海豚表演受阻

原告:某海洋馆

被告:某物流公司

2005 年 4 月 20 日,原告与被告签订"门到门"运输服务合同,约定被告须在 4 月 28 日前将原告租借的两只海豚从 A 地运至 B 地,运输方式为航空运输,原告负责海豚的包装并预付全部运费。之后,被告向某航空公司预订了 4 月 25 日的航班,原告依约支付了全部费用。但在货物装机前,机长认为海豚的包装方式可能影响飞行安全,故而拒绝配载。

货物被拒后,被告建议预订下一航班,原告考虑到这样会耽误"五一"黄金周期间的海豚表演,没有同意。最后原告提出采用汽车陆运方式,在 4 月 28 日前到达 B 地。被告遂同意了原告的意见,委托当地一家运输公司将两只海豚用汽车运往 B 地,被告与原告各有一名业务人员随同押车,被告支付了本次陆运费用。

4 月 27 日到达 B 地后,两只海豚因路途颠簸并且长期脱水而严重受伤,原告不得不取消了"五一"期间的演出,并花了近两个月的时间救治受伤的海豚。

2005 年底,原告向法院起诉被告违反合同约定,将航空运输方式改变为陆路运输方式,致使海豚长期脱水而受伤,要求被告承担损害赔偿责任共计人民币 90 余万元。

被告辩称,空运改陆运系原告要求,与被告无关;海豚受伤是原告未尽到看护职责所致。

法院经审理认为,原、被告双方签订的"门到门"运输服务合同合法、有效,双方应当按照合同约定全面履行各自义务。被告作为运输服务提供方,有义务按照约定时间和方式将原告委托的货物安全、完好地运抵目的地。同时,作为专业的物流公司,被告应当比原告更具备谨慎判断和合理安排运输方式的能力。由于被告不能提供原告要求变更运输方式以及原告承诺承担因此引起的损害赔偿责任的证据,所以法院最终判决由被告承担海豚的损害赔偿责任,包括海豚治疗费用、原告门票损失费用等共计人民币 20 万元。

通过本案,物流企业应当注意以下两点:

1. 掌握货物信息

本案纠纷产生的源头是海豚包装问题导致航空公司拒绝配载。被告作为专业的物流企业,如果在接受委托后能够认真核实货物情况(特别是对于动物这类特殊货物),详细掌握货物的外形尺寸、重量、包装特点等,并且将上述情况准确反映给承运人,那么后面的事情可能就不会发生了。所以,物流企业在接受委托办理有关业务时,首先应当认真了解受托货物的详细情况,对于动物、植物以及其他特殊货物,更要特别注意。其次要把货物的详细情况准确传递给承运人,确保该货物适合预订的运输方式,如果有问题,也能够及早发现和解决。

2. 慎改运输方式

对于客户提出的改变运输方式的要求,应当审慎判断并履行必要提示之义务,同时保留相关证据材料,如果可能,最好与客户签订书面协议,明确约定自己不承担因改变运输方式而产生的责任问题。

本案提出由空运改为陆运的是原告,但在诉讼过程中原告对此予以否认,而被告又举不出相应证据来证明,而且被告以自己的名义联系陆运业务并支付了陆运费用,致使运输公司的证言对被告不利,种种因素导致被告最终败诉。作为从事专业物流服务的企业,对于客户提出改变运输方式的要求,首先应当谨慎判断受托货物是否符合该种运输条件,如果认为存在风险,应当及时提醒客户,同时注意保留各种相关证据(包括录音资料、会议记录、第三方证言等)。其次,当客户坚持自己的意见时,应当要求客户给予书面承诺,由客户自行承担因改变运输方式而产生的货物损害责任;或者与客户签订书面协议,约定对自己有利的免责条款。

——摘自李悦.中国物流网(www.56age.com)

第三章 集装化技术与设备

【学习目标与要求】

掌握物流集装化的概念及集装单元的方式和种类；
掌握托盘的基本类型,在集装技术中的作用与使用要点；
熟悉集装箱的特点、种类、标记的识别及货物的装箱要求；
掌握物流模数的概念和作用。

第一节 物流集装单元化技术概述

一、物流集装单元化的含义

所谓集装单元化,是用各种不同的方法和器具,把有包装或无包装的物品,整齐地汇集成一个扩大了的,便于装卸和搬运,并在整个物流过程中保持一定形状的作业单元。以这样的集装单元来组织物资的装卸、搬运、存储、运输等物流活动的作业方式称为集装单元化作业,简称集装单元化。

物流集装单元化是物流硬技术与软技术的有机结合。采用集装单元化技术后,不仅使物流费用大幅度降低,也使传统的包装方法和装卸搬运工具发生了根本性变革。从包装的角度看,集装化是一种按一定单元将杂散物品组合包装的方法；从运输的角度看,集装所形成的组合体正好是一个装卸运输单位,可以非常便利地进行装卸和运输,因而在运输领域就将集装看成一个运输体(货载),称为单元组合货载或集装货载。集装器具本身就成为包装物和运输工具,改变过去那种包装、装卸、储存、运输各自为政的做法。

集装单元化技术是综合规划和改善物流机能的有效技术措施,是解决高效运输与低效装卸这一矛盾的最有效途径,因而得到稳定快速的发展。

二、集装单元化的方式和种类

集装单元化种类方式很多,但是一般可分为:周转箱系列,托盘系列,集装箱系列三大类。

(1)周转箱系列。周转箱在流通领域可替代纸质包装,到达工厂企业后,不必变更包装形式,可直接进入加工、装配工位或仓库,可重复周转使用。周转箱的结构形式主要有,敞开型、带盖型、折叠型等。与托盘配合的周转箱有可插式和可折叠式以及直壁式等。周转箱的规格按其承重量可分为:40kg、50kg、60kg、70kg等级别。

(2)托盘系列。最典型的是平托盘,其变形体有柱式托盘、架式托盘、笼式托盘、箱式托盘、可折叠式托盘等。

(3)集装箱系列。最典型的是标准运输用集装箱。

这种从周转箱到托盘,到车再到集装箱,就形成了整个物流系统中的单元器具链。现代单元化器具随着现代工业和技术的发展,不断在新材料,新工艺方面有新的突破,新的单元器具不断涌现,但在形式上基本还属于以上范畴。

三、集装单元化技术的系统性

集装单元化技术的全面应用,贯穿到物流系统的各个环节,因此其具有系统的概念。从仓库进货,到堆码、储存、保管、分拣、配送、运输、回收等诸多环节都会出现单元化容器的形态。单元化技术要对物流全过程的各个环节和活动进行综合和全面的考虑。

集装单元化技术首先是一种包装方式。其必须达到包装的基本要求,即能有效保护物料,节省空间,便于搬运等。但其又远远超出包装的范畴,如单元化容器的尺寸链必须配合汽车的尺寸、托盘的尺寸,甚至滚道的宽度尺寸,货架的尺寸,以及其自身互相组合的尺寸等。单元化技术能有效地将分散的物流各项活动联结成一个整体,是物流系统化中的核心内容和基础内容。因为在单元化系统中,首要的问题是将货物形成集装状态,即形成一定大小和重量的组合体,这是集零为整的方式。将零散货物集中成一个较大的单元,称为单元组合,又称集装。单元化器具也称为集装器具。

四、物流集装化的特点和意义

物流集装化的主要特点是集小为大,而这种集小为大是按标准化,通用化的要求进行的,它使中小件散杂货以一定的规模进入流通领域,形成规模优势。集装化的效果实际就是这种规模优势的效果。

集装化技术的意义主要有以下几方面。

(1)为装卸作业机械化自动化创造了条件,加快了运输工具的周转,缩短了货物运输时间,从总体上提高了运输工具装载量和容积利用率。

(2)促使包装合理化。采用集装后,物品的单体包装及小包装的要求可降低甚至可去掉小包装,不仅节约了包装材料,且由于集装化器具包装强度高,对货物的防护能力提高,能有效减少物流过程中的货差、货损。

(3)标准集装货物便于堆码,方便仓储保管作业,能有效提高仓库,货场单位面积的利用率。

(4)减轻或完全避免污秽货物对运输工具和作业场所的污染,改善环境状况。

(5)集装化的最大效果是以集装为核心所形成的集装系统,将原来分离的物流各个环节有效地整合为一个整体,使整个物流系统实现合理化。集装货物更便于清点,简化了物流过程各个环节之间、不同运输方式之间的交接手续,促进不同运输方式之间的联合,实现"门到门"的一条龙服务。

(6)成为物流和信息流的节点。在现代物流搬运系统中,单元器具不仅是物料的载体,而且成为信息流的载体。在使用条码的系统中,通常箱子上的条码或看板就载有该物料的相关信息,该物料被取走后,则相应的信息就会更新。

五、物流模数

物流模数是指为了物流系统化,合理化和标准化,以数值关系表示的物流系统各种因素尺寸的标准。物流模数可分为物流基础模数,物流集装设备模数和物流建筑模数等。

1.物流基础模数

物流基础模数是指物流系统各标准尺寸的最小公约尺寸。基础模数尺寸一旦确定,设备的制造,设施的建设等各个具体的尺寸标准,都要以基础模数尺寸为依据,选取其整数倍为规定的尺寸标准。物流基础模数尺寸的确定不仅要考虑国内物流系统,还要考虑到与国际物流系统的衔接,具有一定的难度和复杂性。目前 ISO 中央秘书处及欧洲各国已基本认定 600mm×400mm 作为物流基础模数尺寸。

2.物流集装设备模数

物流集装设备模数是在物流基础模数尺寸的基础上推导出的各种集装设备的标准尺寸,以此尺寸作为设计集装设备长、宽、高三维尺寸的依据。在物流系统中,物流集装设备起物流承载作用,物流集装设备尺寸必须与物流各个环节的固定设施,移动设备,专用机具相配合。因此,物流集装设备模数尺寸影响并决定着与其配合的相关环节的标准化。

物流集装设备模数尺寸以 1200mm×1000mm 为主,也允许 1200mm×800mm 及 1100mm×1100mm 等规格存在。

物流基础模数尺寸与物流集装模数尺寸的配合关系,如图 3-1 所示,可以用 5 个物流基础模数尺寸组成。

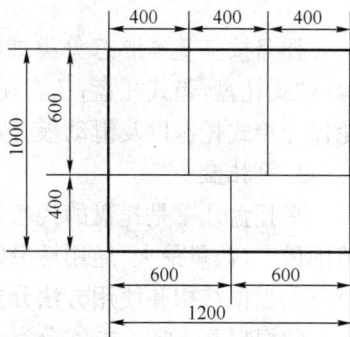

图3-1 模数尺寸配合关系(尺寸单位:mm)

3.物流建筑基础模数

物流建筑基础模数是物流系统中各种建筑物(如仓库、中转站等)所使用的基础模数。是以物流基础模数尺寸为依据确定的,如货台高度应与车辆车厢底距地面的高度相配合。该尺寸也是设计建筑物长、宽、高尺寸,门窗尺寸,建筑物柱间距,跨度及进深等尺寸的依据。

第二节 托 盘

一、托盘的概念及特点

托盘是指用于集装、堆放、搬运和运输的放置,作为单元负荷的货物和制品的水平平台装置。托盘既具有搬运器具的作用,又具有集装容器的功能。是国内外物流系统中普遍采用的一种集装器具。

托盘作为一种装卸储运物质的轻便平台,便于利用叉车、搬运车辆或吊车等装卸搬运单元物品或小数量的物品。

托盘主要具有以下特点:

(1)自重小。用于装卸运输托盘本身所消耗的劳动较小。

(2)返空容易。返空时占用的运力少,又由于托盘造价不高,又很容易互相替代,互以对方托盘为抵补。

(3)装盘容易。装货时不必深入箱体内部,装盘后可采用捆扎、紧包等技术处理,使用简便。

(4)能集中一定数量装载。装载量虽较集装箱小,但比一般包装的组合量大得多。

(5)对货物保护性差,露天存放有困难,需要仓库等配套设施。

二、托盘的种类及基本构造

托盘按其基本形态分类如图 3-2 所示,即分为用叉车、手推平板车装卸的平托盘,柱式托盘,箱式托盘;还有在下部安装滚轮的,可用人力推动的滚轮箱式托盘,滚轮保冷箱式托盘以及滑动板、装运桶、罐等特殊构造的托盘。

1.平托盘

平托盘几乎是托盘的代名词,只要一提托盘,一般都是指平托盘而言,因其使用范围最广,数量最大,通用性最好。平托盘(图 3-2a)可细分为三种类型。

①根据结构和使用方法分类。有单面型、双面单用型、双面双用型和翼型四种;

②根据叉车插入方式分类。有单向插入型、双向插入型、四向插入型三种;

③根据材料分类。木制平托盘、钢制平托盘、塑料制平托盘、复合材料平托盘以

及纸制托盘五种。

平托盘中用得最多的是木制托盘,此外还有钢制托盘和塑料托盘。钢制平托盘是用角钢等型材焊接而成,其最大的特点是强度高,不易损坏和变形,维修工作量小。塑料制平托盘采用塑料模具制成,一般为双面使用型,其最大特点是重量轻,耐腐蚀性强,可用不同颜色区别分类。但塑料托盘的承载能力不如钢、木托盘。

2. 柱式托盘

柱式托盘是在平托盘的四个角装上立柱构成的,如图 3-2b)所示,其目的是在多层堆码保管时,保护最下层托盘的货物。托盘上的立柱大多采用可拆卸式,高度多为

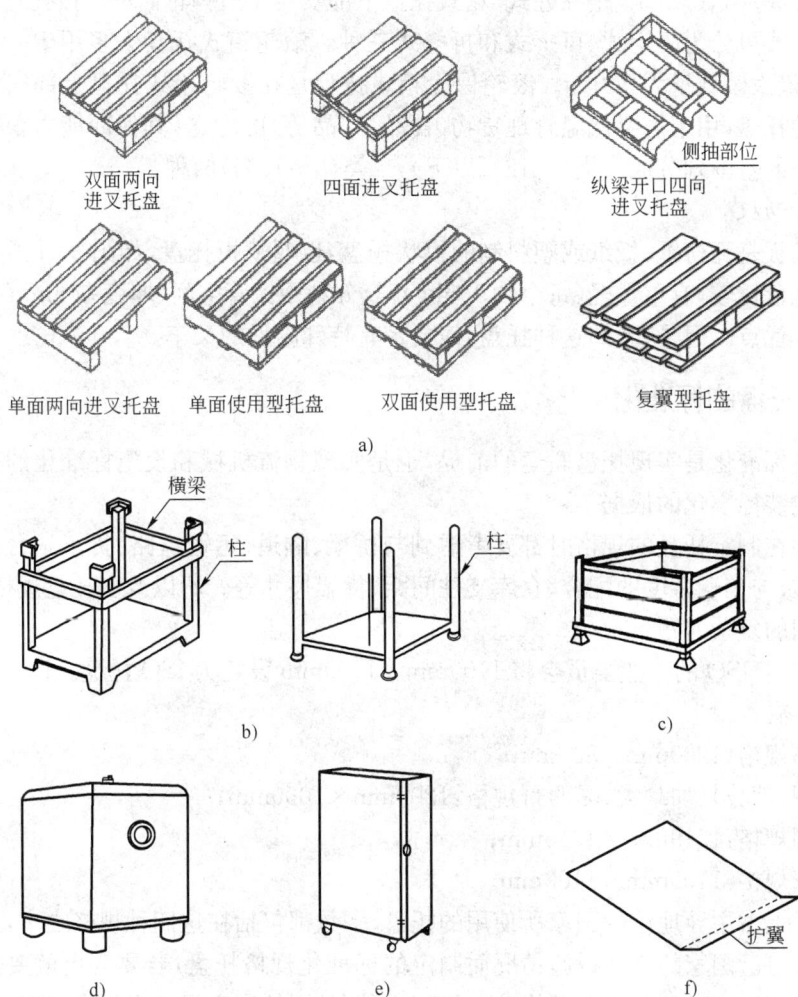

图 3-2 托盘的种类

a)平托盘;b)柱式托盘;c)箱式托盘;d)油罐式托盘;e)滚轮保冷箱式托盘;f)滑动板

1200mm 左右。立柱的材料多为钢制,耐荷重 3t,自重 30kg 左右。柱式托盘进一步演化,又可从相邻柱子的上端用横梁连接,成门框状。

3. 箱式托盘

箱式托盘是在平托盘的基础上,安装平板状或网状构造物而制成的箱形设备。可以做成可拆式、固定式、折叠式三种,如图 3-2c)所示。这种托盘的特点是使包装简易并可将形式不规则的货物集装,在运输中还有不需要采取防止塌垛措施的优点。

4. 轮式托盘

如图 3-2d)、e)所示,是在柱式、箱式托盘下部安装小型脚轮而成。按托盘上部构造物的形式可分为固定式、可拆式和折叠式三种。滚轮箱式托盘大多用于一般杂货的配送,最大装载量为 300kg。滚轮保冷箱式托盘是在滚轮箱式托盘上部安装有保冷装置的托盘,用于需要低温管理货物(食品、药品等)的配送,其保冷能力根据物品温度管理的范围划分成一类($-18℃$ 以下),二类($0\sim10℃$)两种。

5. 滑动板

滑动板是瓦楞纸、板纸或塑料制的板状托盘,也叫薄板托盘,如图 3-2f 所示。和木质平托盘比较,有重量轻(每个约 1.5kg),充分利用保管空间(厚度在 5mm 以下),价格低等优点。但是,装卸这种托盘,需要带有特殊附件的叉车。

三、托盘的标准化

托盘标准化是实现托盘联运的前提,也是实现物流机械和设施标准化的基础以及产品包装标准化的依据。

各国在制定托盘的规格时都要考虑到与桥梁、隧道、运输道路、货车站台设施相适应,以及与车辆宽度的配合,仓库支柱间距、货架尺寸等。所以改变托盘规格,涉及到一系列的复杂问题。

1997 年 ISO 的作业委员会将 1100mm×1100mm 设定为 ISO 托盘。ISO 承认的托盘规格有:

欧洲规格:1200mm×800mm;

欧洲(部分)、加拿大、墨西哥规格:1200mm×1000mm;

美国规格:1219mm×1016mm;

亚洲规格:1100mm×1100mm。

世界上占主导地位的国家所使用的托盘,多数都包括在这四种规格之中,这些都是各国按自己国家的基本设施情况而制定的标准化规格托盘,若要变更就要付出很大代价。不管把这四种托盘规格统一为哪一种,各国的利害得失都很大,作为没有强制力的国际组织无法强迫每一国家去执行。

在这四种托盘中,1100mm×1100mm 规格的托盘是与现行 ISO 国际集装箱相配合而设计出来的。如果世界上都使用同一规格的托盘,从进出口货物开始,世界上车辆的载物台等也被统一规格,则可期待到非常便利而又高效的物流。

四、托盘的使用

(一)托盘货物的装盘码垛方式

在托盘上放装同一形状的立体包装货物时,可采取各种交错咬合的办法码垛,以提高货垛的稳定性。从货物在托盘上堆码时的行列配置来看,有如图3-3所示的四种基本堆积模型。

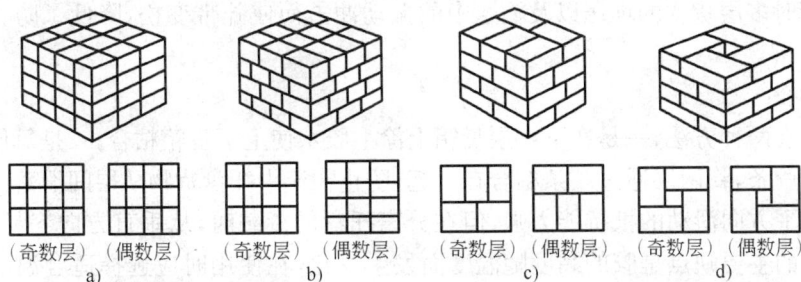

图 3-3 托盘货物堆积模型

a)重叠式堆码 b)层间纵横交错堆码 c)正反交错式堆码 d)旋转交错式堆码

1. 重叠式

即各层码放方式相同,上下对应。此方式的优点是,操作速度快,各层重叠之后,包装物四个角和边重叠垂直,能承受较大的荷重。其缺点是,各层间缺少咬合作用,货垛稳定性差,容易发生塌垛。一般情况下,重叠式码放需再配以各种紧固方式。

2. 层间纵横交错式

是奇数层的货物之间成90°交叉堆码的模型。这种堆码方式层间有一定的咬合效果,但咬合强度不高。在正方形托盘一边长度为货物的长、宽尺寸的公倍数的情况下,可以采用这种模型。

3. 正反交错式

在同一层中,不同列的货物以90°角垂直码放,而奇数层和偶数层之间成180°进行堆码的方式。这种方式类似于建房屋时砖的砌筑方式,不同层间咬合强度较高,相邻层间不重缝,货垛稳定性高,但操作较麻烦,且包装体间不是垂直互相承受载荷,下部货体易被压坏。

4. 旋转交错式

是一种风车型的堆码形式,在各层中改变货物的方向进行堆码,每层相邻的两个包装体都呈90°角,上、下两层间的码放又相差180°角。这种方式码放的优点是层间相互咬合强度大,托盘货体稳定性高,不易塌垛。其缺点是码放难度大,中央部分的无效空间也过大,致使托盘的利用率降低。

(二)托盘货体的紧固

托盘货体的紧固是保证货体稳定性,防止塌垛、散垛,避免货差货损的重要手段。托盘货体常用的紧固方法有以下几种。

1.捆扎

捆扎是用绳索、打包带等柔软索具对托盘货体进行捆扎,以保证货体稳定的方法。在防止箱形货物(瓦楞纸箱、木箱)散垛时用得较多。这种方式按如何扎带分成水平、垂直和对角等捆扎方式。捆扎打结的方法有结扎、粘合、热融、加卡箍等。但这种方式存在着扎带部分可防止货物移动,未扎带部分容易发生货物脱出的缺点;还会由于保管时多层货物的堆压以及输送中的振动冲击而使扎带变松,降低了防止散垛的效果。

2.粘合

粘合有两种方法,一是在下一层货箱上涂上胶水使上下货箱粘合;二是每层之间贴上双面胶条,将两层通过胶条粘合在一起,防止物流中托盘货物从层间滑落。这种方式对水平方向滑动的抵抗能力强,但在分离托盘的货载时,从垂直方向容易分开。这种方式的主要缺点是胶的黏度随温度而发生变化,在使用时应选择适合温度条件的粘合剂。例如水剂胶在低温下易冻结成冰,就难于使用。

3.加框架紧固

将墙板式的框架加在托盘货物的相对的两面或四面以至顶部,用以增加托盘货体牢靠性的方法。框架的材料以木板、胶合板、瓦楞纸板、金属板等为主。加固方法有固定式和组合式两种。采用组合式需要打包带紧固,使托盘和货物结合成一体。

4.网罩紧固

这种方式主要用于装有同类货物托盘的紧固,多见于航空运输。将网罩套在托盘货物上,再将网罩下端的金属配件钩挂在托盘周围的金属片上或将绳网下部缚牢在托盘的边缘上,就可以防止货物发生倒塌。如果需要防水,可在网罩之下用防水层加以覆盖。网罩一般采用棉绳、布绳或其他纤维绳等材料制成,绳的粗细视托盘货物的重量而定。

5.专用金属卡具固定

对某些托盘货物,最上部如能伸入金属夹卡,则可用专用夹卡将相邻的包装物卡住,使每层货物通过金属卡具固定成一个整体,防止个别分离滑落。

6.中间夹摩擦材料紧固

将具有防滑性能的纸板夹在各层器具之间,以增加摩擦力,防止水平移动或冲击时托盘货物各层间的移位。除防滑纸板外,还有软质聚氨酯泡沫塑料片,以及在包装容器表面涂以二氧化硅溶液,也有较好的防滑效果。

7.收缩薄膜紧固

将热缩塑料薄膜制成一定尺寸的套子,套于托盘货垛上,然后进行热缩处理,塑料薄膜收紧后,便将托盘与货物紧箍成一体。这种紧固形式属五面封,托盘下部与大气相通。它不但起到紧固和防止塌垛的作用,而且由于塑料薄膜的不透水作用,还可起到防雨水的作用。这有利于克服托盘货体不能露天存放,需要仓库的缺点,大大扩展托盘的应用领域。但是,由于通气性不好,又需要在高温(120～150℃)下加热处理,所以,有的商品不能采用这种方法。

8.拉伸薄膜紧固

用拉伸塑料薄膜将货物与托盘一起缠绕裹包形成集装件。顶部不加塑料薄膜时形成四面封,顶加塑料薄膜时,形成五面封,拉伸包装不能形成六面封,不能防潮。但其不需要像热缩包装那样的加热处理,对需要防止高温的货物是有效的。由于塑料薄膜的透气性较差,所以对需要透气的水果等货物,也有用网络树脂薄膜代替的方法。另外拉伸薄膜比收缩薄膜(厚度为 20～30μm)捆缚力差,只能用于轻量物品的集装。

9.平托盘周边垫高稳固

将平托盘周边稍稍垫高,托盘上所放货物会向中心相互靠拢,在物流中发生摇摆、振动时,可防止层间滑动错位,防止货垛外倾,因而能起到稳固作用。

(三)托盘的维修管理

在托盘的维护管理中,最重要的一点是不使用破损的托盘。破损的托盘不经修理而照常使用,不仅会缩短托盘的寿命,而且还有可能造成货物的破损和人身事故。托盘的破损大多是因叉车驾驶员野蛮的驾驶操作,货叉损伤盘面或桁架以及人工装卸空托盘时跌落而造成的。

木制平托盘破损最多的部位是盘面,从修理的实例看,盘面的重钉修理占总数的60%～80%。托盘的物理寿命除了因叉车操作不当,使横梁损伤报废之外,更取决于盘面的重钉次数。从实际使用情况看,运输用托盘的寿命平均为三年,场内保管用托盘的寿命平均为六年。对场内保管的托盘,应当以提高寿命为目标,这有利于降低成本和有效利用资源。

第三节 集 装 箱

一、集装箱的概念及规格

(一)集装箱的概念

集装箱是一种运输设备,能装载包装货或无包装货进行运输,并便于机械设备进行装卸搬运。

集装箱应具备的条件:

①具有足够的强度,能反复长期使用。

②适合一种或多种方式运输,途中转运时,箱内货物不必换装。

③可进行快速装卸和搬运,特别便于从一种运输方式转移到另一运输方式。

④便于货物装满或卸空。

⑤容积≥1m³。

我国国标 GB 1992—85《集装箱名词术语》中对集装箱所作的规定,完全符合以上基本规定。

(二)集装箱的规格标准

为了便于集装箱在国际上的流通,1964 年国际标准化组织(ISO)在德国汉堡会议上,公布了两种集装箱的标准规格系列。第 I 系列(1A-1F 六种)和第 II 系列(2A-2C 三种),共九种。1970 年在莫斯科会议上增加了第 III 系列(3A-3C 三种)集装箱。第 I 系列又增加了 1AA、1BB 和 1CC 三种型号集装箱。表 3-1 为三个系列的外部尺寸和重量等级的数值。

国际集装箱系列尺寸(ISO)标准

表 3-1

系 列	箱 型	外 部 尺 寸 (mm)			最大重量(kg)	标称重量(kg)
		高	宽	长		
I	1A	2438	2438	12191	30480	30
	1AA	2591	2438	12191	30480	30
	1B	2438	2438	9125	24500	25
	1BB	2591	2438	9125	24500	25
	1C	2438	2438	6058	20320	20
	1CC	2501	2438	6058	20320	20
	1D	2438	2438	2991	10160	10
	1E	2438	2438	1968	7110	7
	1F	2438	2438	1460	5080	5
II	2A	2100	2300	2920	7110	7
	2B	2100	2100	2400	7110	7
	2C	2100	2100	1450	7110	7
III	3A	2400	2100	2650	5080	5
	3B	2400	2100	1325	5080	5
	3C	2400	2100	1325	2540	5

为了便于计算集装箱数量,常以长 20ft,宽和高各 8ft 的集装箱作为一个换算标准箱,简称 TEU(Twenty-foot Equivalent Units),即 40ft 集装箱＝2TEU;30ft 集装

箱=1.5TEU；20ft 集装箱=1TEU；10ft 集装箱=0.5TEU。

1978 年中国国家标准局颁发了《货物集装箱外部尺寸和重量系列》(GB 1413—1978)中规定：我国集装箱的重量系列采用 5t、10t、20t、30t 四种。相应的型号为 5D、10D、1CC、1AA。5t 和 10t 集装箱主要用于国内运输；20t(1CC)和 30t(1AA)主要用于国际运输。我国集装箱的规格标准见表 3-2。

我国国内现行集装箱外部尺寸、极限偏差和额定重量　　　　表 3-2

型　　号	高度(mm)		宽度(mm)		长度(mm)		额定重量(kg)
	尺寸	极限偏差	尺寸	极限偏差	尺寸	极限偏差	
1AA	2591	0～5	2438	0～5	12192	0～10	30480
1A	2438	0～5	2438	0～5	12192	0～10	30480
1AX	<2438		2438	0～5	12192	0～10	30480
1CC	2591	0～5	2438	0～5	6058	0～6	20320
1C	2438	0～5	2438	0～5	6058	0～6	20320
1CX	<2438		2438	0～5	6058	0～6	20320
5D	2438	0～5	2438	0～5	1968		5000
10D	2438	0～5	2438	0～5	4012	0～5	10000

二、集装箱分类

集装箱种类繁多，可按尺寸、材料、结构和用途进行不同的分类。其中最多的是按用途分，可分为：

1. 杂货集装箱

杂货集装箱又称为干货集装箱如图 3-4 所示，是一种以一般干杂货为主的通用集装箱。其结构为封闭式，在一端或侧面设有箱门。这类集装箱使用范围极广，约占全部集装箱总数的 70%～80%。

2. 散货集装箱

散货集装箱是适用于装载谷物、豆类、矿砂、树脂等各种颗粒状、粉末状物料的集装箱，如图 3-5 所示。散货集装箱是一种密闭式集装箱，有玻璃钢制和钢制两种。散货集装箱的装货口设在顶部，为了防止雨水浸入箱内，装货口应设置水密性良好的盖。为了便于对进口的粮食在港外锚地进行熏蒸杀虫，有的集装箱上设有投放熏蒸药品用的开口以及排除熏蒸气体的排出口，并保证熏蒸时箱子能完全气密。散货集装箱也可以用来载运杂货，为了防止箱内货物移动或倒塌，在箱底和侧壁上设有系环，以便能系紧货物。

3. 冷藏集装箱

冷藏集装箱是专为在运输中要求保持一定温度的冷冻货或低温货,而进行特殊设计的集装箱,如图 3-6 所示。目前采用的冷藏集装箱基本上有两种:一种是集装箱内带有冷冻机的冷藏集装箱,它能使箱内的货物通过冷冻机的供冷,保持在所需的温度内进行运输,箱内温度可在 $-25℃\sim+25℃$ 之间调整,但运输或存贮这种集装箱的船舶或货场必须有供电插座;另一种是箱内没有冷冻机而只有隔热结构,但在集装箱端壁上设有冷气吸入口和排气口,由运输船舶的制冷装置供应冷气的冷藏集装箱。

图 3-4　杂货集装箱

图 3-5　散货集装箱

4. 开顶集装箱

开顶集装箱是一种顶部可开启的集装箱,如图 3-7 所示,箱顶又分为硬顶和软顶两种。软顶是指用可拆式扩伸弓支撑的帆布、塑料布或涂塑布制成的顶篷,硬顶是用一整块钢板制成的顶篷。这种集装箱适用于装载大型、重型货物,如钢材、特别是玻璃板等易碎的重货。

图 3-6　冷藏集装箱

图 3-7　开顶集装箱

5. 框架集装箱

框架集装箱没有顶和左右侧壁,箱端(包括门端和盲端)也可拆卸,如图 3-8 所示。货物可从箱子侧面进行装卸,适用于装载长大笨重物件,如钢材、重型机械等。这种集装箱,以箱底承受货物的重量,其强度要求很高,故底部较厚,集装箱自重大,可供使用的高度也较小。

6. 罐状集装箱

罐状集装箱适用于装运食品、酒类、药品、化工品等流体货物。主要由罐体和箱体框架两部分组成,如图 3-9 所示。框架一般用高强度钢制成,其强度和尺寸应符合国家相应的标准。罐体材料有钢和不锈钢两种,并用保温材料制成双层结构,使罐内液体与外界充分隔热。对装载随外界温度下降而增加黏度的货物,装卸时需加热,故在罐体的下部设有加热器,上部设有反映罐内温度变化的温度计。罐上还有水密性良好的装货口,货物由液罐顶部的装货口进入,卸货时,货物由排出口靠重力作用自行流出,或者由顶部装货口吸出。

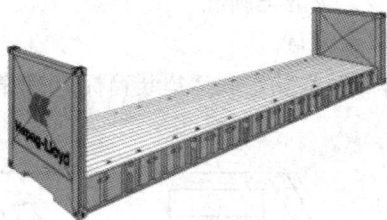

图 3-8　框架集装箱

图 3-9　罐状集装箱

7. 牲畜集装箱

适用于装载活的动物,具有特殊结构的集装箱,如图 3-10 所示。此外,还有动植物集装箱、平台集装箱、汽车集装箱等专用集装箱。

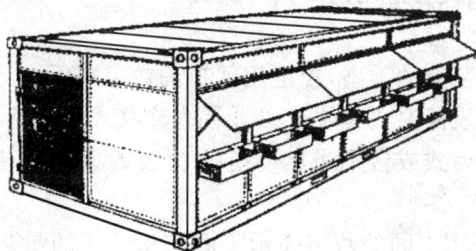

图 3-10　牲畜集装箱

三、集装箱的标记

为了便于对集装箱进行识别、监督和管理,国际标准化组织对集装箱的标记制定了国际标准,即《集装箱的代号、识别和标记》(ISO 6346—1981(E))。集装箱标记分为必备标记和自造标记两类,每一类标记又分为识别标记和作业标记两种。如图 3-11 所示,是 ISO 104 对国际集装箱标记的项目和位置所作的统一规定。

1. 必备标记

(1)识别标记。包括箱主代号、顺序号、校对号。

图 3-11 中"1"的位置表示的是箱主代号、顺序号、核对号的位置。

箱主代号由 4 位英文字母表示,前三位由箱主自己规定,为了避免重号应向管理集装箱的有关部门登记,第四位为 U,表示海运集装箱代码。我国集装箱的箱主代号用汉语拼音字母表示,如 TB 表示铁道部,JT 表示交通运输部,WM 表示外贸部,SB 表示商业部等。为了与国际标记代号取得一致和便于自动化管理,我国集装箱标记代号仍然采用四个字母组成,前两个字母是箱主代号,第三个字母用 J 表示集装箱,最后一个字母也用 U 表示。如 SBJU 为商业部集装箱。

顺序号为集装箱编号,用 6 位阿拉伯数字表示,不足 6 位时,则以 0 在有效数字前面补足。如,有效数字为 1234,应记为 001234。

核对号是计算机用以核对箱主代号与顺序号记录的正确性。核对号一般位于顺序号之后,用一位阿拉伯数字表示,并可加方框以示醒目。

(2)作业标记。包括,额定重量和自定重量标记、空陆水联运集装箱标记、登箱顶触电警告标记以及超高标记等。

2.自选标记

(1)识别标记。包括国家和地区代号与尺寸及类型代号。

图 3-11 中"2"的位置是集装箱自选标记的位置。

国家代号,代表集装箱登记所在国的代号。如,中华人民共和国的代号是用两个大写英文字母 CN 表示。

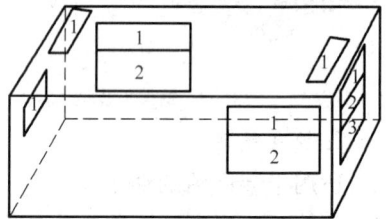

图 3-11 集装箱标记

ISO 6346 中对集装箱的类型,规定用阿拉伯数字表示:0 代表通用集装箱;1 代表封闭式集装箱;2 代表保温式集装箱;3、4 代表冷藏式集装箱(结构不同);5 代表敞顶式集装箱;6 代表平台式或台架式集装箱;7 代表罐式集装箱;8 代表散货集装箱;9 代表航空集装箱。

此外,在每一类还用不同的数字表示不同结构特征的集装箱。如,00 表示一端或两端开门的通用集装箱,而 04 则表示开端门或加开侧门、加开活顶的通用集装箱;10 表示开端门的封闭式集装箱,而 15、16 则是开端门同时加设有通风装置的封闭式集装箱,其余同理。

而 ISO 6346—1995 则规定,用拉丁字母来表示集装箱的类型,用阿拉伯数字代表同一类型而不同结构特征的集装箱。如,G 代表通用集装箱,G0 与 00 一样,表示一端或两端开门的通用集装箱。B 代表散干货集装箱;R、H 代表保温式集装箱;U 代表敞顶式集装箱;T 代表罐式集装箱等。

集装箱的尺寸代号是由箱长代号与箱宽箱高代号组成。如,1 表示箱长为 10ft;2 表示箱长为 20ft;3 表示箱长为 30ft;4 表示箱长为 40ft。0 表示箱宽箱高均为 8ft;2 表示箱宽为 8ft,箱高为 8ft6in;4 表示箱宽为 8ft,箱高为 9ft 等。

所以,"CN22G0"表示是经中华人民共和国注册登记的,箱长为 20ft(6068mm),箱宽为 8ft(2438mm),箱高为 8ft6in(2591mm),只开端门的通用集装箱。

(2)作业标记。包括,最大总质量和箱体质量标记以及其他标记。

图 3-11 中"3"是集装箱自选标记中作业标记的位置。

我国 1991 年颁布的《集装箱检验规范》规定,集装箱标记的内容还应包括箱主和制造厂铭牌。若集装箱经中华人民共和国船舶检验局检验合格,还应设下列永久性徽记和牌照:

①船舶检验局徽记。

②国际集装箱安全公约(CSC)安全合格牌照。

③中华人民共和国海关批准牌照。

④符合国际铁路联盟(UIC)规定的标记。

⑤免疫牌,表示集装箱所用裸露木材按照有关规定经过免疫处理。

(一)集装箱类型的选择

在选用集装箱时,应对货物做必要的了解。

1.了解货物种类和特性

货物特性决定了运输要求,如危险品、易碎品、鲜活易腐品的货物特性不一样,对箱型的选择也不同。此外,还要知道货物有无包装,是什么包装等。

2.了解货物包装尺寸

由于我国货物运输包装目前尚无通用的标准尺寸系列,包装规格繁多,要选择相应的集装箱型号,必须了解货物包装尺寸,以便选择合适的配置方法,充分利用集装箱的箱容。

3.了解货物重量

任何集装箱可装货物的重量都不得超过集装箱的载重量,有时货物重量虽小于载重量,但由于该货物是集中负荷而可能造成箱底强度不足,这时就必须采取措施,利用货垫使集中负荷分散。

4.了解集装箱运输过程

集装箱运输过程是指在整个物流过程中由哪几种运输工具运送,是否需要转运和换装作业,采用何种作业方式,运输过程中的外界条件如何,是否高温、高湿等。物流过程不同,箱型也应不同。

因此,箱型选择应遵守如下原则:

(1)货物外形尺寸与集装箱内部尺寸相适应,以成公约倍数为最佳;

(2)按货物比容选择最有利比容(或地面)的集装箱;

(3)优先选择自重系数小的集装箱;

(4)集装箱外部尺寸与运输工具尺寸相适应,亦以成公约倍数为最佳。

(二)集装箱的装箱

1.集装箱装载

集装箱的货载有整箱货和拼箱货之分。整箱货是指货物批量能装满一个集装箱以上的货物。整箱货的装箱工作原则上由货主进行,货主装箱后将集装箱运到集装箱货场付运,这种装箱方式称为托运人装箱方式。

拼箱货是指货物批量不能装满一个集装箱的零星小批量货。拼箱货通常由货运站负责装箱,这种装箱方式就是承运人装箱方式。

为了保证货物的安全,在装箱时还应根据具体条件来考虑货物的装载方法和固定方法。对于运输时间长外界运输环境差的货物,要考虑箱内会不会发生水滴而产生水湿事故;货物固定的牢靠程度是否满足运输技术状态的要求等。

2. 装载量的确定

装载技术的好坏,会影响到装载件数。为使集装箱能达到最大的装载量,避免一票货物装了若干个集装箱后,剩下货物的件数不多,而又不能与卸货港不同的货物混装在一个集装箱内,也只好另装一个集装箱所造成的损失。所以在装箱前必须进行精确计算,正确地掌握装载量。

集装箱的装载量就是集装箱的最大载货重量(P),是集装箱的总重(R)与集装箱的自重(T)之差,即 $P=R-T$。

集装箱的总重是一个定值,按国际标准除动物集装箱外,20ft 型钢质集装箱的总重为 24000kg,40ft 为 30480kg。

集装箱的自重则不是定值,不同种类和不同设计的集装箱存在差别,即使是同一种类,同一箱型的集装箱,也有一定的差别。如上海远洋运输公司的 20ft 钢箱,其自重有 2060kg 到 2360kg 不等,平均为 2210kg。40ft 钢箱平均自重为 3850kg,而 20ft 开顶箱的自重一般为 2520kg,20ft 台式集装箱一般为 2770kg。

集装箱货大多数属于轻货,容积装满后,通常达不到最大载货重量指标。因此,装箱时不仅要充分利用集装箱的装载量,还要充分利用好集装箱的容积。

3. 货物密度

所谓货物密度是指货物单位体积的重量,是物体重量与体积的比值。对于集装箱来说,将其最大载货重量除以它的容积,所得之商就是箱的"单位密度"。

利用货物密度与集装箱的单位密度可以衡量装箱货是"重货"还是"轻货"。货物密度大于集装箱的单位密度就是"重货",反之,则是"轻货"。

例如以 20ft 杂货集装箱为例,其最大载货重量为 21790kg,容积为 33.2m³,单位密度 = 21790/33.2 = 656.3(kg/m³)。

如果要求集装箱的容积重量都能装满,就要求货物的密度等于集装箱的单位密度。实际上集装箱装货后,箱内或多或少会留有空隙。所以,集装箱实际利用的有效容积,应为集装箱容积乘上箱容利用系数。

假定利用率为 80%,单位密度 = 21790 ÷ 33.2 × 0.8 = 820.4(kg/m³)。如果所装货物的密度大于 820.4kg/m³ 这个单位密度,就是"重货",否则就是"轻货"。

(三)集装箱装箱注意事项

1. 重量的配置

在装箱时尽可能使重量均匀地分布于集装箱底板上。重量过分集中或偏离中心,在装卸时有倾斜或翻倒的危险。如果货物是体积小的重物,可采用衬垫等方式使负荷分散。

另外,在使用大型国际集装箱时,要将叉车驶入集装箱内装卸货物,要求底板有一定的强度,其强度能满足两吨叉车装载两吨货物驶入。重量超过上述情况的设备应避免使用。

2. 货物紧固

在可能因运输振动而使货物移动的情况下,要对货物进行固定,称作紧固。紧固方式主要有以下三种,可以单独使用或进行组合使用。

(1)固定材料紧固,是用角钢等材料将货物固定在集装箱内的方法。

(2)充填紧固,是在货物与货物之间,货物与集装箱内壁之间用角钢等支柱在水平方向上固定,包括插入阻隔物或垫子以防止货物移动的方式。

(3)捆索,是在集装箱侧壁设捆索环,用绳索或皮带固定货物的方法。

3. 货物的配装

不同货物在同一集装箱中时,要注意货物的性质,重量和包装对其他货物的有害影响。货重在箱内应均匀分布,不允许偏载。要按货物标定的"不可倒置","平放","竖放"等标志装箱。箱内堆垛时,要采用全自动起升叉车在箱内作业。装拼箱货时,应是轻压重,包装强度弱的压包装强度大的,清洁货压污货,同形状和同包装货放在一起,有异味、潮湿的货物用塑料薄膜包妥后与其他货隔开。有尖角棱刺的货物应另加保护,以免损伤其他货物。

S 本章小结

集装单元化,是用各种不同的方法和器具,把有包装或无包装的物品,整齐地汇集成一个扩大了的,便于装卸和搬运,并在整个物流过程中保持一定形状的作业单元。以这样的集装单元来组织物资的装卸、搬运、存储、运输等物流活动的作业方式称为集装单元化作业,简称集装单元化。

集装单元化分为,周转箱系列,托盘系列,集装箱系列三大类。

物流模数是指为了物流系统化,合理化和标准化,以数值关系表示的物流系统各种因素尺寸的标准。物流模数可分为物流基础模数,物流集装设备模数和物流建筑模数三大方面。

周转箱在流通领域可替代纸质包装,到达工厂企业后,不必变更包装形式,可直接进入加工、装配工位或仓库,可重复周转使用。周转箱的结构形式主要有,敞开型、带盖型、折叠型等。周转箱的规格按其承重量可分为，40、50、60、70kg 等级别。

托盘是指用于集装、堆放、搬运和运输的放置，作为单元负荷的货物和制品的水平平台装置。托盘既具有搬运器具的作用，又具有集装容器的功能。

集装箱是一种运输设备，能装载包装货或无包装货进行运输，并便于机械设备进行装卸搬运。

为了便于计算集装箱数量，常以长 20ft，宽和高各 8ft 的集装箱作为一个换算标准箱，简称一个 TEU。

E 思考题

1. 什么是集装单元化？集装化的意义有哪些？
2. 什么是物流模数？国际标准化组织确定的物流基础模数是多少？
3. 物流集装设备模数与物流基础模数的关系怎样？
4. 什么是托盘？托盘的优点有哪些？实现托盘标准化的意义何在？
5. 简述托盘货物的堆码方式及防散垛措施。
6. 什么是集装箱？什么是标准箱？
7. 简述集装箱的类型及用途。
8. 集装箱标记包括哪些主要内容？如何认识这些标记？

E 练习题

1. 名词解释
①集装单元化　②周转箱　③物流模数　④托盘　⑤集装箱

2. 填空题
①集装单元化种类方式很多，但是一般可分为＿＿＿系列，＿＿＿系列和＿＿＿系列三大类。
②周转箱的规格按其承重量可分为＿＿＿、＿＿＿、＿＿＿和 70kg 等级别。

3. 简答题
①简述集装单元化技术的系统性。
②简述集装化技术的意义。
③已得到 ISO 承认的托盘规格有哪几种？我国应用的是哪一种规格的托盘？
④按照用途分，集装箱可以分为哪些种类？
⑤对集装箱的箱型进行选择时应遵守哪些原则？

4. 实务

1)核对号的计算

核对号是由箱主代号的四位字母与顺序号的 6 位数字通过一定方式换算而得。具体换算步骤如下：

(1)将表示箱主号的 4 位字母转换成相应的数字,字母与数字的对应关系如表 3-3所示。从表中可看出,表中去掉了 11 及其倍数的数字,因为后面的计算将以 11作为模数。

核对号计算中箱主号字母与数字的转换表　　　　表 3-3

字母	A	B	C	D	E	F	G	H	I	J	K	L	M
数字	10	12	13	14	15	16	17	18	19	20	21	23	24
字母	N	O	P	Q	R	S	T	U	V	W	X	Y	Z
数字	25	26	27	28	29	30	31	32	34	35	36	37	38

(2)将前 4 位字母对应的数字加上后面顺序号的数字,共计十组数字。

现以中国远洋运输公司的某箱为例,箱主号与顺序号为 COSU 800121,对应的数字为 13-26-30-32-8-0-0-1-2-1。

(3)采用加权系数进行计算,其计算公式为：

$$S = \sum_{i=0}^{9} C_{i+1} + 2^i$$

$$S = 13 \times 20 + 26 \times 21 + 30 \times 22 + 32 \times 23 + 8 \times 24 + 0 \times 25 + 0 \times$$
$$26 + 1 \times 27 + 2 \times 28 + 1 \times 29$$
$$= 13 + 52 + 120 + 256 + 128 + 0 + 0 + 128 + 512 + 512 = 1721$$

(4)将 S 除以模数 11,再取余数即为核对号。即,S=1721÷11=156……5,余数为 5,故其核对号为 5。

2)集装箱数量的计算

计算集装箱所需数量的具体换算步骤如表 3-4 为不同种类集装箱的载货重量：

(1)先要判定货物是重货还是轻货

①求出货物的密度,即货物重量/货物体积；

②求出一个集装箱的有效容积(或查表)；

③判断装箱货是轻货、中性货或是重货。

货物密度＜箱有效容积为轻货；

货物密度＝箱有效容积为中性货；

货物密度＞箱有效容积为重货。

(2)计算集装箱所需数量

①计算时如果货物是重货,则用货物总重量除以集装箱的最大载货重量,即得所需装箱的数量。

②如果是轻货,则用货物总体积,除以集装箱的有效容积,也可求出所需装箱数量。

③如果货物密度等于箱的单位容重,则无论按重量计或是容积计,均可得出集装箱的需要量。

④计算结果应取整数。

不同种类集装箱的载货重量　　　　　　　　　　　表 3-4

集装箱的种类	自 重		最大载货重量	
	kg	lb	kg	lb
20ft 杂货集装箱	2210	4873	21790	48047
40ft 杂货集装箱	3850	8489	27630	60924
20ft 开顶集装箱	2520	5557	21480	47363
40ft 开顶集装箱	2770	6108	21230	46812

例: 所装货物为纸板箱包装的电气制品,共 750 箱,体积为 117.3m³(4141ft³)重量为 20330kg(4482516lb),问需要装多少个 20ft 杂货集装箱?

解:(1)先求货物密度

①货物密度为 20330kg÷117.3m³＝173.3kg/m³。

②查表取箱容积利用率为 80% 的 20ft 杂货集装箱的单位容重为 820.4kg/m³。

③因货物密度小于箱的单位容重,故所装之电气制品为轻货。

④集装箱的有效容积为 33.2 m³×0.8 ＝26.56m³。

(2)所需集装箱数

用货物密度除以集装箱有效容积,即

$$117.3÷26.56≈4.4(个)$$

取整数,需要 5 个 20ft 杂货集装箱,才能将该批纸箱包装的电气制品装完。

第四章 物流装卸搬运技术与设备

【学习目标与要求】

熟练掌握起重设备、叉车的主要技术参数及特征;
掌握集装箱专用机械的类型及特征;
掌握叉车的类型、工作原理和组成;
理解装载机的类型和作用;
会进行搬运车辆的配置与选择。

第一节 起重机械

一、起重机械概述

(一)起重机械的概念和工作特点

1. 概念

起重机械是一种循环、间歇运动的机械,用来垂直升降货物或兼做货物水平移动,以满足货物的装卸、转载等作业的要求。起重机是现代工业生产不可缺少的设备,广泛地用于工厂、港口、建筑工地和矿山等场所,完成各种物料的起重、运输、装卸、安装和人员输送等作业,从而大大减轻了体力劳动强度,提高了劳动生产效率。

2. 工作特点

起重机械的基本工作过程如图 4-1 所示。起重机械是重复循环工作的货物装卸搬运设备,工作时一般具有一个起升运动和一个或几个水平运动。不同的起重机械,其结构和工作原理也不同,但各类起重机设备的工作特性是基本相同的。在工作中,

吊挂(或抓取)货物 → 提升 → 回转(水平运行) → 卸载 → 返回

图 4-1 起重机械的基本工作过程

各工作机构经常处于反复启动、制动,而稳定运动时间相对较为短暂。起重机械以装卸为主要功能,搬运功能较差,搬运距离很短。大部分起重机机体移动困难,通用性不强,而且作业需要空间高度较大。

(二)起重机械的基本类型

(1)按综合特征分,起重机械可分为小型起重设备、桥式起重机、臂架式起重机和升降机等,如图 4-2 所示。不同类型的起重机械其结构特点有很大区别,分别适用于不同的场所。

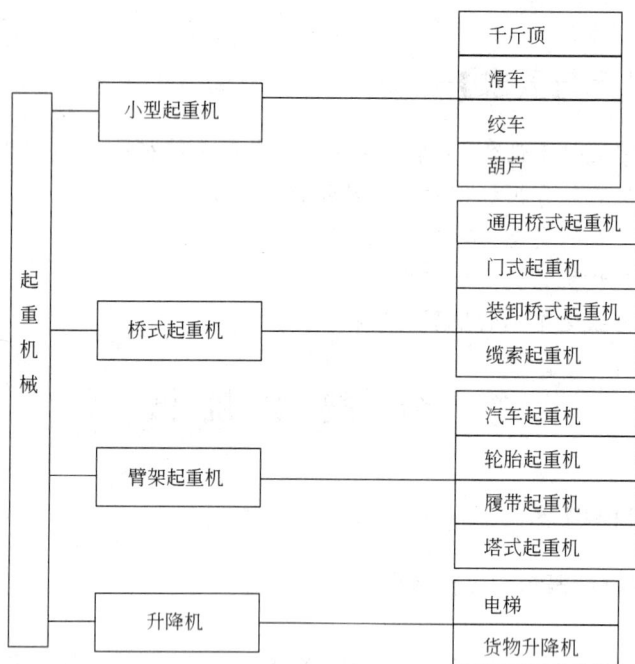

图 4-2　起重机械的类型

(2)按使用场合分,起重机械可分为港口起重机、船上起重机、货场起重机、仓库起重机和建筑起重机等。

(3)按取物装置分,起重机械可分为吊钩起重机、抓斗起重机、电磁起重机、吊钩抓斗起重机、吊钩电磁起重机、集装箱起重机等。

(4)按运行方式分,起重机械可分固定式起重机(如缆索起重机、固定塔式起重机等),托运式起重机(如托运塔式起重机等),运行式起重机(如汽车起重机、轮胎起重机、履带式起重机、桥式起重机、龙门起重机等)。

(三)起重机的产品型号

起重机的种类繁多,为了便于设计、制造、选型和管理,将起重机械产品按照其名称、结构形式、特征及技术性能等,以一定的规则进行编号。起重机产品型号一般由类、组、型的代号与主要技术性能代号组成。其组成结构如图 4-3 所示。

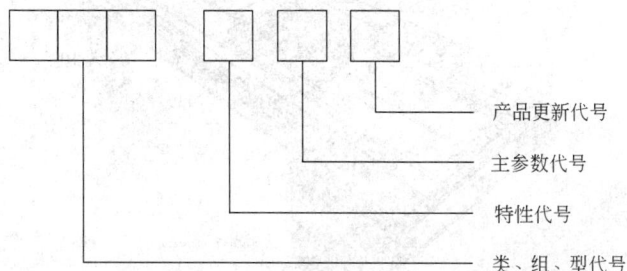

产品更新代号
主参数代号
特性代号
类、组、型代号

图 4-3 起重机产品型号组成

(1)产品更新代号的改进顺序代号以汉语拼音字母或者数字表示;

(2)主参数代号的额定起重量以 t 表示;

(3)在特性代号的工作装置传形式,机械传动不标出;Y 表示静压传动;D 表示电力传动。

(4)在类、组别代号中,Q 表示起重机;M 表示门座式;T 表示塔式;F 表示浮式;U 表示履带式;L 表示轮胎式;Z 表示抓斗式;X 表示悬挂式;A 表示岸边式;D 表示吊钩式;桥式、汽车式不标出。

如,MQ 表示门座起重机,QL 表示轮胎流动式起重机,FQ 表示浮式起重机,Q 表示电动桥式起重机。

例:QZ100A 表示额定起重量为 100t 的第一次变形的电动抓斗桥式起重机。

二、桥式类起重机

桥式类型起重机是指有能运行的桥架结构和设置在桥架上能运行的起升机构组成的起重机械。可在长方形场地及其上空作业,多用于车间、仓库、露天堆场等处的物品装卸,有桥式起重机、门式起重机、缆索起重机、装卸桥等,具有起重量大、占地面积小的特点,运行时不妨碍作业场地其他工作。

(一)桥式起重机

桥式起重机(如图 4-4)不带支腿,由桥架和起重小车两大部分组成。桥架两端通过运行装置,直接支承在高架轨道上,沿轨道作纵向运行,其小车则沿在桥架主梁上的小车轨道作横向运行,习惯上称其为"天车"。桥式起重机各机构的工作速度较低,起重量也较少,属于轻型起重机,是最常见的一类起重机,其用途广泛,适用于一般性的吊运工作。

桥式起重机按主梁的数量可分为单梁和双梁两大类。图 4-5a)为桥式通用电动单梁起重机示意图。图 4-5b)为双梁式起重机。

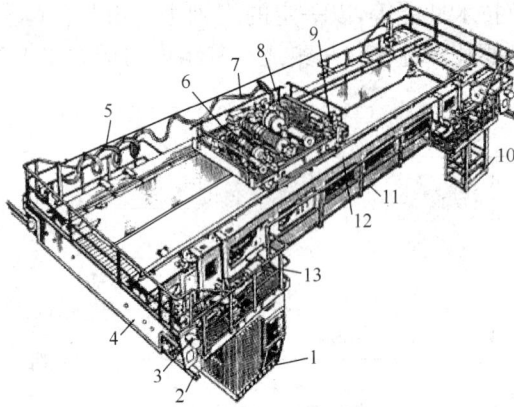

图 4-4　桥式起重机

1-驾驶员室；2-大车轨道；3-缓冲器；4-大梁；5-电缆；6-副起升机构；7-主起升；8-起重小车；9-小车运行机构；
10-检修吊笼；11-走台栏杆；12-主梁；13-大车运行机构

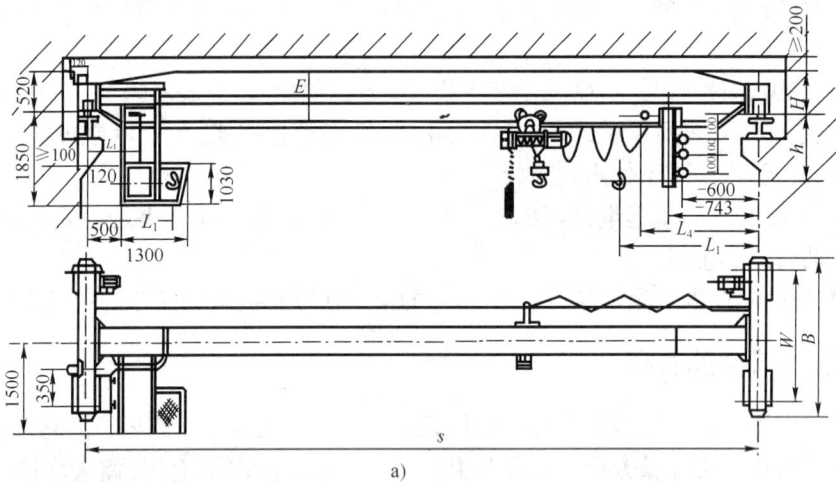

a)

b)

图　4-5

a)单梁桥式起重机；b)双梁式起重机

(二)门式起重机

门式起重机是桥式起重机的一种变形,也称龙门起重机。如图 4-6 所示,在港口主要用于室外的货场、散货等的装卸作业。是一种大型起重机,通常起重重量在 50t 以上,跨度在 4~35m。门式起重机的金属结构外形像龙门架,由主梁、左右支腿和下部横梁组成。承载主梁安装在两条支腿上,可以直接在地面的轨道上行走。主梁两端为了降低主梁自重可以具有向外伸的悬臂梁。

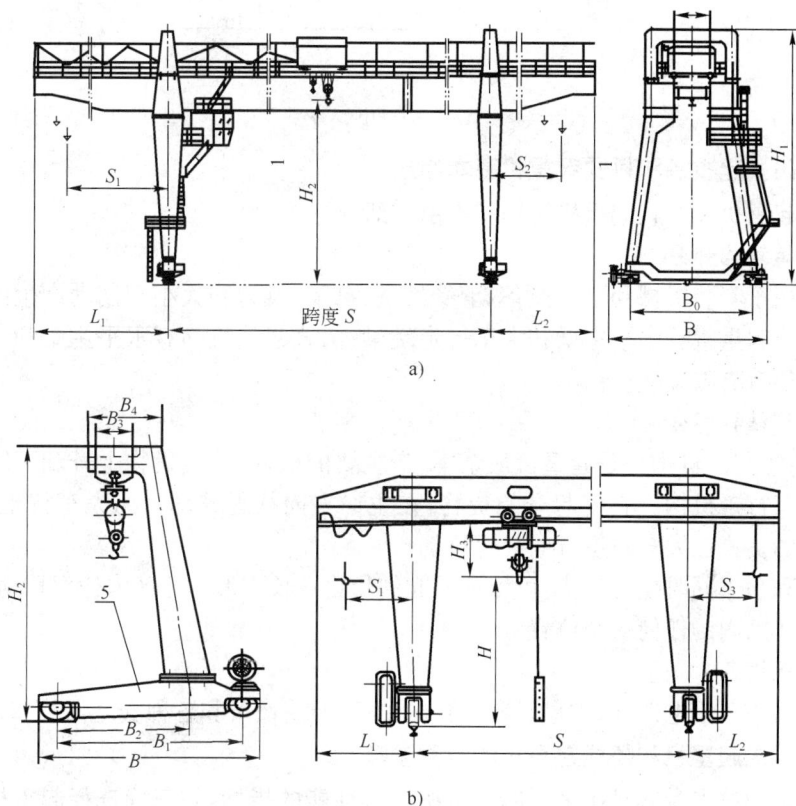

a)

b)

图 4-6　门式起重机

a)"U"型门式起重机;b)"L"型电动葫芦门式起重机

门式起重机具有场地利用率高、作业范围大、适应面广、通用性强的特点,在港口、货场得到广泛使用。

门式起重机种类很多,按悬臂情况分为无悬臂、单悬臂及双悬臂;按支腿外形分"L"型、"C"型、"U"型等。

通常把跨度大于 35m,起重量不大于 40t 的门式起重机称为装卸桥。装卸桥是专门用于装卸作业的门式起重机(见图 4-7)。装卸桥取物装置以双绳抓斗及其他专用吊具为主,专供货站、港口等部门进行散粒物料的堆取。其特点是小车运行速度大、跨度大,生产效率高(可达 500~1000t/h 或更高)。装卸桥的结构形式有桁架式和箱形门架式两种。

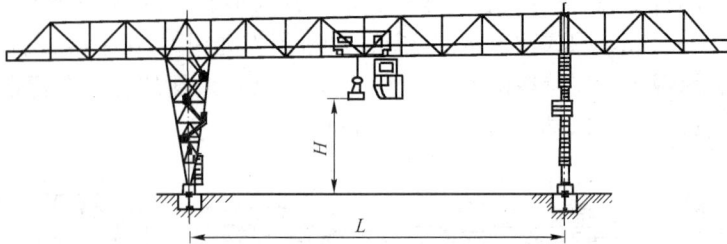

图 4-7 装卸桥

(三)门式起重机和桥式起重机基本组成

门式起重机和桥式起重机结构基本由三部分组成。

1.金属结构部分

主要用于安装机械和电气设备,承受吊重、自重、风力和大小车制动产生的惯性力等。桥式起重机有水平主梁和大车行走端梁;门式起重机除有水平主梁和大车行走横梁外还有支腿。

2.工作结构部分

包括:①起升机构。是起重机最基本、最主要的机构,担负货物上升和下降的工作。②小车行走机构。它使起升的货物,在主梁方向往返移动。③大车行走机构。能使吊起的货物在大车轨道方向往返移动。

大车和小车同时配合动作,可保证吊起的货物在长方形作业区内任意移动,将货物放到作业区内的任何一个位置上。

3.电气设备

包括大小车集电器、保护盘、控制器、电动机、照明设备和各种安全保护装置等。

(四)门式起重机和桥式起重机的技术参数

起重机的技术参数是用来说明起重机工作性能的指标,是正确选择起重机的技术依据。

1.起重量(Q)

起重机起吊的物品的质量称为起重量,单位通常为 kg 或 t。起重机的起重量一般用额定起重量表示。额定起重量是指,起重机在正常使用的工作状况下,安全作业所容许起吊货物的最大质量。对于起重量大的起重机,通常除了主钩外,还装设有副钩。副钩相对于主钩其吊装能力较小但速度较高。

2.起升高度(H)

起升高度一般指,起重机工作地面或运行轨道与吊钩起升到最高位置的距离,单位为 m。

3. 跨度(L)

跨度是指起重机大车轨道中心线之间的距离,单位是 m。跨度是说明门式或桥式起重机的工作范围。

4. 工作速度(V)

起重机的工作速度主要包括,起升速度和运行速度两种,单位为 m/min 或 m/s。起升速度是指取物装置或物品的上升或下降的速度。运行速度是指起重机或起重小车的行走速度。起重量大的起重机其工作速度一般低些,起重量小的起重机其工作速度就高些。

三、臂架类起重机

臂架类起重机由行走、起升、变幅和旋转机构组成。在构造上的特征是具有臂架结构,利用臂架的变幅和旋转部件的旋转运动而实现货物装卸任务的起重机。

按其结构形式可分为,移动式、固定式和浮式三种类型。

移动式臂架起重机可在地面或沿着轨道运行,主要有汽车起重机、轮胎起重机、履带起重机和门座起重机等;

固定式臂架起重机直接安装在码头或库场的墩座上,只能原地工作;

浮式起重机是以专用浮船作为支承和运行装置,浮在水上作业。

(一)移动式起重机

1. 汽车起重机

在通用或者专用载货汽车底盘上,装上起重工作装置及设备的起重机。一般车头设有驾驶员室,同时在转台上设有起重驾驶员室。具有通行性好,机动灵活和可以快速转移作业地点,制造容易且经济等优点。其缺点是转弯半径较大,只能在起重机的两侧和后方进行作业,并且不能带负荷行驶。所以,适用于流动性大、作业场所不固定的场合。图 4-8 为汽车起重机。

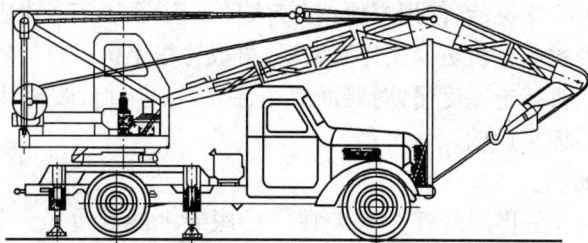

图 4-8 汽车起重机

2. 轮胎起重机

将起重工作装置和设备装设在专门设计的自行轮胎底盘上的起重机,其外观结构如图 4-9 所示。

轮胎起重机稳定性好,能在平坦的地面上吊货行驶,但走行速度较低。随着起重机技术的迅速发展,轮胎起重机的行驶速度也越来越快,出现可快速越野型轮胎起重机。

图 4-9　轮胎起重机

3. 履带起重机

履带式起重机由,行走机构、回转机构、机身及起重臂等部分组成,如图 4-10 所示。行走机构为履带,回转机构为装在底盘上的转盘,使机身可作 360°回转。

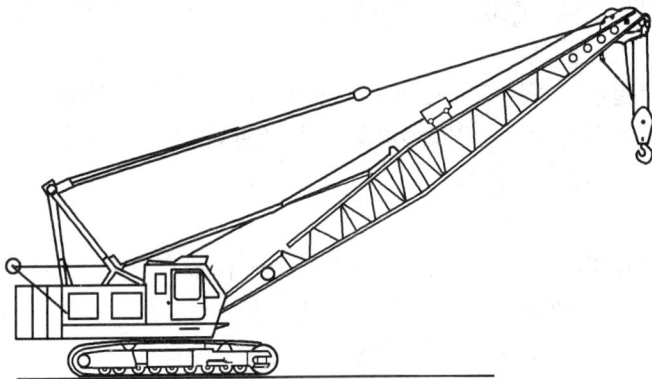

图 4-10　履带起重机

履带式起重机操作灵活,使用方便,有较大的起重能力,在平坦坚实的道路上还可负载行走。履带式起重机更换工作装置后,可成为挖土机或打桩机,是一种多功能机械。履带式起重机行走速度慢,对路面破坏性大,在进行长距离转场时,应用汽车平板拖车或铁路平板车运输。

4. 门座起重机

如图 4-11 所示,是将回转臂架安装在门形座架上的起重机。其构造可分为上部、下部和运行部分。上部是旋转部分,安装在一个带有旋转平台的,高大的门型座架上,可实现 360°任意旋转。门座架通过行走装置可以沿地面轨道运行。

港口和货场使用的门座式起重机一般分为通用式和专用式两种。通用式门座起重机是用吊钩或抓斗装卸货物;专用式门座起重机则只能用于某一种货物的装卸,如带斗门座式起重机专用于煤炭装卸,其生产率通常比通用门座式起重机高。

门座起重机具有高速灵活、安全可靠的特点,装卸能力大,装卸效率高,但其造价也高,且需要较大的电力供给,行驶的速度比较慢。门座起重机多用于港口装卸作业,可以提高船—岸、船—车等多种装卸作业的生产效率。

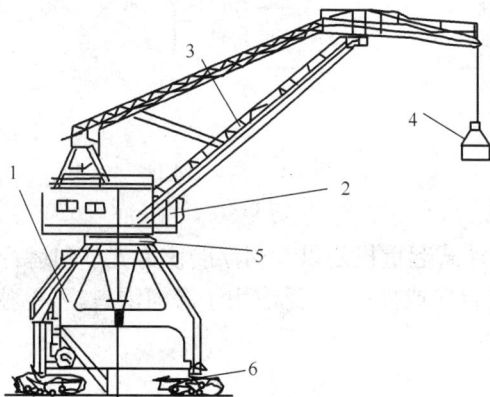

图 4-11　门座起重机

1-门座;2-驾驶员室;3-组合臂架;4-抓斗;5-旋转平台;6-运行机构

(二)固定式起重机

图 4-12 为桅杆动臂起重机,是一种固定式起重机。其臂架下部与桅杆下部铰接;臂架上端通过钢丝绳与桅杆相连。臂架能够绕铰接点作俯仰运动,整个机构也可进行回转运动。

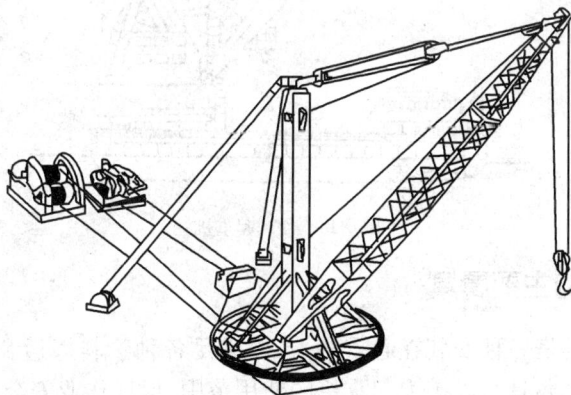

图 4-12　桅杆动臂起重机

(三)塔式起重机

塔式起重机是一种塔身直立,起重机臂铰接在塔帽下部,能够做 360°的回旋的起重机。塔式起重机分上旋式和下旋式两大类。其结构特点是悬架长(服务范围大)、塔身高(增加升降高度)、设计精巧,可以快速安装、拆卸,操作简便,回转半径大,运输可靠等。轨道临时铺设在工地上,以适应经常搬迁的需要(见图 4-13)。

123

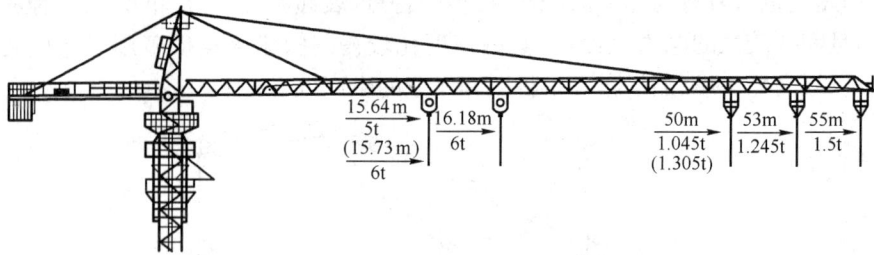

图4-13 塔式起重机

(四)浮式起重机

如图4-14所示,浮式起重机是以专用浮船作为支承和运行装置,浮在水上作业。浮式起重机可沿水道自航或拖航,广泛应用于海河港口,可单独完成船—岸或船—船间的装卸作业。

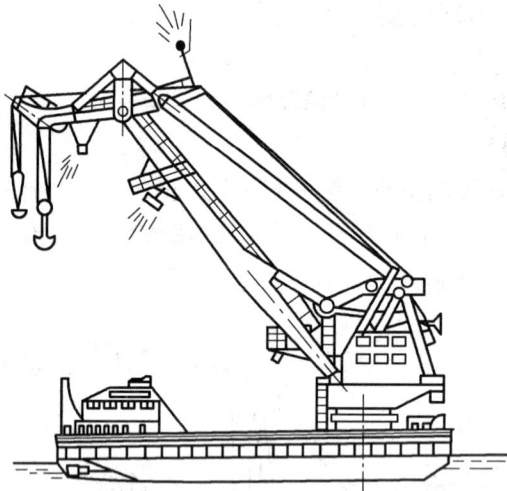

图4-14 浮式起重机

四、起重机的主要属具

起重机的属具是一种安装在起重机上,以满足各种物料搬运和装卸作业要求的辅助结构。起重机属具可以扩大起重机的使用范围,保证作业安全,减少工人的劳动强度,提高起重机的作业效率。

常用的起重机属具有,吊钩、抓斗、电磁吸盘、集装箱吊具、真空吸盘和索具等。

(一)吊钩

如图4-15所示,吊钩是起重机最常使用的取物装置。吊钩按制造方法可分为锻造吊钩和片式吊钩。锻造吊钩又可分为单钩(图4-16a)和双钩(图4-16b)。单钩一般用于小起重量,双钩多用于较大的起重量。

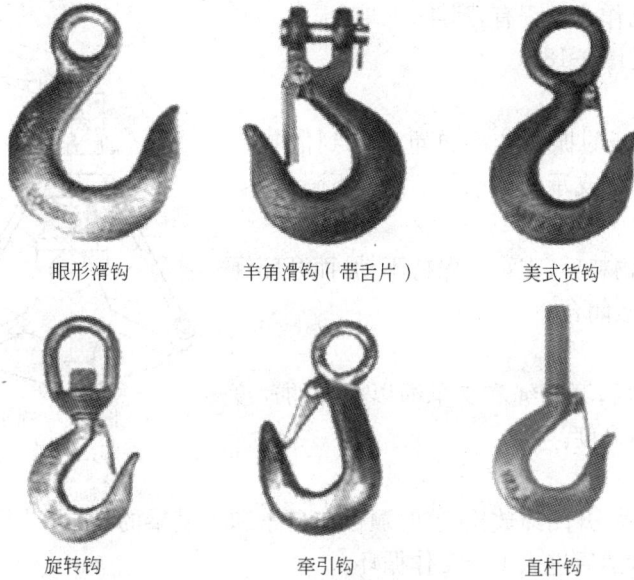

眼形滑钩　　　　　羊角滑钩（带舌片）　　　　美式货钩

旋转钩　　　　　　牵引钩　　　　　　直杆钩

图 4-15　各种吊钩

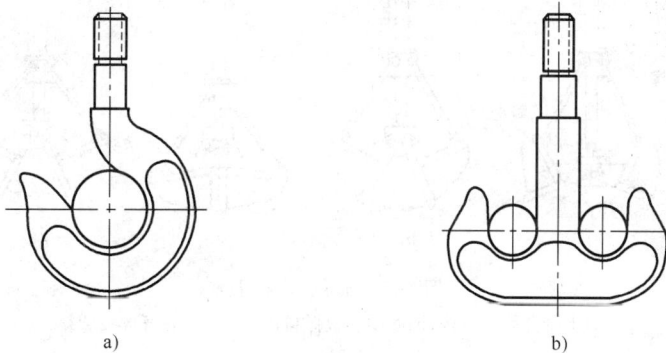

a)　　　　　　　　　　　　　b)

图 4-16　锻造吊钩

a)单钩;b)双钩

(二)抓斗

如图 4-17 所示,抓斗是一种装卸散料物品的自动取物装置。是依靠架空轨道上的运行小车来完成物料的转载运输,并在升降过程中同时进行开闭和运行。

(1)抓斗根据抓取物料块粒的大小、松散程度、容重以及黏度大小等,可分成五种类型,如表 4-1。中型、重型及特重型抓斗,在抓取块粒大于 60mm 或较坚实的物料时,应制成带齿的颚板。

按物料容重划分的抓斗类型　　　　　　　　　　　　表 4-1

物料容重(t/m³)	< 0.8	0.8~1.2	1.2~2.0	2.0~2.8	>2.8
抓头类型	特轻型	轻型	中型	重型	特重型

（2）抓斗的作业过程有，降斗、抓取、提升和开斗四个动作（见图 4-18）。

①降斗

卸载后张开的抓斗依靠自重下降到散货堆上，这时开闭绳和支承绳以相同的速度下降。

②抓取

抓斗插入物料后，支承绳保持不动，而开闭绳开始收紧使颚板闭合。

③提升

抓好散料后，开闭绳和支承绳以同样的速度起升，直到所需高度。

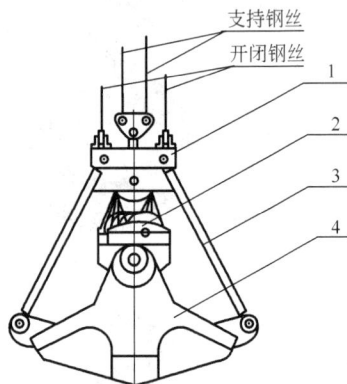

图 4-17　抓斗结构图

1-头部；2-横梁；3-拉杆；4-斗部

④开斗

支承绳不动，开闭绳放松，这时颚板在自重和下横梁的共同作用下张开，并卸出抓斗中的物料，然后进入下个工作循环。

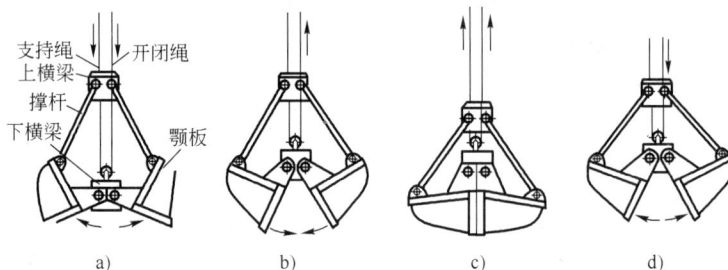

a)　　　　　　b)　　　　　　c)　　　　　　d)

图 4-18　抓斗的作业过程

a)下降并张开颚板；b)收闭颚板抓料；c)提升；d)张开颚板卸料

（三）电磁吸盘

电磁吸盘是用来吊运具有导磁性的黑色金属材料及其制品的吊具。电磁吸盘由铸钢壳体和置于其中的线圈构成，如图 4-19 所示。电流通过电缆送入线圈绕组内，线圈通电后即产生磁力线。当起重电磁吸盘降落在被吊运的黑色金属制品上时，电

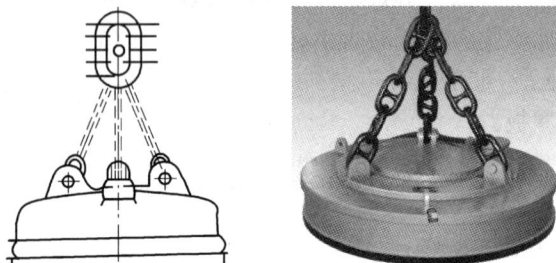

图 4-19　电磁吸盘

126

磁铁的磁通由电磁铁的外壳通过磁性物料闭合而形成磁场,磁场产生的电磁吸引力将物料吊起;一旦断电,电磁吸引力消失,物料即可卸下。

(四)常用的索具

1. 钢丝绳

在起重作业中被广泛用做起重绳、变幅绳、小车牵引绳;在装卸过程中还可以用于货物的捆扎,如图 4-20 所示。

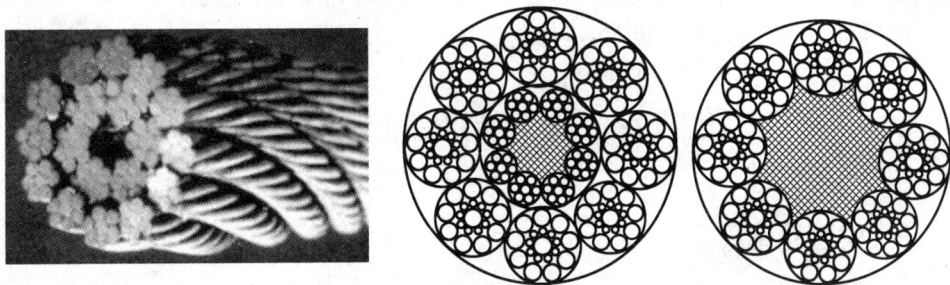

图 4-20　钢丝绳断面结构

钢丝绳具有承载能力大,过载能力强,绕性好、自重轻和传动平稳无噪声等优点,适用于高速运动。钢丝绳的破坏是有前兆的,总是从断丝开始,极少发生整条绳的突然断裂,所以工作可靠。

2. 麻绳

具有质地柔韧、轻便,易于捆绑、结扣和解脱方便等优点,但其强度较低。一般麻绳的强度只有相同直径钢丝绳的 10% 左右,而且易磨损、腐烂、霉变。因此麻绳在起重作业中主要用于重量较小的重物的捆绑。

(五)起重机的安全管理

起重机械属于危险性较大的机械设备,危险因素集中,作业范围大,涉及人员多,一旦发生事故后果十分严重。

起重设备安全管理的重点是,起重机械的产品安全和起重设备的使用安全两方面。起重设备的安全管理应从保证起重机械安全状态、操作人员的安全行为和建立安全管理规章制度三个方面考虑。要对起重机械的安全寿命周期,即包括设计、制造、安装、使用、修理和报废处理等各个环节全面实施安全管理。

起重装卸作业安全操作技术主要包括:

(1)吊运前的准备。

操作人员要正确佩戴个人防护用品,检查清理作业场地,确定搬运路线,清除障碍物,室外作业要了解当天的天气预报;对使用的起重机和吊装工具、辅件进行安全检查;熟悉被吊物品的种类、数量、包装状况以及与周围的联系,根据有关技术数据

（如重量、几何尺寸、精密程度、变形要求），进行最大受力计算，确定吊点位置和捆绑方式；编制作业方案，预测可能出现的事故，采取有效的预防措施，选择安全通道，制定应急对策。

（2）对起重机驾驶员的通用安全操作，要求做到认真交接班，对吊钩、钢丝绳、制动器和安全防护装置的可靠性进行认真检查；开车前，必须鸣铃或示警；操作中接近人时，应给断续铃声或示警；起重机各部位、吊载及辅助用具与输电线的最小距离应满足安全要求；有主、副两套起升机构的，不允许同时利用主、副钩工作；露天作业的轨道起重机，当风力大于 6 级时，应停止工作。

第二节　集装箱装卸专用机械

一、集装箱吊具

集装箱吊具是集装箱起重机的专用吊具。由于集装箱的尺寸和重量不同，集装箱的吊具也不同，可分为整体式（固定式）、换装式、子母式（主从式）、伸缩式等形式。

1. 整体式吊具，如图 4-21 所示

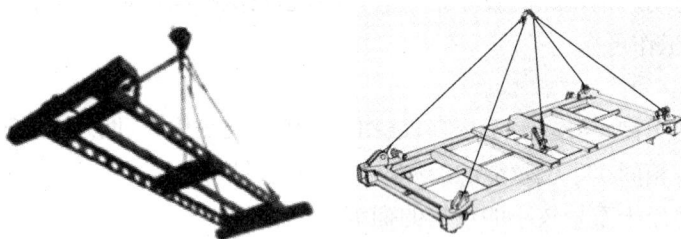

图 4-21　整体式吊具

起吊 20ft 或者 40ft 集装箱的专用吊具，直接挂在起升钢丝绳上。这种吊具结构简单，重量轻，但只适合用于起吊一种尺寸的集装箱。为了起吊不同尺寸的集装箱必须更换吊具，不仅要花费较长的时间，而且使用起来也不方便。

2. 换装式吊具，如图 4-22 所示

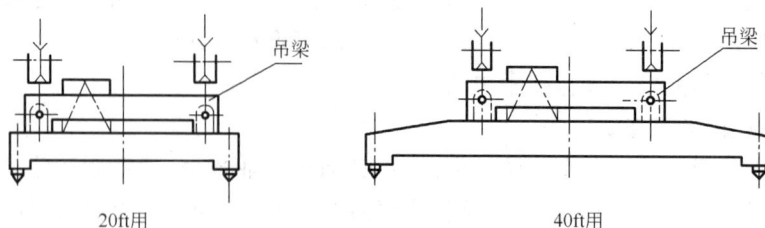

图 4-22　换装式吊具

将专门制作的吊梁悬挂在起升钢丝绳上，而吊梁又与集装箱专用吊具连接。使用时可根据吊装集装箱的尺寸(20ft 或 40ft)来更换与吊梁连接的集装箱专用吊具。这种吊具比整体式适应性强，吊装方便，但增加了重量。

3.子母式吊具，如图 4-23 所示

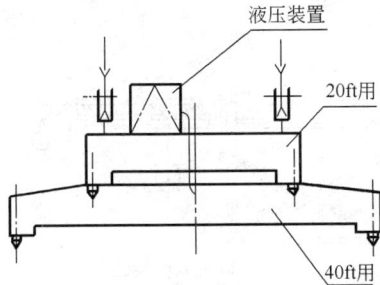

图 4-23　子母式吊具

一种由两个不同规格的吊具组合在一起并可快速装拆的组合式吊具。母吊具用于 20ft 集装箱，装有液压装置，通过旋锁机构转动旋锁。当需要起吊 40ft 集装箱时，则通过旋锁机构将子吊悬挂在主吊具下面。

4.伸缩式吊具，如图 4-24 所示

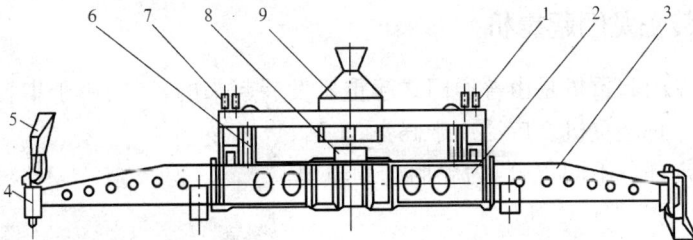

图 4-24　伸缩式吊具

1-上架；2-底架；3-伸缩架；4-旋锁驱动装置；5-导向装置；6-吊具前后倾斜装置；7-吊具滑轮；8-液压泵驱动装置及油箱；9-电缆储存器

具有伸缩吊架，长度可以进行调节，因而能适应不同规格集装箱的吊运。变换吊具的时间只需要 20 秒左右，动作迅速平衡，但结构较复杂，自重也较大(约 10t)。伸缩式吊具是目前集装箱起重机采用最为广泛的一种吊具。因这类机械往往需要吊运几种规格的集装箱，为了快装快卸，要求尽可能不更换吊具。

二、岸边集装箱起重机

岸边集装箱起重机也称岸桥，如图 4-25 所示。是安装在港口码头边，实现船岸之间装卸集装箱的专用设备。其结构由前后两片门框和拉杆构成的门架及支承在门

架上的桥架组成。行走小车沿着桥架上的轨道运行,并通过专用吊具吊运集装箱,进行装卸船作业。

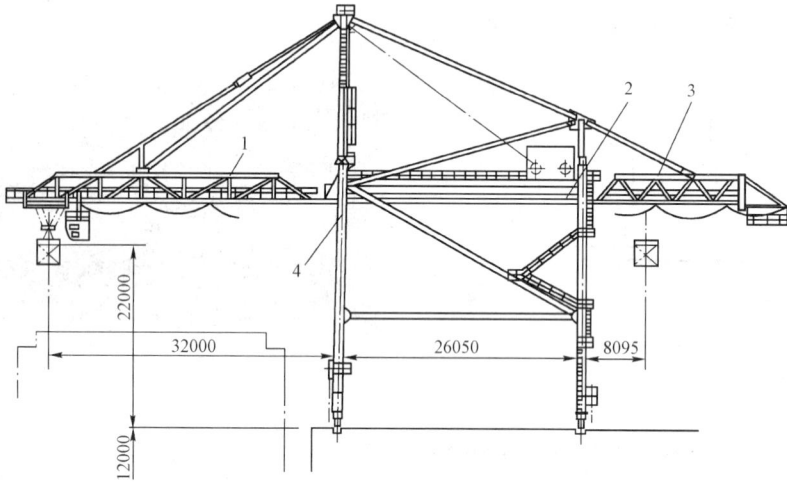

图 4-25　轻型岸边集装箱装卸桥示意图
1-前伸(悬)臂;2-主梁;3-后伸臂;4-门架

三、集装箱龙门起重机

集装箱龙门起重机是由普通门式起重机发展起来的,专门用于集装箱货场进行堆码作业的一种起重机。广泛用于码头、车站、货场等。

按其行走部分不同可分,为轮胎式和轨道式两种。

轮胎式集装箱龙门起重机,如图 4-26 所示。是由前后两片门框和底梁组成门架,而门架又支承在橡胶充气轮胎上,方便在货场上行走。

轮胎式集装箱龙门起重机主要由,起升机构,小车行走机构,大车运行机构,吊具回转装置,减摇装置和转向装置组成。能从一个箱区移至另一个箱区进行作业,适用于陆地面积较小的码头。

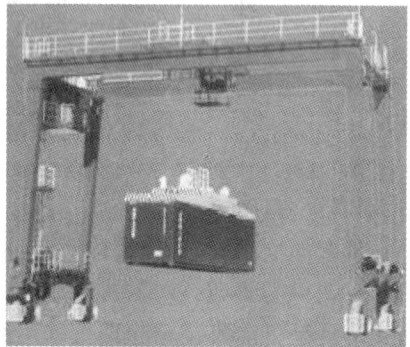

图 4-26　轮胎式集装箱门式起重机

轨道式起重机,如图 4-27 所示。它比轮胎式集装箱龙门起重机的跨度更大(可跨 14 列或更多),堆高能力更强(可堆 4~5 层)。适用于场地面积有限,集装箱吞吐量较大的水陆联运码头。

四、集装箱正面吊运机

集装箱正面吊运机,如图 4-28 所示。是通过改变可伸缩动臂的长度和角度来完成集装箱装卸、堆码和水平运输作业的搬运车辆。具有机动性强、作业效率高、安全可靠、操作简便等优点。广泛用于集装箱码头、公路铁路集装箱枢纽站和中小型堆场的堆垛作业。集装箱正面吊运机按作业对象的不同可分为,重箱正面吊运机和空箱正面吊运机。

图 4-27　轨道式集装箱门式起重机

图 4-28　集装箱正面吊运机

五、其他集装箱装卸机械

(一)集装箱跨运车

集装箱跨运车,如图 4-29 所示。它承担码头前沿与堆场之间的水平运输,以及堆场的堆码和进出场的集装箱运输车辆的装卸作业。即"船到场"作业,装卸桥将集装箱从船上卸到码头前沿,冉由跨运车将集装箱搬运至码头堆场的指定箱位。

集装箱跨运车由门形跨架、起升机构、动力设备及其他辅助设备组成。集装箱跨运车采用轮式行走机构。由前跨架底部悬挂的左、右两组从动轮和后车架底部左、右驱动轮组成。

图 4-29　集装箱跨运车

集装箱跨运车以门形车架跨在集装箱上,由装有集装箱吊具的液压升降系统吊起集装箱,进行搬运,并可将集装箱堆码两三层高。同时还可以用跨运车集装箱底盘车装卸集装箱。因此比集装箱龙门起重机具有更大的机动性。

集装箱跨运车具有的主要优点为:

(1)集装箱跨运车可一机多用,具有完成多种作业的能力(包括自取、搬运、堆垛、装卸车辆等),从而减少码头作业机械的种类和数量。

（2）集装箱跨运车机动性好，既能搬运又能堆码，作业灵活，取箱对位快。

（3）堆场的利用率较高，所需的场地面较小。

（二）集装箱叉车

集装箱叉车，如图 4-30 所示。是集装箱码头和货场常用的一种装卸机械。可采用货叉插入集装箱底部叉槽内举升搬运集装箱，也可在门架上装一个顶吊架，借助旋锁装置与集装箱连接，从顶部起吊。

图 4-30　集装箱叉车

集装箱叉车具有机动性强和使用范围广等优点，使用货叉还可以装卸搬运其他货物。使用集装箱叉车所需的通道较宽，占用通道面积大，集装箱只能呈两列堆放，堆场面积利用率不高。满载情况下前轴负荷和轮压较大，对路面的承载能力要求高。叉车前方视线较差，一般只用在集装箱吞吐量不大的普通综合性码头和堆场进行短距离的搬运。合理搬运距离为 50m，超过 100m 不经济。这时可以通过与集装箱拖车配合使用。

第三节　叉　　车

一、叉车概述

叉车如图 4-31 所示，又称铲车、叉式装卸车。是装卸搬运机械中最常用的，具有装卸、搬运双功能的机械。它以货叉作为主要的取货装置，依靠液压起升机构升降货物，由轮胎行驶系统实现货物的水平搬运。叉车除了使用货叉以外，还可以更换各类的取物装置，以适应多种货物的装卸、搬运和堆垛作业。

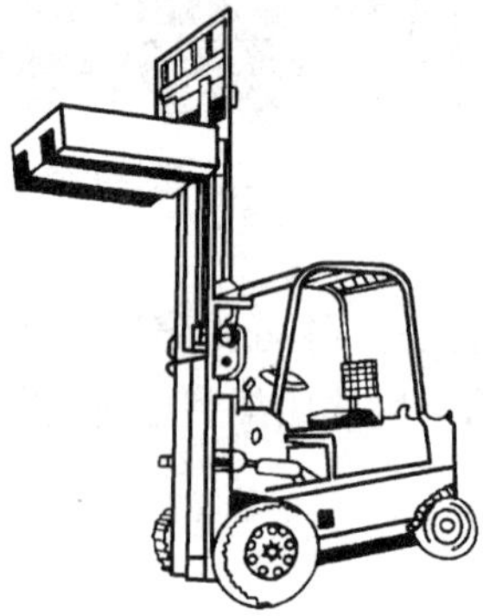

图 4-31　叉车

(一)叉车特点

叉车作为短距离运送、堆垛装卸货物的一种常用车辆,其特点有:

1. 有很强的通用性

在仓库、车站、码头和港口等货物搬运装卸的场所都需要应用叉车进行作业。如果叉车与托盘相配合,它的使用范围会更广,还可以提高作业的效率。

2. 机动灵活性好

叉车外形尺寸小、重量轻,能在作业区域内任意调动,适应货物数量及货流方向的改变,可机动地与其他起重运输机械配合工作,提高机械的使用率。

3. 投资少,见效快

与大型起重机械相比,其成本低,投资少,能获得较好的经济效果。所以,在各种运输方式中应优先选用叉车进行装卸作业。

4. 机械化程度高

叉车是装卸和搬运一体化的设备,它将装卸和搬运两种作业合二为一,作业效率高。

(二)叉车作用及用途

叉车是一种轮胎行走的装卸搬运车辆。主要用于仓库、车站、码头、港口、机场、货场、流通中心和配送中心等场所进行装卸搬运作业;还可以进入船舱、车厢和集装箱内,对成件、包装件以及托盘、集装箱等集件件,进行装卸、堆码、拆垛、短途搬运等作业。

叉车作业时,仅依靠驾驶员的操作就能够使货物的装卸、堆码、拆垛、搬运等作业过程机械化,而无需装卸工人的辅助劳动;

叉车作业,可使货物的堆垛高度大大增加,可以达到 4~5m。可以使船舱、车厢、仓库的空间利用系数提高 30%~40%;

叉车作业可以缩短作业时间,减少货物破损,提高作业安全和加速车船周转。所以,叉车是托盘、集装箱运输必不可少的设备。

(三)叉车类型

1)按举升高度分类叉车可分为,低举升叉车和高举升叉车。低举升叉车,举升高度在 100~150cm;高举升堆高机,最高举升可达 12m。

(1)低举升叉车。如图 4-32 所示,又分为手动和电动两种。手动方式是以人力做水平和垂直的移动。电动方式是以电池提供动力做举升及搬运动作。目前电动叉车应用比较广泛。

(2)高举升叉车。如图 4-33 所示。按操作员的乘坐方式又可分为,步行式、立式和坐立式。一般步行式和立式其举升高度约 2.7~3.9m。

2)按货叉安装位置可分为,正面式叉车、侧面式叉车和多面式叉车。

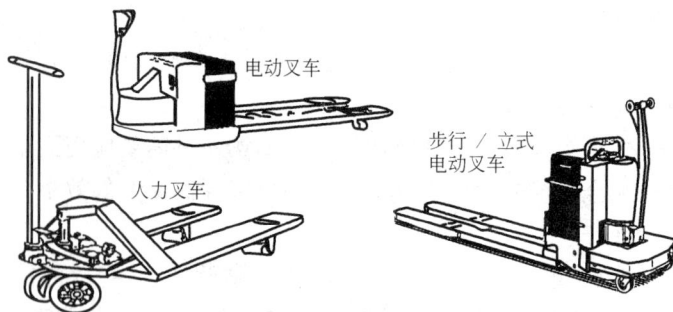

图 4-32　低举升叉车

(1)正面式叉车。正面式叉车的货叉位于叉车的前方。按保持稳定性的方法又分为：

①平衡重式叉车,如图 4-34 所示。它是叉车中应用最广泛的一种形式,约占叉车总数的 80%以上。其特点是,货物载于前端的工作装置货叉上,为了平衡前端货物的重量,需要在叉车后部装有平衡重。这样,叉车的重量和尺寸都较大,需要较大的作业空间,但具有很强的地面适应能力和爬坡能力。

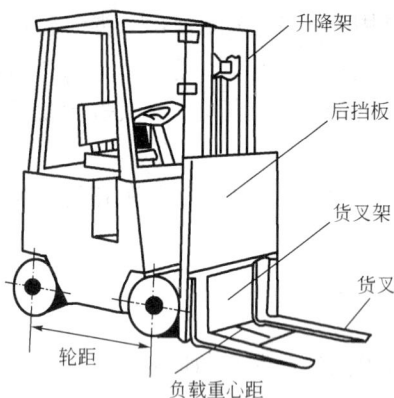

图 4-33　高举升叉车

图 4-34　平衡重式叉车

平衡重式叉车按照动力形式又可分为,电瓶叉车和内燃机叉车。内燃机叉车的特点是机动性好、功率大,用途较广泛,一般情况下,重大吨位的叉车采用内燃机作为动力;电瓶叉车以蓄电池为动力,特点是操作容易,无污染,适合室内作业,但造价比较高。

②插腿式叉车,如图 4-35 所示。其前方带有小轮子的支腿能与货叉一起伸入货物底部,由货叉托起货物。货物的重心位于前后车轮所包围的支撑平面内,叉车稳定性好,不必再设平衡重。

插腿式叉车一般由电动机驱动,起重量在 2t 以下。其特点是起重量小、车速低、结构简单、外形尺寸小、行走轮直径小。适用于通道狭窄的仓库和室内堆垛和搬运作业。

③前移式叉车,如图 4-36 所示。它有两条前伸的支腿,与插腿式叉车相比其前轮较大,支腿较高,作业时支腿不能随货叉一起插入货物的底部,只能是门架或叉架前移来叉取货物。门架前移式的,货叉和门架一起移动,只能对货垛的前排货物进行作业。叉架前移式的则门架不动,货叉借助伸缩机构单独前伸,可以超越前排货架,对后一排货物进行作业。

图 4-35　插腿式叉车

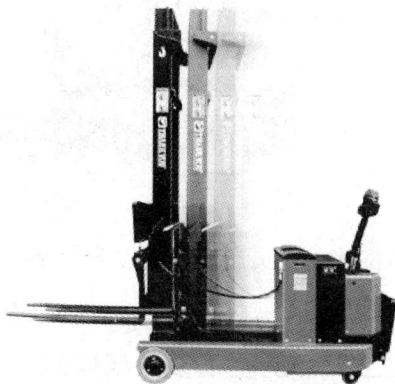

图 4-36　前移式叉车

④转柱式叉车,如图 4-37 所示。转柱式叉车是一种无轨巷道作业设备,用于物流中心的机械立体仓库的托盘存取作业。这种叉车的特点是机动灵活,转弯半径小,作业巷道窄,门架刚性好,可实现正反转操作作业。

⑤转叉式叉车,如图 4-38 所示。转叉式叉车的门架不动,而货叉可做旋转或侧移的动作。这种叉车的设计结合了负荷和配重式叉车的特性,轴距较大,稳定性好。门架宽度较大,刚性好。

作业的基本动作是:提升(把负载提升到所需要的高度)、旋转(货叉向左或向右旋转并对准所需要的货位)、侧移(在货位中取出或存入货品)。

图 4-37　转柱式叉车

图 4-38　转叉式叉车

（2）侧面式叉车，如图 4-39 所示。其门架和货叉在车体的侧面，侧面还有一货物平台。当货叉在侧面取货物时，货叉起升一定高度后，门架向车内移动，降下货叉把货物搁在叉车的货台上，叉车行走。主要用于搬运长大件货物。

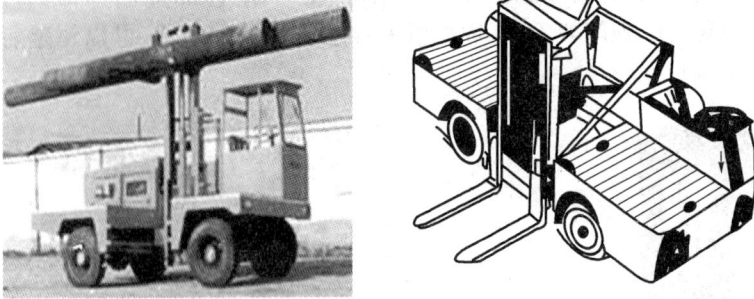

图 4-39　侧面式叉车

（3）多面式叉车。其特点为门架或货架可以绕垂直轴线旋转，货叉可朝向两个或者三个方向。

二、叉车的基本参数与构造

（一）叉车的基本参数

（1）额定起重质量。是指叉车门架处于垂直位置，载荷重心位于规定的载荷中心距时，允许货叉举起载荷的最大质量。是叉车最主要的参数，单位为 t 或 kg。

额定起升质量系列为：0.5t、(0.75t)、1.0t、(1.5t)、2.0t、3.0t、(4.0t)、5.0t、(8.0t)、10t、(12t)、(15t)、16t、(20t)、25t、32t、40t 等。括号内的级别，是不常用的级别，不是特殊需要，一般不选用。

（2）载荷中心距。是指叉车设计规定的额定起重质量的标准货物重心到货叉垂直段前臂之间的距离，单位为 mm。

（3）最大起升速度。是指叉车在额定起升质量下，门架处于垂直位置时货物起升的最大速度。单位用 mm/s 或 m/min 表示。

（4）最高行驶速度。是指在路面上满载行驶时所能达到的最高速度，以 km/h 表示。

（5）最大起升高度。是指叉车在额定起重质量下，门架垂直而货物起升到最高位置时，货叉水平段的上表面距地面的垂直距离，单位为 mm。叉车的一般起升高度为 3～4m。

（6）最小转弯半径。一般是指叉车在空载低速行驶，转动方向盘使叉车转向轮处于最大偏转角时，车体最外侧到转向中心的最小距离，单位为 mm。

（7）叉车的外形尺寸。是用叉车的总长、总宽、总高表示，单位为 mm。

(二)叉车的基本构造

叉车是一种复杂的机械,虽然其型号、式样、吨位大小不同,但都是由动力装置、起重装置和运行装置三个基本部分组成。

(1)动力装置。叉车动力装置的作用是为叉车各机构提供动力源,保证叉车运行和装卸货物所需要的动力。目前在叉车上采用的动力装置有:内燃机和电动机。

(2)起重装置。起重装置由直接进行装卸作业的工作装置及操纵工作装置动作的液压传动系统组成。

工作装置是用来完成货物的叉取、卸放、升降、堆码作业的。主要有外门架、内门架、叉架、货叉、链条和导向滑轮组成。

①门架。叉车的门架承受着货物的全部载荷,由内门架和外门架组成的。

②叉架。是安装货叉及各种属具的支撑部分,又称属具架,直接与起升机构链条相连。

③货叉。是叉车最常用的属具,是叉车重要的承载构件。它的形状呈 L 型,水平段用来叉取并承载货物,水平段上面平直、光滑,下表面的前端有斜度,叉尖较薄较窄、两侧带有圆弧。货叉装卸件货的时候,一般把货物放在托盘或垫木上,便于货叉插入底部叉取。如果需要搬运体积大,质量轻的大件货物时需要换用加长货叉。

叉车除了用货叉作属具外还可以根据装卸作业需要使用各种属具,如串杆、旋转器、夹持器、推拉器、悬臂吊、集装箱吊具等。

④链条。链条是承受滑架和货物的重量并带动滑架起升。

⑤导向滑轮。只起支承链条及改变链条传动方向的作用。

(3)运行装置。主要由以下几个系统组成:

①传动系统。传动系统的作用是将发动机传来的动力有效地传到车轮,满足叉车实际工作的需要。有电动—机械式传动、机械式传动和液力式传动。

②行驶系统。行驶系统是叉车的基架,承受叉车的全部重量,传递牵引力、其他力和力矩。

③转向系统。转向系统是在驾驶操纵下,控制叉车的行驶方向。

④制动系统。制动系统使叉车能迅速的减速或停车,并使叉车能稳妥的停放,以保证安全。叉车制动系统由制动器和制动操纵装置组成。制动系统通常有手制动和脚制动两部分组成。

(三)叉车的作业方式与线路

(1)叉车叉取货物。叉车叉取货物的过程,可以概括为八个动作。

①驶近货垛。叉车起步后,根据货垛位置,驾驶叉车行驶至货垛前面停稳;

②垂直门架。叉车停稳后,将变速杆放入空挡,将倾斜操纵杆向前推,使门架复原至垂直位置;

③调整叉高。向后拉升降操纵杆,提升货叉,使货叉的叉尖对准货下间隙或托盘

叉孔;

④进叉取货。将变速杆挂入前进一挡,叉车向前缓慢行驶,使货叉叉入货下间隙或托盘的叉孔,当叉臂接触货物时,将叉车制动;

⑤微提货叉。向后拉升降操纵杆,使货叉上升到叉车可以离开的运行高度;

⑥后倾门架。向后拉倾斜操纵杆,使门架后仰至极限位置;

⑦退出货位。将变速器挂入倒挡,缓解制动,叉车后退到可以将货物下落的位置;

⑧调整叉高。向前推升降操纵杆,下放货叉至距地面 200～300mm 的高度,然后驶向放货地点。

(2)叉车卸下货物。叉车卸下货物的过程,可以概括成八个动作。

①驶近货位。叉车驶向卸货地点停稳,做好卸货准备;

②调整叉高。向后拉升降操纵杆,货叉起升到对准放货所必需的高度;

③进车对位。将变速杆置于前进挡,叉车缓慢前进,使货叉位于待放货物(托盘或集装箱)处的上方,制动停车;

④垂直门架。向前推倾斜操纵杆,门架前倾,恢复至垂直位置(有坡度时,允许门架前倾);

⑤落叉卸货。向前推升降操纵杆,使货叉缓慢下降,将货物(托盘或集装箱)平稳地放在货垛上,尔后使货叉稍微离开货物底部;

⑥退车抽叉。将变速杆置于倒挡,缓解制动,叉车后退至能将货叉落下的距离;

⑦后倾门架。向后拉倾斜操纵杆,门架后倾至极限位置;

⑧调整叉高。向前推升降操纵杆,下放货叉至距地面 200～300mm 处,叉车离开,驶向取货地点,开始下一轮取放货作业。

(四)叉车的维护

为使叉车处于良好的工作状态,减少叉车的故障及修理次数,并延长其使用寿命,必须定期对叉车进行保养维护。

叉车的维护保养一般分为,日常维护、一级保养、二级保养和走合保养、换季保养。

1.日常维护

叉车的日常维护是由驾驶员每班工作后进行,内容主要有:

(1)清洗叉车上污垢、泥土和垢埃,重点部位是:货叉架及门架滑道、发电机及启动器、蓄电池电极叉柱、水箱、空气滤清器。

(2)检查各部位的紧固情况,重点是:货叉架支承、起重链拉紧螺丝、车轮螺钉、车轮固定销、制动器、转向器螺钉。

(3)检查脚制动器、转向器的可靠性、灵活性和各部分灯具(主要是转向灯和制动灯)。

(4)检查渗漏情况,重点是:各管接头、柴油箱、机油箱、制动泵、升降油缸、倾斜油缸、水箱、水泵、发动机油底壳、变矩器、变速器、驱动桥、主减速器、液压转向器、转向油缸。

(5)放去机油滤清器沉淀物。

2.叉车的一级保养

一级保养是在累计工作 100 小时后,一班工作制相当于 2 周。一级保养是由专业维修人员完成。

叉车的一级保养是使叉车达到清洁、润滑和安全的要求,减少设备的磨损,消除叉车隐患,排除一般故障。

叉车的一级保养除了完成日常维护的作业内容外,还要完成下列作业内容:

①检查气缸压力或真空度;

②检查与调整气门间隙;

③检查节温器工作是否正常。

④检查多路换向阀、升降油缸、倾斜油缸、转向油缸及齿轮泵工作是否正常。

⑤检查变速器的换挡工作是否正常。

⑥检查与调整手、脚制动器的制动片与制动鼓的间隙。

⑦更换油底壳内机油,检查曲轴箱通风接管是否完好,清洗机油滤清器和柴油滤清器滤芯。

⑧检查发电机及起动电机安装是否牢固,与接线头是否清洁牢固,检查碳刷和整流子有无磨损。

⑨检查风扇皮带松紧程度。

⑩检查车轮安装是否牢固,轮胎气压是否符合要求,并清除胎面嵌入的杂物。

⑪由于进行保养工作而拆散零部件,当重新装配后要进行叉车路试。

a.不同程度下的制动性能,应无跑偏、蛇行。在陡坡上,手制动拉紧后,能可靠停车。

b.倾听发动机在加速、减速、重载或空载等情况下运转,有无不正常声响。

c.路试一段里程后,应检查制动器、变速器、前桥壳、齿轮泵处有无过热。

d.货叉架升降速度是否正常,有无颤抖。

⑫检查柴油箱油进口过滤网有否堵塞破损,并清洗或更换滤网。

3.叉车的二级保养

叉车的二级保养是在累计工作 500 小时后,一班工作制相当于一个季度。叉车二级保养是由专业维修人员完成,其主要目的是,延长叉车的大修周期和使用年限,提高及保持叉车完好率。

二级保养是除了完成一级保养的作业内容外,还要完成下列作业内容:

①清洗各油箱、过滤网及管路,并检查有无腐蚀、撞裂情况,清洗后不得用带有纤维的纱头、布料抹擦。

②清洗变矩器、变速箱、检查零件磨损情况,更换新油。

③检查传动轴轴承,视需要调换万向节十字轴方向。

④检查驱动桥各部紧固情况及有无漏油现象,疏通气孔。拆检主减速器、差速器、轮边减速器,调整轴承轴向间隙,添加或更换润滑油。

⑤拆检、调整和润滑前后轮毂,进行半轴换位。

⑥清洗制动器,调整制动鼓和制动蹄摩擦片间的间隙。

⑦清洗转向器,检查转向盘的自由转动量。

⑧拆卸及清洗齿轮油泵,注意检查齿轮,壳体及轴承的磨损情况。

⑨拆卸多路阀,检查阀杆与阀体的间隙,如无必要时勿拆开安全阀。

⑩检查转向节有无损伤和裂纹,转向桥主销与转向节的配合情况,拆检纵横拉杆和转向臂各接头的磨损情况。

⑪拆卸轮胎,对轮辋除锈刷漆,检查内外胎和垫带,换位并按规定充气。

⑫检查手制动机件的连接紧固情况,调整手制动杆和脚制动踏板工作行程。

⑬检查蓄电池电液比重,如与要求不符,必须拆下充电。

⑭清洗水箱及油散热器。

⑮检查货架、车架有无变形、拆洗滚轮、各附件固定是否可靠,必要时补添焊牢。

⑯拆检起升油缸,倾斜油缸及转向油缸,更换磨损的密封件。

⑰检查各仪表感应器,保险丝及各种开关,必要时进行调整。

4. 走合保养

新叉车或大修后的叉车,按规定在工作一段时间后的走合期内,应更换发动机的机油以及变速器、减速器的齿轮油,并对重要的,关系到安全的部件进行检查、调整和紧固。

5. 换季保养

在进入夏季或冬季,应按要求更换季节性润滑机油和齿轮油。

第四节　装　载　机

一、装载机概述

(一)装载机定义与工作条件

装载机又称单斗车,是向车辆或其他设备装载散状物料的自行式装卸机械。其装卸工具是主要用来铲、装、卸、运、土和石料一类的散状物料,也可以对岩石、硬土进行轻度铲掘作业。如果换上不同的工作装置,还可以完成推土、起重、装卸其他物料的工作。在公路施工中主要用于路基工程的填挖,沥青和水泥混凝土料场的集料、装料等作业。此外还可进行推运土壤、刮平地面和牵引其他机械等作业。

装载机具有作业速度快,机动性好,操作轻便等优点,因而发展很快,成为土石方施工中的主要机械。广泛用于矿山、港口、车站、建筑工地、堆料场和仓库等地,作业能力为 30～300t/h。

装载机进行施工作业时须与自卸汽车配合。在施工作业中只有装载机与车辆的位置配合得当,装载机的转移、卸料等才有高的作业效率。因此,必须合理地组织施工。此外,所选用装载机的卸载高度和卸载距离必须满足物料能卸到自卸汽车车厢中心的要求。

(二)装载机的分类

1)根据作业过程的特点可分为,连续动作式(如螺旋式、圆盘式、转筒式等)装载机和间歇作业式(如单斗装载机见图 4-40)。

2)按发动机功率大小分可为,小型装载机(功率小于 74kW)、中型装载机(功率在 74～147kW)、大型装载机(功率在 147～515kW)和特大型装载机(功率大于 515kW)。

3)按传动形式分为

(1)液力—机械传动装载机。其冲击振动小,传动件寿命长,操纵方便,车速与外载间可自动调节,一般多在中大型装载机采用;

(2)液力传动装载机。可无级调速,操纵简便,但启动性较差,一般仅在小型装载机上采用;

(3)电力传动装载机。为无级调速,工作可靠、维修简单,但费用较高,一般在大型装载机上采用。

4)按行走结构形式分

(1)轮胎式装载机(如图 4-41)。其质量轻、速度快、机动灵活、效率高、不易损坏路面,接地比压大、通过性差,但被广泛应用;

图 4-40　单斗装载机　　　　　　　图 4-41　轮胎式装载机

（2）履带式装载机（如图 4-42）。接地比压小，通过性好，重心低、稳定性好，附着力强、牵引力大，但速度低、灵活性相对差、成本高、行走时易损坏路面。

5）按装卸方式来分为

（1）前卸式装载机（如图 4-43）。前卸式装载机从前方铲取货物后，须后退并转过一个角度，再从前方将货物卸下。其结构简单、工作可靠、视野好，适合于各种作业场地，应用较广；

（2）回转式装载机。其工作装置安装在可回转360°的转台上，侧面卸载不需要调头。其作业效率高，但结构复杂、质量大、成本高、侧面稳性较差，适用于较狭小的场地。

图 4-42　履带式装载机

（3）后卸式装载机（如图 4-44）。后卸式装载机是前端装、后端卸，作业效率高，但作业的安全性欠佳，所以应用比较少。

图 4-43　前卸式装载机

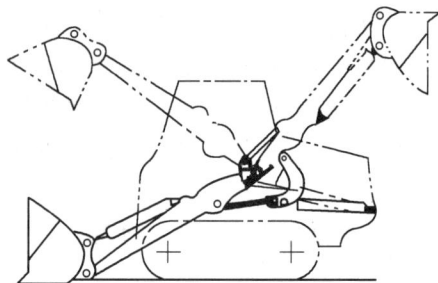

图 4-44　后卸式装载机

二、装载机的主要技术参数

装载机的技术参数是说明装载机工作性能的指标，是正确选用装载机的技术依据。装载机基本参数有额定载重量、倾翻载荷、斗容量、牵引力、铲斗倾斜角、铲斗卸载高度和距离、作业运行速度等。

（1）额定载重量。额定载重量是指保持装载机能稳定工作的最大载重量。达到装载机额定载重量应满足的条件有，装备一定规格的铲斗，在干硬、水平的地面上工作，行驶速度不超过 6.5km/h。

（2）额定斗容量。是指铲斗上口四周以 50％坡度堆积物料，由料堆坡面与铲斗内壁轮廓所围成的容积，所以又称名义堆积容积。

（3）铲斗倾斜角。是指铲斗在卸载时斗底与水平面的夹角，又称下翻角。

（4）铲斗的卸载高度与卸载距离。铲车倾斜角等于 45°时，铲斗斗尖距地面的垂直高度；卸载距离是指，在相应的卸载高度时，铲斗刃口到装载机最前端点的水平距离。

(5)作业运行速度。是指装载机前进与后退各个挡位的最高速度。轮式装载机的空载最高速度为 30~40km/h,而作业时的行进速度以 3~10km/h 为宜。

三、装载机的基本组成

装载机有很多种类,均由发动机、传动系统、行走部分、制动系统、工作装置及液压系统、电气设备等组成,如图 4-45 所示。

(1)发动机。装载机多采用柴油机作为动力。

(2)传动系统。装载机的传动,有机械传动与液力机械传动两种方式。机械传动结构简单,但传动系统的扭振和冲击载荷较大,影

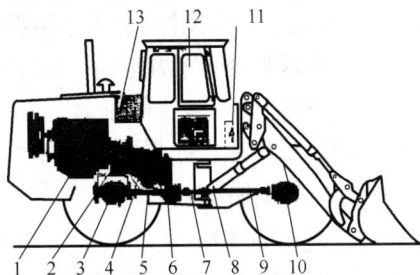

图 4-45　装载机的基本结构

1-发动机;2-变距器;3-后桥;4-变速器;5、7、9-传动轴;6-齿轮箱;8-中间承轴;10-前桥;11-电气系统;12-驾驶室;13-液压系统

响使用寿命。液力机械传动,能吸收冲击载荷,自动适应外界阻力的变化,改善了装载机的使用性能和提高使用寿命。

(3)转向系统。转向系统的转向方式有,后轮转向、前轮转向及全轮转向几种。

(4)制动系统。装载机的制动系统一般由双管路的行车制动和驻车制动两个独立的部分组成。制动系统是装载机的重要组成部分,关系到装载机行车及作业的安全。

(5)工作装置。装载机工作装置的任务是铲掘和装卸物料,有前卸式和回转式两种。工作装置由铲斗、动臂、摇臂、连杆(或托架)、转斗油缸、动臂油缸和车架等组成。

铲斗是工作装置的重要部件,由切削刃、斗底、侧臂及后斗臂组成,常用的铲斗为直型带齿铲斗,其斗齿为易损件。

(6)电气设备。由电源和用电设备的灯光、仪表、信号等组成,与叉车基本相同。

四、装载机的作业方式与选用原则

(一)作业方式

(1)挖掘作业。挖掘作业是使车辆停车或前进,插铲斗于沙土岩石等堆积物内的装载铲进作业。挖掘作业又分为铲进作业和挖土作业两种。进行挖掘作业时,应使铲斗的两侧均匀负担荷重进行,不可只使一侧负荷进行。操作时使装载机直对前方,不要让前后车架有角度。

(2)装载作业(搬运工程方式)。是指将沙土、岩石、矿石等物料运到装货的卡车、货车、集装箱或料场等的作业方式。装载作业应按照现场的状况,选用高效率的方法进行。首先,可考虑选定是用装载机与运输车辆配套的搬运方式或是仅用轮胎式装载机进行的装载搬运方式;其次是按照作业现场的状况,可以选定完成一次装载,需要时间最短的作业方法进行装载搬运。

(3)卸载作业。是往汽车或货场倾卸物料时的作业。卸载作业时,应将动臂提升

到使铲斗(前倾到最大倾斜角位置)碰不到车厢和料堆为止。前推铲斗操纵杆使铲斗前倾卸载,卸载时要求动作缓和以减轻物料对载重汽车的冲击。当物料粘积铲斗时,可来回扳动铲斗操纵杆,铲斗产生振动而使物料脱落。

(4)整地作业。利用铲斗前尖和底面所成角度,可以进行撒土、平整、打基础等整地作业。整地作业时应使车辆后退着进行。

(5)填平作业。如果将铲斗作为推土刮板用时,可以进行填平作业。

(二)装载机选用原则

(1)机型的选择:主要依据作业场合和用途进行选择和确定。一般在采石场和软基地进行作业,多选用履带式装载机;

(2)动力的选择:工程机械一般多采用柴油发动机,在特殊地域作业,如海拔高于3000m的地方,应采用特殊的高原型柴油发动机;

(3)传动形式的选择:一般选用液力—机械式传动。其中关键部件是变矩器形式的选择。目前我国生产的装载机多选用双涡轮、单级两相液力变矩器。

(4)在选用装载机时,还要充分考虑到装载机频繁制动的特点。行车制动器有蹄式、钳盘式和湿式多种。制动器的动力源为压缩空气或人力。为了减轻驾驶员的操作强度及增强制动效果,行车制动系还采用了气力助力等装置。目前多用的是双管路气力助力制动系统,以提高行驶的安全性。

五、装载机的维护

对于装载机要实行定期维护保养的目的是,减少机器的故障,延长机器使用寿命,缩短机器的停机时间,提高工作效率,降低作业成本。管理好燃油、润滑油、水和空气,就可减少70%的故障。

(1)燃油的管理。要根据不同的环境温度选用不同牌号的柴油(对见表4-2);柴油不能混入杂质、灰土与水,否则将使燃油泵过早磨损;劣质燃油中的石蜡与硫的含量高,会对发动机产生损害;每日作业完后燃油箱要加满燃油,防止油箱内壁产生水滴;每日作业前打开燃油箱底的放水阀放水;在发动机燃料用尽或更换滤芯后,须排尽管路中的空气。

不同的环境温度选用不同牌号的柴油对照表 　　　　　表4-2

最低环境温度	0℃	−10℃	−20℃	−30℃
柴油牌号	0#	−10#	−20#	−35#

(2)润滑油、脂的管理。润滑油(机油)应根据本地各个季节的实际温度按规定选用,这样就可以保证机器正常工作,并延长其使用寿命。润滑脂(黄油)存放保管时,不能混入灰尘、砂粒、水及其他杂质;推荐选用锂基型润滑脂G2-L1,其抗磨性能好,适用重载工况。加注润滑脂时,要尽量将旧油脂全部挤出并擦干净,防止沙土粘附。

（3）定期保养的内容

①新机工作 250 小时后，应更换燃油滤芯和附加燃油滤芯；检查发动机气门的间隙。

②日常保养：检查、清洗或更换空气滤芯；清洗冷却系统内部；检查和拧紧履带板螺栓；检查和调节履带反张紧度；检查进气加热器；更换斗齿；调节铲斗间隙；检查前窗清洗液液面；检查、调节空调；清洗驾驶室内地板；更换破碎器滤芯（选配件）。清洗冷却系统内部时，应等待发动机充分冷却后，缓慢拧松注水口盖，释放水箱内部压力，然后才能放水；不要在发动机工作时进行清洗工作，因为高速旋转的风扇会造成危险；当清洁或更换冷却液时，应将机器停放在水平地面上。冷却液和防腐蚀器的更换及防冻液与水的比例见表 4-3。

冷却液和防腐蚀器的更换及防冻液与水的比例

表 4-3

冷却液种类	冷却系统内部清洗和更换周期	防腐蚀器更换周期
AF—ACL 防冻液（超级防冻液）	每 2 年或每 4000h	每 1000h 或更换冷却液时

S 本章小结

物资的装卸搬运是物流的主要功能之一。装卸搬运活动渗透到物流各领域、各环节，成为物流顺利进行的关键。装卸搬运在生产企业中联结了各生产工序，而在流通企业作为连接生产企业、仓储、消费等环节的纽带。

起重机械是一种循环、间歇运动的机械，只用于垂直升降货物。起重机械是现代工业生产不可缺少的设备，广泛应用于工厂、港口、建筑工地和矿山等场所，完成各种物料的起重、运输、装卸、安装和人员输送等作业，从而大大减轻了体力劳动强度，提高了劳动生产效率。

叉车是物流领域装卸搬运设备中应用最广泛的一种设备。叉车除了使用货叉进行作业外，还可以通过与其他的属具结合，实现对不同形状的货物进行装卸搬运作业。

装载机是散粒物料的作业机械，能在场地上作散料的堆积和平整工作，还可以对矿石和砂石进行轻度的挖掘工作。

E 思考题

1.简述起重机械的类型、特点及应用场合？

2.门、桥式起重机机械由哪几部分组成？有何区别？

3.讲述常用的起重机的属具有哪些？分别用于什么场合？

4.如何作好起重机的安全管理？

5.集装箱叉车与集装箱正面吊车两者之间有什么区别？

6.插腿式叉车与前移式叉车之间的区别？

7.叉车属具有哪些？其主要的用途是什么？

8.什么是额定起重质量和负荷中心距？它们之间有什么关系？

9.叉车由几大部分组成？各部分起什么作用？

10.装载机的主要类型有哪些？

11.简述装载机的作用和特点。

E 练习题

1.怎么对装卸搬运车辆进行合理配置。

2.比较叉车和起重机械两种设备。

C 案例 4-1

集装箱掉落致人死亡

2005年10月27日20时30分左右,在某港口的堆场走道上,一名交通督导员在指挥集装箱空箱的叉车吊装作业时,集装箱叉车发生故障,因交通督导员指挥时的位置靠得太近,被掉下来的20英尺空箱压伤致死。

由于抢救伤员,现场已有所改变,特别是集装箱叉车的起升臂架已经放下,不在原高度,臂架的宽度数据不可信;空箱与集装箱叉车的位置都不在原位。这些都给事故调查组的勘查分析增加了难度。

事故调查组按程序进行了勘查:第一对现场整体和设备细部进行拍照记录;第二根据初步的判断,对集装箱叉车的转锁断裂情况,起升臂架的宽度和空箱的锁孔宽度,锁孔的印痕和刮痕,操作室的内部情况等进行了检查。

根据第一次勘查的情况,调查组提出检验的重点应是,从集装箱叉车的转锁系统、空箱锁孔和吊箱功能测试这三方面入手。

调查组认真查阅国家标准和技术资料,编写检验原始记录,从机械和电气两个方向入手,将设备起升操作的每一个动作,所涉及到的部件、指示灯、传感器、安全保护装置等都研究透彻。

从转锁系统的工作原理,吊箱作业过程可知,当集装箱叉车转锁系统处于正常时,降低集装箱吊具使转锁很好地对准集装箱角配件的锁孔插入,开锁指示灯亮;随之,左、右到位传感器工作,将信号传给电路控制系统,左、右到位继电器闭合,线路导通,开锁指示灯和到位指示灯同时亮,确认左右转锁都已经插好在集装箱的锁孔内,操作人员可以进行闭锁。当左右转锁都闭锁之后,闭锁指示灯和到位指示灯同时亮,确认已经很好地闭锁,表示可以进行起升。

经过多次勘察和实验,并得到维修人员的证实,在对该集装箱叉车臂架进行维修时,发现右侧到位指示传感器失灵,未进行更换,只是将右侧到位指示传感器的线路并接到左侧到位指示传感器上。这样,当左侧到位传感器工作正常时,右侧也显示正常。

事故发生当时,集装箱叉车操作人员将吊具臂架从 40ft 变幅到 20ft,并将转锁对准第四层的一个 20ft 集装箱锁孔插入,准备将其吊下来。由于当时是夜晚,现场灯光比较暗,操作人员将左侧转锁对准并插入锁孔之后,指示灯指示一切正常可以进行闭锁和起升。然而,当时的实际情况是,由于变幅不到位,此时的臂架不是 20ft,造成左侧转锁对准插入了锁孔,右侧转锁却完全没有插入到锁孔中,转锁销只是靠在集装箱的右侧面。当起吊集装箱时右侧转锁脱开,左侧转锁由于无法承受整个集装箱的重量而被剪切力剪切断,集装箱从四层的高处摔到地面而酿成事故。

C 案例 4-2

装载机的驻车制动失效致人骨折

美国南方某座滨海城市的卫生部曾经发生过一场混乱。一台大型装载机的驻车制动失效,致使一名工人骨折。工人的工作服上印有装载机生产商、停车制动器、装载机其他配件供货商,以及一位外包服务承包商的名字。事故调查组当时即对装载机进行了检查,并对事故进行了推断分析。

这是一台四轮,前置四立方铲斗式装载机。该装载机的刹车制动动作是采用释放压缩空气或由控制杆自动控制。用于储能弹簧储能,释放压缩空气,使制动鼓刹车的动力,是由柴油机的部分动力,通过三速液压装置,反向传输过来的。

事故发生时,该装载机的蓄电池套件摆放在故障装载机与另外一台装载机之间,通过跨接电缆相连。发动机启动后,驾驶员将制动刹车和手动节流阀打到锁死状态,给蓄电池充电。充电一段时间后驾驶员在断开蓄电池电缆时,装载机突然向前跳起,把驾驶员挤向邻近的装载机。由于两装载机的铲斗相互之间顶住,装载机被迫停车,避免了更加严重的事故发生。

　　到现场勘查的各方人员有专家、律师、操作工人和机械工程师,为了找到真正的事故原因,需要将该装载机重新启动。机械工程师将钥匙拨到启动位置,装载机却没有反应,表明机器无法正常启动。当时正在观看调查的一位老驾驶员走过来告诉事故调查组,这台装载机经常需要把变速杆轻轻晃一晃,才能在启动前找到空挡。有了这个窍门,机械工程师把终于把机器发动起来了。他把手动节流阀打到锁死状态,过了一会儿,短粗的变速杆就被振了出来,产生了向前的动力,使得装载机向前加速。

　　经过实际操作核查,判断为变速杆和传动系统之间可能存在着或多或少的粘连。操作情况与操作检查证明,变速杆与传动器之间存在六组连杆支点结构。变速器虽然是空挡启动,但连杆磨损造成了变速器换挡的假脱机。驾驶员在已经错位的变速器上挂空挡启动后,就会出现变速器杆脱离空挡定位槽的故障。在发动机高速空转而产生的振动作用下,沉重的变速杆会慢慢滑落,将变速器推到前进挡的挡位。久而久之,老驾驶员都适应了这种怪异的特性,在机器启动前都会将变速杆摇晃一下,所以从来也都不报修。

　　装载机在空挡位置为什么还会有动力传递的原因找到了。但是,装载机为什么能够在驻车制动的状态下,还能往前冲动呢? 机械工程师拆开了刹车制动器,进行检查。检查发现,尽管弹簧器件等情况正常,但是鼓形制动器上的一个连杆插销发生了错位,于是造成两块制动蹄只有一块能够起到制动作用。尽管在平常正常刹车时能够控制得了装载机,是因为在正常制动时,是先使装载机减速后才进行的。事故发生当时,虽然是在驻车制动锁死状态下,但由于发动机是处于较大的负荷工况下工作(充电时应是在中等或小负荷工况状态)的,使前进推力大于驻车制动力而使装载机突然往前冲。可以断定,该装载机的刹车从来就没有安装到位,因为有一块刹车蹄上的摩擦片仍然是崭新的。

第五章 连续输送技术与设备

【学习目标与要求】

　　了解连续输送机械的特点种类、各自适合的作业范围；

　　掌握各种典型连续输送机械的结构特点，简要的工作原理，并能根据实际情况选用合适的输送机械。

第一节 概　　述

一、连续输送机械的概念

　　连续输送机械是以连续的方式沿着一定的线路从装货点到卸货点均匀输送散装货物或成件包装货物的机械。

　　由于连续输送机械具有在一个区间内能连续输送大量货物、搬运成本低、搬运时间比较准确、货流稳定的特点，而广泛应用于现代物流系统中。大量的自动化立体仓库、物流配送中心、大型货场都离不开连续输送机械组成的搬运系统。如进出库输送系统、自动分拣输送系统、自动装卸输送机系统等。发展到今天，输送机械不仅是实现生产加工机械化、自动化、连续的流水作业运输线不可缺少的组成部分，也是自动化仓库、配送中心、大型货场的生命线。

二、连续输送机械的特点

　　连续输送机械主要是运送散货的，对应散货的特性，连续输送机械具有以下特点：

　　(1)高效性。连续输送机械的输送路线固定，加上散料具有的连续性，装货、输送、卸货可以连续进行，而且在输送过程中极少紧急制动和启动，可以采用较高的工作速度，效率很高，并不受距离远近的影响。

　　(2)自动控制性好。由于输送路线固定，动作单一，而且载荷均匀，速度稳定，所以较容易实现自动控制。

(3)通用性差。输送机械仅适用于几种固定类型的货物,对于重量很大或超出其适宜输送的货物来说,通常都是不适用的。

三、连续输送机械的类型

连续输送机械可以有多种分类方式。

1. 按是否将设备固定安装在作业场地分为固定式和移动式两大类

(1)固定式输送机是将整套设备固定安装在一个地方,不能再移动。主要用于专用码头、仓库和工厂的生产车间等。具有输送量大、单位能耗低、效率高等特点。

(2)移动式输送机是将整套设备安装在可移动的装置上,它具有机动性强、利用率高、能及时布置输送作业线路的特点,但这类设备的输送作业量不大,输送距离不长,适用于中小型仓库和货场。

2. 按结构特点连续输送机械可分为,具有挠性牵引构件输送机和无挠性牵引构件输送机

(1)挠性构件输送机的工作特点是,物料在牵引构件的作用下,利用牵引构件的连续运动使货物向一定方向输送。牵引构件作往复循环运动,一部分输送货物,另一部分返回。常见的有带式输送机、链式输送机、斗式提升机等。

(2)无挠性构件输送机的工作特点是,利用工作构件的旋转运动或振动,使货物向一定方向运送,输送构件不往复循环。常见的有气力输送机、螺旋输送机、振动输送机等。

第二节　带式输送机

一、带式输送机的结构和特点

带式输送机是由电动机作为动力,胶带作为输送带,利用摩擦力连续输送货物的机械。

1. 结构

带式输送机可分为固定式和移动式两种。

固定式由胶带、滚筒、支承装置(托辊)、驱动装置、改向装置、进料装置、卸料装置、制动装置、清扫装置及机架等部件组成,如图 5-1 所示。

移动式输送机的结构如图 5-2 所示。

2. 工作过程

输送带环绕在前后滚筒之间,电动机经减速增扭后驱动滚筒并牵引输送带运动,

物料由进料斗导入输送带,输送带将物料送到目的地后由卸料装置卸出,输送带往复循环回到进料处。

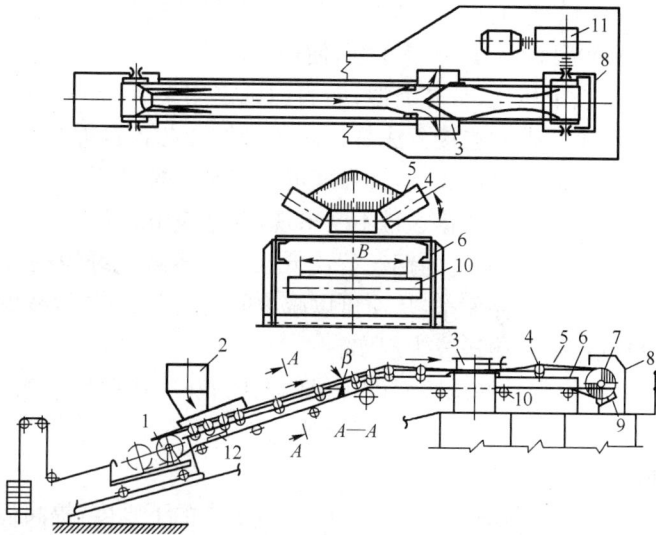

图 5-1 托辊胶带输送机一般结构

1-张紧滚筒;2-装载装置;3-犁形卸载挡板;4-槽形托带;5-输送带;6-机架;7-驱动滚筒;8-卸载罩壳;9-清扫装置;10-平托盘;11-减速箱;12-空段清扫器;B-皮带宽度

3. 应用范围及特点

固定式胶带输送机主要用于港口、车站、货栈、库场散料的输送,尤其适合煤炭、矿石等散货的输送。既可以作水平输送,又可以做小倾角的倾斜输送。在各种输送机械中,它的效率最高、输送距离最长。

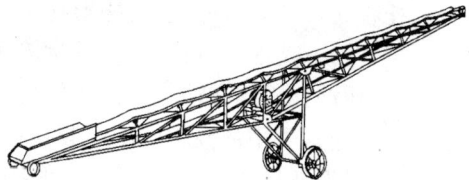

图 5-2 移动式胶带输送机

移动式胶带输送机主要用做装卸输送,机动性强,使用效率高,输送方向和输送长度均可改变,能及时改变输送作业线而达到作业要求。

二、托辊带式输送机的主要部件

托辊带式输送机是最为常见通用的一种输送机,其主要部件的功用与结构如下:

1. 输送带

输送带用来传递牵引力和承载被输送的货物,所以要求强度高、耐磨,伸缩率小。常用的有橡胶带和塑料带两种。

(1)橡胶带使用最为广泛,通常以棉织物或化纤织物作带芯,表面用橡胶覆盖。带芯层数直接影响到输送带的强度,橡胶覆盖层则对带芯起保护作用。输送带的长度可根据输送距离的不同将若干条连接起来使用,连接处可采用机械接头或硫化接头。机械接头是用一排钢制卡子连接输送带的两端,工艺虽然简单,但对输送带损伤较大,强度只有原来的35%～40%。硫化接头则是把要连接的两条输送带的接头处切割成相对应的阶梯状,涂上胶水,热压而成。工艺虽然较复杂,但接头处的强度可达到原来的85%～90%,且芯层不易腐蚀,使用寿命长。

(2)塑料带与橡胶带相比,带芯类似,而表面则是用聚氯乙烯作覆盖层。其特点是成本低而质量好,带与带的连接方法是将两条带的带芯各自拆开,对应打结,然后在带面上贴上聚氯乙烯片,热压成型,其强度可达到原来的75%～80%。

随着科技的发展,新品种的输送带不断出现,现已使用的有:

①钢丝芯胶带。是用高强度的钢丝替代低强度的棉或化纤织物,以提高输送带的抗拉强度,减小输送带的伸缩率,从而可以减小驱动滚筒的直径,减少张紧装置,使结构更紧凑,使单机长距离输送成为现实。

②花纹胶带。是将胶带的承载面设计成凹凸的花纹,从而增大输送带与物料之间的摩擦力并提高输送倾角。

2. 支承托辊

托辊安装在机架上,对输送带起支撑作用,减少带的下垂度,提高运行稳定性,并呈一定的槽形,以防止物料在输送过程中向两边撒漏。托辊的使用数量较大,上托辊的分布间距通常是根据带宽和物料特性的不同在1000～1500mm之间,间距过大输送带会下垂,间距过小会增大带的磨损和功率消耗。

托辊又可分为缓冲托辊、槽形托辊、调心托辊和平托辊四种,前三种作为上支承,平托辊作为下支承,也可以用于件货输送机的上托辊。

(1)缓冲托辊用在输送带的受料处,以减小输送带在受料时的冲击力。缓冲托辊在结构上通常采用弹性较好的橡胶托辊或弹簧托辊。其结构如图5-3所示。

(2)槽形托辊如图5-4所示,槽形托辊设计了槽角后,可以增大输送带载货的横断面和防止输送带跑偏。但设置槽角后,输送带的弯曲应力增加,使用寿命将会缩短。

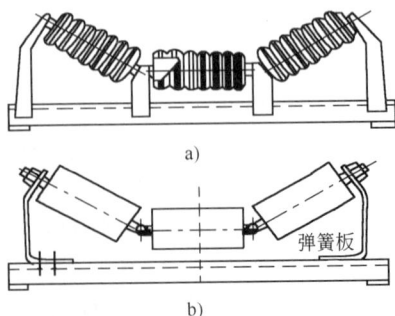

图 5-3　缓冲托辊
a)橡胶托辊;b)弹簧托辊

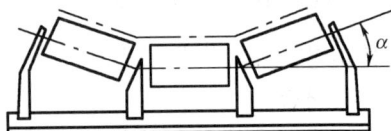

图 5-4　槽型托辊

（3）调心托辊的主要功能是调整输送带的横向位置，保持输送带正常运行。

侧托辊前倾式调心托辊的结构如图5-5及图5-6所示，它是将槽型托辊的两个侧托辊相对于输送带的运行方向倾斜约3°。这样，当输送带运行时，侧托辊会产生一个将输送带推回中间的分力，从而保证输送带在横向的适当位置。

3. 驱动装置

普通带式输送机是采用滚筒表面和输送带之间产生的摩擦力使输送带运转的驱动方式。通常以电动机作为驱动力，经减速器和联轴节带动滚筒，再驱动输送带。短距离小功率输送机可采用单滚筒驱动，长距离大功率输送机则采用多滚筒。

为了增大滚筒的摩擦系数，滚筒表面可做成胶面。这样，即使在环境湿度大和大功率下工作，输送带也不会打滑。

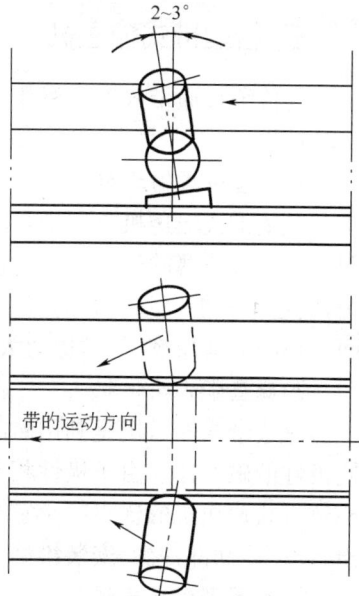

图 5-5 侧托辊前倾式调心托辊

4. 张紧装置

张紧装置的作用是使输送带保持一定的张力，避免输送带下垂度过大甚至打滑失效。螺旋式张紧装置的结构如图5-7所示。调整时先把两边轴承座4上的紧固螺母拧松，然后旋动螺杆1，使可移动的滚动轴承座4和滚筒2一起沿机架向右移动，从而拉紧过松的输送带。如果往相反方向拧动螺杆1，则可放松过紧的输送带。调整时左右螺杆1的移动量应一致，从而保证滚筒2平行不歪斜，输送带才能正常运行。调整好后应把轴承座4上的紧固螺母重新拧紧。

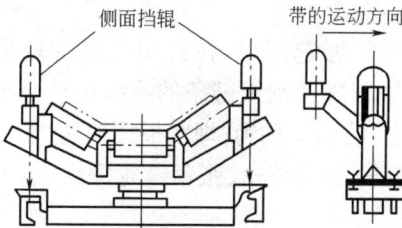

图 5-6 挡棍式调心托辊

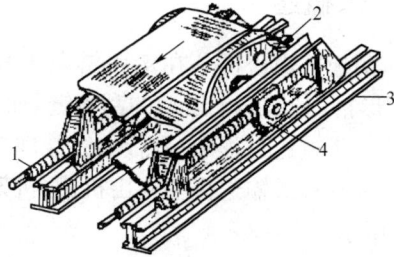

图 5-7 螺旋式张紧装置

1-螺杆；2-滚筒；3-机架；4-可移动的滚动轴承座

5. 进料斗

要求进料斗装载均匀，防止洒漏，冲击尽量小。所以进料斗的槽宽一般为带宽的2/3，槽壁倾斜度尽量小，使物料离开槽壁时的速度方向与输送带运动方向尽量接近。

一台带式输送机除了以上五种装置外，还有制动、改向、卸料、清扫等辅助装置。

三、新型带式输送机

与传统普通带式输送机相比,并伴随物流业的迅速发展,又出现了一些新型的带式输送机。

1. 气垫带式输送机

气垫带式输送机是用带孔的气室盘槽替代托辊组,工作时气室盘槽与输送带之间产生一层薄薄的气膜以支承输送带。象按一定距离布置托辊支承一样布置气室盘槽,输送带就能得到连续的气垫支承,变输送带与托辊间的滚动摩擦为输送带与盘槽间气垫的流体摩擦,使摩擦力大大减小,工作更加平稳可靠,输送量增大。

2. 磁垫带式输送机

磁垫带式输送机是利用磁的同性极相互排斥的原理,将胶带与支承座磁化成相同极性的磁性体。由于极性相同,工作时胶带与支承座之间产生斥力,使胶带悬浮。磁垫带式输送机的优点在于它在整条带上能产生稳定的悬浮力,工作阻力小且无噪声,设备运动部件少,安装维修简单。

3. 封闭型带式输送机

封闭型带式输送机是在托辊带式输送机的基础上加以改进,输送带改成圆管状或三角形、扁圆形等断面的封闭型带。托辊则采用多边形托辊组,环绕在封闭带的周围。封闭型带式输送机最大的优点是可以密闭输送料,在输送中物料不飞扬不洒落,减少污染。

第三节　刮板式输送机

一、概述

刮板式输送机是在牵引链条上相隔一定间距固定刮板,在封闭光滑的矩形或"U"形槽内,借助于运动的刮板链条的推力,使物料随着刮板链条的连续运动而被输送。由于输送过程中,刮板始终被埋在物料之中,故而又称为"埋刮板式输送机"。

埋刮板式输送机主要由机槽、机架、刮板链条、驱动链轮、张紧链轮等组成,如图5-8所示。

埋刮板式输送机既适用于水平或小倾角方向输送物料,也可垂直方向输送。所运送的物料以粉状、粒状或小块状物料为佳,如煤、砂子、谷物等。不宜输送磨损性强,块度、黏性、腐蚀性大的物料,以避免损伤设备。

埋刮板式输送机结构简单可靠,体积小,维修方便,进料卸料简单。水平输送距离最大为80~120m,垂直提升高度为20~30m,通常用在生产率不大的短距离输送,如散货堆场,装车作业等。

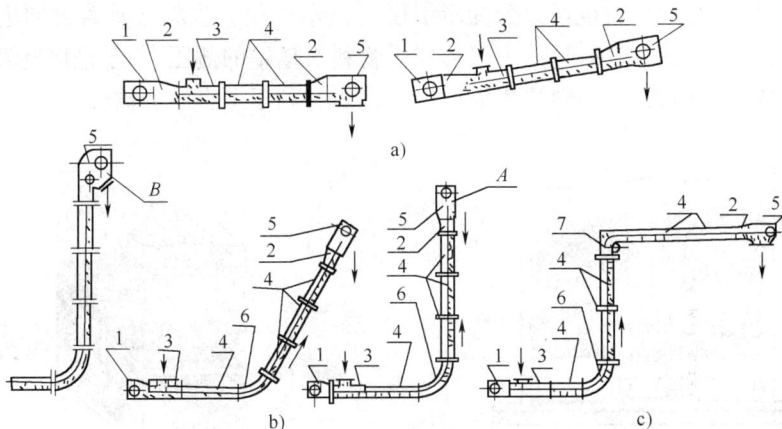

图 5-8 埋刮板式输送机

a)MS 型；b)MC 型；c)MZ 型

1-尾部；2-过渡段；3-加料段；4-中间段；5-头部；6-弯曲段；7-回料段

二、主要部件与工作原理

1. 主要部件

刮板链条是刮板式输送机的主要运动部件，由刮板和链条焊接而成。链条一般有套筒滚子链和叉形片式链两种。因物料不易进入叉形片式链条中，使磨损相对减少而更为适宜实用。

刮板形式以 U 型刮板使用最普遍，其他还有 T、O、H、L 等形状，如图 5-9 所示。刮板的选用必须以物料为依据，一般的原则是：黏性大的物料选用结构简单的刮板，如 U 型；比重大的物料选用强度大的刮板，如 O4 型；比重小且悬浮性强的物料，选用结构复杂的刮板，如 O1 型、H 型。

2. 水平输送原理

水平输送时，机槽内的物料受力情况如图 5-10 所示。机槽的底部与刮板链条相接触的一层为牵引层，牵引层以上的都称为被牵引层，两者之间依靠内摩擦力成为一个整体。输送过程中，物料受到刮板链条的牵引力以及槽壁的摩擦阻力的共同影响，当牵引力大于阻力时，物料就被推向前实现输送。

3. 垂直输送原理

垂直输送时，受力情况如图 5-11 所示，与水平

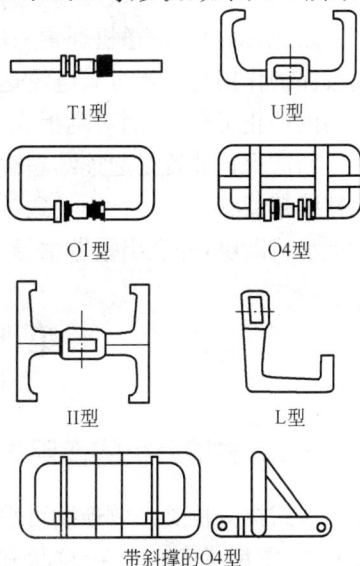

图 5-9 常用刮板形式

输送一样,机槽内的物料也可以分为牵引层与被牵引层。物料在垂直方向上受到重力、支撑力、牵引力的作用,这些力又形成了物料对槽壁的侧压力,于是槽壁又产生一个对物料的反作用力,使物料聚集成一个整体而有利于垂直向上输送。

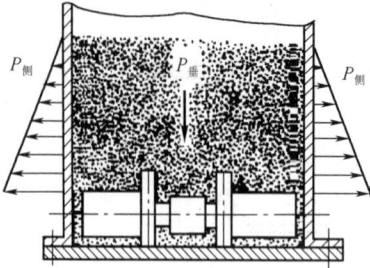

图 5-10　水平输送原理图

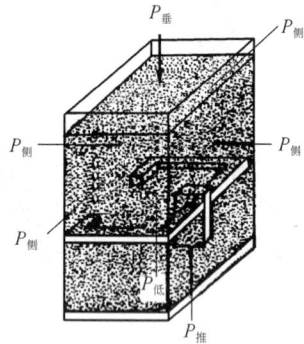

图 5-11　垂直输送原理图

所以要做到使物料垂直向上输送,保持相当的侧压力至关重要。在设计制造时可以考虑:将机槽制成细长筒形,连续进料,槽壁尽量光滑,尽量选用对物料包围系数大的刮板。

三、过载保护

刮板式输送机的最大故障是因超载而链条断裂。超载分为,连续超载和瞬时超载两种情况。连续超载在正常情况下是不允许的。瞬时超载,如果及时排除,输送机会马上恢复正常,否则就会转变为持续超载。

因此,刮板式输送机通常采用两套安全保护装置。电流过载保护装置是起瞬时超载保护作用的。当过载电流达到设定值时,电流过载保护装置会使电动机在规定时间内停止工作,从而对刮板式输送机行进了保护。

断链保护装置是起连续超载保护作用的。当瞬时超载保护装置失灵,输送机会在持续超载状态下运行而导致链条断裂,这时断链保护装置会在设定的时间内使驱动电动机断电,并发出报警信号。

第四节　斗式提升机

一、斗式提升机的作用与组成

斗式提升机是高效连续可垂直或大倾角提升物料的输送机械,多应用于火车、船舶和大、重型货车进行粉粒状和中小块状的粮食、煤、矿石、砂等散堆货物的装卸工作。

斗式提升机根据牵引构件的不同可以分为：带斗式提升机和链斗式提升机。带斗式提升机适用于粉末或小块状的物料，链斗式提升机可用于中等或大块度的物料。

斗式提升机通常由牵引构件、料斗、机头、机身、机座、驱动装置、张紧装置等组成，如图5-12所示。

料斗固定于胶带或链条上，有深、浅、三角形三种。深斗适合于松散物料；浅斗适合于黏性较大的物料；三角斗适合于比较重且成块状的物料。

整个设备外壳封闭，以免输送过程中灰尘飞扬。外壳上部称为机头，内装有驱动装置、传动装置和制动器，出料口、防爆孔也设于机头上。中间为机身，是用薄钢板焊接而成的方形罩壳，其长度可根据实际提升高度调节。机身上装有跑偏报警器，一旦胶带或链条跑偏即会报警。下部为机座，装有张紧装置或链轮以及进料口。

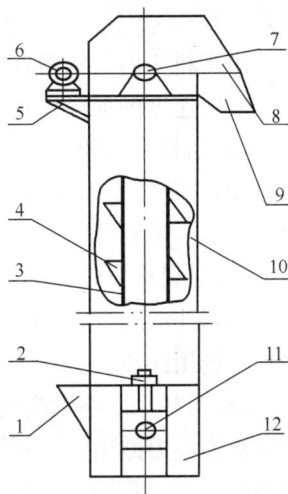

图5-12 斗式提升机的一般结构
1-进料口；2-拉紧装置；3-牵引机构；4-料斗；5-驱动平台；6-驱动装置；7-传动轮；8-头部罩壳；9-卸料口；10-中间罩壳；11-拉紧轮；12-底座

斗式提升机的优点是：结构简单，提升高度大，输送能力好，在全封闭的机身内工作对环境污染少；缺点是：过载时容易堵塞，料斗易磨损，不能在水平方向输送货物。

二、工作过程

斗式提升机的工作过程分为，装料、提升、卸料三个阶段。

1.装料

斗式提升机的装料方式有两种：顺向进料和逆向进料，或称为挖取法和装入法。

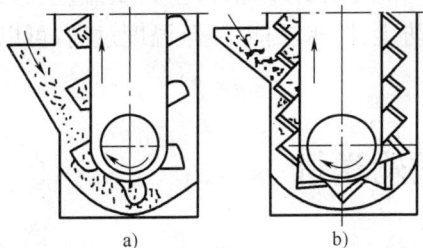

图5-13 装料法
a)挖取法(顺向进料)；b)装入法(逆向进料)

（1）顺向进料。如图5-13a)所示，料斗运动方向与进料方向一致，料斗对物料是挖取的方式，挖得越深，装得越满。为防止料斗装得过满超载，或在提升过程中洒落，机座内的物料高度应低于张紧轮或链轮的水平轴线位置。

（2）逆向进料。如图5-13b)所示，料斗运动方向与进料方向相反，物料对料斗是装入的方式。这种方式适用于块状且比较重的物料，如用顺向进料法，将很难装满料斗。

2.卸料

卸料过程，即将物料从料斗中卸出。根据受力不同，可分为重力式、离心式和混合式三种。

由于料斗内的物料在旋转过程中受到重力和离心力的共同作用,并且离心力还随着旋转速度的提高而增大,所以:

(1)当料斗以较低的速度绕过驱动链轮时,重力大于离心力,物料沿着料斗的内壁运动,料斗作重力倾卸。重力卸料适用于湿度、黏性大,散落性差的物料或块状物料,如煤块、矿石等。料斗宜采用浅斗。

(2)当料斗以较高的速度绕过驱动链轮时,物料的离心力大于重力,料斗中的物料紧贴料斗的外壁,作离心卸料。离心卸料适用于干燥,流动性好的粉末状物料。料斗通常选用深斗。

(3)当料斗以不太高也不太低的速度绕过驱动链轮时,物料中有一部分紧贴料斗外壁被离心力抛出,另一部分沿内壁作重力倾卸,也就是说,物料作"离心—重力"混合倾卸。混合倾卸适合湿度大、流动性差的粉状或小颗粒物料。

三、防爆安全装置

由于斗式提升机的机身封闭,输送过程中产生的粉尘都密闭于机身中,与空气充分混合,输送带或链条与物料连续摩擦,产生大量热量,如不及时散热,很容易发生连续性爆炸。所以必须采取一系列的防爆安全措施,通常有:

(1)通风除尘。在进料口与出料口设置吸气管,以增加机身内的空气量,降低粉尘浓度。

(2)抑制粉尘爆炸。在机头或机座上设置防爆孔,然后盖上橡胶圆盖,一旦发生爆炸,橡胶盖会被弹开,机身内的温度、压力降低,从而避免爆炸发生。

(3)消除引燃源。包括:采用塑料料斗,避免在输送过程中与物料摩擦碰撞产生火花;在机座内的轴头上安装速度监控仪,防止速度过高热量积聚,而导致爆炸;在机身安装跑偏报警器,防止胶带或链条跑偏与机身摩擦,产生大量热量及火花而引发事故;采用防爆电动机,这类电动机有防尘、防水功能,一旦温度过高,可以浇水降温。

第五节　螺旋式输送机

一、螺旋式输送机概述

螺旋式输送机,是利用螺旋叶片的旋转运动来推动物料沿着料槽运动而实现输送的。螺旋式输送机主要适用于谷物、化肥、矿砂、水泥等粉粒状散货运输。螺旋输送机可以水平或小倾角输送散料,也可以垂直输送;既可以固定安装,也可以制成移动式。螺旋输送机的输送量通常为 $20\sim40\mathrm{m^3/h}$，最大可达 $100\mathrm{m^3/h}$，螺旋输送机的输送长度通常为，水平 50m，垂直 10m。

螺旋输送机的主要优点是结构简单、紧凑，无空返，维修方便；其缺点是功率消耗较大，叶片和料槽易磨损，对超载敏感，易堵塞。

二、水平螺旋输送机

移动式水平螺旋输送机如图 5-14 所示，由驱动装置(电动机、减速器，联轴节)、螺旋片、轴承、料槽、盖板、进料口、出料口等几部分组成。

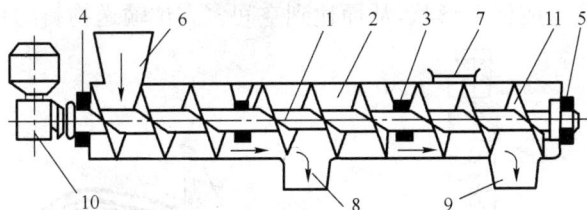

图 5-14　移动式的水平螺旋输送机

1-传动轴;2-料槽;3-中间轴承;4-首端轴承;5-末端轴承;6-装载漏斗;7-中间装载口;8-中间卸载口;9-末端卸载口;10-驱动装置;11-螺旋片烟征片

螺旋输送机的结构可以分为头节、中间节和尾节三部分。其中头、尾两节的长度基本固定，中间节的长度可以根据实际需要而确定。螺旋体由固定在料槽两端的轴承和中间的悬挂轴承所支承，工作时绕其轴线作旋转运动。螺旋体的叶片可以制成左旋、右旋或左右旋，而改变物料的输送方向。

螺旋体是由叶片和轴焊接而成，由于叶片的形式不同，螺旋体可以分为，实体式、带式、叶片式和齿形四种，其结构如图 5-15 所示。

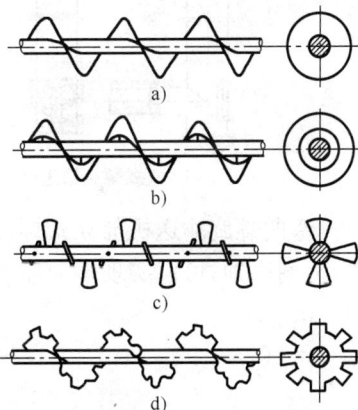

图 5-15　螺旋的形状
a)实体式;b)带式;c)叶片式;d)齿形式

各种形式的螺旋体各有优点:实体式螺旋体结构简单,适用于流动性好、干燥的粉状散料,且效率较高;带式螺旋体适用于黏性或块状物料;叶片式螺旋体适用于易被压紧的物料,它可以在输送过程中起搅拌作用,使物料松散;齿式螺旋体是带式和叶片式两种螺旋体的综合,具有两者的优点。

三、立式螺旋输送机

立式螺旋输送机与水平螺旋输送机在结构上大致相同,如图 5-16 所示。但其工作原理不一样:水平螺旋输送机在输送过程中,料槽的摩擦力是由物料的自重引起的,而立式螺旋输送机在垂直输送中,管壁的摩擦力主要是由物料随着螺旋体作高速旋转时的离心力引起的。因此,只有当螺旋体转速足够高,使由离心力产生的管壁摩擦力足够大时,物料才能向上输送,否则物料只能是旋转而不能上升。

四、弯曲螺旋输送机

弯曲螺旋输送机通常用于粉状、颗粒状的物料以及污泥等的输送,如图 5-17 所示。用合成橡胶制成螺旋叶片,然后黏合在高强度的挠性心轴上,再配以不同形状的弹性料槽,螺旋体与料槽接触,所以不用设置中间轴承。由于螺旋体是挠性的,一根螺旋可按不同要求弯成任意形状,从而达到空间多方位输送物料的目的。

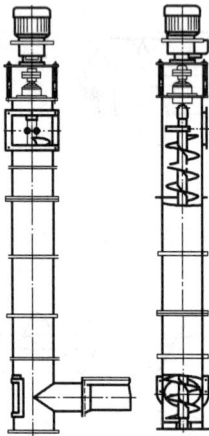

图 5-16　立式螺旋输送机　　　　图 5-17　弯曲螺旋输送机

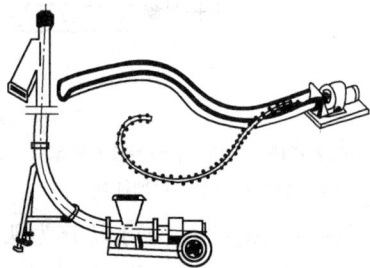

弯曲螺旋输送机与立式螺旋输送机相比,具有结构简单,安装维修方便,工作噪声小,耐腐蚀,可以实现多向输送等许多优点。其主要缺点是输送距离短,一般不超过 15m。

第六节　气力输送机

一、气力输送机的工作原理

气力输送机,是利用具有一定能量的空气流,迫使散粒状物料在密闭管路内从一处输送到另一处的设备。

根据气力输送机管路内空气压力的大小,可以将输送机分为,吸送式、压送式和混合式三种。

1. 吸送式气力输送机

吸送式气力输送机主要特点是通过抽风机从管路系统中抽气,使管路内的空气压力低于大气压力所形成的真空吸力而使物料运动实现输送。如图 5-18 所示。物料在吸嘴处与空气混合,由于管路内的真空度而被吸入输送管路并沿管路输送。到达卸料点后,经分离器将空气与物料分离,空气经除尘、消音处理后排入大气。

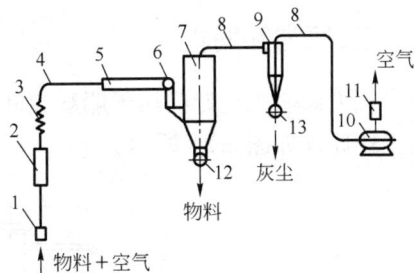

图 5-18 吸送式气力输送机示意图

1-吸嘴;2-垂直伸缩管;3-软管;4-弯管;5-水平伸缩管;6-铰接弯管;7-分离器;8-风管;9-除尘器;10-鼓风机;11-消声器;12-卸料器;13-卸灰器

吸送式气力输送机的最大优点是进料方便,可以由一根或几根吸料管,从一个或几个供料点进料,而且粉尘较少。其缺点是输送距离受限制,因为距离一长,阻力上升,对真空度的要求就高,但真空度达到一定值后,空气变得稀薄,输送力下降。保证一定的真空度,对吸送式气力输送机相当重要,除抽风机外,管路应该严格密封,以免漏气。

2. 压送式气力输送机

压送式输送机管路内的气压始终要高于一个大气压,才能使物料在压力差的作用下移动实现输送,如图 5-19 所示。

空气经鼓风机压缩后进入输送管路,物料由料斗进入,混合后沿管路输送,至卸料点后经分离器分离,物料由下方排出,空气经除尘、消声排入大气。

压送式气力输送机的最大优点是可以在较长距离输送,其缺点是供料器结构复杂。压送式气力输送机在散装水泥的装卸作业应用较多。

3. 混合式气力输送机

混合式气力输送机是由吸送式和压送式两部分结合组成,如图 5-20 所示。

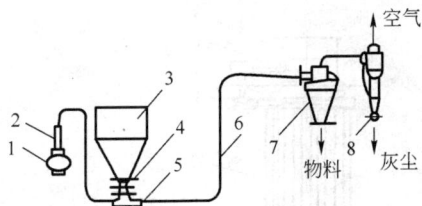

图 5-19 压送式气力输送机示意图

1-鼓风机;2-消声器;3-料斗;4-旋转式供料器;5-喷嘴;6-输料管;7-分离器;8-除尘器

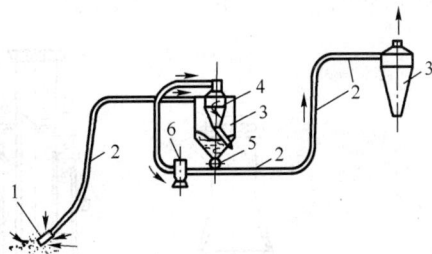

图 5-20 混合式气力输送机示意图

1-吸嘴;2-输料管;3-分离器;4-消声器;5-卸料器;6-鼓风机

鼓风机 6 装于系统的中部,由此至吸嘴 1 的系统前半部分是吸送式,而系统的后半部分是压送式。混合式气力输送机具有吸送式和压送式的优点,但结构复杂,虽然进入鼓风机用于压送的空气都经过分离,但含尘量仍较高,易使鼓风机磨损。

二、气力卸船机

气力卸船机是专门用于船舶装卸散粒状物料的大型吸送式气力输送机,其组成与工作原理如图 5-21 所示。

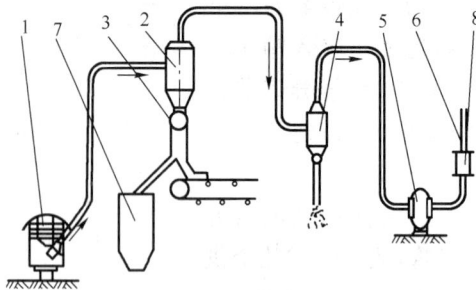

图 5-21　气力卸船机工作原理

1-吸嘴;2-卸料器;3-翼轮开关;4-滤尘器;5-抽气机;6-排气管;7-漏斗;8-消声器

当抽气机 5 工作时,整个输送管路内形成一定的真空度,外界的空气流穿过吸嘴,与物料相混合,并携带物料进入输送管路,到达卸料器后,物料与空气分离,物料由于重力作用,沉降至卸料器底部,经翼轮开关 3 将物料卸于输送带或直接卸入仓库或车、船上。空气流被导至滤尘器 4,滤出的灰尘由集尘器收集,空气经消声器消除噪声后排入大气。

气力卸船机的主要部件包括,吸嘴、卸料器、翼轮开关、滤尘器、鼓风机、消声器等。

1. 吸嘴

吸嘴的作用是将物料与空气混合并吸入管路中。吸嘴的结构与性能对输送效率有较大影响。吸嘴的形式有很多,常见的主要有单筒吸嘴、双筒吸嘴、转动吸嘴三种,其结构如图 5-22 所示。

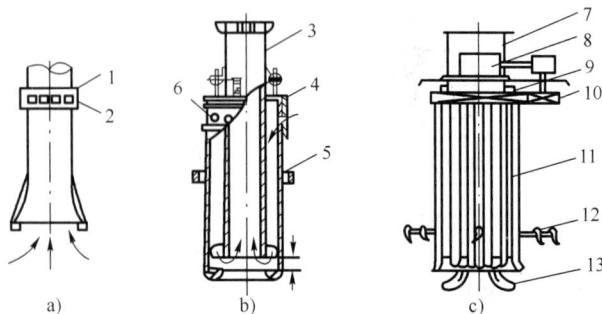

图 5-22　吸嘴结构示意图

a)单筒吸嘴;b)双筒吸嘴;c)转动吸嘴

1-调节阀;2-补充空气进口;3-内筒;4-外筒;5-操作手柄;6-补充空气进口;7-输送管;8-电动机;9-转台;10-开式齿轮;11-补充风管;12-塌料刀;13-喂料刀

单筒吸嘴结构简单,下端呈喇叭状,上端有一个可转动的进气调节环。

双筒吸嘴由两个同心圆筒组成,内筒 3 与输送管路相连,物料与空气的混合物从吸嘴的下端进入内筒;外筒 4 可上下移动以调节进气量,补充空气由进气口 6 进入,通过内外筒的端面间隙进入内筒。外筒下移,间隙增大,进气量增加,反之减少。

转动吸嘴是针对黏性大、易结块的物料而设计的。吸嘴工作时,塌料刀与喂料刀不断耙动,松动物料并与空气充分混合,便于吸嘴吸入。

2. 卸料器

卸料器的作用是将物料与空气分离后卸出。卸料器又称物料分离器,其结构有容积式和离心式两种。

容积式分离器是利用容器的有效截面积突然扩大而降低风速,空气流的携带能力也随之下降,物料便在重力作用下从混合流中沉降分离出来。气流从分离器的上端排出去,物料则由下端卸料口卸出。容积式分离器如图 5-23 所示。

离心式分离器的结构如图 5-24 所示。当混合流从切向进气口 1 进入圆筒体 2 时,将沿内壁旋转并向下运动,进入圆锥体 4 后截面不断减小,转速不断提高,产生较大的离心力,物料在离心力的作用下被抛向圆锥体 4 的内壁而与气流分离。物料从卸料口 5 排出,空气由排气管 3 进入除尘器。

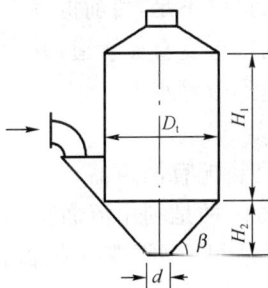

图 5-23　容积式分离器

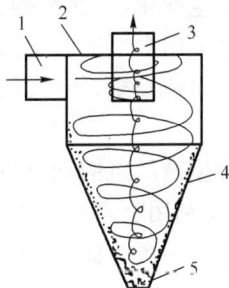

图 5-24　离心式分离器

1-切向进气口;2-圆筒体;3-排气管;4-圆锥体;5-卸料口

容积式与离心式分离器都具有结构简单,制造方便,工作可靠,压力损失小的优点。容积式体积庞大,适用于颗粒较大的物料,离心式体积较小,分离效率高,适用于颗粒较小的物料,还可以安装于分离器之后作除尘器之用。

3. 滤尘器

从卸料器出来的空气含有大量的粉尘,为了减少抽气机的磨损和环境污染,必须将粉尘过滤回收。所以,在卸料器与抽气机之间安装有滤尘器。常用的滤尘器有离心式和袋式两种。

离心式滤尘器的结构与离心式分离器相同,由于其结构简单,效率高,应用广泛。袋式滤尘器,结构如图 5-25 所示,是利用各种棉、毛、化纤织物制成的袋子,气流从进气口进入,经滤袋 3 过滤,粉尘沉降于灰斗,干净空气从排气口 7 进入抽气机。无论颗粒大小,除尘效率极高,但不适用于湿度高、黏性及油性的物料。

袋式滤尘器的滤袋必须及时清理,否则积灰过多,会降低工作效率。常用的清理办法有手工拍打、机械振打、气流反向冲洗等。

4. 鼓风机

鼓风机的作用是使输送管路内产生压力差,迫使空气带动物料流动而实现输送。

离心式鼓风机是最传统也是使用最普遍的一种鼓风机。由叶轮和容纳叶轮的蜗壳组成。工作时电动机驱动叶轮高速旋转,使进入叶轮的空气的压力和流速不断提高,再经过蜗壳的扩压作用由出气口压送至输送管道而成为输送物料的动力。

离心式鼓风机的优点是结构简单,制造成本低,缺点是气流的压力与流速不稳定。进料量略有变化,气流的流速或压力便随之发生变化,从而影响到输送效率。为了克服这些不足,目前世界上先进的气力卸船机已采用多级离心式涡轮鼓风机,管路系统为锥形变直径管道,并配备自动气流调节器和隔声设施,使能耗、噪声、散货破碎率均达到较好水平。

5. 消声器

为了消除大型鼓风机的噪声,在鼓风机的进排气管上装配有消声器。消声器原理有两种,一种是利用吸声材料吸纳噪声来实现消声。另一种是利用流通截面积的突变使声波反射回声源。此外,还可以在鼓风机及驱动马达组下面安装减振器。

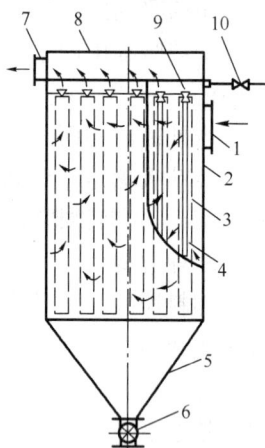

图 5-25 袋式过滤器

1-进气管;2-中部箱体;3-滤袋;
4-滤袋骨架;5-灰斗;6-卸灰器;
7-排气口;8-上部箱体;9-喷吹口;10-控制

第七节 空间输送机械

现代化物流中心,为了节省占地面积,缩短输送距离,提高储存空间,扩大使用面积,其建筑物往往采用多层式建筑。发达国家的物流中心有的高达 4 层,为了在各层之间高效自动地输送物品,大多使用立体输送机。

一、空中移载台车

图 5-26 所示为空中移载台车。这种输送工具是悬挂在空中导轨上,按照指令在导轨上运动或停止。在运动过程中货台装置是通过卷扬机和升降带被提升到最高位置,并与车体成为一体。当运动到指定位置时,升降带伸长,货台下落,进行卸货或装货。其优点是快速、准确、安全,所占空间较小。

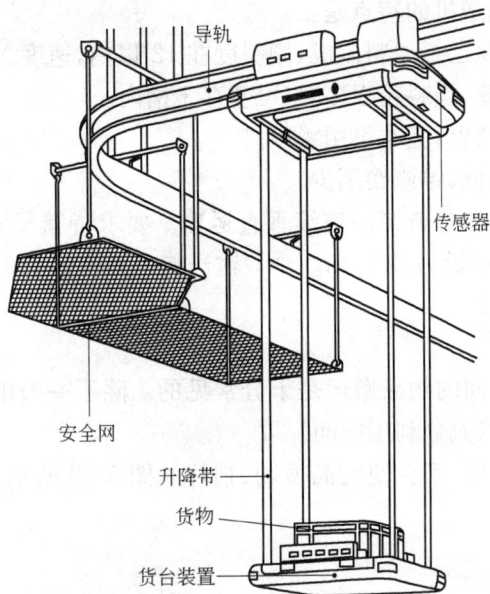

图 5-26　空中移动平台

二、螺旋滑槽式垂直输送机

螺旋滑槽式垂直输送机是利用重力及螺旋倾斜滑槽,使物品自上而下平稳滑下。因为没有驱动装置,只能向下而不能向上,如图 5-27 所示。

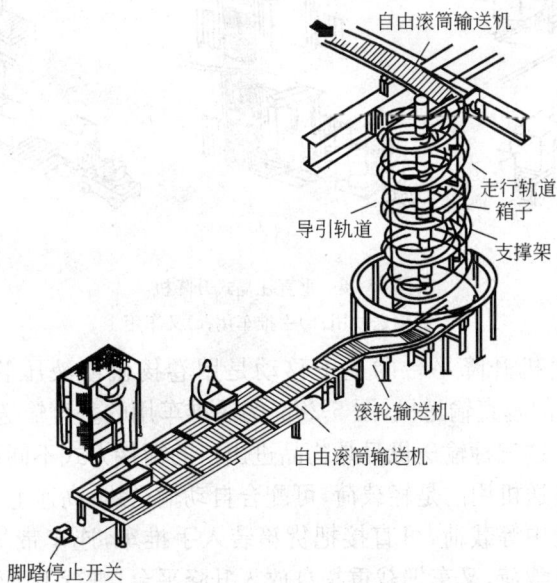

图 5-27　螺旋滑槽式垂直输送机

螺旋滑槽式垂直输送机的特点是：

(1)滑槽轨道用四氯乙烯原料制成,倾斜度在 12°以内,速度缓和,不损伤物品。

(2)可连续输送料箱,当料箱很多时,可暂存于槽内。

(3)由于没用驱动装置,基本没有噪声。

(4)结构简单、成本低、维修费用少。

这种输送机主要用于塑料箱的连续垂直运输。要求货箱尺寸宽度为 560mm×360mm×263mm,货物重量为 2~24kg/个。输送能力为 20~100 箱/min。

三、直升降输送机

物流中心各楼层之间的物品搬运是十分常见的。除了一般电梯之外,还必须有专门的垂直运输设备,以充分利用空间。

垂直运输机运动平稳,不会使物品振动、损坏。图 5-28 所示为垂直往复式升降机,其原理与电梯相同。

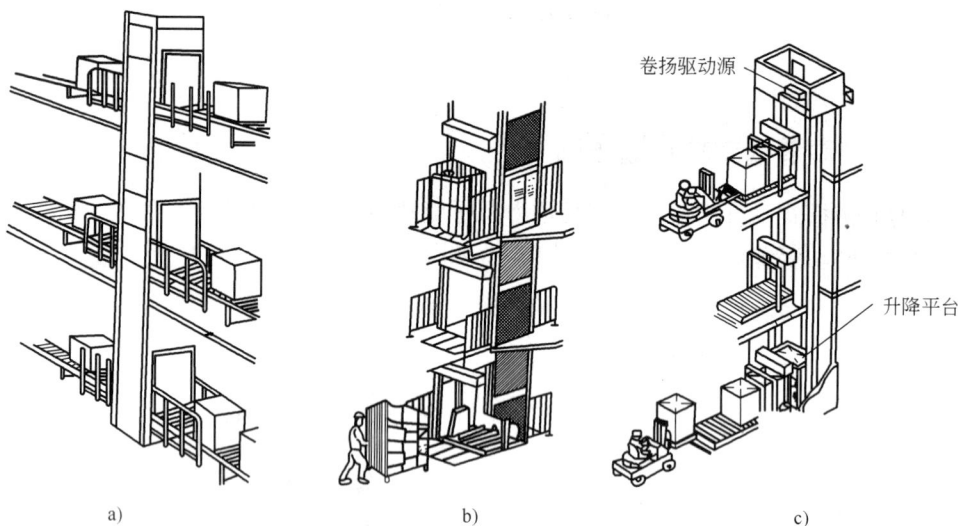

图 5-28　垂直往复式升降机
a)输送线用;b)手推车用;c)叉车用

垂直升降输送机升降平台的上下移动是用卷扬机或液压装置来驱动的。图 5-28a)为输送线用的垂直输送机,图 5-28b)为手推车用的垂直输送,图 5-28c)为叉车用的垂直输送机。这三种输送机只是物品进出口的衔接方式不同而已。

输送线垂直输送机用的是轻载荷,可配合自动输送线、高速上下输送纸箱或塑料箱。手推车用的是中等载荷,可直接把货箱装入手推车,连车带货一起推入升降平台。叉车用的为重载荷,叉车把载重托盘放入升降平台,进行上下输送物品。

四、盘式垂直输送机

托盘式垂直输送机如图 5-29 所示。因为能连续输送,所以效率较高,达 500 个/h。这种输送机节省空间和人力,运费少,承载能力大达到 50～2000kg。

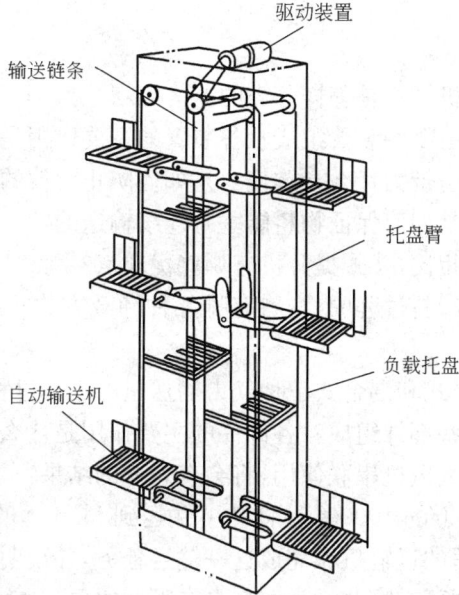

图 5-29   托盘式垂直升降输送机

S 本章小结

连续输送机械是以连续的方式沿着一定的线路从装货点到卸货点均匀输送散装货物或成件包装货物的机械。

大量的自动化立体仓库、物流配送中心、大型货场都离不开连续输送机械组成的搬运系统。如进出库输送系统、自动分拣输送系统、自动装卸输送机系统等。

连续输送机械按是否将设备固定安装在作业场地可分为,固定式和移动式两大类。

固定式输送机是将整套设备固定安装在一个地方,不能再移动。主要用于专用码头、仓库和工厂的生产车间等。

移动式输送机是将整套设备安装在可移动的装置上,适用于中小型仓库和货场。

连续输送机械还可按结构特点分为,具有挠性牵引构件输送机和无挠性牵引构件输送机。

挠性构件输送机的工作特点是,牵引构件作往复循环运动,一部分输送货物,另一部分返回。常见的有带式输送机、链式输送机、斗式提升机等。

无挠性构件输送机的工作特点是,输送构件不能往复循环而是利用其旋转运动或振动,使货物沿一定的方向运送。常见的有气力输送机、螺旋输送机、振动输送机等。

E 思考题

1.什么是连续运输机械?是怎样分类的?

2.托辊带式输送机由哪些装置组成?各装置的主要作用是什么?

3.带式输送机的输送带为什么会跑偏?是如何防止跑偏的?

4.埋刮板式输送机是如何保证物料能垂直连续输送的?

5.与其他输送机械相比,斗式提升机有哪些优缺点?

6.在斗式提升机的卸料过程中,物料有哪几种卸载方式?各种卸载方式适合什么样的物料?

7.试述吸送式、压送式和混合式三种气力输送机的工作过程。

8.气力卸船机由哪些部件组成?各部件的主要作用是什么?

如果将几个离心式鼓风机串联使用,将会有怎样的结果?

9.如果要将远洋轮上的 10000t 粮食卸下并运到 3km 远的仓库中暂时储存,请根据所学知识,选择合适的运输机械完成这一输送任务,并说明理由。

10.空间运输机械主要有哪些种类?各自有哪些主要特点?

E 练习题

1. 名词解释

①连续输送机械　　②带式输送机　　③输送带　　④托辊　　⑤张紧装置

⑥斗式提升机　　⑦螺旋式输送机　　⑧气力输送机

2. 填空题

①大量的_____仓库、_____中心、_____货场都离不开连续输送机械组成的搬运系统。

②连续输送机械具有_____,_____,_____的特点。

③带式输送机可分为_____和_____两种。

④固定带式输送机由胶带_____、_____、_____、_____、_____、_____、清扫装置及机架等部件组成。

⑤斗式提升机采取了_____、_____、_____的防爆安全措施。

3. 简答题

①简述挠性构件输送机的工作特点。

②简述无挠性构件输送机的工作特点。

③简述带式输送机张紧装置的作用。

4. 问答题

①刮板式输送机使物料垂直向上输送的关键条件是什么？如何实现？

②刮板式输送机通常采用几套安全保护装置？它们是如何实现安全保护的？

【资料】 输送带维护小知识

一、皮带运输机撒料的处理

皮带运输机的撒料是一个共性的问题，原因也是多方面的。以下是常见的几种撒料现象及处理方法。

1. 转载点处的撒料：转载点处撒料主要问题是在落料斗和导料槽等处。如果皮带运输机严重过载，皮带运输机的导料槽挡料橡胶裙板损坏，而导料槽处的钢板在设计时又距皮带较远，橡胶裙板比较长使物料冲出导料槽而产生撒料。此种情况，可以在控制运送能力上采取措施，避免超载，并加强维护保养而得到解决。

2. 凹段皮带悬空时的撒料：凹段皮带区间的凹段曲率半径较小时会使皮带产生悬空。皮带悬空使其离开了槽形托辊组，其成槽情况也发生变化，使槽角变小，部分物料撒出来。所以，在设计时应尽可能地采用较大的凹段曲率半径，在使用时应使料载分布均匀，来避免此类情况的发生。

如在移动式机械装船机、堆取料机设备上，为了缩短尾车而将此处凹段设计成无圆弧过渡区间，当皮带宽度选用余度较小时，就比较容易撒料。

3. 跑偏时的撒料：皮带跑偏时的撒料，是因为皮带在运行时两个边缘高度发生了变化，一边高，而另一边低，物料从低的一边撒出。处理的方法是调整皮带，让皮带平直运行不跑偏。

二、皮带使用寿命的长与短

皮带的使用寿命和皮带的使用状况与皮带的质量有关。皮带运输机在运行时应保证清扫器的可靠好用，回程皮带上应无物料。若上述内容保证不了就会发生回程皮带上的物料随回程皮带进入驱动滚筒或改向滚筒，皮带会被物料硌坏，并会损坏滚筒表面的硫化橡胶层。在皮带上出现破口，就会降低皮带的使用寿命。

皮带的制造质量非常重要。在选定某一型号后还应考核其制造质量。国家有专门的质量鉴定机构可对其进行检验。常规上可进行外观检查，看看是否存在龟裂、老化的情况，存放的时间是否过长。若有上述情况之一者，不应采购。在最初就发现龟裂的皮带，往往使用的时间都比较短。

第六章 仓储技术与设备

了解仓储系统的分类、功能和主要参数,掌握货架和堆垛机的类型与应用,以及自动化立体仓库和自动分拣技术装备;

认识货架、堆垛机、自动化立体仓库和自动分拣技术装备;

知道货架和堆垛机主要分为哪些类型及其运用范围,以及自动化立体仓库和自动分拣技术装备的适用场合和主要组成部分。

本章重点部分是,仓储系统的主要参数和货架的类型与应用,这部分是工作中经常需要用到的知识,也是在绝大多数物流企业中都能看到的;

本章难点部分是,堆垛机的类型与应用、自动化立体仓库和自动分拣技术装备。

第一节 仓储系统的分类、功能和主要参数

仓储系统是指通过仓库进行的涉及物资储存和保管的所有环节、设施、设备、人员等整体的概括。按照不同的标准,仓库可以划分为不同的种类,不同种类的仓库可以对应不同的物流企业类型。仓储系统是物流活动的一个重要的支柱系统,具有保障生产顺利进行、弥合生产和消费的时空差、衔接流通过程等诸多功能。为了便于管理仓储系统,总结出一些描述仓储状态和过程的参数。

一、仓库的分类

根据中华人民共和国国家标准《物流术语 Logistics terms GB/T 18345—2001》,仓库是保管、储存物品的建筑物和场所的总称。

传统仓库管理从静态角度考虑物资的管理问题,把仓库看作为只具备仓储功能的场所。现代的仓库管理则更加强调动态管理,把库存物资的流转率作为评价仓库

功能的重要指标。从现代物流系统的角度来看,仓库是从事储存、包装、分拣、流通加工、配送等物流作业活动的物流节点设施。

一个企业或部门可以根据自身的条件选择建设或租用不同类型的仓库。按照不同的划分标准,仓库可以进行不同的分类。

(一)按照使用范围划分

(1)自用仓库。自用仓库是指生产和流通企业为了企业自身的经营需要而修建的附属仓库,目的是完全用来储存本企业的原材料、燃料等物资。

(2)营业仓库。营业仓库是某些企业为了经营储运业务而修建的仓库。

(3)公用仓库。公用仓库是由国家或某些主管部门修建的为社会服务的仓库,如机场、港口、公路、铁路的货场、仓库等。

(4)出口监管仓库。出口监管仓库是指存放已按规定领取了出口货物许可证或批件,已对外买断结汇并向海关办完全部出口海关手续的货物的专用仓库。

(5)保税仓库。保税仓库是指经海关批准设立的专门存放保税货物及其他未办结海关手续货物的仓库。

(二)按照仓库保管条件划分

(1)普通仓库。普通仓库是指用于存放无特殊保管要求的物品的仓库。

(2)特种仓库。特种仓库是指存放易燃易爆、有毒、有腐蚀性、有辐射性的物品的仓库。

(3)保温、冷藏、恒温恒湿仓库。保温、冷藏、恒温恒湿仓库是指用于存放要求保温、冷藏或者恒温恒湿的物品的仓库。

(三)按照仓库建筑结构划分

(1)封闭式仓库。封闭式仓库封闭性强,便于对仓库内部的物资进行维护保养,适合存放保管要求条件比较高的物品,也称为库房,如图6-1所示。

(2)半封闭式仓库。半封闭式仓库的保管条件不如封闭式的仓库,但是出入库房的作业比较方便,并且建造成本较低,适合存放对温度湿度要求不高且出入仓库比较频繁的物品,也称为货棚。

(3)露天式仓库。露天式仓库非常方便进出作业频繁、体积较大且对温度湿度不作要求的物资,也称为货场。

(四)按照仓库内部形态划分

(1)地面型仓库。地面型仓库一般是指没有使用货架型的保管设备,而货物直接存放在地面上的仓库,如图6-1。

(2)货架型仓库。货架型仓库是指采用多层货架保管物资的仓库,如图6-2。

(3)自动化立体仓库。自动化立体仓库是指基本采用堆垛机等机械设备进行自动化存取作业的高层货架仓库,如图6-3所示。

图 6-1　地面型仓库

图 6-2　货架型仓库

图 6-3　自动化立体仓库

二、仓储系统的功能

仓储系统是物流活动的一个重要支柱系统，是供应和消费之间的中间环节，有着很多功能体现。

(一)仓储系统是社会生产顺利进行的必要条件

现代社会化大生产的一个重要特征就是专业化和规模化生产，劳动生产率极高，产量巨大，绝大多数产品都不能被即时消费，需要通过仓储系统的过程进行储存，这样才能避免生产过程间断，保证生产的连续性。另外，生产过程中所需要的原材料也必须有相应的储存，才能保证及时供应，满足生产的需要。

储存本身是由生产率的提高造成的，但同时仓储系统的发展又促成生产率的提高。良好的储存条件能够保证生产规模的进一步扩大，专业化分工的进一步细化，劳动生产率的进一步提高。

(二)调整生产和消费的时间差别，维持市场稳定

消费需求是具有持续的规律性的。但一些产品的生产存在季节性、批量性的问题，而生产的原材料又需要集中供给。由此，在生产和消费之间就产生供需矛盾。通过仓储，可以将集中生产的产品进行储存，持续的向消费者供应，才能满足消费需求的持续性。

另一方面，集中生产的产品如果立刻推向消费市场，必然会造成市场短时间内供应量大于需求量，从而使得商品价格大幅降低，甚至可能造成因为商品无法被短时间内消费而废弃的现象。相反，非供应季节时，因为市场供应量少而会使商品价格攀升。通过仓储系统，均衡地向市场供应，才能稳定市场，有利于生产的持续进行。

(三)劳动产品价值保存的作用

生产出来的产品在到达消费者之前必须保持其使用价值，否则将会被废弃。这项任务需要由仓储系统来承担，在仓储过程中对产品进行保护和管理，可以防止因产品损坏而丧失其使用价值。

同时，仓储系统是将产品提供给消费者的最后作业环节，可以根据市场对商品消费的偏好，对产品进行一定的流通加工，提高产品的附加值，促进产品销售，增加企业效益。

(四)流通过程的衔接

产品从生产者到达消费者，需要经过多次的分散和集中过程，还可能需要经过不同运输工具的转换运输，为了更高效地利用各种运输工具，降低作业过程中的作业难度，实现经济运输，就需要通过仓储对物资进行候装、配载、包装、成组、疏散等作业。有时为了满足销售的需要，也需要通过仓储进行整合、分类、拆除包装、配送等处理和存放的过程。

存放在仓库里的商品,还可以提供给购买方查看,这是大多数现货批量交易的方法。所以仓储系统也具有商品陈列的功能。

(五)市场信息的传感器

任何产品的生产都必须满足社会消费的需要,因此生产者要把握市场需求的动向。商品储存的变化情况,是了解市场需求趋势的重要途径。储存量减少、周转量增加,表明社会对此类商品的需求旺盛,反之就是需求不足。厂家存货增加表明其产品需求减少,或者竞争力降低,或者生产规模不合适。从仓储环节所获得的市场信息虽然比销售信息滞后,但更为准确和集中,信息反映快捷,且成本较低。现代企业生产特别注重仓储环节的信息反馈,把仓储量的变化作为决定生产量的依据。现代物流管理也特别重视仓储信息的收集和反应。

(六)开展物流管理的重要环节

仓储环节是物流的重要环节,在物流过程中,很大一部分时间内,物资都处于仓储环节中。在仓储环节中进行运输,在仓储环节中做配送准备,在仓储环节中进行流通加工,在仓储环节中调整市场供给,并且在仓储环节中产生的成本也是物流成本的重要组成部分。开展物流管理必须特别重视仓储环节的管理,有效的仓储管理才能实现物流管理的目的。

(七)提供信用保证

在现代社会的交易活动过程中,信用是交易成败一个重要的影响因素。特别是在大批量货物的交易过程中,购买方必须在检验货物、确定货物的存在和货物品质情况后,才考虑进行交易。此时,购买方可以到仓库检验货物实物,并把仓库保管人出具的仓单作为交易凭证,以便对交易形成保证。现实中,仓单本身既可以作为融资工具,也可以直接使用仓单进行质押。

(八)现货交易的场所

存货人需要转让在库存放的商品时,购买方可以到仓库中实地查货、取样化验。双方可以在仓库中进行转让交割。我国经济生活中众多的批发交易市场就是既体现商品存放,又体现商品交易的场所。众多具有便利交易条件的仓储都提供交易活动服务,甚至部分还形成了有影响的交易市场。近年来我国大量发展的仓储式商店,就是仓储交易功能的高度发展,是仓储和商业密切结合的结果。

三、仓储系统的主要参数

管理经营仓储系统过程中需要一些参数,通过这些参数可以了解仓储系统所处的状态、仓储系统的利用效率等情况。

(一)库容量

库容量是指仓库的堆存量,单位一般是吨(t)。库容量又可以进一步分为设计

(规划)库容量和实际库容量,设计(规划)库容量一般大于实际库容量。

(二)库容量利用系数

库容量利用系数是指某一个时间段内(一般是一年或一月)平均实际库容量和设计(规划)库容量的比值,以百分比表示。

例如:某仓库的设计(规划)库容量是 200t,某年中的第一天该仓库的实际库容量是 145t,第二天的实际库容量是 185t,第三天的实际库容量是 168t,…,第 365 天的实际库容量是 172t。将这 365 天每天的实际库容量相加(145+185+168+……+172),除以 365,得到平均每天的实际库容量,再用该平均每天的实际库容量除以仓库的设计(规划)库容量 200t,得到的百分比就是该仓库的全年平均库容量利用系数。

库容量利用系数是衡量仓库经营效率高低的最主要的指标之一。

(三)出入库频率

出入库频率又可以进一步分为出库频率和入库频率,单位一般是吨／天(t/天)。

例如:某仓库第一至第五天的入库商品量分别是 15t、7t、4t、2t 和 8t,出库商品量分别是 3t、6t、2t、12t 和 9t,则该仓库这五天的商品平均入库频率是(15+7+4+2+8)／5,等于 7.2t/天,同理商品平均出库频率是 6.2t/天。

若出库频率和入库频率接近,则仓库的库容量可以设计的小些。理论上,若两者相等,则仓库可以理解为中转仓库。两者数量的大小还决定了仓库搬运设备的数量、通道面积、货架高度等。

(四)库存周转次数

库存周转次数描述的是仓库储存商品的周转频率的,单位一般是次／t•年。

例如:某仓库的设计库容量是 4000t,该仓库全年进出货物总量是 20000t(进入的货物加上出去的货物),则库存周转次数为 20000/4000,即 5 次／t•年。表示从全年看来,该仓库每吨货物平均周转了 5 次。

库存周转次数也是衡量仓库经营效率高低的最主要的指标之一。

(五)单位面积库存量

单位面积库存量是指单位面积的仓库所堆放的货物量,单位一般是吨／平方米(t/m^3)。显然,平房仓库和高层货架仓库的单位面积库存量是不同的。单位面积库存量是衡量单位面积的仓库的堆存利用效率的高低。

(六)全员平均劳动生产率

全员平均劳动生产率是把物流企业某段时间所有的物流量相加后平摊到每一个员工上的数量,具体又可以分为全员平均搬运劳动生产率、全员平均储存劳动生产率等,单位一般是 t／人•年。全员平均劳动生产率既取决于员工的劳动生产率高低,又取决于仓库的机械化作业程度的高低。

(七)机械设备的利用系数

机械设备的利用系数是指某一个时间段内(一般是一年),某设备的平均实际工作量和设计(规划)工作量的比值,以百分比表示。

例如:某种叉车的额定小时搬运量为 15t,该叉车全年实际搬运的货物总量为 87600t,则该叉车平均每小时的实际搬运量为(87600 / 365·24),等于 10t / h,所以该叉车的利用系数是 10/15,等于 67%。

机械设备的利用系数用于评估设备配置的合理性。

第二节　货架的类型与应用

货架泛指存放货物的架子。货架在仓库保管中占有非常重要的地位。为了实现仓库的现代化管理,改善仓库的功能,不仅要求货架的数量多,而且要求功能增多,并能够实现机械化和自动化等目标。

一、层架

一般情况下,层架是由主柱、横梁、层板三个部分构成,架子本身分为数层,层间用于存放货物。

层架应用广泛,种类繁多,一般可进一步划分如下。

(1)按层架存放货物的重量级,可将层架分为重型层架(每层货架载重量在 500kg 以上)、中型层架(每层货架载重量在 150～500kg)和轻型层架(每层货架载重量在 150kg 以下)三种。

(2)按货架结构方式,可将层架分为装配式、固定式及半固定式三种。装配式多用于轻型货架,采用轻钢结构,较机动灵活;固定式层架坚固、结实、承载能力强,用于重、中型层架。

(3)按货架封闭程度,可将层架分为开放型、半开放型、金属网型、前挡板型若干种。

(4)按层板安装方式,可将层架分为固定层高及可变层高两种方式。

层架的尺寸规格可在很大范围内变动,一般而言,轻型层式货架主要是人工进行装货操作,规格尺寸及承载能力都和人的搬运能力适合,高度一般在 2.4m 以下,厚度在 0.5m 以下;中、重型货架尺寸则要大得多,高度可达 4.5m,厚度可达 1.2m,宽度可达 3m。几种常见的轻型层架图形,如图 6-4 所示。

层架具有结构简单、省料、适用性强等特点,便于作业的收发。但存放物资数量有限,是人工作业仓库的主要储存设备。轻型层架多用于小批量、零星收发的小件物资的储存。中型和重型层架要配合叉车等工具储存大件、重型物资,所以其应用领域广泛。

a)   b)

图 6-4　各种轻型层架
a)普通层架；b)带前挡板的层架

二、层格式货架

层格式货架的种类和结构与层架类似,区别在于某些层甚至整体每层中,用间隔板分成若干个格。如图 6-5 所示。一般来说,层格式货架每格原则上只能放一种物品,物品不易混淆。其缺点是层间光线暗,存放数量少。主要用于规格复杂多样,必须互相间隔开的物品。

在层格式货架的基础上又发展出了抽屉式货架和橱柜式货架。抽屉式货架与层格式货架类似,区别在于抽屉式货架中有抽屉。抽屉式货架属于封闭式货架的一种,具有防尘、防潮、避光的作用。用于比较贵重的小件物品的存放,或用于怕尘土、怕湿等贵重物品,如刀具、量具、精密仪器、药品等的存放。

图 6-5　层格式货架

在层格架或层架的前面装有橱门,上下左右及后面均封闭起来,就发展成为橱柜式货架。橱柜式货架的门可以是开关式,也可以是左右拉开式或卷帘式。门的材质有木质、玻璃质、钢质,也可用各种纱门。橱柜式货架也属于封闭式货架的一种,其特点与用途和抽屉式货架相似。用于存放贵重物品、文件、文物及精密配件等物品。

三、托盘货架

托盘货架存放装有货物托盘的货架,如图 6-6 所示。托盘货架多为钢结构,也有钢筋混凝土结构的。可做成单排型连接,也可做成双排型连接。托盘货架尺寸的大小,应视仓库的大小及托盘尺寸的大小而定。

图 6-6　托盘货架

如果用托盘装载货物后,直接将托盘相互堆码,会存在如下问题,应注意:

(1)两盘之间及最下层的货物会受到挤压,甚至造成货物损坏,这种堆码方法也不能做到先进先出;

(2)当各个托盘装载不同货物时,只能单摆,不能堆码,造成库容率低;

(3)如果使用立柱式托盘或框架式托盘时,虽然可以堆码,使货物不受挤压,但堆码不能太高,太高后稳定性差,不安全。

因此,采用托盘货架,每一个托盘只占一个货位,这样就能克服上述的问题。较高的托盘货架使用堆垛起重机存取货物,较低的托盘货架可用叉车存取货物。托盘货架可实现机械化装卸的高效率的存取作业,便于单元化存取,库容利用率高,可提高劳动生产率,便于实现计算机的管理和控制。在选用托盘货架时,应考虑存储单元的尺寸、重量和堆放层数,以便决定支柱和横梁的尺寸。

四、U 形架(H 形架)

U 形架,外形呈 U 字形,组合叠放后呈 H 形。为使其能重叠码放和便于吊装作业的要求,在架的两边上端形成吊钩形角顶。

U 形架结构简单,但强度很高,价格较低,码放时可叠高,因而可提高仓库的利用率。此外,可随货收发,因而节省收发时的倒装手续,可实现机械化操作,可做到定量存放。U 形架主要用于存放大型、长尺寸且量大的管材、型材、棒材等金属材料或建筑塑料。

五、栅架

栅架分固定式和活动式两种。材质有用钢材焊接或铆接而成的,也有用钢质与木质混合的钢木结构,其规格尺寸有多种。此种货架存取货物方便,可实现机械化作业,缺点是占地面积大,库容利用率低。主要用于存放长条形金属材料。

六、悬臂式货架

悬臂式货架是由 3～4 个塔形悬臂和纵梁相连而成。如图 6-7 所示。分单面和双面两种,悬臂架用金属材料制造,为防止材料碰撞或产生刻痕,在金属悬臂上垫上木质衬垫,也可用橡胶带保护。悬臂架的尺寸不定,一般根据所放长形材料的尺寸大小而定其尺寸。悬臂架为边开式货架的一种,适于轻质的长条形材料存放,可用人力存取操作,重型悬臂架用于存放长条形金属材料。

七、进车式货架

进车式货架又称驶入式货架,其结构如图 6-8 所示。这种货架采用钢质结构。钢柱上的一定位置有向外伸出的水平突出构件。当托盘送入时,突出的构件将托盘底部的两个边拖住。使托盘本身起架子横梁作用。当架上没有放托盘货物时,货架正面便成了无横梁状态,这时就形成了若干通道,可方便作业的叉车等车辆出入。

图 6-7 悬臂式货架   图 6-8 进车式货架

这种货架的特点是,叉车可直接驶入货架进行作业。叉车与架子的正面成垂直方向驶入,在最内部设有卸放托盘货载的位置直至装满,取货时再从外向内顺序取货。驶入式货架能起到保管场所及叉车通道的双重作用,但叉车只能从架子的正面驶入。这样虽然可提高库容率及空间利用率,但是很难实现先进先出。因此,进车式货架每一巷道只宜保管同一品种的货物,批量小、品种多且保管时间受限制的货物是不适用的。进车式货架是高密度存放货物的重要货架,库容利用率可达 90%以上。

八、移动式货架

移动式货架又叫动力式货架,通过货架底部的电机驱动装置,可在水平直线导轨上移动。一般设有控制装置和开关,在30s内使货架移动,叉车可进入存取货物。此外,这种货架有变频控制功能,可控制驱动和停止时的速度,以防止货架上的物品抖动、倾斜或倾倒。在其适当位置还安装有定位用的光电传感器和可刹车的齿轮马达,提高了定位精度。

移动式货架具有如下的特点:比一般固定式货架储存量大很多,节省空间;适合保管少品种、大批量、进出频率低的货物;节省地板面积,地面使用率达80%;可直接存取每一项货品,不受先进先出的限制;高度可达12m,单位面积的储存量可达托盘式货架的2倍左右;成本高、施工慢。

九、重力式货架

重力式货架又称流动式货架,是现代物流系统中的一种应用广泛的装备。其原理是利用货体的自重,使货体在有一定高度差的通道上,从高向低处运动,从而完成进货、储存、出库的作业,如图6-9所示。

重力式货架和一般层架从正面看基本相似,但是,其深度比一般层架深,类似许多层架密集靠放。每一层隔板成前端(出货端)低,后端(进货端)高的一定坡度。

有一定坡度的隔板可制成滑道形式,货体顺滑道从高端向低端滑动,也可制成滑轨、辊子或滚轮,以提高货体的运动性能,尽量将坡度做得小一些。

图6-9 重力式货架

货架的辊子或滚轮结构有固定式和托起式两种。固定式辊子或滚轮一旦装上之后,不再改变。托起式则可在不需滚动时,将辊子或滚轮落入槽内,货体则托放于槽板上,以保持货体稳定。需要使货体运动时,只要给槽内软管充气,使之鼓胀,则将滚轮托起,使货体离开槽板而置于滚轮之上,这样货体便在自重作用下沿滚轮向低端运动。

重力式货架的单位库房面积存储量大。重力式货架是密集型货架的一种,能够大规模密集存放货物。与移动式货架密集存放的功能相比,其规模可做得很大,从1kg以下的轻体小件物到集装托盘乃至小型集装箱都可以采用重力式货架。由于密集程度很高,减少了通道数量,可有效节约仓库的面积。由普通货架改为重力货架后,仓库面积节省可近50%。

重力式货架固定了出入库位置,减少了出入库工具的运行距离。采用普通货架出、入库时,搬运工具如叉车、作业车需要在通道中穿行,易出差错且工具运行线路难以规划,运行距离也长,采用重力货架后,叉车运行距离可缩短1/3。并且由于入库作业和出库作业完全分离,两种作业可各自向专业化、高效率方向发展。在出入库时,工具不互相交叉,不互相干扰,事故率降低,安全性增加。

重力式货架和进入式货架等密集存储方式不同,重力式货架绝对保证先进先出,因而符合仓库管理现代化的要求。重力式货架和一般货架比,大大缩小了作业面,有利于进行拣选活动。

十、阁楼式货架

阁楼式货架为两层堆叠而成的阁楼货架。其结构有的是由底层货架承重上部搭置楼板,形成一层新的库面,有的是由立柱承重,上部搭置楼板形成库面,如图 6-10 所示。

阁楼式货架是在已有的仓库工作场地,上面建造楼阁,在楼阁上面放置货架或直接放置货物。将原有的平房仓库改为两层的楼库后,货物的提升可用输送机、提升机、电葫芦,也可用升降台。在阁楼上面可用轻型小车或托盘牵引车进行货物的堆码。这种货架的特点是充分利用空间,常用于旧库改造。一般的旧库,库内有效高度达 4~5m,如果安装一般货架或者就地

图 6-10 阁楼式货架

堆放货物,在操作上受人的高度所限,只能利用 2m 左右。采用阁楼式货架后,可几乎成倍提高原有仓库利用率。其缺点是存取作业效率低,主要用于存放贮存期较长的中小件货物。

十一、旋转式货架

旋转式货架又称回转式货架,是为适应目前生产及生活资料由少品种大批量向多品种小批量发展趋势而发展起来的一类现代化保管储存货架。这种货架的出现,可以解决由于货物品种的迅猛增加所带来的拣选作业工作量大、劳动强度高,系统日益复杂的问题。

旋转式货架可以作水平、垂直、立体方向回转,货物随货架移动到操作者面前,而后被操作者选取。

回转式货架在存取货物时,可用微机控制,也可用控制盘控制,根据下达的货格指令,该货格以最近的距离自动旋转至拣货点停止。这种货架存储密度大,货架间不设通道,和固定式货架相比,可节省 30%~50% 的占地面积。由于货架转动,拣货路线简捷、拣货效率高、拣选差错少。根据旋转方式的不同,可分为垂直旋转式、水平旋转式、立体旋转式三种。

(一)垂直旋转式货架

这种货架类似垂直提升机,在提升机的两个分支上悬挂有成排的货格,提升机可正转,也可以反转。货架的高度 2～6m,正面宽 2m 左右,10～30 层不等,单元货位载重 100～400kg,回转速度 6m/min 左右。

垂直式旋转货架属于拣选型货架,占地空间小,存放的品种多,最多可达 1200 种左右。另外,货架的货格小隔板可以拆除,可以灵活地存储各种长度尺寸的货物。在货架的正面及背面均设置拣选台面,可以方便地安排出入库作业。在旋转控制上,既可以用编号的开关按键轻松的操作,也可以利用计算机操作控制,形成联动系统,将指令要求的货层经最短的路程送至挑选的位置。垂直式旋转货架,主要适用于多品种、拣选频率高的货物,如果取消货格,改成支架可用于成卷货物如地毯、纸卷、塑料布等的存取。

(二)多层水平旋转式货架

多层水平旋转式货架最佳长度 10～20m,高度 2～3.5m,单元货位载重 200～250kg,回转速度 20～30m/min。

多层水平旋转式货架是一种拣选型货架。这种货架各层可以独立旋转,每层都有各自的轨道,用计算机操作时,可以同时执行几个命令,使各层货物从近到远,有序地到达拣选点,拣选效率很高。此外,这种货架储存货物品种可以多达 2000 种以上,主要用于出入库频率高,多品种拣选的配送中心等场所。

(三)整体水平旋转货架

整体水平旋转货架有多排货架连接,每排货架又有若干层货格,货架作整体水平式旋转。货架每旋转一次,便有一排货物达到拣货面,即可对这一排的各层进行拣货。

这种货架每排可放置同种物品,但包装单位不同,如上部货格放置小包装,下部货格可放置大包装,拣选时不再计数,只取一个需要数量的包装即可。也可以在一排货架的不同货格放置互相配套的物品,一次拣选即可在一排上将相关物品拣出。

这种货架还可作小型分货式货架。每排不同货格放置同种货物,旋转到拣选面后,将货物按各用户分货要求拣出,分放到各用户的指定货位,使拣选、分货结合起来。所以,整体水平旋转货架主要是拣选型,也可以看成是拣选、分货一体化的货架。

这种货架旋转时动力消耗大,不太适合拣选频度高的作业,所放置的货物主要是各种包装单位的货物。

整体水平旋转式货架也可以制成长度很长的货架,可增大存储容量。但由于动力消耗大,拣选等待时间长,不适合随机拣选,在需要成组拣选或可按顺序拣选时,可以采用。这类货架规模越大、长度越长,则其拣选功能便逐渐向分货功能转化,成为适用于小型分货领域的分货式货架。

仓库通常使用的货架与仓库建筑比较,结构简单、制造容易且灵活性很大,所以是很容易采用的。现代仓库中的某些货架已逐渐向高科技货架发展。货架的地位也由从属于仓库,变成了仓库从属于货架。当前使用的货架,从技术水平最低的一般层架到自动化货架,种类多样,适用领域极广。

第三节　堆垛机的类型与应用

　　搬运设备是自动化仓库中的重要设备,一般是由电力来驱动的,通过自动或手动控制,实现把货物从一处搬到另一处。设备形式可以是单轨的、双轨的、地面的、空中的、一维运行(水平直线运行或垂直直线运行)、二维运行、三维运行等。典型设备有升降梯、搬运车、巷道式堆垛机、双轨堆垛机、无轨叉车和转臂起重机等。目前物流发展的一个方向是自动化立体仓库的运用,而自动化立体仓库经常使用的是巷道式堆垛机。巷道式堆垛机的结构如图 6-11 所示。

图 6-11　巷道式堆垛机

一、巷道式堆垛机的分类与作用

　　巷道式堆垛机通常按其金属结构形式、堆垛机运行支承方式和取货作业方式进行分类,如表 6-1 所示。

巷道式堆垛机的分类与作用　　　　　　　　　　　　　　　表 6-1

分类		特　　点	作　　用
按结构形式分类	单立柱型	1. 金属结构由一根立柱和上、下横梁组成(或仅有下横梁) 2. 自重较轻,但刚性较差	一般用于起重量 2t 以下,起升高度不大于 16m 的仓库
	双立柱型	1. 金属结构由两根立柱和上、下横梁组成一个刚性横梁 2. 刚性好,自重较单立柱大	1. 能适用于各种起升高度的仓库 2. 起重量可达 5t 或更大 3. 适用于高速运行,快速启动、制动
按支承方式分类	地面支承型	1. 支承在地面轨道上,用下部车轮支承和驱动 2. 上部设水平导向轮 3. 运行机构布置在下部	1. 适用于各种起重机和起升高度的仓库 2. 用途最广
	悬挂型	1. 仓库屋架下装设轨道,起重机悬挂于轨道下翼缘运行 2. 仓库货架下部设导轨,起重机下部设水平导向轮靠在导轨上防止摆动过大 3. 运行机构设在上部	1. 适用于起重量较小、起升高度较低(不大于 15m)的仓库 2. 便于转移巷道 3. 使用较少

续上表

分类		特 点	作 用
按支承方式分类	货架支承型	1. 巷道两侧货格顶部敷设轨道,起重机支承在两侧轨道上运行 2. 仓库货架下部设导轨,起重机下部水平导向滚轮靠在导轨上防止摆动过大 3. 运行机构设在起重机上部	1. 适用于起重量和起升高度均较小的仓库 2. 使用很少
按作业方式分类	单元型	1. 以整个货物单元出、入库 2. 起重机载货台须备有叉取货物的装置 3. 自动控制时,机上无驾驶员	1. 适于整个货物单元出入库的作业,或者"货到人"的拣选作业 2. 使用最广泛
	拣选型	1. 堆垛机上设驾驶员室,由驾驶员从货物单元中拣选一部分货物出库 2. 载货台上可以不设叉取装置,直接由驾驶员手工操作取货 3. 全自动拣选式堆垛机用自动取货装置拣选	1. 适用于"人到货"的拣选作业 2. 大多为手动与半自动控制 3. 全自动拣选式堆垛机用自动取货装置

二、巷道式堆垛机的特点

巷道式堆垛机是立体仓库中最重要的运输设备。巷道式堆垛机是随着立体仓库的出现而发展起来的专用起重机,其主要用途是在高层货架的巷道内来回穿梭运行,将位于巷道口的货物存入货格;或者相反,取出货格内的货物运送到巷道口。这种使用工艺对巷道式堆垛在结构和性能上提出了一系列严格的要求。

轨道巷道堆垛机通常简称为堆垛机,是由叉车、桥式堆垛机演变而来。桥式堆垛机由于桥架笨重因而运行速度受到很大的限制,仅适用于出入库频率不高或存放长形原材料和笨重货物的仓库。其优点在于可以方便地为多个巷道服务。目前高层自动化立体仓库(AS/RS)中应用最广的是巷道式堆垛机。堆垛机的额定重量一般为几十公斤到几吨,其中 0.5t 的使用最多。其行走速度一般为 4～124m/min。

(一)整机结构高而窄

采用巷道式堆垛机的高架仓库很高,而货架巷道又非常狭窄,起重机宽度一般和所搬运的单元货物的宽度相等。

(二)足够的刚性和精度

巷道式堆垛机的金属结构设计除需满足强度要求外,还应有足够的刚性和精度。制动时机架顶端水平位移一般要求不超过 20mm,且结构振动衰减时间要短。机架立柱上升降导轨的不垂直度一般要求不超过 3～5mm。

(三)两侧取物

巷道式堆垛机配备有特殊的取货装置,常用的有伸缩货叉或者伸缩平板,能向两侧货格伸出存取货物。

(四)快速、平稳、准确和安全

巷道式堆垛机的电力拖动系统要同时满足快速、平稳、准确和安全四方面要求。

快速性。工作速度高、启动制动快、尽量缩短搬运时间。

平稳性。启动制动要平稳,以防止货物单元在货台上发生滑移或者装在托盘上的货物发生倒塌,减少金属结构的动载荷;保证驾驶员舒适和起重机上的电子元件免受冲击振动。

准确性。起重机的电力拖动系统应能保证起重机与货台准确地停靠在指定的位置。

停准偏差一般不超过 5~10mm,要求起重机具有良好的低速特性。

安全要求高。必须配备齐全的安全装置,并在电气控制上采取一系列连锁和保护措施。对于自动控制的巷道式堆垛起重机尤为重要。

三、巷道式堆垛机结构组成

巷道式堆垛机由升降机构、运行机构、货叉、伸缩机构、机架以及电气部分等组成。

(一)起升机构

起升机构由电动机、制动器、减速机、滚筒或链轮以及柔性件组成。常用的柔性件有钢丝绳和起重链两种。由于需要比较大的速比,除了一般的齿轮减速机外,涡轮蜗杆减速机和行星减速机的使用也不少。起重链传动装置多数装在上部,通常配有平衡重块,以减小提升功率。为使起升机构结构紧凑,常常使用带制动器的电机。起升机构的工作速度一般为 15~25m/min,最高可达 45m/min。但不管选多大的工作速度,都应备有一慢速挡,一般为 3~5m/min,主要是使运动机构能平稳准确地停在规定位置,以便存取货物。

(二)运行机构

运行机构由电机、联轴器、制动器、减速箱和行走轮组成。

按运行机构所在位置的不同可以分为地面运行式、上部运行式、中间运行式等,其中地面运行式使用最广泛。这种方式一般用两个或四个车轮,沿敷设在地面上的单轨运行。在起重机的顶部有两组水平轮沿着固定在屋架下弦上的轨道导向。如果起重机车轮与金属结构通过垂直小轴铰接,起重机就可以走弯道,从一个巷道转移到另一个巷道工作。

上部运行式起重机又可分为支承式和悬挂式两种,前者支承在货架顶部敷设的两条轨道上运行,起重机下部有两组水平轮导向。悬挂式的起重机则是悬挂在位于巷道上方的工字钢下翼缘上运行,下部同样有水平轨导向。

起重机运行机构的工作速度视仓库长度和需要的出入库频率而定。一般为

80m/min 以下,较高为 120m/min,最高可达 180m/min。除工作速度外,为了便于存取货物,保证需要的停止精度,还需要一慢速挡,为 4m/min。对于自动控制的起重机,为了在近距离运行(例如小于 6 个货格的距离)时缩短起重机慢速爬行时间,在工作速度和慢速之间还需加一挡中速,为 20m/min。

(三)载货台及取货装置

载货台是货物单元承接装置,通过钢丝绳或链条与起升机构连接。载货台可沿立柱导轨上下升降。取货装置安装在载货台上,有驾驶员室的堆垛机,驾驶员室也一般装在载货台上,随载货台升降。对只需要拣选一部分货物的拣选式堆垛机,则载货台上不设取货装置,只设平台供放置盛货容器之用。

取货装置一般是货叉伸缩机构,货叉可以横向伸缩,以便向两侧货格送入(取出)货物。货叉结构常用三节伸缩式。由前叉、中间叉、固定叉以及导向滚轮等组成,货叉的传动方式主要有齿轮—齿条和齿轮—链条两种。货叉伸缩速度一般为15m/min以下,高的可达 30m/min,在低于 10m/min 时需配备慢速挡,在启动和制动时用。

(四)机架

机架由立柱和上、下横梁连接而成,是堆垛机的承载构件。机架有单立柱和双立柱两大类。单立柱结构的机架只有一根立柱和一根下横梁。这种结构重量比较轻,制造工时和消耗材料少,起重机运行时,驾驶员的视野比双立柱好得多,但刚度较差,一般适应于高度小于 10m、轻载荷的堆垛机。双立柱的机架由两根立柱和上、下横梁组成一个长方形框架。这种结构强度和刚性都比较好,适用于起重量较大或起升高度较高的起重机。

(五)电力拖动

巷道式堆垛起重机的电力拖动除极个别外,都采用变速的电力拖动系统,常用的有以下几种:晶闸管供电直流调速系统、交流变极电动机换速、交流双电动机变速、晶闸管交流定子调压调速、涡流制动器调速、变频调速等。

(六)控制方式

1.手动控制方式

手动控制是堆垛机最基本的控制方式。这种方式是由操作人员在驾驶员室内,用手柄或按钮来操作纵横运行、起升、货叉伸缩等运作。认址、变速、对准等全部靠驾驶员来完成。该方式控制设备简单、经济,驾驶员劳动强度较大,作业效率较低,适用于出入库频率不高,规模不大的仓库。

2.半自动控制方式

这种控制方式是由手动控制方式改进而来的,不同型号的半自动控制巷道堆垛机自动化程度也各不相同,但基本功能是:机构所配置的检测装置自动发出该机构停车信号,控制堆垛机自动停准。这种方式可显著提高堆垛机的作业效率,减轻驾驶员的劳动强度。自动停准功能是半自动控制方式的主要功能,除自动停准功能外,有的堆垛机还有自动换速、自动认址、自动完成货叉伸缩存取货物的功能。这种控制方式,其控制设备除手动操纵盘外,一般还设有简单的继电器逻辑控制装置。具有经济实用,便于维修等优点,适用于出入库比较频繁,规模不大的仓库。

3. 全自动控制方式

这种方式的主要特点是堆垛机上不需要驾驶员。在机上便于地面操作的部位装有设定器,操作人员站在巷道口的地面,通过机上设定器,设定出入库作业方式和地址等数据。机上装有自动认址装置和运动逻辑控制装置,操作人员设定后按下启动按钮,堆垛机开始自动运行、升降、认址、停准及存取货物等运作,实现堆垛机的自动操作。机上控制装置可以是电子式或继电器式的专用或通用顺序控制装置,也可使用单片微型计算机。设定器可以采用数字按钮、选择开关、拨码开关及读卡器等。读卡器可使用专用的,在专用卡片上穿有相应于货格的地址的信息孔,通过专用读卡器进行地址设定。自动控制方式具有操作简单、作业效率高等优点,适用于出入频率高,起重机台数不多且未配置输送机的中小规模(货位一般不超过 2000 个)仓库。

4. 远距离集中控制方式

出入库作业的控制装置和地址设定器安装在地面集中控制室内。操作者通过设定器设定出入库地址和作业方式,并输入到地面或机上的控制装置(包括计算机)中,经过计算和判断,发出堆垛机运行的控制命令,实现堆垛机的远距离集中控制。由于地面控制装置远离巷道和堆垛机,需要配备堆垛机和地面控制室内的信息传送系统,有常用电缆传输和感应传输两种方法。适用于出入库频繁,规模比较大,有多台起重机和输送机,有较大容量(货格数在 2000 个以上)的仓库,特别是低温、黑暗、有害等特殊环境的仓库。可节省人力,改善劳动条件,提高仓库作业效率,但初始投资和维护费用较高。

(七)安全保护装置

由于巷道式堆垛机是在又高又窄的巷道内快速运行的设备,对其安全性必须特别重视。除一般起重机常备的安全装置与措施(如各机构的终端限位保护和缓冲电动机过热和过电流保护、控制电路的零位保护等)外,还应结合实际需要增加下列各种保护。

(1)在运行和起升方向,距终端开关一定距离处设强迫减速开关,以确保及时减速。

(2)货叉伸缩机构只有在起重机运行机构不工作和起升机构亦不工作时,才能启动。反过来,如果货叉已离开中央位置,起重机运行机构便不能启动,而起升机构只能以慢速工作。

(3)起升机构钢丝绳过载和松弛保护。

（4）断绳捕捉器。对于驾驶员室随载货台升降的起重机，必须装设断绳捕捉器。

（5）下降超速保护。不论什么原因，一旦载货台下降发生超速现象时，此保护装置立刻将货台夹住。

对于自动控制的起重机，除上述各种以外，还需增设下列安全装置：

（1）货格虚实探测装置。在入库作业中，货叉将货物单元送入货格之前，先用一个机械的或者光电的探测装置检查一下该货格内有无货物。如果无货，则伸出货叉将货物存入货格，如果已有货，则报警停止进行后续的运作。

（2）空出库检测。在出库作业中，货叉伸进货格完成取货动作之后，如果在货台上检测不到有货物存在，则报警。

（3）伸叉受堵保护。货叉伸出受堵时，伸缩机构传动系统中装设的安全离合器打滑进行保护。如果延续一定时间后，货叉尚未伸到头，即报警。

（4）货物位置和外形检测。如果货物单元在载货台上位置偏差超过一定限度，或者倒塌失形，检测装置便报警，起重机不能继续工作。

（5）堆垛机停准后才能伸货叉。

（6）货叉在货格内作微升降时，用检测开关限制微升降行程或限制其动作时间，以防止货叉微升降过度，损坏货物、机构或货架。

（7）对系统中的关键检测器件，如货位探测开关、货叉原位开关等采用软件自检措施，以及时发现并更换失灵器件。

（8）堆垛机开动前发出声光警告。

第四节　自动化立体仓库

自动化立体仓库又称立库、高层货架仓库、自动仓储 AS/RS（Automatic Storage & Retrieval System），是一种用高层立体货架储存物资，用计算机系统管理和控制堆垛运输车进行存取作业的仓库。仓库的功能从单纯的物资储存保管，发展到物品的接收、分类、计量、包装、分拣配送等多种功能。

一、自动化立体仓库的作用

自动化立体仓库与传统仓库相比，能够产生巨大的社会效益和经济效益，主要表现在以下几个方面。

（一）节约用地

由于使用高层货架存储货物，存储区可以大幅度地向高空发展，充分利用仓库地面和空间，因此可节省库存占地面积，提高空间利用率。目前世界上最高的立体仓库已达 50m。立体仓库单位面积的存储量是普通仓库的 5～10 倍。

(二)处理速度加快

AS/RS 使用机械和自动化设备,运行和处理速度快,可提高劳动生产率,降低操作人员的劳动强度。同时,能方便地纳入企业的物流系统,使企业物流更趋合理化。

(三)实现先入先出

采用高层货架储存并结合计算机管理,可以实现货物的先入先出原则,防止货物的自然老化、变质、生锈或发霉。立体仓库也便于防止货物的丢失及损坏,对于防火防潮等大有好处。

(四)减少差错率

能够准确无误地对各种信息进行存储和管理,可减少货物处理和信息处理过程中的差错。同时借助于计算机管理还能有效地利用仓库储存能力,便于清点和盘库,合理减少库存,加快资金周转,节约流动资金,提高仓库的管理水平。自动化仓库的信息系统可以与企业的生产信息系统联网,实现企业信息管理的自动化。由于仓储信息管理及时准确,便于企业随时掌握库存情况,根据生产及市场情况及时对企业生产经营进行调整,可提高生产的应变能力和决策能力。

二、自动化立体仓库的构成

自动化立体仓库是机械和电气、强电控制和弱电控制相结合的产物。主要由货物储存系统、货物存取和传送系统、控制和管理系统等三大系统所组成,还有与之配套的供电系统、空调系统、消防报警系统、称重计量系统、信息通信系统等。

(一)货物储存系统

由立体货架的货格(托盘或货箱)组成。立体货架从结构上可分为分离式、整体式和柜式 3 种,从高度上可分为高层货架(12m 以上)、中层货架(5~12m)和低层货架(5m 以下),从货架形式上可分为单元货架、重力货架、活动货架和拣选货架等。货架按照排、列、层组合而成立体仓库储存系统。

(二)货物存取和传送系统

承担货物存取、出入仓库的功能,由有轨或无轨堆垛机、出入库输送机、装卸机械等组成。堆垛机又称搬运车,其结构形式多样,通常可分为单柱、双柱结构,有轨、无轨结构,有人操作、无人操作,人控、PC 控制、遥控等方式。其行走动力有电力、电瓶、内燃动力等;其运行方式有直线运动和回转运动,合起来可以有 4 个自由度,也有多达 6 个自由度者。

出入库输送机可根据货物的特点采用传送带输送机、机动辊道或链传动输送机等,主要将货物输送到堆垛机上下料位置和货物出入库位置。装卸机械承担货物出入库装车或卸车的工作,一般由行车、吊车、叉车等装卸机械组成。

(三)控制和管理系统

本系统一般采用计算机控制和管理,视自动化立体仓库的不同情况,采取不同的控制方式。有的仓库只采取对存取堆垛机、出入库输送机的单台 PLC 控制,机与机无联系;有的仓库对各单台机械进行联网控制;更高级的自动化立体仓库的控制系统采用集中控制、分离式控制和分布式控制,即由管理计算机、中央控制计算机和堆垛机、出入库输送机等直接控制的可编程序控制器组成控制系统。管理计算机是自动化立体仓库的管理中心,承担入库管理、出库管理、盘库管理、查询、打印及显示、仓库经济技术指标计算分析管理功能,包括在线管理和离线管理。

中央控制计算机是自动化立体仓库的控制中心,沟通并协调管理计算机、堆垛机、出入库输送机等的联系;控制和监视整个自动化立体仓库的运行,并根据管理计算机或自动键盘的命令组织流程,以及监视现场设备运行情况和现行设备状态、监视货物流向及收发货显示,与管理计算机、堆垛机和现场通信设备联系,还具有对设备进行故障检测及查询显示等功能。

直接控制是 PLC 操作的单机自动控制器,直接用于堆垛机和出入库输送机的控制系统,实现堆垛机从入库取货到送达指定的货位,或从指定的货位取出货物放置到出库取货台的功能。另外,要建一座仓库,还必须有能存储货物的库房及其他配套设施。

(四)库房

一般来讲,货物和所有设备都应安放在库房规定的范围内,库存容量和货架规格是库房设计的主要依据。在我国的南方和北方,不同的地质地貌情况,不同的荷载情况对库房设计提出了不同的要求,土木建筑要根据实际情况因地制宜,同时还要遵守国家的有关规定。

首先要进行选址,并对地质情况进行勘探,确定厂房基础的形式。如根据货架区的沉降要求,基础可采用桩基或整片筏基等形式。

其次,对墙体、屋面、地面、内墙、辅房、门窗、沟道等的形式、所用材料、施工方法进行选择,以达到实用、安全、方便和美观的效果,在这些方面国家和地方都有专门的标准和规定。在库房中,还应有中央控制室(机房)、办公室、更衣室、工具间等辅助区域。

(五)消防系统

由于库房一般都比较大,货物和设备比较多而且密度大,又由于仓库管理和操作人员较少,自动化仓库的消防大都采用自动消防系统。经由传感器(温度、流量、烟雾传感器等)不断检测现场温度、湿度等信息,当超过危险值时,自动消防系统发出报警信号,并控制现场的消防机构灭火。这种消防系统也可以由人工强制喷淋,即手动控制。在消防控制室内设置有火警控制器,能接收多种报警信号,其副显示器一般设在工厂的消防站内,同时向消防站报警。《建筑设计防火规范》是消防系统设计的主要依据,再根据所存物品的性质确定具体的消防方案和措施。

(六)照明系统

为使库内的管理、操作和维护人员能正常地进行生产活动,仓库必须有较好的照明系统,尤其是在外围的工作区和辅助区。仓库中运行的各种设备可以不需要照明,考虑到人的工作和活动情况,库房内各区域应有适当的照明及相应的控制开关。自动化仓库的照明应有日常照明、维修照明和应急照明。对存储感光材料的黑暗库来说,由于不允许储存物品见光,因此照明系统应特殊考虑。

(七)通风及采暖系统

通风和采暖要求应根据所存物品存储条件制定。对设备而言,自动化仓库内部的环境温度一般在$-5℃\sim45℃$即可。通常采用有厂房屋顶及侧面的风机、顶部和侧面的通风窗、中央空调、暖气等。对散发有害气体的仓库可设离心通风机将有害气体排到室外。

(八)动力系统

自动化立体仓库一般不需要气体动力源,只需动力电源即可。配电系统多采用三相四线制供电,中性点可直接接地,动力电压为交流$380V/220V、50Hz$,根据所有设备用电量的总和确定用电容量。配电系统中的主要设备有:动力配电箱、电力电缆、控制电缆和电缆桥架等。在为具体设备供电时,可能还需增加稳压或隔离设备。

(九)其他设施

其他设施包括给排水设施、避雷接地设施和环境保护设施等。给水主要指消防水系统和工作用水。排水是指工作废水、清洁废水及雨水系统。雨水系统可采用暗管排放,经系统管线排入附近的河中。立体仓库属于高层建筑,应设置避雷网防止雷击,其引下线不应少于2根,间距不应大于30m。电气设备不带电的金属外壳及穿线用的钢管、电缆桥架等均应可靠接零;工作零线、保护零线均要与变压器中性点有可靠的连接;为了防止静电积聚,所有金属管道应可靠接地。

根据《中华人民共和国环境保护法》等有关法规,必须对生产过程中产生的污物及噪声采取必要的防治措施。

三、自动化仓库系统设计过程

仓库是一个由彼此相互作用的诸因素和各个环节所构成的综合系统,其设计过程一般包括以下几个阶段。

(一)需求分析(准备阶段)

这一阶段里要提出问题,确定设计目标,并确定设计标准。通过调研搜集设计依据和数据,找出各限制条件,并进行分析。另外,设计者还应认真研究工作的可行性、时间进度、组织措施及影响设计过程的其他因素。

(二)确定货物单元形式及规格

根据调查和统计结果列出所有可能的货物单元形式和规格,并进行合理的选择。结果将对自动化仓库的成功起到至关重要的作用。

(三)确定自动化仓库的形式、作业方式和机械设备参数

在上述工作的基础上确定仓库形式,一般多采用单元货格式仓库。对于品种不多而批量较大的仓库,也可以采用重力式货架仓库或者其他形式的贯通式仓库。根据出入库的工艺要求(整单元或零散货出入库)决定是否需要拣选作业。如果需要拣选作业,则需确定拣选作业方式。

立体仓库的起重设备有很多种,各具特点。在设计时,要根据仓库的规模、货物形式、单元载荷和吞吐量等选择合适的设备,并确定其参数。对于起重设备,根据货物单元的重量选定起重量,根据出入库频率确定各机构的工作速度。对于输送设备,则根据货物单元的尺寸选择输送机的宽度,并恰当地确定输送速度。

(四)建立模型

所谓建立模型主要是指根据单元货物规格确定货架整体尺寸和仓库内部布置。

1. 确定货位尺寸和仓库总体尺寸

自动化仓库的货架由标准的部件构成,在正确的安装完成之后,能满足所有负载、允许的偏差和其他工程要求。在立体仓库设计中,恰当地确定货位尺寸是一项极其重要的内容,直接关系到仓库面积和空间利用率,也关系到仓库能否顺利地存取货物。货位尺寸取决于在货物单元四周需留出的净空尺寸和货架构件的有关尺寸。对自动化仓库来说,这些净空尺寸的确定应考虑货架、起重设备运行轨道及仓库地坪制造、安装和施工精度,还和起重搬运设备的停车精度有关。

2. 确定仓库的整体布置

货位数取决于有效空间和系统需要量。随着货架高度的增加,建设费用也将增加。因此,还要从技术上比较容易实现和经济上比较合理的角度确定货架高度。

一般情况下,每两排货架为一个巷道,根据场地条件可以确定巷道数。如果库存量为 N 个货物单元,巷道数为 A,货架高度方向可设 S 层,若每排货架设有同样的列数,则每排货架在水平方向应具有列数 C 为:

$$C = N/(2AS)$$

根据每排货架的列数 C 及货格横向尺寸确定货架总长度 L 之后,根据作业频率的要求确定堆垛机的数量和工作形式,多数情况下每巷道配备一台堆垛机。还要确定高层货架区和作业区的衔接方式,可以选择叉车、运输小车或者输送机等运输设备。按照仓库作业的特点选择出入口的位置。

(五)确定工艺流程,核算仓库工作能力

1. 立体仓库的存取模式

在立体仓库中存取货物有两种基本模式:单作业模式和复合作业模式。单作业就是堆垛机从巷道口取一个货物单元送到选定的货位,然后返回巷道口(单入库);或者从巷道口出发到某一个给定的货位取出一个货物单元送到巷道口(单出库)。复合作业就是堆垛机从巷道口取一个货物单元送到选定的货位 A,然后直接转移到另一个给定货位 B,取出其中的货物单元,送到巷道口出库。应尽量采用复合作业模式,以提高存取效率。

2. 出、入库作业周期的核算

仓库总体尺寸确定之后便可核算货物出、入库平均作业周期,以检验是否满足系统要求。目前,国内外多采用计算机对每一货位的作业进行核算,从而准确地找出平均作业周期。

为了提高出入库效率,一种方案是可以使用双工位堆垛机采用一次搬运两个货物单元的作业方式。堆垛机的载货台上有两组货叉,可以分别单独伸缩,以存取两个货物单元,提高作业效率。另一种方案是把货架设计成两个货物单元深度(双深位),堆垛机的货叉也相应增长一倍。货叉伸出一半时可叉取一个货物单元,全部伸出后可叉取远处的货物单元。采用这种方式还可使货物堆存密度提高10%~20%。

(六)提出对土建及公用工程的设计要求

自动化仓库的工艺设计要根据工艺流程的需要提出对仓库的土建和公用工程的设计要求。其内容主要包括以下几方面:确定货架的工艺载荷,提出对货架的精度要求;提出对基础的均匀沉降要求;确定对采暖、通风、照明、防火等方面的要求。

(七)选定控制方式和仓库管理方式

1. 选定控制方式

根据作业形式和作业量的要求确定堆垛机的控制方式,一般可分为手动控制、半自动控制和全自动控制。出入库频率比较高,规模比较大,特别是比较高的仓库,使用全自动控制方式可以提高堆垛机的作业速度,提高生产率和运行准确性。高度在10m 以上的仓库大都采用全自动控制。

2. 选择管理方式

随着计算机功能不断强大,价格不断下降,对于大中型仓库越来越普遍地采用计算机进行管理,并在线调度堆垛机和各种运输设备的作业。

(八)提出自动化设备的技术参数和配置

根据设计确定自动化设备的配置和参数。例如,确定选择什么样的计算机(主频

速度、内存容量、硬盘容量、系统软件和接口能力等），堆垛机的速度、高度、电机功率和调速方式等。

第五节　自动分拣技术装备

分拣是指为进行输送、配送，把很多货物按不同品种、不同的地点和不同的单位分配到所设置的不同的场地的一种物料搬运活动，也是将物品从集中到分散的处理过程。因此，物品分拣的关键是对物品去向的识别、识别信息的处理和对物品的分流处理。

一、分拣技术分类

按分拣手段的不同，可分为人工分拣、机械分拣和自动分拣三大类。

人工分拣的主要缺点是劳动量大，效率低，差错率高。机械分拣是以机械为主要输送工具。在各分拣位置配备的作业人员看到标签、色标、编号等分拣的标志后，便把货物取出。也有在箱式托盘装入分拣的货物，用叉车等机械移动箱式托盘，用人力把货物放到分拣的位置，或再利用箱式托盘进行分拣。

近 20 年来，随着经济和生产的发展，商品趋于"短小轻薄"，流通趋于小批量、多品种和及时制，各类配送和货运中心货物的分拣任务十分艰巨，分拣系统成为一项重要的物流设施，分拣技术也成为物流技术中的一个重要分支。

自动分拣机首先在邮政部门开始应用，大量的信件和邮包要在极短的时间内正确分拣处理，必须采用高度自动化的分拣设施。此后，运输企业、配送中心、通讯、出版部门以及各类工业生产企业相继应用。美国和欧洲在 19 世纪 60 年代开始使用，而日本则在 70 年代初才引进自动分拣机，但近 20 多年来由于其本国经济的特殊需要，发展迅速，后来居上。

二、自动分拣系统的主要组成和各自作用

自动分拣系统类型很多，但其主要组成部分基本相仿，大体上由进货输入输送机、喂料输送机、分拣指令设定装置、合流装置、分拣输送机、分拣卸货道口、计算机控制器等七部分组成。

(一)进货输入输送机

卡车送来的货物放在收货输送机上，经检查验货后，送入分拣系统。为了满足物流中心吞吐量大的要求，提高自动分拣机的分拣量，往往采用多条输送带组成的收货输送机系统，以供几辆、几十辆乃至百余辆卡车同时卸货。这些输送机多是辊柱式和胶带式输送机。例如，连锁零售业的配送中心以分配商品为主，大多有几条辊柱式输

送机组成的收货系统。而在货物集散中心,往往沿卸货站台设置胶带输送机,待验货后,放在输送机上进入分拣系统。

有些配送中心使用了伸缩式输送机,该输送机能伸入卡车车厢内,从而大大减轻了工人搬运作业的劳动强度。

(二)分拣指令设定装置

指令设定装置通常是在待分拣货物的外包装上贴上或打印上表明货物品种、规格、数量、货位、货主、到达目的地等内容的标签。货物在进入分拣机前,先由信号设定装置把分拣信息(如配送目的地、客户户名等)输入计算机中央控制器,再由控制装置根据标签上的代码,使货物到达分叉处时,正确引导货物流向;堆垛机则按照代码把货物送到指定位置。在自动分拣系统中,分拣信息转变为分拣指令的方式有以下几种。

1. 人工键盘输入

由操作者一边看着货物包装上粘贴的标签或书写的号码,一边在键盘上输入信息。一般键盘为十码键,键盘上有 0 到 9 数字键和重复、修正等键。键盘输入方式操作简便,费用低,限制条件少,但操作员必须注意力集中,劳动强度大,易出差错(看错、键错,据国外研究资料,差错率为 11300),而且键入的速度一般只能达到 1000～1500 件/h。

2. 声控方式输入

首先需将操作者的声音预先输入到控制器电脑中去,当货物经过设定装置时,操作员将包装上的标签代码依次读出,计算机将声音接收并转为分拣信息,发出指令,传送到分拣系统的各执行机构。声音输入法与键盘输入法相比速度要快些,可达3000～4000 件/h,操作人员较省力,双手空出来可手口并用。但声控输入方式事先需要储存操作人员的声音,当操作人员偶尔因咳嗽声哑时,就会发生差错。据国外物流企业实际使用情况来看,声音输入方式并不十分理想。

3. 利用激光自动阅读物流条码

被拣商品包装上贴(或印)上代表物流信息的条码,在输送带上通过激光扫描器自动识别条码上的分拣信息,输送给控制器。由于激光扫描器的扫描速度极快,达100～120 次/s,来回对条形码扫描,故能将输送机上高速移动货物上的条形码正确读出。

激光扫描条形码方式费用较高,商品需要物流条码配合,但输入速度快,可与输送带同步,达 5000 件/h 以上,差错率极小,规模较大的物流中心都采用这种方式。

4. 计算机程序控制

根据客户需要商品的品种和数量,预先编好程序,把全部分拣信息一次性输入计算机。控制器即按程序执行。计算机程序控制方式是最先进的方式,需要与条形码技术结合使用,而且还须置于整个企业计算机经营管理之中。一些大型的现代化配送中心把各个客户的订货单一次输入计算机,在计算机的集中控制下,商品货箱从货架被拣选取下,在输送带上由条码喷印机喷印条码,然后进入分拣系统,全部过程实现自动化。

(三)合流输送机

大规模的分拣系统因分拣数量较大,往往由 2~3 条传送带输入被拣商品,它们在分别经过各自的分拣信号设定装置后,必须经过辊柱式输送机组成的合流装置,合流装置能让到达会合处的货物依次通过。通常 A、B、C 三条输送机上的商品,经过合流交会处由计算机"合流程序控制器"按照谁先到达谁先走的原则控制,若同时到达,按 A→B→C 的程序原则控制。

(四)送喂料输送机

货物在进入分拣机之前,先经过送喂料机构。其作用有两个方面:

(1)依靠光电管的作用,使前后两货物之间保持一定的间距(最小为 250mm),均衡地进入分拣传送带;

(2)使货物逐渐加速到分拣机主输送机的速度。

第一阶段输送机是间歇运转的,其作用是保证货物上分拣机时,保持货物间的最小间距。由于该段输送机的传送速度一般为 35m/min 左右,而分拣机传送速度的驱动均采用直流电动机无级调速。为保证货物在第二阶段输送机上的速度与分拣机上输送速度完全一致,由速度传感器将输送机的实际带速反馈到控制器,进行随机调整,这是自动分拣机成败的关键。

(五)分拣传送装置及分拣机构

它是自动分拣机的主体,包括两个部分:货物传送装置和分拣机构,前者的作用是把被分拣的货物送到设定的分拣道口位置;后者的作用是把被分拣的货物推入分拣道口。各种类型的分拣机,其主要区别在于采用不同的传送工具(例如钢带输送机、胶带输送机、托盘输送机、辊柱输送机等)和不同的分拣机构(例如推出器、浮出式导轮转向器、倾盘机构等)。

(六)分拣卸货道口

是用来接纳由分拣机构送来的被分拣货物的装置,其形式有各种各样,主要取决于分拣方式和场地空间。一般采用斜滑道,其上部接口设置动力辊道,把分拣商品"拉"入斜滑道。

斜滑道可看作是暂存未被取走货物的场所。当滑道满载时,由光电管控制,阻止分拣物再进入分拣道口。此时,该分拣道口上的"满载指示灯"就会闪烁发光,通知操作人员赶快取走滑道上的货物,消除积压现象。一般分拣系统还设有专用道口,以汇集"无法分拣"和因"满载"无法进入设定分拣道口的货物,以作另行处理。有些自动分拣系统使用的分拣斜滑道在不使用时可以向上吊起,以便充分利用分拣场地。

(七)计算机控制系统

计算机控制系统是向分拣机的各个执行机构传递分拣信息,并控制整个分拣系统的指挥中心。自动分拣的实施主要靠计算机控制系统把相应的分拣信号传送到相应的分拣道口,并指示启动分拣装置,把被分拣商品推入道口。分拣机控制方式通常采用脉冲信号跟踪法。送入分拣机的货物,经过跟踪定时检测器,并根据控制箱存储器的记忆,计算出到达分拣道口的距离及相应的脉冲数。当被分拣物在输送带上移动时,安装在该输送机轴上的脉冲信号发生器产生脉冲信号并计数,当计数到与控制箱算出的脉冲数相同时,立即输出启动信号,使分拣机动作,货物被迫改变移动方向,滑入相应的分拣道口。利用自动分拣机使分拣处理能力大大提高,分类数量大,准确率高。

S 本章小结

本章首先介绍了仓储系统的分类、功能和主要参数,其中仓储系统的主要参数是将来工作中会经常用到的知识,要求会运用。接着介绍货架部分知识点,这部分内容中关于各种货架的特点和适用范围是学习的重点。堆垛机是自动化立体仓库的重要组成部分,介绍了其中最常使用的巷道堆垛机的分类、作用、特点和组成部分。然后介绍自动化立体仓库的作用、构成和设计概念,其中设计概念部分应该有所了解。最后介绍自动分拣技术装备的分类、主要组成和各自作用,要求了解分拣技术装备的主要组成和各自作用。

E 思考题

①以你所在的城市的某一类仓储企业为实例,说明仓储的功能如何得到具体体现。

②归纳各种货架的特点和应用。

③思考总结巷道堆垛机的分类和作用。

④思考自动化立体仓库各个组成部分的作用。

⑤分拣技术装备的主要组成和各自作用。

E 练习题

某仓库一周内的出、入库及库存情况如表 6-2 所示。

表 6-2

天　　数	入库量(t)	入库量(t)	库存量(t)
第1天	15	3	12
第2天	10	8	14
第3天	7	①	10
第4天	7	9	②
第5天	20	15	13
第6天	③	5	20
第7天	11	7	④

　　该仓库的出库频率和入库频率各是多少？如果设计库容量是 25t，每天平均库存量利用系数是多少？

C 案例

云南双鹤药业仓储系统的优化整改

　　云南双鹤药业是北京双鹤药业股份有限公司的从事药品销售的控股子公司，其原来的仓储系统的状况和产生原因如下：

　　1.仓库的现代化程度低，设备陈旧落后，不少仍处于人工作业为主的原始状态，人抬肩扛，工作效率低。货物进不来出不去，在库滞留时间过长，或保管不善而破损、霉变、损失严重，加大了物流成本。这与企业的经济实力及远景规划有关。企业建立仓库仅把它作为存放货物的地方，因此对设备现代化的要求很低，而且廉价的劳动力使得企业放弃改造设备的打算，褡裢的手工作业使得人员不至于闲置，"不怕慢，只怕站"的思想在人们的心中根深蒂固，降低了工作效率。

　　2.仓库的布局不合理。由于企业业务的不确定性，导致不同品种的零散物品占据很大的仓库面积，大大降低仓库的利用率；而且堆码、分区都很混乱，给出入库、盘点等带来诸多不便，往往是提货员拿着一张提货单在仓库里来回寻找，影响了工作效率，也影响了配送，降低了服务质量。

　　3.库存成本过大。企业目前没有一套库存控制策略，包括经济订货批量，订货间隔期，订货点，安全或保险库存等。当某些物品的供大于求时就造成积压，浪费人力、物力和财力；当供小于求，发生缺货时，妨碍了企业的正常生产和销售，不仅带来经济损失，也使企业失去信誉。另一方面是破损、质变及退回商品没能及时处理所形成的库存。企业的仓储部与质检科联系不紧密，信息传递缓慢，对破损、质变等商品的单据处理及层层上报批复的过程复杂，甚至是责任不明确形成的互相推卸，这一切造成了库存的增大和库存成本的提高。

4.仓库管理信息系统不完备,其信息化和网络化的程度低。这是受企业的经济实力、人员素质及现代化意识等因素的影响。现在,企业的储运部只有一台计算机,接收订单、入账、退货单处理、报损、退厂、查询等工作都只能由它完成,工作量大而繁,易出错,同时也影响了整个管理链条中的信息传递和库存管理控制。

5.员工素质低下。云南双鹤在人员的聘用上悬殊很大,基层员工接受不了高层管理人员的思想,导致工作上的误差,甚至引起抵触情绪,基层员工在学习培训过程中装模作样,工作起来得过且过,上班时间成了娱乐时间,一些员工还把家里的活带到工作中来做,作风散漫,对本职工作不尽心尽力,更谈不上创造性和积极性。

针对这些状况,云南双鹤药业积极进行仓储系统的优化整改。企业除了引进先进技术和人才,整合营销,树立全球竞争观念,开拓国际市场,走国际化经营之路外,还根据企业的特色优势,实行内部改革,在完善管理和引进技术的同时,加强企业的文化建设。云南双鹤药业的仓储系统合理化的主要方案如下:

1.重视对原有仓库的技术改造,加快实现仓储的现代化。目前医药行业的仓库类型主要分为生产物流中的制药原料及成品库和销售物流中的战略仓库,大多数的企业比较倾向于采用高位货架结合窄通道高位驾驶三向堆垛叉车的立体仓库模式,如西安杨森,通化东宝,奇化顿制药,中美史克等。在此基础上,根据实际需要,尽可能引进国外先进的仓储管理经验和现代化物流技术,有效的提高仓库的储存、配送效率和服务质量。

2.完善仓库功能逐步实现仓库的社会化。在市场经济条件下,仓库不应该再仅仅是存储商品的场所,更要承担商品分类、挑选、整理、加工、包装、代理销售等职能,还应成为集商流、物流、信息流于一身的商品配送中心、流通中心。美国、日本等发达国家,基本上都把原来的仓库改成商品的流通加工配送中心。基于云南双鹤目前的规模及企业实力,企业应实现现有仓库向共同配送的库存型配送中心转化,商品进入配送中心后,先是分类储存,再根据用户的订货要求进行分拣、验货、最后配送到各连锁店和医疗单位。这种配送中心作业简单,只需将进货商品解捆后,每个库区都与托盘为单位进行存放即可。

3.建立完备的仓库管理系统。美国凯玛特的破产再一次警示那些在库存管理上有问题的公司最终难以避免破产的命运。双鹤药业收购的众多子公司也同样存在程度不等的存货管理不善问题,各种过期和滞销存货以及应收款项使得这些国有商业公司步履维艰。所以云南双鹤物流管理的建设必须解决存货管理的低效率现状,降低库存成本和存货滞销风险,解决其在整个管理链条中信息传递问题。

4.减少作业环节。每一个作业环节都需要一定的活劳动和物化劳动消耗，采用现代技术手段和实行科学管理的方法，尽可能地减少一些作业环节，既有利于加速作业的进度，又利于降低成本。

5.减少退货成本。随着退货会产生一系列的物流费、退货商品损伤或滞销而产生的费用以及处理退货商品所需的人员费等各种事务性费用，而且由于退回的商品数量小，品种繁多，使配送费用有增高的趋势，处理业务也很复杂，这些费用构成企业物流成本中的重要部分，必须加以控制。

6.培养仓储技术人才，加强物流管理。要转化就要从引进高素质人才和培训企业员工着手，在广泛吸纳社会上有用人才的同时，更要加速提高现有人员的业务技术和道德素质，建立一支高素质的和高科技含量的职工队伍。

7.加快建立现代企业制度和推行ISO9000标准管理模式。实现现代物流功能的集成化，服务的系统化和作业的规范化，都离不开制度的约束，所以说尽快建立现代企业制度是至关重要的。目前云南双鹤的仓储形成了拖、推、懒、散现象，责、权、利不分，要打破旧的观念，输入市场经济观念，思想上要树立和强化改革开放意识，作风上要树立雷厉风行意识，精神上要树立艰苦创业意识等等，用现代企业管理制度代替旧的管理模式，规范每一个作业环节、程序和责任人。

第七章　流通加工技术与设备

【学习目标与要求】

了解流通加工的概念、分类及目的；
掌握流通加工的意义、类型及相应的主要流通加工设备。

第一节　流通加工概述

一、流通加工的产生

流通加工的出现是生产力发展的必然趋势，其原因主要表现在以下几方面：

1. 流通加工能克服标准化生产和个性化需求的矛盾

专业化的分工可以提高企业的效率，但是规模生产的模式却难以恰如其分地满足消费者的需要，例如：某个企业需要钢铁厂的钢材，除了钢号、规格、型号的要求外，在长度、宽度等方面也有特殊需要。由于钢铁厂面对成千上万个用户，要满足每个用户的要求，其成本非常的高昂。而流通加工却可通过其专业化的服务，将生产的标准化和个性化的需求有效地衔接起来。

2. 流通加工可以实现生产企业、流通部门和用户的三赢

在第三方物流企业未从事流通加工业务之前，此项工作一般由物资使用单位或生产企业来承担。无论是生产企业还是使用部门，都需要安排一定的人力、设备、场所等来完成这些加工活动。这不仅会延长下一个生产过程的时间，而且会因设备的利用率低、设备投资大、加工质量低等因素影响企业的经济效益。若这种加工活动放在流通环节来完成，生产企业可以通过标准化、整包装的方式生产，从而提高生产企业的经济效益。与此同时，流通部门按照使用者的要求进行加工，使物资在使用部门能直接投入消费或使用，既节省了时间，又节省了加工费用。而流通部门也可以通过建立集中加工点，采用效率高、技术先进、加工量大的专用设备获得规模效益，从而降低其自身的成本。由此可见,流通加工可以实现生产企业、流通部门和用户的三赢。

3. 流通加工为流通部门增加了收益

从事流通活动的部门所获得的利润,一般只能从生产部门的利润中转移过来,流通部门为了获得更多的利益,可通过流通加工来创造价值。这样流通部门不仅能获得从生产领域转移过来的一部分价值,而且能创造新的价值,从而获得更大的利润,这也是流通加工得以产生和发展的原因。

总之,流通加工不仅可以增加运输、仓储、配送等活动的附加价值,同时也提高了物流过程本身的价值。流通加工伴随着现代社会的专业化分工而产生,是物流过程中不可缺少的核心服务。

二、流通加工的概念

流通加工是现代物流系统中的重要内容之一。流通加工是指物品从生产领域向消费领域流动过程中,为了促进销售,维护产品质量和提高物流效率,而对商品所进行的初级或简单再加工,使商品发生物理、化学或形状上的变化,以满足消费者的多样化需求,提高商品的附加值。

流通加工在流通中起着“桥梁”和“纽带”作用。其与生产一样,是通过改变或完善流通对象的原有形态来实现“桥梁”和“纽带”作用的。但是,与生产加工又不完全相同,主要有以下区别:

1. 加工对象的属性不尽相同

生产加工贯穿于整个生产过程,其加工对象不仅包括原材料,也包括半成品和成品。半成品和成品是尚未进入流通领域的劳动产品,因此不具有商品属性。所以生产加工的对象不完全是商品。而流通加工的对象不管是成品还是半成品,都是通过交换而获得的劳动产品,具有商品的属性,是完全性的商品。

2. 加工的复杂程度和深度不同

生产加工作业范围广,加工的技术、程序很复杂,加工的深度很强,往往形成系列化的操作。而流通加工是生产加工的外延和补充形式,多为简单的初级加工活动,其复杂程度和加工的深度远不及生产加工。

3. 加工的主体不同

生产加工是由生产企业组织完成的,属于生产领域。流通加工是由流通企业和商业企业组织实施的,属于流通领域。

4. 加工的目的不完全一致

二者的根本目的都是满足市场需要,但生产加工是为了制造顾客需求的产品,而流通加工则是为了方便、发展和完善流通自身。

三、流通加工的类型

1. 以保存产品为主要目的的流通加工

如水产品、蛋产品、肉产品的保鲜、保质的冷冻加工、防腐加工等;丝、麻、棉织品的防虫、防霉加工等。如为防止金属材料的锈蚀而进行的喷漆、涂防锈油等措施,运用手工、机械或化学方法除锈;木材的防腐锈、防干裂加工;水泥的防潮、防湿加工;煤炭的防高温自燃加工等。

2. 为适应多样化需要的流通加工

为了满足顾客对产品多样化的需要,同时又保证高效率的社会化大生产,可将生产出来的标准化产品进行多样化的改制加工。例如,对钢材卷板的舒展、剪切加工;平板玻璃按需要规格的开片加工;木材改制成枕木、方木、板材加工等。

3. 为了方便消费、省力的流通加工

如根据需要将钢材定尺、定型、按要求下料;将木材制成可直接投入使用的各种型材;将水泥制成混凝土拌和料,使用时只需稍加搅拌即可使用等。

4. 为提高产品利用率的流通加工

例如,刚才的集中下料可充分进行合理下料、搭配套裁、减少边角余料,从而达到加工效率高,加工费用低的目的。

5. 为提高物流效率、降低物流损失的流通加工

例如,自行车在消费地区的装配加工可防止整车运输的低效率和高损失;造纸用木材磨成木屑的流通加工,可极大提高运输工具的装载效率;集中煅烧熟料、分散磨制水泥的流通加工,可有效地防止水泥的运输损失,减少包装费用,也可以提高运输效率;石油气的液化加工,使很难输送的气态物转变为容易输送的液态物,也可提高物流效率。

6. 为衔接不同运输方式,使物流更加合理的流通加工

例如,散装水泥中转仓库把散装水泥装袋,将大规模散装水泥转化为小规模散装水泥的流通加工,衔接了水泥厂大批量运输和工地小批量装运的需要。

7. 为实现配送进行的流通加工

如混凝土搅拌车可根据客户的要求,把沙子、水泥、石子、水等各种不同材料按比例要求装入可旋转的罐中。在配送路途中,汽车边行驶边搅拌,到达施工现场后,混凝土已经均匀搅拌好,可直接投入使用。

四、流通加工合理化

流通加工合理化的含义是实现流通加工的最优配置,不仅要做到避免各种不合理,使流通加工有存在的价值,而且要做到最优的选择。为避免各种不合理现象,对是否设置流通加工环节,在什么地点设置,选择什么类型的加工,采用什么样的技术

装备等，需要作出正确抉择。常见的流通加工合理化方式有以下几种：

1. 做好流通加工的可行性分析

流通加工不是对生产加工的代替，而是一种补充和完善。流通加工方式包括流通加工对象、流通加工工艺、流通加工技术、流通加工程度等。流通加工方式的确定实际上是与生产加工的合理分工有关。本应由生产加工完成的，却错误地由流通加工完成；本应由流通加工完成的，却错误地由生产过程去完成，都会造成不合理性。所以，如果工艺复杂，技术装备要求较高，或加工可以由生产过程延续或轻易解决者都不宜再设置流通加工，尤其不宜与生产过程争夺技术要求较高、效益较高的最终生产环节，更不宜利用一个时期市场的压迫使生产者变成初级加工或前期加工，而流通企业完成装配或最终形成产品的加工。如果流通加工方式选择不当，就会出现与生产夺利的恶果。因此，做好流通加工的可行性分析尤为重要。

2. 合理设置流通加工地点

从大区域来看，流通加工地点的设置或靠近需求地区，或靠近生产地区。如果将流通加工地设置在生产地区，不仅会导致多品种、小批量产品由产地向需求地的长距离运输的增加，而且增加了近距离运输、装卸、储存等一系列物流活动。所以，在这种情况下，不如由原生产单位完成这种加工而无需设置专门的流通加工环节。因此，为衔接单品种大批量生产与多样化需求的流通加工，加工地设置在需求地区，才能实现大批量的干线运输与多品种末端配送的物流优势。即使是产地或需求地设置流通加工的选择是正确的，也要考虑流通加工在小地域范围的正确选址问题。如果处理不善，仍然会出现不合理。这种不合理主要表现在交通不便，流通加工与生产企业或用户之间距离较远，流通加工点的投资过高，如受选址的地价影响，加工点周围社会、环境条件不良等。

3. 加工和配送结合

将流通加工设置在配送点中，一方面按配送的需要进行加工，另一方面加工又是配送业务流程中分货、拣货、配货之一环，加工后的产品直接投入配货作业，无需单独设置一个加工的中间环节，使流通加工与中转流通巧妙结合起来。同时，由于配送之前有加工，可使配送服务水平大大提高，这是当前对流通加工作合理选择的重要形式，在煤炭、水泥等产品的流通中已表现出较大的优势。

4. 加工和合理运输结合

流通加工能有效衔接干线运输与支线运输，促进两种运输形式的合理化。利用流通加工，按干线或支线运输合理的要求进行适当加工，能大大提高运输及运输转载水平。

5. 加工和合理商流相结合

通过加工有效促进销售，使商流合理化，也是流通加工合理化的考虑方向之一。通过加工，提高了配送水平，强化了销售，是加工与合理商流相结合的一个成功的例证。此外,通过简单地改变包装加工,形成方便的购买量;通过组装加工解除用户使用前进行组装、调试的难处,都是有效促进商流的例子。

第二节 流通加工设备的概念及分类

一、流通加工设备的概念和优势

流通加工设备是完成流通加工任务的专用机械设备。利用流通加工设备进行加工,不仅可以改变或完善商品的原有形态,而且可使商品在流通过程中实现价值增值。利用流通加工机械进行流通加工的主要优点表现在以下几方面:

1. 可以提高原材料利用率

利用流通加工机械可将生产厂直接运来的简单规格产品,按使用部门的要求进行集中下料,从而实现优材优用、小树大用、合理套裁。例如,将钢板进行剪板、切裁,将钢筋或圆钢裁制成毛坯,将木材加工成各种长度及大小的板、方等。

2. 可以进行初级加工,方便用户

某些单位用量小或只是临时需要,进行专业化投资显得过于浪费。如果依靠流通加工点的机械设备进行流通加工,可使使用单位省去初级加工的设备投资及人力投资,从而大大地降低成本。目前,发展较快的初级加工有:将水泥加工成混凝土,将原木或板方材加工成门窗,冷拉钢筋,冲制异型零件,钢板预处理,整形,打孔等。

3. 提高加工效率

建立集中加工点,可以采用效率高、技术先进、加工量大的专门机具和设备。不仅可以提高加工质量,还可以提高设备利用率和加工效率。例如,一般的使用部门在对钢板下料时,采用气割的方法留出较大的加工余量,不但出材率低,而且由于热加工容易改变钢的组织,加工质量不好。集中加工后可利用高效率的剪切设备来防止上述缺点。

4. 充分发挥各种输送手段的最高效率

流通加工环节将实物的流通分成两个阶段。第一阶段是在数量有限的生产厂与流通加工点之间进行定点、直达、大批量的远距离输送,因此,可以采用船舶、火车等进行大量运输;第二阶段则是将流通加工后的多规格、小批量产品送到用户手上,主要是利用汽车和其他小型车辆来输送。利用流通加工进行分段运输,可以充分发挥各种输送手段的最高效率,节省运力运费。

5. 改变功能,提高收益

利用流通加工设备还可以进行一些改变产品某些功能的简单加工,从而提高产品销售的经济效益。例如,内地的许多制成品(如洋娃娃玩具、时装、轻工纺织产品、工艺美术品等)在深圳进行简单的包装加工,仅此一项就使产品售价提高20%以上。

二、流通加工设备的分类

流通加工设备种类繁多,按照不同的标准,可分成不同的种类。

(一)按流通加工形式分类

按照流通加工形式,流通加工设备可分为剪切加工设备、集中开木下料设备、配煤加工设备、冷冻加工设备、分选加工设备、精制加工设备、分装加工设备、组装加工设备等。

(1)剪切加工设备。剪切加工设备是进行下料加工或将大规格的钢板裁小或裁成毛坯的设备。

(2)集中开木下料设备。集中开木下料设备是在流通加工中将原木材锯裁成各种锯材,同时将碎木、碎屑集中起来加工成各种规格的板材,还可以进行打眼、凿孔等初级加工的设备。

(3)配煤加工设备。配煤加工设备是按不同的配方将各种煤及其他一些发热物质进行掺配加工,生产出各种不同发热量燃料的设备。例如,无锡燃料公司开展的动力配煤加工等。

(4)冷冻加工设备。即为了确保鲜肉、鲜鱼或药品等在流通过程中保鲜而采用低温冷冻方法的加工设备。

(5)分选加工设备。分选加工设备主要是将规格、质量离散较大的农副产品分为一定规格的产品。

(6)精制加工设备。主要用于农牧副渔等产品的切分、洗净、分装等简单加工。

(7)分装加工设备。分装加工设备主要用于新包装、大包装改小、散装改小包装、运输包装改销售包装等方面的加工。

(8)组装加工设备。组装加工设备是采用半成品包装出厂,在消费地由流通部门所设置的流通加工点进行拆箱组装的加工设备。

(二)根据流通加工的对象分类

根据加工对象的不同,流通加工设备可分为金属加工设备、水泥加工设备、玻璃加工设备、木材加工设备、煤炭加工机械、食品加工设备、组装产品的流通加工设备、生产延续的流通加工设备及通用加工设备等。

1. 金属加工设备

金属加工设备是对钢铁、铜材、铝材、合金等进行剪切、折弯、下料、切削加工的机械。主要包括成型设备和切割加工设备。成型设备又可分为锻压机械、液压机、冲压设备、剪折弯设备、专用设备;切割加工设备包括数控机床(加工中心、铣床、磨床、车床)、电火花成型机、线切割机床、激光成型机、雕刻机、钻床、锯床、剪板机、组台机床等。此外,用于金属流通加工的还有金属切削机床、金属焊接设备、机械手、工业机器人等。

随着金属成品、半成品迈入超精密加工时代,放电机床成为各中小型金属加工厂不可或缺的金属加工设备。近年来国际放电机床的功能不断推陈出新,朝着精密化、自动化方向发展,产品用在中小型金属零件的加工处理上更加省力。例如,放电机床应用在金属半成品加工的快走丝、慢走丝切割机领域,效果显著。

利用金属加工设备进行流通加工,可以提高加工精度,减少边角废料,减少消耗,增加加工批量,提高加工效率,降低成本,简化生产环节。

2. 水泥加工设备

水泥加工设备主要包括混凝土搅拌机械、混凝土搅拌站、混凝土输送车、混凝土输送泵车等。混凝土搅拌机械是水泥加工中常用设备之一,是制备混凝土,将水泥、骨料、砂和水均匀搅拌的专用机械。

混凝土搅拌机械改变了以粉状水泥供给用户、由用户在建筑工地现制现拌混凝土的方法,而是将粉状水泥输送到使用地区的流通加工点(称作集中搅拌混凝土工厂或称商品混凝土工厂)搅拌成商品混凝土,然后供给各个工地或小型构件厂使用。这种流通加工形式的优点具体体现在:

(1)把水泥的使用从小规模的分散形态改变为大规模的集中加工形态。集中搅拌,可以采取准确的计量手段和选择最佳的工艺;可以综合考虑外加剂及混合材料的影响,根据不同需要,大量使用混合材料拌制不同性能的混凝土;可以有效控制骨料质量和混凝土的离散程度,从而提高混凝土质量、节约水泥、提高生产率,其几乎具有大生产的一切优点。例如,制造每立方米混凝土的水泥使用量,采用集中搅拌比分散搅拌一般能减少水泥 20～30kg。

(2)与分散搅拌比较,相等的生产能力,集中搅拌的设备在吨位、设备投资、管理费用、人力及电力消耗等方面,都能大幅度降低。由于生产量大,可以采取措施回收使用废水,防止各分散搅拌点排放洗机废水造成的污染,有利于环境保护。由于设备固定不动,还可以避免因经常拆建所造成的设备损坏,延长设备的寿命。

(3)采用集中搅拌的流通加工方式,可以使水泥的物流更加合理。这是因为,在搅拌站(厂)与水泥厂(或水泥痒)之间可以形成固定的供应渠道,且数目大大少于分散使用水泥的渠道数目,在这些有限的供应渠道之间,容易采用高效率、大批量的输送形态,有利于提高水泥的散装率。在集中搅拌场所内还可以附设熟料粉碎设备,直接使用熟料实现熟料粉碎和拌制商品混凝土两种流通加工形式的结合。另外,采用集中搅拌混凝土的方式,还有利于新技术的推广应用。

3. 玻璃加工设备

在流通中,用于玻璃的加工设备主要是指对玻璃进行切割等加工的专用机械,包括各种各样的切割机。如果对玻璃进行精加工,还需清洗机、磨边机、雕刻机、烤花机、钻花机、丝网印刷机、钢化和夹层装备、拉丝机、拉管机、分选机、堆剁机、瓶罐检验包装设备、玻璃技工工具、金刚石砂轮等。

平板玻璃的"集中套裁、开片供应"是重要的流通加工方式,这种方式是在城镇中设立若干个玻璃套裁中心,按用户提供的图纸统一套裁开片,向用户供应成品,用户可以将其直接安装到采光面上。在此基础上也可以逐渐形成从工厂到套裁中心的稳定、高效率、大规模的平板玻璃"干线输送",以及从套裁中心到用户的小批量、多户头的"二次输送"的现代物资流通模式。这种方式可以提高玻璃利用率,促进平板玻璃包装方式的改革,提高生产效率,降低废品率。

4. 木材加工设备

木材加工设备主要是针对木材进行磨制、压缩、锯裁等加工,这类设备主要有两类:

(1)磨制、压缩木屑机械。例如,从林区外送的原木中有相当一部分是造纸树,美国采取在林木生产地就地将原木磨成木屑,然后采取压缩的方法使之成为容重较大、容易装运的形状,再运至靠近消费地的造纸厂,比直接运送原木节约一半的运费。

(2)集中开木下料机械。直接使用原木,不但加工复杂、加工场地大、加工设备多,而且资源浪费大,木材平均利用率不到50%,平均出材率不到40%。实行集中下料,按用户要求的规格,在流通加工点利用木锯机等机械将原木锯裁成各种规格锯材,将碎木、碎屑集中加工成各种规格板,或根据需要进行打眼、凿孔,可以使原本利用率提高到95%,出材率提高到72%左右,有相当大的经济效益。

5. 煤炭加工机械

煤炭加工机械主要包括除矸加工机械、管道输送煤浆加工机械、配煤加工机械等。

除矸是提高煤炭纯度的加工形式。一般煤炭中混入的矸石有一定发热量,混入一些矸石是允许的、也是较经济的。但是,有时则不允许煤炭中混入矸石,在运力十分紧张的地区要求充分利用运力,多运"纯物质",少运矸石,在这种情况下,可以采用除矸的流通加工排除矸石,提高煤炭运输效益和经济效益,减少运输能力的浪费。

煤浆加工是在流通的起始环节将煤炭磨成细粉,再用水调和成浆状,使其具备一定的流动性,从而可以像其他液体一样进行管道输送。这种方式不争夺现有运输系统运力,减少煤炭消耗,输送连续、稳定而且快速,是一种经济的运输方法。目前,某些发达国家已开始投入运行,有些企业在内部也采用这一方法进行燃料输送。

配煤加工是在使用地区设置集中加工点,将各种煤及其他一些发热物质,按不同配方进行接配加工,生产出各种不同发热量的燃料。这种加工方式可以按需要的发热量生产和供应燃料,防止热能浪费、"大材小用"的情况。

6. 食品流通加工设备

食品流通加工设备包括冷冻加工设备、分选加工设备、精制加工设备和分装加工设备。冷冻加工设备是为了解决一些商品需要低温保质保鲜的问题,如生鲜食品、药品等的流通加工。分选加工设备主要是按照一定规格、质量标准对一些农副产品进行分选加工,如果类、瓜类、谷物、棉毛原料等产品。利用精制加工设备,可先去除食品无用部分,然后再进行切分、洗净等加工。这种加工不但可以使产品进行分类销售,还可以对加工的淘汰物进行综合利用。比如,鱼类的精制加工所剔除的鱼鳞可以制成高级黏合剂,头、尾可以制成鱼粉,某些内脏可以制药或制成饲料等。分装加工设备主要用于将运输包装改为销售包装。如大包装改小、散装改小包装、运输包装改销售包装等,这种分装加工方便销售和消费,并起到一定的促销作用。

7. 组装产品的流通加工设备

很多产品是不易进行包装的,即使采用防护包装,其成本也很高,故对一些组装技术不高的产品,如自行车,其组装可以在流通加工中完成,以降低储运费用。

8. 生产延续的流通加工设备

一些产品因其自身特性要求,需要较宽阔的仓储场地或设施,而在生产场地建设这些设施是不经济的,因此可将部分生产领域的作业延伸到仓储环节完成。这样既提高了仓储面积、容积利用率,又节约了生产场地。

9. 其他通用加工机械

其他通用加工机械主要包括:裹包集包设备,如裹包机、装盒机等;外包装配合设备,如钉箱机、打带机;印贴条码标签设备,如网印设备、喷印设备、条形码打印机;拆箱设备,如拆箱机、拆柜工具;称重设备,如称重机、地磅等。

第三节　常见的流通加工机械

一、剪板机

剪板机主要用于板料或卷料的剪裁,即在固定地点的剪板加工中,将大规格钢板裁小或切裁成毛坯。它能剪切各种厚度的钢板材料。其工作过程主要是板料在剪板机的上、下刀刃作用下受剪产生分离变形。一般剪切时下剪刀固定不动,上剪刀向下运动。通常用脚踏或按钮操纵进行单次或连续剪切金属。

剪板机属于直线剪切类型,按其工艺用途可分为多用途剪板机和专用剪板机。按其传动方式可分为机械传动式和液压传动式,通常剪切厚度小于 10mm 的剪板机多为机械传动,大于 10mm 的为液压传动。按其刀架运动方式不同可分为直线式和摆动式。

剪板机具有以下优点:

(1)较之气焊切割,其加工后钢材的晶相组织变化较少,可保证钢材的原状态,有利于进行高质量加工。

(2)加工精度高,可减少废料、边角料,也可减少再加工的切削量,既提高了再加工效率,又有利于减少消耗。

（3）由于集中加工可保证批量及生产的连续性，可以专门研究此项技术并采用先进设备，大幅度提高效率和降低成本。

（4）使用户简化生产环节，提高生产水平。

（一）剪板机的技术参数

剪板机主参数以剪切厚度和剪切板料宽度来表示。

（1）剪切厚度。剪板机剪切厚度主要受剪板机构件强度的限制，最终取决于剪切力。影响剪切力的因素很多，如刃口间隙、刃口锋利程度、剪切角大小、剪切速度、剪切温度、剪切面的宽度等，但最主要的还是被剪材料的强度。

（2）剪切板料宽度。剪切板料宽度是指沿着剪板机剪刃方向，一次剪切完成板料的最大尺寸，这种剪切方式称为横切方式，可参照钢板宽度和使用厂家的要求制定（可剪板宽度小于剪刃长度）。纵切方式为多次接触剪切，只要条料宽度小于剪板机的凹口即喉口，剪切尺寸就不受限制。随着工业的发展，剪板宽度不断增大，目前剪板宽度为 6000mm 的剪板机已经比较普遍，国外剪板机的最大板宽已达 1000mm。

（3）剪切角度。为了减少剪切板料的弯曲和扭曲，一般都采用较小的剪切角度，此时剪切力可能增大些，可提高剪切质量，但对剪板机受力部件的强度、刚度会带来一些影响。

（4）喉口深度。采用纵切方式对剪板机的喉口深度有一定的要求，目前剪板机趋向于较小的喉口深度，这样可提高机架的刚度，但会使整机质量下降。

（5）行程次数。行程次数直接关系到生产效率，随着生产的发展及各种上下料装置的出现，要求剪板机有较高的行程次数。对于机械传动的小型剪板机，一般每分钟可达 50 次以上。

（二）常见剪板机

1. 圆盘剪板机

圆盘剪板机是利用两个圆盘状剪刀，按其两剪刀轴线相互位置不同及与板料的夹角不同分为直滚剪、圆盘剪和斜滚剪。直滚剪主要用于将板料裁成条料，或由板边向内剪裁圆形坯料；圆盘剪主要用于剪裁条料、圆形坯料和环形坯料。

常见的圆盘剪板机为手动式圆盘剪板机。由带有圆形刀的上下刀体、手柄、曲梁和机座所组成；手柄通过棘轮与装有上刀的上刀轴配合连接，上刀体通过曲梁固定在机座上，下刀体与机座通过螺栓相连接。机座水平支架上的定位有可左右调节位置的定位尺，用以确定被剪板材的宽度。

2. 多功能剪板机

多功能剪板机通常包括床身、悬臂梁、电机、皮带、点轮传动系统，床身上水平安装三根传动轴，悬臂梁上对应安装三根传动轴，采用两个相对转动的滚子为进给器，两个相对转动的圆柱体为剪切刀，两个相对转动、有一定形状、凹凸配合的圆轮为挤压器来实现剪切、挤压一定形状，并一次完成。主要用于加工薄板。

多功能剪板机可分为板料折弯剪切机和板材型材剪切机。板料折弯剪切机可在同一台剪切机上完成两种工艺,如剪切机下部进行板料剪切,上部进行折弯;或者前部进行剪切,后部进行板料折弯,如图7-1所示。板材型材剪切机在剪板机刀架上,一边装有剪切板材的刀片,另一边装有剪切型材的刀片。

3. 摆式剪板机

摆式剪板机又可分为直剪式和直、斜两用式,直、斜两用式主要用于剪切30°焊接坡口断面。摆式剪板机的刀架在剪切时围绕一固定点做摆动运动,剪切断面的表面粗糙度数值较小,尺寸精度高,而且切口与板料平面垂直,如图7-2所示。摆式结构主要用于板厚大于6mm,板宽不大于4mm的剪板机。

图 7-1 板料折弯剪切机　　　　　　图 7-2 摆式剪板机

4. 振动剪板机

振动剪切机又称冲型剪切机,是一种万能板料加工设备,如图7-3所示。其在进行剪切下料时,先在板料上画线,然后刀杆上的上冲头能沿着画线或样板对被加工的板料进行逐步剪切。此外,振动剪板机还能进行冲孔、落料、冲口、冲槽、压肋、朗边、折弯和锁口等工序的操作,用途相当广泛,不仅可以加工碳钢、不锈钢、铜、铝等各种金属板板件,还可以加工硬纸板、硬橡皮、塑料等各种非金属板件。振动剪板机具有体积小、质量轻、容易制造、工艺适应性广、工具简单等优点,但是生产率较低,工作时要人工操作,振动和噪声大,加工精度不高。适用于短金件的中小批量的初单件生产,被加工的板料厚度一般小于10mm。

5. 机械剪板机

机械剪板机的机床为机械下传动,结构合理,重心低,运动平稳;刀架为钢板焊接结构,刚性与强度好,剪切精度高;采用转键离合器,控制刀架运行,动作灵敏可靠,使用寿命长。机械剪板机结构简单,操作维修简便,价格低廉,广泛应用于冶金、轻工、汽车、电机电器、仪表、五金等行业,如图7-4所示。

二、切割设备

切割机的种类繁多,从切割方式分,主要有等离子切割机、高压水切割机、CNC火焰切割机、激光切割机、电火花线切割机等;从切割的材质来看,可分为金属板材管材切割机、玻璃切割机、石材切割机、布匹切割机、半导体切割机等。

图 7-3　振动剪板机

图 7-4　机械剪板机

(一)金属切割机

金属切割机又可分为机械式缩小仿形电火花线切割机床,固定式钢管切割机和便携式火焰切割机三种。

1.机械式缩小仿形电火花线切割机床

机械式缩小仿形电火花线切割机床,如图 7-5 所示。将"相似菱形的对线之长与边长成比例"的几何定理应用于电火花线切割机床,在床面上设置一个稳定的双层缩放尺机构,在缩放尺上设置一个运丝系统,在工作台与床面之间设置初始进给系统,可解决电火花线切割机床不便制作工艺品冲模的问题。

2.固定式钢管切割机

钢管切割机主要用于钢管切割,如图 7-6 所示。升降机构安装在固定机架底部;驱动机构安装在固定机架部分一侧;回转机构安装在固定机架部分中部并连接驱动机构;割具总成部分安装在回转机构上;重锤机构和割具总成部分配合安装并配合工作。驱动机构转动带动回转机构转动,再带动割具总成围绕被切割钢管回转,完成切割任务。

图 7-5　机械式缩小仿形电火花线切割机床

图 7-6　固定式钢管切割机

3.便携式火焰切割机

便携式火焰切割机如图 7-7 所示主要由机体、链条、切割装置组成,采用链式传动结构,以张紧的链条作为导向轨道,并使机体固定在被切割的钢管上;通过涡轮、蜗杆的传动,带动链轮转动,使机体沿着链条在钢管外管壁旋转,机体上配有切割装置,随着机体运行,实现钢管切割。

(二)玻璃切割机

1. 数控玻璃自动切割机

如图7-8所示,由切桌、切割桥、电脑控制箱、掰板台、供电柜等主要部件组成。切桌由支架、桌面、输送带、传动装置、气垫装置等构成。支架是用来支持桌面的,由型钢柱、型钢梁等构成,其外侧一般整面封以钢板,做成柜式12支座。桌面由层合板做成,有数条(一般为3~6条)输送带纵向排列于上,自切桌的首端至末端,桌面纵向外沿各固定一金属齿条,齿条与输送带、输送带与输送带之间的外露的桌面均铺以毛毡。桌面开有许多小孔,孔与气垫风箱相连,输送带的上表面平时略低于毡面,输送玻璃片时通过抬起装置将其抬起,使其上表面略高于毡面,输送带的传动装置及抬起装置均装于桌面下。气垫装置由风箱、风管、风机等构成,风箱装于桌面下,与桌面小孔相连,并通过风管与风机相通。切割玻璃片前,玻璃片要准确地停在切桌的一定位置上,当需要调整玻璃片的位置时,启动风机,打开风管闸板,使风机向风箱吹风,风箱的空气从小孔溢出,形成气垫,将玻璃片托起,以便于调整玻璃片的位置及避免玻璃表面擦伤。切割玻璃时关闭风管闸板,玻璃片落在桌面上。

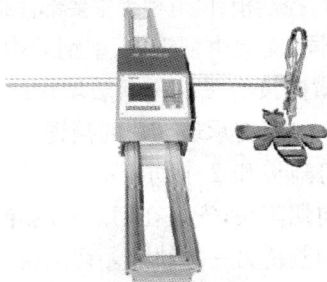

图7-7 便携式火焰切割机 　　图7-8 数控玻璃自动切割机

切割桥是横跨于切桌上空的金属结构桥,支承于切桌纵向外侧的金属导轨上,桥纵向运动的传动机构由编程器、编程电机、齿轮组成。从控制柜传输来的控制脉冲传到编程器,由编程器换算为编程电机的转动转数,编程电机的曲轴带动小齿轮,后者的齿数、齿距是固定的,控制编程电机的转数就可控制切割桥纵向的运动距离。此传动机构共有两套,每边各一套,同步运转。切割玻璃的切割头装于切割桥侧面的导轨上,导轨轨面经过精密加工,切割桥也有类似的固定齿条,用类似的传动方式控制切割头的横向运动。切割玻璃的刀轮是用硬质合金钢制成,装于一旋转轴上,该轴装于一汽缸活塞杆端部,钢及汽缸均装于切割头上。另外有一套调节装置调节旋转轴,使通过刀轮刃口的垂直面总与设定的切割线的方向一致。刀轮施于玻璃表面的压力,则由装于旋转轴上部的小型气缸调节。

控制柜是集中安装自动控制装置的操作柜,有不同自控水平的控制柜,采用数控者,只需将玻璃原片的规格、所需半成品玻璃片的规格、形状、数量等数据,通过磁盘、穿孔带或人工键盘输入控制柜台,切割机即可按所输入的数据经过微机优化后,自动组合在各块玻璃原片内切出那些半成品,最后切出所需数量的各种形状、规格的半成品。

掰板台为一气垫台,其构造与上述气垫装置的结构相同。此台纵向有一块、横向有 1～3 块顶板,已经切出刀痕的玻璃片由切桌上的输送带自切桌送入掰板台,此时气垫将玻璃片托起,人工手扶玻璃片,将其移至顶板上适当位置,然后停止送风。玻璃片落在台面上,人工脚踏顶板机构,使顶板升出台面,玻璃即自刀痕处断开。作第二次掰断时,先将气垫送风闸板打开,台面产生气垫,由人工再将玻璃片移至适当位置,停止送风后用顶板将玻璃掰断,如此反复进行,直至全部掰断,再将所切成的半成品取出,将所掰下的玻璃边清除干净,掰板工作即告结束。

供电柜是本机拖动电力连接电源之处。

玻璃切割机根据其结构及自控水平有许多类型,切割玻璃的形状、规格、尺寸公差、切裁效率及操作劳动强度各不相同。上述数控玻璃自动切割机是当今最先进的切割机之一,适合于大规模生产使用。

2. 翻转式玻璃切割机

翻转式玻璃切割机由切桌、切割桥、液压翻转装置、控橱柜、供电柜等主要部件组成。

切桌的桌面、气垫装置与上述有关内容基本相同,支架由型钢柱、型钢架构成,其外侧不封钢板。桌面设有输送带,纵向设有 1 块、横向设有 2 块掰断玻璃用的顶板,这些顶板用气动装置控制其升降动作。桌面纵向一侧有支承玻璃片的挡辊。

切割桥由金属结构桥和切割头组成,有 1 个切割头和 2 个切割头两种切割桥。横向、纵向切割分别使用不同的切割头,有 1 个横向切割头,安装在切割桥的导轨上,只能进行横向切割;另有 9 个纵向切割头,安装在切割桥另一导轨上。切割桥导轨一侧装有精细刻度的标尺,导轨上有滑块,切割头装在精块上,其位置由人工依据切裁的尺寸对照标尺精确定位。此两种切割头的硬质合金钢刀轮均装在一小型气缸的活塞杆上,工作时向气缸供压缩空气,刀轮向下并以一定压力压在玻璃上。纵向切割头一般不需全部工作,需要工作时其洪气支管的调节阀事先打开。此种切割桥采用按钮人工操作。液压翻转装置由一组液压缸组成。切桌的一侧支架与固定于地面的钢结构铰接,设有一组液压缸,其活塞杆端部与切桌的型钢梁铰接,当活塞杆处于拉回状态时,切桌面成水平状态。当液压缸反向供液,活塞杆推出时,切桌面翻转80°。

此种玻璃切割机只能切出矩形的玻璃。大规格的玻璃原片,通常采用吊车—真空吸盘组合装置装片。

3. 靠模切割机

靠模切割机由气垫切割台、气箱、风机柜、电气柜、进料辊、模板、模板架、切割臂、切割头等组成。

气箱、风机柜、电气柜用型钢及钢板组合成一箱体,箱体型钢架的四角下面各有一调节螺栓。气箱在箱体的上部,下部是电气根和风机柜,各部分由钢板隔开。电气柜是本机的供电枢。风机柜内安装风机,有送风管。吸风管与气箱及与通向车间的短管相接,管上装有换向阀。

进料辊是套有橡胶圈的辊子。用轴承座装于风箱 3 个侧面的上沿,装卸玻璃片时,先将玻璃靠在辊上,避免玻璃表面被切割台边缘擦伤。气垫切割台装在气箱的顶部,由钻有许多小孔的铝板、毛毡、定位块及定位杆组成。小孔与气箱相连,当风机向气箱送风时,台面形成气垫;当拨动换向阀使风机从气箱抽气时,台面形成负压场,把玻璃片吸牢在切割台面上。在台面上横向有定位块,纵向有定位杆,用来将玻璃原片在台面上定位。

模板由多层胶合板制成,中间按所需切割的玻璃尺寸加上余量后镂空。并用模板架固定在气垫切割台台面的上方。模板架有两块定位架,装在切割台纵向的操作侧,可移定位架装于气箱横向外侧上沿的滑轨上,而模板架装在这两个定位架上,并有锁紧装置锁紧,切割玻璃时模板不摆动。

切割臂由两段铝型材工作臂铰接而成。气箱型钢架非操作侧装有一支座,切割臂的一端装于此支座的立轴上,处于模板的上方,可在模板的上方绕支座上的立轴钮铰接轴摆动。支座下面有两只调节螺栓,调整两螺栓,可使切割臂在水平面上摆动。臂的另一端装切割头,切割头由手柄、按钮盒、挡轮、挡套、刀轮座、刀轮、切割液管子及阀门等组成。

4. 水平式夹层玻璃自动切割机

水平式夹层玻璃自动切割机由切割机及掰断两大部分组成。前者的切桌、切割桥、电脑控制箱等部件的结构与玻璃自动切割机很相似。

本机的特点是有两个切割桥,分别安装在切桌的上、下方。两个切割头同时同方向在同一垂直面上对夹层玻璃的上下表面进行切割,两条刀痕处在同一垂直面上;夹层玻璃的掰断有冷掰及热掰两种工艺,前者的掰断装置装在切桌的中部,切出刀痕的夹层玻璃在刀痕两边用夹板夹紧,然后液压装置将玻璃在切痕处折断,台上装有拉伸装置,用此拉伸装置将玻璃在断裂处拉开,中间的 PVB 膜即被折断,夹层玻璃一分为二,即使是厚玻璃及膜片,边缘也都是平滑的,尺寸精确。

此种夹层玻璃自动切割机能切割 4mm 厚膜片,总厚度达 28mm 的夹层玻璃,但只能切割双层玻璃,且只能直线切割,操作时往往使用起重设备将大块的夹层玻璃装上切桌,在选用设备时,需考虑配备起重设备。

5. 水平式无齿锯切割机

水平式无齿锯切割机由金刚砂砂轮片、传动装置、固定式悬臂梁、移动式载物架、导轨、导向板、工作台、机架、水喷头及控制台等组成。工作台、固定式悬臂架与机架连成一体,构成一坚固的钢结构。工作台上装有导轨及导向板,移动式载物架装于导轨上。

金刚砂砂轮的传动装置装在固定式悬臂梁上,金刚砂砂轮装在其传动装置的轴上。

传动装置由变速电机驱动,所需切割的夹层玻璃平放在移动式载物架上,导向板定位后,夹层玻璃的一边紧靠导向板,启动传动装置,先用低速运转,徐徐推动移动式载物架,即可将夹层玻璃切割成预定的尺寸。如在移动式载物架上先装上具有一定角度的垫板,再将夹层玻璃放在垫板上,则夹层玻璃的切口是垫板倾角为补角的斜切口。

水喷头装在固定式悬臂梁的一侧,与水管相连,切割玻璃时,用自来水经喷嘴喷于金刚砂砂轮片与玻璃相接触处,以冷却砂轮片及防止玻璃粉尘飞扬。

该机用于切割多层夹层玻璃,适用于切割规格较小的产品,能切厚度大的产品。

三、木工锯机

木工锯机是用有齿锯片、锯条或带齿链条切割木材的机床。锯机除在木器加工中广泛应用以外,在流通领域也常作为流通中的原木和木材的加工设备。锯机按刀具的运动方式可分为:刀具作往复运动的锯机,如狐尾锯、线锯和框锯机;刀具作连续直线运动的锯机,如带锯机和链锯;刀具作旋转运动的锯机,如各种圆锯机。

(一)带锯机

带锯机是以张紧在锯轮上的环状无端带锯条沿一个方向连续运动而实现切割木材的锯机。其主参数为锯轮直径。通常锯轮直径大于等于 1500mm 的带锯机称重型;小于等于 900mm 称为轻型;两者之间为中型。

带锯机按工艺用途的不同可以分为原木带锯机、再剖带锯机和细木工带锯机。原木带锯机,如图 7-9 所示,主要是把原木锯解成方、板材。再剖带锯机,主要将毛方、厚板材、厚板皮等再剖成薄板材。细木工带锯机,如图 7-10 所示,可用于成批较小零件的加工或外形为曲线的零件加工。

图 7-9 原木带锯机   图 7-10 细木工带锯机

对于原木带锯机和再剖带锯机,根据其锯轮布局的位置不同又有立式和卧式之分,一般立式居多,不特别注明者均为立式;卧式带锯机,常用于贵重原木或厚板皮的锯解。传统使用的带锯机是单锯条,称单锯带锯机。由多台单锯条立式带锯机组合而成的称为多联木工带锯机。

原木带锯机的锯轮直径通常在 1m 以上,为适应锯机在车间工艺布置中位置不同的要求,有右式和左式之分。一般不特别说明者均为右式,即站在进锯处观察,锯轮按顺时针方向回转;反之则为左式,并在型号中加有结构特性代号(Z)。

与圆锯机、框锯机相比,带锯机所用锯条较薄,可以减少锯路损失,增加成材出材率。就整个生产过程平均计算,锯路损失可比圆锯机减少 1/2～2/3,比框锯机减少 1/3～1/2。

(二)框锯机

框锯机主要用于将原木或毛方锯解成方材或板材,如图 7-11 所示。按锯框运动方向,框锯机可分成立式和卧式两种,以立式居多。因锯框上安装多片锯条,在一次进给中能锯较多的木材,所以框据机的生产率较高。现代框锯机自动化程度较高,使用锯条刚性好,锯得的板面质量较好,对操作工技术要求低。但框锯机锯条较厚,锯路大,原材损失大,出材率不及带锯机;此外,框锯机的主运动是直线往复运动,有空行程损失,且换向时惯性较大,因此限制着切削速度的提高。

(三)圆锯机

圆锯机结构简单,效率较高,类型众多,应用广泛,按照切削刀具的加工特征可分为纵剖圆锯机、横截面圆锯机和万能圆锯机。纵剖圆锯机主要用于对木材进行纵向锯解;横截面圆锯机用于对工件进行横向截断。图 7-12 为一种圆锯机的外观图。

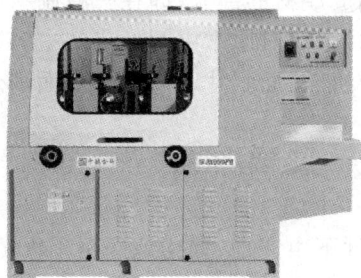

图 7-11　框锯机　　　　　　　　　　图 7-12　圆锯机

(四)锯板机

随着人造板的大量应用,传统的通用木工圆锯机无论是加工精度、结构形式以及生产效率等方面都已不能满足生产要求,因此,各式专门用于板材开料的圆锯机——木工锯板机获得了迅速发展。木工锯板机,如图 7-13 所示。主要用于软硬实木、胶合板、纤维板、刨花板以及一面或两面贴有薄木、纸、塑料、有色金属或涂蜡的饰面板等板材的纵切横截或成角度的锯切，以获得尺寸符合规格的板件；同时，还可以用于各种塑料板、绝缘板、薄铝板和铝型材等锯切。通常经锯板机锯切后的规格板件尺寸准确、锯切表面平整光滑、无需再作进一步的精加工就可以进入后续工序。

图 7-13　木工锯板机

(五)多联木工带锯机

多联木工带锯机大多是由多台单锯条立式带锯机组合而成。根据组合在一起的锯条数，可分为双联、三联、四联、五联和六联带锯机等多种组合形式。根据各锯条相对于工件的位置又可分为对列式(或称并列式)和纵列式。前者各锯条配置在原木纵向轴线两侧的对称位置上；后者则安置在原木纵向轴线的一侧。多联带锯机各锯条之间的距离，可根据所需板、方材的宽度，按指令自动、快速和准确地调整，是一种新型、高效的制材机械。可以作为主锯机把原木剖成毛方和毛边板或起再剖锯的作用，将毛方、方材、厚板锯剖成较薄的板材。

多联带锯机既具有普通带锯机锯条薄、锯路窄、出材率较高的优点，同时又具有像框锯机一样，可以连续进料，一次能完成多道锯口、生产率较高的优点。其生产率高于一般带锯机，灵活性优于框锯机，成材出材率又好于削片制材联合机，且锯切精度也能保证。因而，近年来在国内外已获得广泛应用，尤其适用于中、小径级软材原木的大批量制材生产。

(六)削片制材联合机

削片制材联合机是将削片和锯切组合在一起，或以削片代替锯切的一种新型制材设备。它可将经过剥皮的原木外部不适宜于制成成材的部分，即在一般制材中成为板皮板条(包括部分锯屑)的部分削制成工艺木片，而对原木中间形成的主料则可再锯切成成材。削片制材机主要有四面削片制方机、三面削片裁边机和双面削片裁边机等形式。

四、冷链设备

冷链设备是将生鲜、易腐物品在低温冷藏条件下由产地、捕捞地送至零售卖场、家庭而采用的运输、储存设备的总和。运用冷链设备不仅可以有效控制物品在物流过程中的温度，而且还可减少因物品鲜度下降、变色、变质、腐烂等带来的损耗，降低经营成本。常用冷链设备包括冷库、冷藏箱、保冷背包及冷藏车等。

1.冷库

冷库一般是指用各种设备制冷并能人为控制和保持稳定低温的设施。其基本组成部分是制冷系统、电控装置、有一定隔热性能的库房、附属性建筑物等。

制冷系统主要包括各种制冷设备，是冷库的心脏，通过其制造冷量来保证库房内的冷源供应；

电控装置是冷库的大脑,指挥制冷系统保证冷量供应；

具有一定隔热性能的库房,是贮藏保鲜物品的场所,其作用是保持稳定的低温环境。库房良好的隔热保温结构,可以最大限度地减少制冷设备制造的冷量向库外泄露。

我国的冷库种类较多,分类如下：

按库房容积大小可分为：大型、中型和小型。大型库指的是库容在 1000t 以上的冷库,库容在 100t～1000t 的冷库称为中型库,100t 以下的冷库称为小型库。

按制冷机使用的制冷剂不同可分为使用氨制冷剂的氨机库和使用氟制冷剂的氟机库。氨机库一般用于果蔬的贮藏。

按冷库的温度高低可分为低温库和高温库。低温库的温度一般在 −18℃ 以下,主要储存水产、肉食类,高温库的最低温度一般在 −2℃ 左右,主要用于果蔬的保鲜。

按冷库内冷分配器的形式可分为排管冷库和冷风机冷库。果品蔬菜保鲜一般用冷风机冷库。

按库房的建筑方式可分为土建冷库、装配冷库和土建装配复合式冷库。土建冷库(早期冷库)一般是夹层墙保温结构,占地面积大,施工周期长。装配式冷库是预制保温板装配式的库房,具有保温隔热、防潮防水、阻燃性强、抗压强度高、抗震性能好、建设工期短、可拆卸等优点,但投资较大。土建装配复合式冷库是土建冷库和装配冷库的结合,库房的承重和外围结构是土建的形式,保温结构则采用聚氨酯喷涂发泡或聚苯乙烯泡沫板装配的形式。

2. 冷藏箱

冷藏箱是一种应用广泛的冷链设备,可以在宾馆、医院、汽车、船舶、家庭卧室、客厅等环境中灵活使用。

根据制冷机制的不同,冷藏箱有压缩式冷藏箱、半导体式冷藏箱和吸收式冷藏箱三种类型。

压缩式冷藏箱是最常见的种类,通过压缩机制冷,具有制冷速度较快、耗能较低、品种齐全、制冰能力强等优点,适合家庭使用。目前市场上出售的压缩式冷藏箱的容积有 46L、50L、60L、80L、100L 以上等各种型号。但压缩式冷藏箱噪声大、体积大、只能用交流电,对能源要求严格,不适宜在宾馆、医院、汽车、船舶等特殊环境中应用。

半导体式冷藏箱是利用半导体冷冻晶片进行核心制冷的冷藏箱。其重量轻,既可制冷又可制热,无氟利昂,成本较低。容积有 6L,12L,16L 和 18L 及以上等多种,可应用在汽车、船舶等特殊环境中。但由于其制冷、制热效果不理想,且耗能大、使用寿命短,目前在市场上并不多见。

吸收式冷藏箱采用吸收式制冷技术,以氨作制冷剂,水作吸收剂,氢或氦作扩散剂,利用热虹吸原理,使制冷系统连续运行,从而达到制冷效果。吸收式冷藏箱无运

动部件、无噪声、无氟利昂、寿命长、可按需要应用多种
能源,适合宾馆、医院、汽车、船舶、家庭卧室等环境和
出外旅游时使用。

根据外形特征的不同,冷藏箱还可分为手提冷藏
箱、背带冷藏箱和柜式冷藏箱三种类型。

手提冷藏箱,如图 7-14 所示。其冷藏温度可从
$+5℃$ 到 $-65℃$,净重不超过 5kg,体积小,可手提
携带。

图 7-14　手提冷藏箱

背带冷藏箱,如图 7-15 所示。其制冷温度可以达到 5℃,设计成背包形式。

柜式冷藏箱,如图 7-16 所示。其制冷温度一般可以达到 5℃,净重在 7kg 左右。

这三种冷藏箱使用简单,寿命长,维修方便,宜于室内外使用。

图 7-15　背带冷藏箱

图 7-16　柜式冷藏箱

3. 冷藏车

冷藏车是在有保温层的封闭式车厢上装有强制冷却装置(即制冷机)的汽车,适
用于要求可控低温条件货物的长途运输。我国的冷藏车是 20 世纪 80 年代初期发展
起来的,虽然比发达国家发展晚,但现在我国冷藏车发展速度很快,已成为国家冷链
工程的主导运输工具。目前国内生产的冷藏汽车最低可调温度多在 $-18℃$,而实际
可以达到的最低温度在 $-20℃$ 以下。

五、商品混凝土搅拌及输送设备

目前,世界各先进工业国家商品混凝土的普及率已达到 80% 左右。生产商品混
凝土的设备主要包括:混凝土原材料的运输和预处理设备、混凝土配料和搅拌设备、
混凝土运输及布料设备等。其中核心设备是混凝土搅拌站(楼)、混凝土搅拌运输车
和混凝土输送泵。

混凝土搅拌站(楼)进行商品混凝土的自动化生产;商品混凝土搅拌运输车则负
责将商品混凝土从混凝土搅拌站(楼)输送到施工现场,并且在运输过程中,保证混凝
土拌和物不发生分层离析与初凝;混凝土输送泵则负责完成混凝土自施工区至浇筑

地点的水平或垂直输送。

(一)混凝土搅拌站(楼)

按结构不同,混凝土搅拌站(楼)可分为固定式、装拆式及移动式。固定式搅拌楼是一种大型混凝土搅拌设备,生产能力大。主要用在商品混凝土工厂、大型预制构件厂和水利工程工地。装拆式搅拌站由几个大型部件组装而成,能在短时期内组装和拆除,可随施工现场转移,适应建筑施工现场。移动式搅拌站是把搅拌装置安装在一台或几台拖车上,可以移动转移,机动性好。这种搅拌站主要用于一些临时性工程和公路建设项目中。

搅拌站如图 7-17 所示,搅拌楼如图 7-18 所示。搅拌站生产能力小,容易拆装,能组成集装箱转移地点,属于拆装式;搅拌楼体积大,生产率高,适用于产量大的商品混凝土供应,属于固定式搅拌装置。

图 7-17 混凝土搅拌站

图 7-18 混凝土搅拌楼

按其作业形式不同,混凝土搅拌站(楼)可分为周期式和连续式两种。周期式搅拌站(楼)的进料和出料按一定周期循环进行。连续式搅拌站(楼)的进料和出料则为连续进行。

(二)混凝土搅拌运输车

商品混凝土搅拌运输车,如图 7-19 所示,主要适合于市政、公路、机场工程、大型建筑物基础及特殊混凝土工程的机械化施

图 7-19 商品混凝土搅拌运输车

工,是商品混凝土生产和使用中不可缺少的一种重要设备。由于搅拌站(楼)至施工现场距离远近的不同和材料供应条件的各异,商品混凝土搅拌运输车的输送方式又可分为以下几种。

1.湿料搅拌输送

即拌筒内装载的是已经预制好的混凝土,适用于 10km 以内的运输。在输送途中,拌筒以 1.3r/min(转/分)的转速作低速转动,对混凝土进行搅动。其目的是为了

防止混凝土在途中产生初凝和离析。但是,预制混凝土在 1.5h 后即开始凝结,因此,预制混凝土从运送到浇灌的时间不能超过 1.5h。国内常见的混凝土搅拌运输车均为湿料输送。

2. 半干料搅拌输送

即将按预先配比称量好的砂、石、水泥和水装入拌筒内,在行驶途中或施工现场完成搅拌作业。一般来说,拌筒转动 70~100 周后就能完成搅拌作业。如果运输的距离较长,拌筒转动的总周数超过 100 周时,就应将拌筒调到较低的转速继续进行转动。在运输半干料时,加入拌筒的混凝土配料不能超过拌筒几何容积的 67%。

3. 干料搅拌输送

干料搅拌运输是将砂、石和水泥在干的状态下装入拌筒,运输车在运输途中对干料进行搅拌,在到达施工现场时,从运输车的水箱内将水加入拌筒,完成最终的搅拌,这种方式适用于运距在 10km 以上的混凝土运输。在干料运输时,装料容量一般不超过拌筒几何容积的 63%。

(三)混凝土输送泵车

混凝土输送泵车是在拖式混凝土输送泵基础上发展起来的一种专用机械设备。其应用将混凝土的输送和浇筑工序合二为一,节约了劳动时间,同时完成水平和垂直运输,节省了起重设备。如图 7-20 所示。

图 7-20　混凝土输送泵车

S 本章小结

流通加工是指物品从生产领域向消费领域流动过程中,为了促进销售,维护产品质量和提高物流效率,而对商品所进行的初级或简单再加工。常见的流通加工形式包括,以保存产品为主要目的的流通加工,为适应多样化需要的流通加工,为了方便消费、省力的流通加工,为提高产品利用率的流通加工,为提高物流效率、降低物流损失的流通加工,为衔接不同运输方式、使物流更加合理的流通加工,为实现配送进行的流通加工等。

流通加工合理化的含义是实现流通加工的最优配置。常见的流通加工合理化方式包括,做好流通加工的可行性分析,合理设置流通加工地点,加工和配送结合,加工和合理运输结合,加工和合理商流相结合。

流通加工设备是完成流通加工任务的专用机械设备。利用流通加工设备进行加工,不仅可以改变或完善商品的原有形态,而且可使商品在流通过程中实现价值增值。根据流通加工形式和加工对象的不同,加工设备可分为多种类型。本章简要介绍了各种流通加工设备,并以剪板机、切割设备、木工锯机、冷链设备、商品混凝土搅拌及输送设备,围绕其作用、结构及主要分类作了详细阐述。

剪板机主要用于板料或卷料的剪裁,能剪切各种厚度的钢板材料,常见剪板机包括,圆盘剪板机、多功能剪板机、摆式剪板机、振动剪板机、机械剪板机等。

切割机是常用的流通加工设备之一,种类繁多,而最常用的设备是金属切割机和玻璃切割。

木工锯机在流通领域也常作为流通中的原木和木材的加工设备。常见的木工锯机包括,带锯机、框锯机、圆锯机、锯板机、多联木工带锯机、削片制材联合机。

冷链设备是食品流通加工过程中必不可少的设备,主要包括冷库、冷藏箱、保冷背包及冷藏车等。

商品混凝土搅拌及输送设备是商品混凝土生产和使用中不可缺少的一种重要设备,既承担着混凝土的生产,又实现了混凝土的运输。

E 思考题

1. 什么叫流通加工? 与生产加工相比,其不同之处在哪里?
2. 流通加工合理化方式有哪些?
3. 简述流通加工设备在流通加工中的地位和作用。
4. 流通加工机械是如何分类的?
5. 常见的剪板机有哪几种? 分别具有什么用途?
6. 简述剪板机的主要技术参数。
7. 常见的金属切割机有哪几种? 分别具有什么功用?
8. 常见的木工锯机有哪些? 主要用途分别是什么?
9. 如何理解冷链设备以及其在流通加工中的特殊地位?
10. 简述冷库的分类。
11. 简述冷藏箱的分类,并比较各类冷藏箱的性能和特点。
12. 简述商品混凝土搅拌及输送设备的主要作用。

E 练习题

1. 简答题
①什么叫流通加工?
②流通加工主要有哪些形式?
③什么是流通加工的合理化?
2. 论述题
试述流通加工合理化的意义及实现流通加工合理化的措施。

C 案例

阿迪达斯设立流通加工超级市场、顾客络绎不绝

阿迪达斯公司在美国有一家超级市场,设立了组合式鞋店,摆放着不是做好了的鞋,而是做鞋用的半成品,款式花色多样,有六种鞋跟、八种鞋底,均为塑料制造的,鞋面的颜色以黑、白为主,搭带的颜色有八十种,款式有百余种,顾客进来可任意挑选自己所喜欢的各个部位,交给职员当场进行组合。只要十分钟,一双崭新的鞋便唾手可得。这家鞋店昼夜营业,职员技术熟练,鞋子的售价与成批制造的价格差不多,有的还稍便宜些。顾客络绎不绝,销售额比邻近的鞋店多10倍。

第八章 包装技术与设备

【学习目标与要求】

理解包装的概念、特点与功能；
掌握包装的分类及包装所用的材料；
掌握物流包装的容器技术与物流包装的保护技术；
理解绿色包装的概念；
了解几种主要的包装机械。

第一节 包 装 概 述

一、包装概念

我国发布的《物流术语》将包装定义为："包装是指为在流通过程中保护产品、方便储运、促进销售，按一定技术方法而采用的容器、材料及辅助材料等的总体名称。包装也指为了达到上述目的而采用容器、材料、辅助材料的过程中施加一定技术方法等的操作活动。"简言之，包装是包装物及包装操作的总称。

在流通领域中，包装大致可分为销售包装和运输包装两类，前者主要目的在于美化、宣传商品，以扩大销售量，包装是连同商品一起卖给消费者的；后者主要目的在于方便装卸、储运，使商品在整个物流过程中完好无损。

二、包装在物流中的地位

在社会再生产过程中，包装处于生产过程的末尾和物流过程的开头，既是生产的终点，又是物流的始点。

在现代物流观念形成以前，包装被看成生产的终点。因而一直是生产领域的活动，包装的设计往往主要从生产终结的要求出发，因而常常不能满足流通的要求。现代物流观点认为，包装与物流的关系，比之与生产的关系要密切得多，其作为物流始点的意义比之作为生产终点的意义要大得多。所以,包装应进入物流系统之中,成为物流大系统中的一环。

包装对物品具有保护性、单位集中性和便利性三大特点,同时具有保护商品、方便物流、促进销售、方便消费四大功能。

第二节 包 装 技 术

一、包装的分类

1. 按包装材料的不同分类

(1)纸质包装。纸质包装由于成本低、质量轻、回收容易,应用广泛。

(2)木材包装。通常为运输包装,其形式主要有各种箱、桶、托盘等。

(3)塑料包装。由于塑料所具有的许多优点,如气密性好、易于成形封口、防潮、耐酸碱、耐腐蚀等,应用较为广泛。常用的有聚乙烯(PE)、聚丙烯(PP)、聚偏二氯乙烯(PVDC)、聚苯乙烯(PS)。除 PVDC 有"绿色包装"无毒安全外,其他或多或少存在问题,并且难以处理,造成环境影响。针对于此,新开发的有降解塑料。

(4)金属包装。常用的金属包装有以下三种:马口铁容器、铝罐和喷雾罐。马口铁易发锈;铝罐质量轻,但价格较高;喷雾罐使用方便,通常用于杀虫剂、摩丝(发胶)、药物喷剂等。

2. 按包装的容器不同分类

大致可分为桶包装、袋包装、木箱包装、瓦楞纸箱包装四种。

(1)桶包装。该包装所用的桶一般有钢桶、塑料桶和纤维桶三类。

①钢桶由薄钢板制成,刚度、强度均较好,其缺点是造价高,自重大,易腐蚀。广泛用于石油、油脂、食用油及化工产品的储运;由于钢板的导热性好,不宜包装对温度敏感的物品。

②塑料桶与钢桶相比较,自重轻,纵向强度高而横向强度低,所以只能竖直码垛;防水、防潮能力较差,不能室外存放,更忌雨水淋;密封性差,如有需要,可在桶内加塑料袋密封。

③纤维桶的自重较轻,纵向强度高而横向强度低,所以只能纵向码垛而不能横向码垛;防潮防水能力差,不能露天存放;密封性差,如有必要,可在桶内加塑料带密封;成本低,回收容易,对环境无影响。

(2)袋包装。用来包装块状、粉状、粒状货物。包装袋有纸质包装袋、塑料薄膜包装袋、塑料编织袋、组合包装袋几种。

(3)箱包装。

①木箱。包装用的木箱大致可以分成两类:一类为钉板箱或捆板箱,用来包装轻

小物品、仪器、器械,其体积大都在 $1m^3$ 及以下,载重量在 200kg 以下。其优点是抗碰撞、刺穿能力强,可承受较大载荷,对物品有较好的保护能力,缺点是自重、体积均较大,目前需求量极大,居各种木箱首位;另一类为滑木钉板箱,又称滑木箱,即在箱底装有滑木的钉板箱,主要用来包装大型机械设备。

②瓦楞纸箱包装。运输包装常用的为开槽型瓦楞纸箱,是由一整张瓦楞纸板,通过折叠、钉合、黏合而成,其顶部和底部通常构成箱顶和箱底。瓦楞纸板由面、里、芯三层纸板中间夹两层瓦楞芯纸,黏合而成。瓦楞纸箱经常和泡沫衬垫配合使用,以达到更好的防振效果。

3. 按包装的目的、技术不同分类

(1)按包装目的不同可分为,商业包装和运输包装。

商业包装:是以促进销售为主要目里的包装,其特点是外形美观,有必要的装潢,包装单位适合于顾客的购买量以及商店陈设的要求。在流动过程中,商品越接近顾客,越要求包装有促进销售的效果。

运输包装:是以强化输送、保护产品为目的的包装。运输包装的重要特点,是在满足物流要求的基础上使包装费用越低越好。为此,必须在包装费用和物流时的损失两者之间寻找最优的效果。

(2)按技术不同对产品的包装可以分为,防水防潮包装、防锈包装、防虫包装、防腐防霉包装、防震包装、危险品包装等。

二、包装材料

常用的包装材料主要有:

(1)纸及纸制品:牛皮纸、玻璃纸、植物羊皮纸、沥青纸、板纸、瓦楞纸板。

(2)塑料及塑料制品:聚乙烯、聚丙烯、聚苯乙烯、聚氯乙烯、钙塑材料。

(3)木材及木制品。

(4)金属:镀锡薄板、涂料铁、铝合金。

(5)玻璃、陶瓷。

(6)复合材料。

三、包装技术

(一)物流包装的容器技术

1. 袋包装技术

袋包装是柔性包装中的重要技术,包装袋材料是挠性材料,有较高的韧性、抗拉强度和耐磨性。一般包装袋结构是筒管状结构,一端预先封死,在包装结束后再封装另一端,包装操作一般采用充填操作。包装袋广泛适用于运输包装、商业包装、内装、外装。包装袋一般分成下述三种类型:

(1)集装袋。这是一种大容积的运输包装袋,盛装重量在1t以上。集装袋的顶部一般装有金属吊架或吊环等,便于铲车或起重机的吊装、搬运。卸货时可打开袋底的卸货孔,即行卸货,非常方便。适于装运颗粒状、粉状的货物。

集装袋一般多用聚丙烯、聚乙烯等聚酯纤维纺织而成。由于集装袋装卸货物、搬运都很方便,装卸效率明显提高,近年来发展很快。

(2)一般运输包装袋。这类包装袋的盛装重量是 0.5~100kg,大部分是由植物纤维或合成树脂纤维纺织而成的织物袋,或者由几层挠性材料构成的多层材料包装袋。例如麻袋、草袋、水泥袋等。主要包装粉状、粒状和个体小的货物。

(3)小型包装袋(或称普通包装袋)。这类包装袋盛装重量较少,通常用单层材料或双层材料制成。对某些具有特殊要求的包装袋也有用多层不同材料复合而成。包装范围较广,液状、粉状、块状和异型物等可采用这种包装。

上述几种包装袋中,集装袋适于运输包装,一般运输包装袋适于外包装及运输包装,小型包装袋适于内装、个装及商业包装。

2. 盒包装技术

盒包装是介于刚性和柔性包装两者之间的包装技术。包装材料有一定挠性,不易变形,有较高的抗压强度,刚性高于袋装材料。包装结构是规则几何形状的立方体,也可裁制成其他形状,如圆盒状、尖角状,一般容量较小,有开闭装置。包装操作一般采用码入或装填,然后将开闭装置闭合。包装盒整体强度不大,包装量也不大,不适合做运输包装,适合做商业包装、内包装。

3. 箱包装技术

箱包装是刚性包装技术中的重要一类。包装材料为刚性或半刚性材料,有较高强度且不易变形。包装结构和包装盒相同,只是容积、外形都大于包装盒,两者通常以 10L 为分界。包装操作主要为码放,然后将开闭装置闭合或将一端固定封死。包装箱整体强度较高,抗变形能力强,包装量也较大,适合做运输包装、外包装,包装范围较广,主要用于固体杂货包装。主要包装箱有以下几种:

(1)瓦楞纸箱。瓦楞纸箱是用瓦楞纸板制成的箱形容器。按瓦楞纸箱的外形结构分类有折叠式瓦楞纸箱、固定式瓦楞纸箱和异形瓦楞纸箱三种。按构成瓦楞纸箱体的材料来分类,有瓦楞纸箱和钙塑瓦楞箱。

(2)木箱。木箱是流通领域中常用的一种包装容器,其用量仅次于瓦楞箱。木箱主要有木板箱、框板箱、框架箱三种。

①木板箱。木板箱一般用作小型运输包装容器,能装载多种性质不同的物品。木板箱作为运输包装容器具有很多优点,例如有抗拒碰裂、溃散、戳穿的性能,有较大的耐压强度,能承受较大负荷,制作方便等。但木板箱的箱体较重,体积也较大,其本身没有防水性。

②框板箱。框板箱是先由条木与人造板材制成之箱框板,再经钉合装配而成。

③框架箱。框架箱是由一定截面的条木构成箱体的骨架,根据需要也可在骨架外面加木板覆盖。这类框架箱有两种形式,无木板覆盖的称为敞开式框架箱,有木板覆盖的称为覆盖式框架箱。框架箱由于有坚固的骨架结构,因此具有较好的抗震和抗扭力,有较大的耐压能力,而且其装载量大。

(3)塑料箱。一般用做小型运输包装容器,其优点是,自重轻,耐蚀性好、可装载多种商品,整体性强,强度和耐用性能满足反复使用的要求,可制成多种色彩以对装载物分类,手握搬运方便,没有木刺,不易伤手。

(4)集装箱。由钢材或铝材制成的大容积物流装运设备,从包装角度看,也属一种大型包装箱,可归属于运输包装的类别之中,也是大型反复使用的周转型包装。

4. 瓶包装技术

瓶包装技术是采用包装瓶对物料进行包装的一种技术。包装瓶是瓶颈尺寸有较大差别的小型容器,是刚性包装中的一种,包装材料有较高的抗变形能力,刚性、韧性要求一般也较高,个别包装瓶介于刚性与柔性材料之间,瓶的形状在受外力时虽可发生一定程度变形,外力一旦撤除,仍可恢复原来瓶形。

包装瓶结构是瓶颈口径远小于瓶身,且在瓶颈顶部开口,包装操作是填灌操作,然后将瓶口用瓶盖封闭。瓶包装的包装量一般不大,适合美化装潢,主要做商业包装、内包装使用。主要包装液体、粉状货。包装瓶按外形可分为圆瓶、方瓶、高瓶、矮瓶、异形瓶等若干种。瓶口与瓶盖的封盖方式有螺纹式、凸耳式、齿冠式、包封式等。

5. 罐(筒)包装技术

包装罐是罐身各处横截面形状大致相同,罐颈短,罐颈内径比罐身内颈稍小或无罐颈的一种包装容器,是刚性包装的一种。包装材料强度较高,罐体抗变形能力强。包装操作是装填操作,然后将罐口封闭,可做运输包装、外包装,也可做商业包装、内包装用。包装罐(筒)主要有三种:

(1)小型包装罐。这是典型的罐体,可用金属材料或非金属材料制造,容量不大,一般是做销售包装、内包装,罐体可采用各种方式装联美化。

(2)中型包装罐。外形也是典型罐体,容量较大,一般做化工原材料、土特产的外包装,起运输包装作用。

(3)集装罐。这是一种大型罐体,外形有圆柱形、圆球形、椭球形等,卧式、立式都有。集装罐往往是罐体大而罐颈小,采取灌填式作业,灌填作业和排出作业往往不在同一罐口进行。另设卸货出口。集装罐是典型的运输包装,适合包装液状、粉状及颗粒状货物。

(二)物流包装的保护技术

1. 防震保护技术

防震包装又称缓冲包装,在各种包装方法中占有重要的地位。产品从生产出来到开始使用要经过一系列的运输、保管、堆码和装卸过程,置于一定的环境之中。在任何环境中都会有力作用在产品之上,并使产品发生机械性损坏。为了防止产品遭受损坏,需设法减小外力的影响,所谓防震包装就是指为减缓内装物受到冲击和振动,保护其免受损坏所采取的一定防护措施的包装。防震包装主要有以下三种方法:

(1)全面防震包装方法。全面防震包装方法是指内装物和外包装之间全部用防震材料填满进行防震的包装方法。

(2)部分防震包装方法。对于整体性好的产品和有内装容器的产品,仅在产品或内包装的拐角或局部地方使用防震材料进行衬垫即可。所用包装材料主要有泡沫塑料防震垫、充气型塑料薄膜防震垫和橡胶弹簧等。

(3)悬浮式防震包装方法。对于某些贵重易损的物品,为了有效地保证在流通过程中不被损坏,外包装容器比较坚固,然后用绳、带、弹簧等将被装物悬吊在包装容器内,在物流中,无论是什么操作环节。内装物都被稳定悬吊而不与包装容器发生碰撞,从而减少破损。

2. 防破损保护技术

缓冲包装有较强的防破损能力,是防破损包装技术中有效的一类。此外还可以采取以下几种防破损保护技术:

(1)捆扎及裹紧技术。捆扎及裹紧技术的作用,是使杂货、散货形成一个牢固整体,以增加整体性,减少破损,便于处理及防止散堆。

(2)集装技术。利用集装,减少与货体的接触,从而防止破损。

(3)选择高强保护材料。通过外包装材料的高强度来防止内装物受外力作用破损。

3. 防锈包装技术

(1)防锈油防锈蚀包装技术。大气锈蚀是空气中的氧、水蒸气及其他有害气体等作用于金属表面引起电化学作用的结果。如果使金属表面与引起大气锈蚀的各种因素隔绝(即将金属表面保护起来),就可以达到防止金属大气锈蚀的目的。防锈油包装技术就是根据这一原理将金属涂封防止锈蚀的。

用防锈油封装金属制品,要求油层要有一定厚度,油层的连续性好,涂层完整。不同类型的防锈油要采用不同的方法进行涂复。

(2)气相防锈包装技术。气相防锈包装技术就是用气相缓蚀剂(挥发性缓蚀剂),在密封包装容器中对金属制品进行防锈处理的技术。气相缓蚀剂是一种能减慢或完全停止金属在侵蚀性介质中的破坏过程的物质,在常温下即具有挥发性,在密封包装容器中,很短的时间内即可挥发或升华出缓蚀气体充满整个包装容器内的每个角落和缝隙,同时吸附在金属制品的表面上,从而起到抑制大气对金属锈蚀的作用。

4. 防霉腐包装技术

在运输包装内装运食品和其他有机碳水化合物货物时,货物表面可能生长霉菌,在流通过程中如遇潮湿,霉菌生长繁殖极快,甚至伸延至货物内部,使其变质、发霉、腐烂,因此要采取特别防护措施。

包装防霉烂变质的措施,通常是采用冷冻包装、真空包装或高温灭菌方法。

冷冻包装的原理是减慢细菌活动和化学变化的过程,以延长储存期,但不能完全消除食品的变质;

高温杀菌法可消灭引起食品腐烂的微生物,可在包装过程中用高温处理防霉。有些经干燥处理的食品包装,应防止水汽浸入以防霉腐,可选择防水汽和气密性好的包装材料,采取真空和充气包装。

真空包装法也称减压包装法或排气包装法。这种包装可阻挡外界的水汽进入包装容器内,也可防止在密闭着的防潮包装内部存有潮湿空气,在气温下降时结露。采用真空包装法,要注意避免过高的真空度。以防损伤包装材料。

防止运输包装内货物发霉,还可使用防霉剂,防霉剂的种类甚多,用于食品的必须选用无毒防霉剂。

机电产品的大型封闭箱,可酌情开设通风孔或通风窗等相应的防霉措施。

5. 防虫包装技术

防虫包装技术,常用的是驱虫剂,即在包装中放入有一定毒性和臭味的药物,利用药物在包装中挥发气体杀灭和驱除各种害虫。常用驱虫剂有荼、对位二氯化苯、樟脑精等。也可采用真空包装、充气包装、脱氧包装等技术,使害虫无生存环境,防止虫害。

6. 危险品包装技术

危险品有上千种,按其危险性质,交通运输及公安消防部门规定分为十大类,即爆炸性物品、氧化剂、压缩气体和液化气体、自燃物品、遇水燃烧物品、易燃液体、易燃固体、毒害品、腐蚀性物品、放射性物品等,有些物品同时具有两种以上危险性能。

对有毒商品的包装要明显地标明有毒的标志。防毒的主要措施是包装严密不漏、不透气。例如重铬酸钾(红矾钾)和重铬酸钠(红矾钠),为红色带透明结晶,有毒,应用坚固附桶包装,桶口要严密不漏,制桶的铁板厚度不能小于 1.2mm。对有机农药一类的商品,应装入沥青麻袋,缝口严密不漏。如用塑料袋或沥青纸袋包装的,外面应再用麻袋或布袋包装。用作杀鼠剂的磷化锌有剧毒,应用塑料袋严封后再装入木箱中,箱内用两层牛皮纸、防潮纸或塑料薄膜衬垫,使其与外界隔绝。

对有腐蚀性的商品,要注意商品和包装容器的材质发生化学变化。金属类的包装容器,要在容器壁涂上涂料,防止腐蚀性商品对容器的腐蚀。例如包装合成脂肪酸的铁桶内壁要涂有耐酸保护层,防止铁桶被商品腐蚀,使商品变质。再如氢氟酸是无机酸性腐蚀物品,有剧毒,能腐蚀玻璃,不能用玻璃瓶作包装容器,应装入金属桶或塑料桶,然而再装入木箱。甲酸易挥发,其气体有腐蚀性,应装入耐酸坛、玻璃瓶或塑料桶中,严密封口,再装入坚固的木箱或金属桶中。

对黄磷等易自燃商品的包装,宜将其装入壁厚不小于 1mm 的铁桶中,桶内壁须涂耐酸保护层,桶内盛水,并使水面浸没商品,桶口严密封闭,每桶净重不超过50kg。起燃烧的物品如碳化钙,遇水即分解并产生易燃乙炔气,对其应以坚固的铁桶包装,桶内充入氮气。如果桶内不充氮气,则应装置放气活塞。

对于易燃、易爆商品,例如有强烈氧化性的,遇有微量不纯物或受热即急剧分解引起爆炸的产品。防爆炸包装的有效方法是采用塑料桶包装,然后将塑料桶装入铁桶或木箱中,每件净重不超过50kg,并应有自动放气的安全阀,当桶内达到一定气体压力时,能自动放气。

7. 特种包装技术

(1)充气包装。充气包装是采用CO_2气体或氮气等不活泼气体置换包装容器中空气的一种包装技术方法,因此也称为气体置换包装。这种包装方法是根据好氧性微生物需氧代谢的特性,在密封的包装容器中改变气体的组成成分,降低氧气的浓度,抑制微生物的生理活动、酶的活性和鲜活商品的呼吸强度,达到防霉、防腐和保鲜的目的。

(2)真空包装。真空包装是将物品装入气密性容器后,在容器封口之前抽真空,使密封后的容器内基本没有空气的一种包装方法。

一般的肉类商品、谷物加工商品以及某些容易氧化变质的商品都可以采用真空包装,真空包装不但可以避免或减少脂肪氧化,而且抑制了某些霉菌和细菌的生长。同时在对其进行加热杀菌时,由于容器内部气体已排除,因此加速了热量的传导。提高了高温杀菌效率,也避免了加热杀菌时,由于气体的膨胀而使包装容器破裂。

(3)收缩包装。收缩包装就是用收缩薄膜裹包物品(或内包装件),然后对薄膜进行适当加热处理,使薄膜收缩而紧贴于物品(或内包装件)的包装技术方法。

收缩薄膜是一种经过特殊拉伸和冷却处理的聚乙烯薄膜,由于薄膜在定向拉伸时产生残余收缩应力,这种应力受到一定热量后便会消除,从而使其横向和纵向均发生急剧收缩,同时使薄膜的厚度增加,收缩率通常为30%～70%,收缩力在冷却阶段达到最大值,并能长期保持。

(4)拉伸包装。拉伸包装是70年代开始采用的一种新包装技术,它是由收缩包装发展而来的,拉伸包装是依靠机械装置在常温下将弹性薄膜围绕被包装件拉伸、紧裹,并在其末端进行封合的一种包装方法。由于拉伸包装不需进行加热,所以消耗的能源只有收缩包装的1/20。拉伸包装可以捆包单件物品,也可用于托盘包装之类的集合包装。

(5)脱氧包装。脱氧包装是继真空包装和充气包装之后出现的一种新型除氧包装方法。脱氧包装是在密封的包装容器中,使用能与氧气起化学作用的脱氧剂与之反应,从而除去包装容器中的氧气,以达到保护内装物的目的。脱氧包装方法适用于某些对氧气特别敏感的物品,使用于那些即使有微量氧气也会促使品质变坏的食品包装中。

第三节 绿 色 包 装

一、绿色包装的概念

绿色包装就是符合环保要求的包装,要求商品包装对生态平衡和人类健康均无毒无害。绿色包装泛指包装用料能够节省资源和能源,尽量减少包装废弃物;用后利于回收,再生成其他有用之物;填埋时少占地和易于降解。

在国际贸易中,任何一项环保措施在有利于环境保护的同时都可能成为贸易壁垒。因而由包装的环保要求而引发的贸易争端,加速了绿色包装在世界各国的发展。

随着科学技术的进步和人们环保意识的提高,绿色包装的内涵不断增多,所以绿色包装是一个动态概念。一般而言,应为有利于环境保护和资源再生利用的包装,包括下列构成要素:能够循环复用、再生利用或降解腐化并在产品整个生命周期中对人体及环境不造成公害。许多发达国家把绿色包装概括为,按"4R1D"原则设计的包装,即减量化(Reduce)、能重复使用(Reuse)、易于再回收(Recycle)、能再填充使用(Refill)、能降解腐化(Degradable)的包装。

二、绿色包装的意义

绿色包装是指对生态环境和人类健康无害。能重复使用和再生,符合可持续发展的包装,也可称之为生态包装。从技术角度讲,绿色包装是指以天然植物和有关矿物质为原料研制成对生态环境和人类健康无害,有利于回收利用,易于降解、可持续发展的一种环保型包装,也就是说,其包装产品从原料选择、产品的制造到使用和废弃的整个生命周期,均应符合生态环境保护的要求,应从绿色包装材料、包装设计和大力发展绿色包装业三方面入手实现绿色包装。

绿色包装之所以为整个国际社会所关注,是因为环境问题与污染的特殊复杂性,环境的破坏不分国界,一国污染,邻国受损,不仅危害到普通人的生存、社会的健康、企业的生产、市场的繁荣,还通过种种途径引发有关自然资源的国际争端。

绿色物流中包含绿色包装的内容,绿色包装是绿色物流的重要组成部分。绿色包装不但为绿色物流服务,而且还具有其他人文意义。如产品包装不仅仅要满足物流运输过程中的高效、便捷和不易损坏等要求,而且还要达到美观、实用和节省材料的要求。

三、绿色包装策略

1. 强化绿色包装意识

目前不少企业在对产品进行包装时仍然较多地把注意力集中于对商品使用价

值的保护上,而对环保问题却很少考虑。在"绿色浪潮"席卷全球的今天,企业应树立绿色营销观念,进一步认清绿色包装在国际流通领域中的地位和作用。应该清醒地认识到发展绿色包装不但可以降低能耗和物耗、降低成本、减少污染,而且可以提高企业形象,增加消费者对企业的认同感和信任感,从而提高产品的国际竞争力。

2. 充分利用可回收容器

我国人口众多,包装废弃物总量高,给生态环境造成严重污染。我国是发展中大国,经济实力不强、人均资源不足,然而废弃物利用率却很低,纸的回收率仅为15%。与此同时,我国每年却用大笔外汇进口数十万吨纸浆,造成资源浪费的同时导致外汇流出。为解决这一问题,在物流包装中应广泛采用可回收容器。可回收容器一直是物流系统的一部分,大多数可再利用的包装品为钢或塑料包装等。不过有一种趋势是对于许多小物品及零件,例如调料也使用可回收保障材料运输于各厂以及仓库到零售商店之间。可回收包装的使用越来越普遍,共有一个共同点:均有一个完整的标记系统以控制容器的流转。在可回收包装系统中,各方必须明确地使用这种标记以达到容器的最大化使用。否则容器会丢失、误放或被遗忘。

3. 工业物流成组化

工业包装通常将个别商品和零部件以箱、包、盒和桶来成组化以提高操作管理的效率。成组化基本方法包括,钢性容器形成单位载荷的成组化方法和承载工具的成组化方法。所有类型的集装化都有一个基本目的,那就是提高对物料搬运的效率,并节省包装、防止产品泄漏和污染环境,从而达到绿色包装的目的。

4. 加强绿色包装的设计研究

从我国的出口包装上看,存在的问题是材质差、衬垫不良、运输捆扎不合理和外观不清洁以及卫生标准不过关等。面对国际市场上的绿色包装要求,必须大力推进包装科技的开发。

四、国外的新包装技术

1. 索尼公司电子产品的新包装

索尼公司的产品包装,不但遵循"减量化、再使用、再循环"的循环经济原则,而且还在替代使用上想办法,对产品包装进行改进。1998年该公司就对大型号电视机的缓冲包装材料——泡沫塑料(EPS)进行了改进。采用八块小的 EPS 材料进行分割式包装,在达到缓冲防震的同时,减少了40%的 EPS 使用量;有的产品前面使用 EPS 材料,后面使用瓦楞纸板材料,并在外包装采用特殊形状的瓦楞纸板箱,以达到节约材料的目的;对小型号电视机则采用纸浆模塑材料替代原来的 EPS 材料。

2. 大日本印刷株式会社的新型包装

该企业的产品包装贯彻了充满环保意识的,包装材料减量化、使用后的包装体积可缩小化、再循环使用、减轻环境污染的四原则。

（1）包装材料减量化原则采用了减少容器厚度、薄膜化、削减层数、变更包装材料等方法；

（2）使用后的包装体积可缩小原则采用了箱体凹槽、纸板箱表面压痕、变更包装材料等方法，有些饮料瓶使用完毕后，体积变得很小，方便回收；

（3）再循环使用原则采用易分离的纸容器，纸盒里面放塑料薄膜，使用完毕后，纸、塑分离，减少废弃物，方面处理。

（4）减轻环境污染原则在包装产品的材料、工艺等方面进行改进，减少生产过程中 CO_2 的排放量，保护环境。

3. 东洋制罐株式会社的包装产品

东洋制罐株式会社开发的塑胶金属复合罐，是以 PET 塑胶及铁皮合成的二片罐，主要使用对象是饮料罐。这种复合罐既节约材料又易于再循环，在制作过程中低能耗、低消耗，属于环境友好型产品。

东洋制罐研发生产的一种超轻薄型玻璃瓶，这种容量达 187mL 的牛奶瓶其厚度只有 1.63mm，重 89g，比重 130g 的普通奶瓶轻 40%，可反复使用 40 次以上。

该公司还生产不含木纤维的纸杯和可生物降解的纸塑杯子。东洋制罐为了使塑料包装桶、瓶在使用后方便处理，缩小体积，在塑料桶上设计几道环形折痕，废弃时可很方便折叠缩小体积，这类塑料桶（瓶）的容积规格从 500mL 到 10L 都有。

五、我国绿色包装存在的问题

我国的企业，绿色包装方面还存在着一些问题和不足。

（1）许多企业仍未摆脱高投入、高消耗、高污染和低产出的粗放型经营模式；

（2）部分商品仍存在包装过度的现象；

（3）包装物回收率低，除部分 PET 瓶和饮料罐回收利用情况较好外，其他类型包装物的回收利用率相对较低；

（4）资源浪费严重，大量废弃包装物除增加了城市生活垃圾处理的负担外，还浪费了大量的资源；

（5）我国现有的包装物回收渠道比较混乱，原有的以单一的政府行为为依托的回收系统和渠道不畅通，以市场为依托的规范的回收网络尚未建立；

（6）包装物再生利用技术落后，资源的再生利用率低，而且还存在着较为严重的二次污染。

这些问题的存在，不仅与国家提出的建设资源节约型、环境友好型社会的要求不符，而且还制约着我国包装业的发展。

我们应不断致力于新技术、新工艺的研发与利用，加快改进回收利用技术，降低再生原料成本，开发研制绿色包装材料，以便在将来更有力地占领市场。

第四节　主要包装机械

一、包装机械的主要特点

包装机械的主要特点概括起来有如下几个方面：

(1)包装机械一般结构复杂，动作精度高。

(2)包装机械一般设计成自动包装机，能连续自动进行的包装。

(3)包装机械应在标准卫生条件下工作，不能有任何污染产品的现象。

(4)进行包装作业的工艺力较小，所以电动机的功率一般都比较小，一般采取无级变速装置，以调节生产能力，实际工作中的包装机械以机械传动为主要形式。

二、包装机械的基本结构

包装机械不论何等复杂，但基本结构主要有七个方面：进给机构、计量装置、传动机构、输送装置、动力部件、控制系统和机身与操作系统。

1. 进给机构

包括被包装产品的进给和包装材料或容器的进给。

2. 计量装置

为了保证包装工作不间断地进行，在物料供送前或供送过程中，必须进行计量，计量装置是用来计量供给的。计量方法主要有容量(积)计量法、称重计量法、计数定量法和重量流量法。

3. 传动机构

起着动力传递的作用，直接驱动各执行机构运动，完成包装作业，在包装机械中占有重要地位。

4. 输送装置

包装机械上的主要部件，其任务是将待包装物品和已包装好的产品，从一个工位运送到另一个工位上或从外部结构上把自动线上的各台单机联系，以至最后把包装制品输送入库。

5. 动力部件

动力部件有电动机、液压泵、压缩机以及作原动力的气缸、液缸等，以电动机最为普遍。电动机通过传动机构驱动各部件，往往是采用若干小功率($0.5\sim3kW$)的电动机作单独部件的驱动。

6. 控制系统

按被控制对象的状态不同，分为流动自动化控制和机械自动化控制。流动自动化控制主要是以连续进行变化的液体或粉状物等为对象，对其温度、流量、压力、料位等参数进行长期的连续定量控制;机械化自动控制主要以固体作为控制对象,对它们的位置、尺寸、形状、姿势等因素进行定性的间断性控制。

三、主要包装机械

按照包装加工的方式不同,可以将包装机械大致分为以下几种:充填机械、灌装机械、缝合机械、裹包机械、帖标机械、捆扎机械等。本书在此仅取有代表性的几种作介绍。

(一)计量充填机械

将产品按要求的数量装入包装容器中的操作称为计量充填。计量充填技术主要用于销售包装,在运输包装中也有应用,如用专用运输工具运输散装水泥、石油等。

实际生产中,由于产品的性质、状态和要求的计量精确度和充填方式等因素的不同,出现了各式各样式计量充填机构。通常按计量充填的原理不同,将计量充填机械分为容积式充填机、称重式充填机、计数式充填机三种类型。下面介绍其中的几种典型充填机。

1. 容积式充填机

容积式充填法是将精确容积的物料装进每一个容器,而不考虑物料密度或重量,常用于那些比重相对不变的物料,或用于那些体积要求比质量要求更重要的物料。根据计量原理不同有固定量杯式、螺杆式、计量泵式等多种。下面重点介绍固定量杯式充填机。

固定式量杯充填机的定量装置如图 8-1,物料经供料斗 1 自由落入计量杯内,圆盘口上装有四个量杯和对应的活门底盖 4,当转盘主轴 8 带动圆盘 7 旋转时,刮板 10 将量杯 3 上面多余的物料刮去。当量杯转到卸料工位时,顶杆推开量杯的活门底盖 4,量杯中的物料在自重作用下充填到下方的容器中。

量杯式充填机适用于颗粒较小且均匀的物料,计量范围一般在 200mL 以下为宜。在选用时应注意假如量杯的容量调得不正确,料斗送料太慢或不稳定,料斗的装料面太低,进

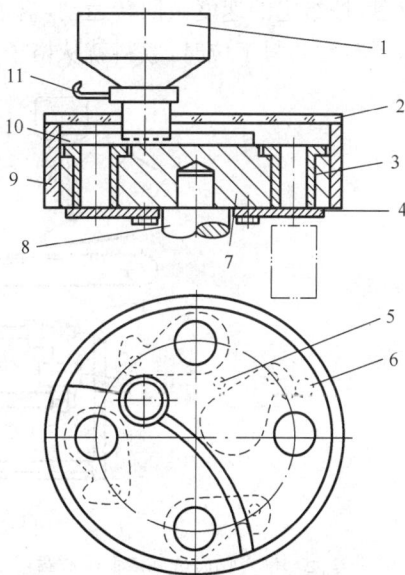

图 8-1 固定式量环充填机的定量装置

1-料斗;2-外罩;3-量杯;4-活门底;5-闭合圆销;6-开启圆销;7-圆盘;8-转盘主轴;9-壳体;10-刮板;11-下料闸门

料管太小,物料流动不畅,进料管和量杯不同心等都会使量杯装不满。若机器的运转速度过快,料斗落下物料的速度过快则会引起物料重复循环装料。量杯伸缩机构调节不当常会造成过量回流。如果容器与进料管不同心,节拍不准,容器太小或物料粘在料管中使送料滞后,就会引起物料的溢损。

2. 称重式充填机

称重式充填机是按规定的数量计量产品重量,并进行充装的机械。按计量方式不同有杠杆式、簧片式、电阻应变片式、电子秤式、连续式等多种。下面介绍实际中应用较广的连续式称量机。

连续式称量充填机是应用连续称量检测和自动调节技术,确保在连续运转的输送机上得到稳定的质量流率,然后进行等分截取,以得到各个相同的定量。其特点是计量速度高,计量精度较低,多用于粮食、化肥之类的货物,这类货物多采用散装长途运输,到达目的地之后再袋装出售的方式。

如图 8-2 所示的连续式称量充填机主要是通过测量连续输送过程中散料的流量,并将之等分,从而得出某一时间段内散料的总量。其工作过程如下:散料加入料斗 1 内,通过闸门 3 均匀洒落到输送带 4 上,其流量可通过电动机 2 调节,输送带 4 的下部是一台重力式电子皮带秤,输送带上的散料重量由它来检测。输送带上的散料运到最右端,落入秤斗 8,然后再落入配料转盘上。配料转盘是一种有等分格子的圆盘,按给定的速度做回转运动,盘子的每个格子在回转中获得相等重量的散料。当盘子转到卸料工位时,散料就从格子的底部经漏斗落入包装袋内。

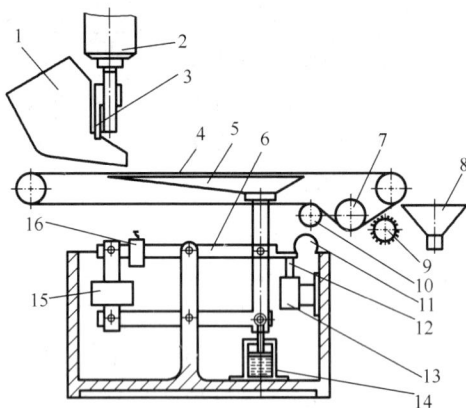

图 8-2　连续式称重充填机

1-料斗;2-电动机;3-闸门;4-输送带;5-秤盘;6-主秤杆;7-张紧轮;8-秤斗;9-刷轮;10-导轮;11-弹簧;12-变压器铁芯;13-传感器;14-阻尼器;15-砝码;16-配重

3. 计数式充填机

计数式充填法把精确个数的产品装进每一个容器计量充填机械。多用于被包装物呈规则排列的产品包装。根据其计数原理不同分为长度式、容积式、堆积式等几种计数形式。图 8-3 为长度式计数充填机的原理图。

长度式计数充填机常用于饼干包装云片糕包装、茶叶装盒后的第二次大包装等。计量时,排列有序的物品经输送机构送到计量机构中,当行进物品的前端触到计量机的挡板 5 时,挡板上的微动开关 4 动作,横向推板 3 将一定数量的物品送到包装台上

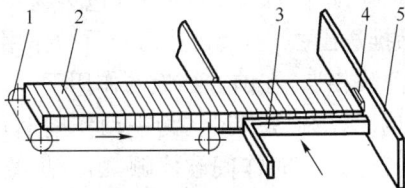

图8-3　长度计数充填机

1-输送带；2-被包装物品；3-横向推板；4-微动开关；5-挡板

进行包装。

（二）灌装机械

灌装机械主要用于在食品领域中对啤酒、饮料、乳品、酒类、植物油和调味品的包装，还包括洗涤剂、矿物油和农药等化工类液体产品的包装。包装所用容器主要有桶、瓶、听、软管等。

按照灌装产品的工艺可分为常压灌装机、真空灌装机、加压灌装机等。灌装机械通常与封口机、贴标志等连接使用。灌装机的计量方法有定位法、定量法和定时法三种，均有相应的控制装置。如在进料上方安置与储槽相连的计量装置，借助装置内沿液体方向安装的孔板来测量。

（三）封口机械

封口机是指在包装容器内盛装产品后对容器进行封口的机器。

不同的包装容器有不同的封口方式，如塑料袋多采用接触式加热加压封口或非接触式的超声波熔焊封口，麻袋、布袋、编织袋多采用缝合的方式封口；瓶类容器多采用压盖或旋盖封口；罐类容器多采用卷边式封口；箱类容器多采用钉封或胶带粘封。

自动缝合机的外形结构如图8-4，主要由机头、线挑、机头支架、备用支架、输送带、脚踏开关等部件组成。从连续式称量充填机输送过来的包装袋依次于输送带6上行进，袋口合拢从机头经过，此时踏下脚踏开关7，缝合机工作，将袋口缝合。输送带的高度可以调整，以适应不同高度的包装袋。缝合机的输送带速度可以调

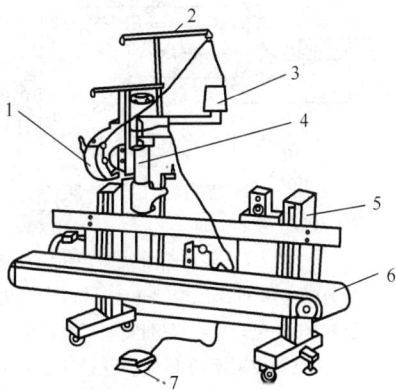

图8-4　自动缝合机

1-缝纫机头；2-线挑；3-缝纫线；4-机头支架；5-备用支架；6-输送带；7-脚踏开关

整，以便与各种包装生产线匹配；底座装有四个轮子，可以自由移动。

（四）裹包机械

裹包机是用薄型挠性材料（如玻璃纸、塑料膜、拉伸膜、收缩膜等）裹包产品的包装设备，广泛应用于食品、烟草、药品、日用化工品及音像制品等领域。裹包机械种类繁多，功能各异，按裹包方式分可分为折叠式裹包机、接缝式裹包机、覆盖式裹包机、扭节式裹包机、拉伸式裹包机、缠绕式裹包等。

折叠式裹包机是用挠性包装材料裹包产品，将末端伸出的裹包材料按一定的工艺方式进行折叠封闭。通常适用于长方形的物品，外观整齐，视觉效果好。图8-5是

转塔折叠式裹包机的结构图,其工作原理如图 8-6 所示。如图 8-5 所示,包装物品叠放于装料机构 1 中,推料机构 2 将最底部的物品推送出去,其余物品由于重力作用自动填补到下一位置。被推出去的物品与切下的薄膜相遇,在前方挡板的作用下,薄膜将物品三面包住,一起进入转塔(由间歇回转机构 4 控制,每转 45° 为一动作周期)的回转盒中,此时两端面的一角边被折叠;当转塔转到 90° 时作间歇停顿,由两折叠爪完成长侧边的折叠与加热定型;转到 135° 时,进行加热黏合;转到 180° 时,转塔再次停顿,此时物品已调头,两卸料杆将物品取出,由两推料推进器送往端面折叠机构 6 进行侧面折叠热封,过程为首先折叠两端面的另一短边,随着物品被推进,物品端面的上边被折叠,接着折叠下边,至此折叠全部完成;随后是侧面热封,转向叠放,最后由输送带输出,完成整个包装过程。

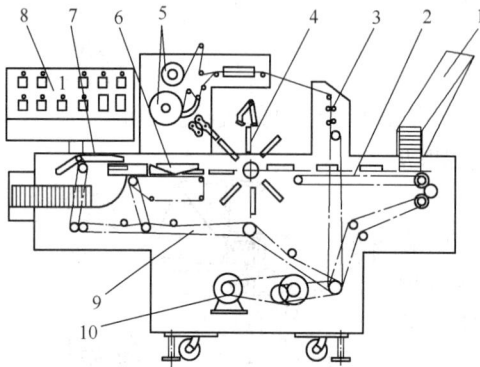

图 8-5　转塔折叠式裹包机结构图
1-装料机构;2-推出机构;3-包装材料进给机构;4-间隙回转机构;5-包装材料;6-端侧面折叠机构;7-整列排除机构;8-电器控制箱;9-传动装置;10-电动机

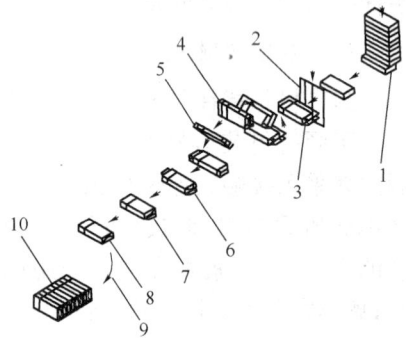

图 8-6　转塔折叠式裹包机工作原理
1-包装物被依次推出;2-包装材料切下;3-端侧面短边折叠;4-长侧边折叠加热;5-长侧边加热封口;6-端侧面折上边;7-端侧面折下边;8-端侧面热封;9-包装物回转集合;10-端侧面热封

(五)捆扎机械

捆扎机械是利用带状或绳状捆扎材料将一个或多个包件紧扎在一起的机器,属于外包装设备,目前我国生产的捆扎机基本上采用塑料带作为捆扎材料,利用热熔搭接的方法使紧贴包件表面的塑料带两端加压黏合,从而达到捆紧包件的目的。

以下是一种常用的机械式自动捆扎机工作原理。

机械式自动捆扎机是采用机械传动和电气控制相结合,无需手工穿带,可连续或单次自动完成捆扎包件的机器,适用于纸箱、木箱、塑料箱、信函及包裹、书刊等多种包件的捆扎。

自动捆扎工作过程由送带、拉紧、切烫、粘接四个环节组成,其工作原理见图 8-7。

(1)送带。送带轮 3 逆时针转动,利用送带轮与捆扎带的摩擦力使捆扎带 4 沿轨

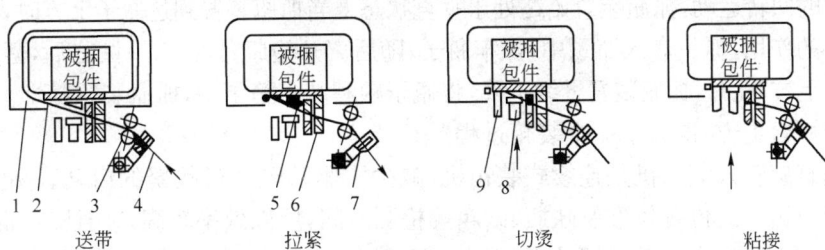

图 8-7 机械式自动捆扎机工作原理

1-轨道;2-止带器;3-送带轮;4-捆扎带;5-隔离器;6-右爪;7-张紧臂;8-压力块;9-左爪

道 1 运动,直至带端碰上止带器 2 的微动开关(或者用控制送带时间的办法),使捆扎带处于待捆位置。

(2)拉紧。右爪 6 上升压住带端,送带轮 3 顺时针方向转动,同样利用摩擦力使捆扎带沿轨道 1 退出,这时轨道中的叶片在捆扎带的退带拉力作用下松开,使捆扎带继续进退出直至紧贴在包件表面,而张紧臂 7 随之向下摆动,将带子完全拉紧。

(3)切烫。左爪 9 上升将两层捆扎带压住,隔离器 5 退出而烫头相随跟进,开始将捆扎带两端加热,这时压力块 8 上升切断捆扎带。

(4)粘接。烫头退出至起始位置,而压力块 8 继续上升,将两层已加热的捆扎带两端压粘在一起,完成一个周期捆扎动作。

机械式半自动捆扎机的工作原理与机械式自动捆扎机的工作原理相比,除穿带用手工外,其余工作过程均相同。

(六)装箱机与纸箱包装机

对于啤酒、饮料等商品,灌装之后必须进行运输包装,才能加入流通行列。这个装箱工作,可以选择装箱机,也可以选择纸箱包装机,两者均可达到目的。下面我们对两种装箱机械进行说明。

1.垂直旋转式装箱机

装箱机是通过机械运转、气动和电控制,将瓶子成组准确、可靠地放入包装箱中。图 8-8 是垂直旋转式装箱机的工作简图,该机械主要由同步输瓶台、同步输箱台、垂直双凸轮槽导轨和大十字臂式抓头等部件组成。

其工作过程如下:瓶子和包装箱分别排列于输瓶台 5 与输箱台 6 上,抓瓶装置 1 在大十字回转架 2 的带动下,沿着导轨 3、4 作

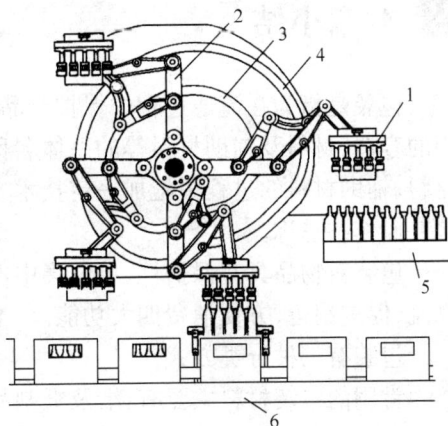

图 8-8 垂直旋转式装箱机工作简图

1-抓瓶装置;2-大十字回转架;3、4-导轨;5-输瓶台;6-输箱台

有规律的回转运动,抓瓶装置始终处于垂直状态。当抓瓶装置到达瓶子上方时,由于导轨3、4的作用,抓头套入瓶颈中,抓牢瓶子,随后离开输瓶台,回转一圈之后,落到输箱台的正上方,此时,抓瓶装置继续下降,将瓶子顺利装入箱子中,抓瓶装置随即离开,再装到输瓶台上方,准备下一个装箱过程。

垂直旋转式装箱机是连续式装箱机,减少了驱动电动机频繁的启动、停止,减少了瓶子与箱子的位置校准及缺瓶、缺箱等检测时间,所以效率较高;并且噪声低,动作准确,安全可靠;由于垂直回转,所以占地面积小。

2.纸板预成型纸箱包装机

纸板预成型纸箱包装机,是指在纸板输入式包装机中,纸板预先折合成型再输入,瓶子则由推送机构从另一侧一组组地送入纸箱内,完成包装封箱。如图8-9所示。

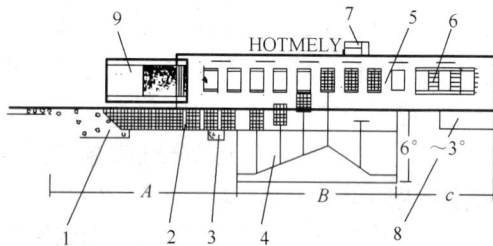

图8-9　纸板预成型纸箱包装机

1-进瓶输送带;2-止瓶、分瓶区;3-操作台;4-推杆机构;
5-喷胶粘合区;6-整形压紧区;7-热融胶泵;8-电控柜;
9-纸箱储运台

纸箱由纸箱储运台9送入,瓶子由进瓶输送带1送入,两者平行进入,瓶子在成型通道内由几个推杆机构4沿垂直于输送方向推进,推送到已部分成型的纸箱内,纸箱的黏合部分在喷胶粘合区5被涂上胶水,经整形压紧区6成型,进而完成封箱。

纸板预成型纸箱包装机的两条输送通道相互平行,推杆机构外置,所以机身厚实,体积较大,机构运行平稳。

S 本章小结

包装是指为在流通过程中保护产品、方便储运、促进销售,按一定技术方法而采用的容器、材料及辅助材料等的总体名称。包装也指为了达到上述目的而采用容器、材料、辅助材料的过程中施加一定技术方法等的操作活动。简言之,包装是包装物及包装操作的总称。

包装对物品具有保护性、单位集中性和便利性的三大特点,具有保护商品、方便物流、促进销售、方便消费四大功能。

包装有三种分类方式。

常用的包装材料主要有:纸及纸制品、塑料及塑料制品、木材及木制品、金属、玻璃、陶瓷、复合材料。

包装技术主要分为,物流包装的容器技术和包装的保护技术两类。

绿色包装就是符合环保要求的包装,要求商品包装对生态平衡和人类健康均无毒无害。具体而言,绿色包装泛指包装用料要节省资源和能源,尽量减少包装废弃物;用后利于回收,再生成其他有用之物;填埋时少占地和易于降解。

包装机械按照其包装加工的方式不同,大致可以分为,充填机械、灌装机械、缝合机械、裹包机械、贴标机械、捆扎机械等数种。

E 思考题

1.什么是包装?包装有哪些特点和功能?

2.包装是如何分类的?

3.常用的包装材料有哪些?

4.包装技术分为哪几类?各自又采用有哪些技术类型?

5.什么是绿色包装?

6.包装机械主要有哪些种类?

7.包装机械有哪些主要特点?

8.包装机械主要由哪些部分组成?

E 练习题

1.名词解释

①包装　　②绿色包装　　③包装进给机构　　④包装输送机构

2.简答题

①什么是包装?

②包装有什么特点与功能?

③包装机械主要由哪些部分组成?

3.论述题

试述绿色包装的意义。

C 案例 8-1

"酒鬼酒"外包装设计的立意孤绝

　　在酒的包装设计中,除了文字、色彩、图案的构图摆布以外,更重要的是要传达一种情感。包装设计不能只表达商品性而没有人情味,这样的设计只是一个标签符号。许多畅销商品都是借助于具有极强情感特色的品牌来占领市场。给商品注入"情感",这是包装设计要把握的重点,只有极富个性的并能引起人们共鸣的优秀设计,才能在浩如烟海的商品中夺目而出,抓住消费者,达到促销的目的。

　　酒类市场竞争激烈,一个无知名度的新品牌怎样才能在较短时间内争得一席之地?"酒鬼"酒的包装设计可以说在全国众多的酒品中脱颖而出,除了产品自身的品质外,品牌以及包装设计的创新是重要因素。

　　"酒鬼酒"在传达品牌的传统文化、历史特点、商品性、民族情感、价格规律上都具有典型性。

　　"酒鬼酒"为典型的异类包装:瓶体采用湘西土陶工艺制成,质朴、典雅、瓶形是扎口的麻袋造型。一侧是看上去充满东方式幽默的酒鬼背酒鬼的写意画,另一侧为收藏印章一样打着"无上妙品"四个大字。这与瓶标上红底黑字狂草体的"酒鬼"二字里外呼应,动静结合。

　　酒鬼酒之名,拜著名画家黄永玉先生所赐,并题曰:

　　"酒鬼"背"酒鬼"千斤不嫌赘,"酒鬼"喝"酒鬼",千斤不会醉,"酒鬼"产湘西,涓涓传千里。

C 案例 8-2

创意包装改变品牌形象

　　作为一家有着50多年历史的酿酒企业,北京红星股份有限公司生产的红星二锅头历来是北京市民的餐桌酒,一直受到老百姓的喜爱。然而,由于在产品包装上一直是一副"老面孔",使得红星二锅头始终走在白酒低端市场,无法获取更高的经济效益。

　　随着红星青花瓷珍品二锅头的推出,红星二锅头第一次走进了中国的高端白酒市场。红星青花瓷珍品二锅头,在产品包装上融入中国古代文化的精华元素。酒瓶采用仿清乾隆青花瓷官窑贡品瓶型,酒盒图案以中华龙为主体,配以紫红木托,整体颜色构成以红、白、蓝为主,具有典型中华文化特色。该包装在中国第二届外观设计专利大赛颁奖典礼上荣获银奖。

　　红星青花瓷珍品二锅头酒是红星公司50多年发展史上,具有里程碑意义的一款重要产品。它的推出,使得红星二锅头单一的低端形象得到了彻底的颠覆。不但创造了优异的经济效益,还提高了公司形象、产品形象和品牌形象。红星青花瓷珍品二锅头在市场上的销售价格高达200多元,而普通的红星二锅头酒仅售五、六元。

　　红星公司除了红星青花瓷珍品二锅头以外,还相继推出了红星金樽、金牌红星、百年红星等多款带有中国传统文化元素包装的高档白酒。

第九章 物流设备管理

【学习目标与要求】

了解物流设备管理的基本管理方法,学会物流设备的折旧方法的计算;

要求掌握物流管理各个阶段的工作内容,物流设备未来的发展方向,物流设备选用时需要考虑的因素,物流设备管理的工作方法,以及物流设备折旧的计算方法。

第一节　现代物流设备管理概述

现代物流设备管理是物流设备得以有效使用的重要保证,物流设备管理的各个阶段都有相应的管理要求。在现代物流大发展过程中,物流设备管理更具鲜明的时代特点,呈现积极的发展趋势。

一、现代物流设备管理的概念

现代物流设备管理是以物流设备的一生为研究对象,在设备寿命的各个阶段都认真采取和执行行之有效的措施,追求寿命周期费用最经济和设备综合效率最高的结果。现代物流设备管理主要分为两个管理阶段。

(一)设备的前期管理阶段

设备前期管理基本内容是指规划到投产这一阶段的全部工作,包括参与设备方案的构思、调研、论证和决策;设备市场货源的情报收集、整理和分析、标书的编制、费用预算、实施程序;设备选型、采购、订货、合同管理;设备安装、调整和试运转;设备初期使用的效果分析和信息反馈等。对设备前期管理的各个环节进行有效的组织、安排、协调,为搞好后期管理创造条件。

在前期的管理阶段中,关键环节在于选型或设计,普遍认为这是前期管理的决策点。确定设备选用何种机型或设计方案后,85％左右的设备寿命周期费用就被确定,如果此时决策有误,今后的损失很难挽回,因此前期管理是非常重要的。

我国机械工业部颁发的《机械工业加强设备管理和维修工作要点》之中的第一和第六点明确指出:"设备管理工作要抓前期管理,设备部门要参与外购设备的合理选型、择优购置、检查验收和自制设备的设计、制造等工作,把买、造、用、修结合起来。"

其次是设备投产后的管理,在设备试运转及初期投产阶段,最好由设计、制造和使用部门共同参加的集成化工作小组来负责进行,这样可以较快地排除初期故障,确定合理的操作规程,使设备早日投入正常生产和运行。

(二)设备使用阶段管理

对各种设备的不同故障,采用不同的维修方式,可降低维修费用,提高设备的有效利用率,减少停机时间及停机损失。

在采购设备时,必须重视维修所需要的技术文件及资料,对关键设备,更需要对设计和操作情况作更深的了解。有了齐全的技术文件和资料将大大有利于维修工作的安排。有了详细的技术档案资料,将使维修工作并不一定要依赖于某个个人,即使是新工人也能比较容易地熟悉这项工作。因此,在向制造厂商订货时,应包含维修所需要的全部资料。

二、现代物流设备管理的特点

现代物流设备体现了现代物流技术的发展,我国近几年来的物流设备现代化水平不断提高,在一些大型物流和生产企业,设备的先进性已与国外的先进水平相差不大。这些设备的自动化程度较高,体现出集成化、大型化和生产连续化的趋势。

这些设备往往具有一些共同的特点:

(1)设备的社会化程度愈来愈高,具体表现在两个方面:一是设备结构越来越复杂,零部件的品种、数量越来越多,备品配件的管理工作涉及市内外、省内外甚至国外;二是设备从研究、设计、制造、选型、购置、安装调试使用、维修一直到报废,不仅环节多,并且各环节之间互相影响、互相制约。

(2)设备中体现的科学技术知识门类越来越多,如液压、机械、电子、电器等。

(3)设备大型化(功率大、容量大、参数大)、高速化、连续化、电子化,生产率都很高,因而在使用中若管理不慎,就会导致直接故障损失大、污染严重、磨损快等严重后果。

(4)现代设备是资金密集型的装备,设备投资和使用费用十分昂贵,迫切要求提高管理的经济效益。

三、现代物流设备的发展趋势

物流是社会经济发展的产物,必然会随着社会经济的发展呈现多样化的特征。而现代物流设备是组织实施物流活动的重要手段,是物流活动的基础。为了适应现代物流的需求,物流设备呈如下发展趋势。

(一)大型化和高速化

大型化是指设备的容量、规模、能力越来越大。物流设备的大型化趋势,一是为了适应现代社会大规模物流的需要,以大的规模来换取高的物流效益;二是由于现代科学技术的发展和制造业的进步,为制造大型物流技术装备提供了可能。

例如,在公路运输方面,已研制出了载重超过50t的载重汽车;在铁路运输方面,出现了装载716000t矿石的列车;在海运方面,油轮的最大载重量达到了563000t,集装箱船载重达到了6790TEU;在航空运输方面,正在研制的货机最大可载300t,一次可装载30个40ft(1ft=0.3048m)的标准集装箱,比现有的货机运输能力高出50%~100%。

高速化是指设备的运转速度、运行速度、识别速度、运算速度大大加快。在运输方面,提高运输速度一直是各种运输方式努力的方向。

例如正在发展的高速铁路就有3种类型:一是传统的高速铁路,以日本和法国的技术最具商业价值,目前营运的高速列车最大商业时速已达270~275km/h;二是摆式高速铁路,以瑞典为代表,商业时速已达200~250km/h;三是磁悬浮铁路,目前正处于商业试验阶段,1998年在日本实现了时速为539km/h的实验速度。德国、法国在高速铁路上开行的高速货运列车最高速度已达到200km/h。随着各项技术的逐步成熟和经济发展,普通铁路最终将会被高速铁路取代。

在公路运输中,高速一般是指高速公路,目前各国都在努力建设高速公路网,作为公路运输的骨架。在航空运输中,高速是指超音速,客运的超音速已由协和飞机所实现。货运方面双音速(亚音速和超音速)民用飞机正在研制之中。无论如何,超音速化将是民用货机的发展方向。在水运中,水翼船的时速已达70km/h,气垫船时速更高,而飞翼船的时速则可达到170km/h。

在仓储方面,仓储规模日益扩大,物流作业量不断增加,客户响应时间越来越短,要在极短的时间内完成拣选、配送任务,只有不断提高物流装备的运行速度和处理能力。因此,堆垛机、拣选系统、输送系统等物流装备总是朝着高速运转的目标而努力。

例如,日本冈村、KITO、村田、大福等公司都推出了走行速度300m/s、升降速度100m/s以上的超高速堆垛机,而三星、范德兰德工业等公司则开发出高速分拣系统。三星的高速分拣系统比普通输送线效率可提高2~5倍;范德兰德工业公司刚刚推出的交叉皮带分拣机,不仅可处理各种球状等不稳定性产品,而且其最高速度可达2.3m/s,处理量达27000件/h。

(二)信息化和智能化

未来社会将是一个完全信息化的社会,信息和信息技术在物流领域的作用将会更加明显。物流信息化将表现为物流信息收集的数据库化和代码化、物流信息处理的电子化和计算机化、物流信息传递的标准化和适时化、物流信息存储的数字化等。如大型高效起重机的新一代电气控制装置将发展成为全电子数字化控制系统,可提高单机综合自动化水平;公路运输智能交通系统(ITS)、EDI、GPS等技术在物流中的应用,实现了物流的适时、适地、适物、适量、适价。

智能化是物流自动化、信息化的更高层次。物流作业过程中大量的运筹和决策,如库存水平的确定、运输(搬运)路径的选择、自动导向车的运行轨迹和作业控制、自动分拣机的运行等问题都需要借助于大量的知识才能解决。智能化已成为物流技术与设备发展的新趋势。例如,正在研究的将专家系统应用于自动导引车和单轨系统,使其具有确定在线路线和合理的运行决策。在接收物料入库和装运出库方而,专家系统能控制机器人进行物料入架和出架操作,能控制堆垛机的装卸,以及指定物料储存点。又如,堆垛机的地上控制盘操作界面采用大屏幕触摸屏和人机对话方式,堆垛机的各种状态与操作步骤均能清楚地显示出来,即使是初次使用也能操作自如。

(三)多样化和实用化

为满足不同行业、不同规模的客户对不同功能的要求,物流设备形式越来越多,专业化程度日益提高。例如,仅叉车就有内燃叉车、平衡重叉车、前移式叉车、拣选叉车、托盘搬运车、托盘堆垛车等多种产品,其中每种产品又可细分为不同车型。世界著名叉车企业永恒力公司就拥有580多种不同的车型。此外,自动化立体库、分拣设备、货架等也都有按行业、用途、规模等不同标准细分的多种形式的产品。许多厂商还可根据用户的特殊情况为其量身定做各种物流装备,体现了更高的专业化水平。

实用化是指一个物流系统的配置,在满足使用条件之下,应选择简单、经济、可靠的物流设备。也就是说,在构筑物流系统时,要善于运用现有的各种物流设备,组成非常实用的简单的系统。另外,根据客户的不同需要,生产一些方便好用,容易维护操作,运行成本低,具有优越的耐久性、无故障性和良好的经济效益,以及较高的安全性、可靠性和环保性的物流设备,也是一种发展趋势。

(四)标准化和系统化

当前,经济全球化特征日趋明显,中国的"入世"更加快了企业的国际化进程。而只有实现了标准化和模块化,物流设备才能与国际接轨。因此,标准化、模块化已成为物流设备发展的必然趋势。标准化既包括硬件设备的标准化,也包括软件接口的标准化。比如,运输工具与装卸储存设备的标准化,可以满足国际联运和"门对门"直达运输的要求;推进通信协议的统一和标准化,可以满足电子数据交换的要求。以集装箱运输为例,国外的公路、铁路两用车辆与机车,可直接实现公路、铁路运输方式的转换;以公路运输为主的大型集装箱拖车也可以运载海运、空运、铁运的所有尺寸的集装箱等,这些都极大地提高了作业效率。

物流系统化是指组成物流系统的设备成套、匹配时,可以达到高效、经济的要求。在物流设备单机自动化的基础上,通过计算机将各种物流设备集成系统,通过中央控制室的控制,与物流系统协调配合,形成不同机种的最佳匹配和组合,达到取长补短,发挥最佳效用。为此,成套化和系统化是物流设备的重要发展方向,以后将重点发展工厂生产搬运自动化系统、货物配送集散系统、集装箱装卸搬运系统、货物的自动分拣系统与搬运系统等。

(五)绿色化

绿色化就是要达到环保要求,并使资源得到充分合理的利用。这涉及两个方面:一是与牵引动力的发展、制造及辅助材料等有关;二是与使用有关。如尽可能选用环保型材料;有效利用能源,注意解决设备排污问题,尽可能将排污量减少到最低水平;采用新的装置与合理的设计,降低设备的振动、噪音与能源消耗量等。更多的企业已经通过或正在抓紧进行 ISO 14000 环境管理系列标准认证,借此保证所提供产品的"绿色"特性。

使用方面的绿色化,除了对各物流设备的维护、合理调度、恰当使用等予以重视外,还应重视回收这一环节。因为这也是实现保护环境和使资源得到充分合理利用的重要一环。

第二节 现代物流设备的配置

一、物流设备配置的原则

现代物流机械设备一般投资较大,使用期限较长。在选择和配置时,一定要进行科学决策和统一规划。物流设备的选用,除根据需要外,还应因地制宜,结合作业场地、货物的种类、特性、货运量大小、运输车辆或船舶的类型、运输组织方法、货物储存方式、各设备在物流系统中的作用等,考虑重新设计、制造还是购置,并进行技术经济论证,以选择最优方案。其选择原则如下:

(一)系统化原则

系统化是在物流设备的选择与配置中用系统的观点和方法,对物流设备运行所涉及的各环节进行系统分析,把各个物流设备与物流系统总目标、物流设备之间、物流设备与操作人员之间、物流设备与物流作业任务等有机地严密地结合起来。目的是改善各个环节的机能,使物流设备配置、选择最佳,使物流设备能发挥最大的效能,并使物流系统整体效益最优。

(二)适用性原则

适用性是指物流设备满足使用要求的能力,包括适应性和实用性。适应性是指物流设备应适应货物的性状要求。货物的化学、物理性质以及外部形状和包装是千差万别的,如散堆装货物,其颗粒的大小不等;成件货物有的有包装(袋装、箱装、桶装),有的无包装;有的易碎;有的不能倒置等。此外,货物的质量体积和长度又各不相同。在选择装卸机械时,必须与货物性状相符,以确保作业的安全和货物的完整无损。实用性是指物流设备应满足货运量的需要。物流设备的生产能力,主要决定于物流量的大小,应该选择投资较少、性能恰当的设备。

(三)经济性原则

经济性是指物流设备的寿命周期成本低。选择物流设备时,应全面考查物流设备的价格和运行费用,选择整个寿命周期费用低的物流机械设备,如各设备应操纵灵活、维护修理方便、有较长的使用寿命、使用费用低、消耗能源少、生产率高、辅助人员少等,这样才能取得良好的经济效益。

(四)超前性原则

随着物流需求及物流技术的飞速发展,在选择设备时,应长远考虑,使其能满足今后一定的物流作业提升要求,适应经济的发展。这也是减少投资、提高适应性的有效途径。

(五)可靠性和安全性原则

可靠性是指物流机械设备在规定的使用时间和条件下,完成规定功能的能力。安全性是指物流机械设备在使用过程中保证人身和货物安全以及环境免遭危害的能力。随着物流作业现代化水平的提高,可靠性和安全性日益成为衡量设备好坏的重要因素。在配置与选择物流机械设备时,应充分考虑物流机械设备的可靠性和安全性,以提高物流机械设备利用率,防止人身事故,保证物流作业顺利进行。

(六)环保性原则

随着全球环境的恶化和人们环保意识的增强,对物流设备提出了更高的要求。在选用物流设备时,应优先考虑对环境污染小的绿色产品或节能产品。

二、物流设备的选择与配置

(一)制定设备规划

设备规划是企业根据生产经营发展总体规划和本企业设备结构的现状而制定的用于提高企业设备结构合理化程度和机械化作业水平的指导性计划。科学的设备规划能减少购置设备的盲目性,使企业的有限投资保证重点需要,从而提高投资效益。

设备规划的编制依据主要有:企业经营发展的要求;现有设备的技术状况;有关安全、环境保护、节能等方面的法规的要求;国内外新型设备的发展和科技信息,可以筹集到的用于设备投资的资金。

(二)收集相关资料

1.经济资料

货物的种类及其特性、货运量、作业能力、货物流向等是最主要的经济资料。直接影响物流设备的配置与选择。因此,必须多渠道、正确地搜集这些资料。在搜集有关经济资料时,不仅要掌握目前和近期的情况,而且还需要摸清远景的发展和变化趋势。调查所得的资料应加以必要的整理、审查、核实、分析研究,并作出有关的统计分析表。

2.技术资料

技术资料包括物流设备技术性能现状及发展趋势;物流设备市场货源情报;物流设备的各项技术性能参数、质量指标、作业能力和效率;生产厂商的服务质量和信誉,使用单位对其设备的反映和评价;货源及供货时间;订货渠道、价格、随机附件及售后服务等情况。这些资料是从整体上把握物流设备技术状况的重要数据和资料。

3.自然条件资料

自然条件资料主要包括货场仓库条件、地基的承受能力、地基基础、作业空间等资料。

(三)拟定初步方案

对于同一类货物、同一作业线、同一个物流作业过程,可以选用不同的物流设备。因而在拟定初步方案时,可能提出几个甚至更多具有不同程度优缺点的配置方案。然后,按照配置原则和作业要求确定配置物流设备的主要性能,分析各个初步方案的优缺点,并进行初步选择,去劣存优,最后保留 2~3 个较为可行的、各具优缺点的初步方案;并估算出其投资成本,计算出物流设备生产率或作业能力以及初步的需要数量。

(四)技术经济评价与方案的确定

为了比较各种配置方案,由企业有关部门进行可行性论证和技术经济评价,选出最优的机型和厂家作为第一方案,同时准备第二、第三方案以应付订货情况变化的需要,经主管领导及部门批准后定案。

第三节　物流机械设备的使用管理

物流设备的使用管理是一门重要的学科,科学的使用可以延长设备的使用寿命、提高设备的使用效率。

在设备维修中,经过长期实践,我国亦与世界各国一样,强调预防为主的设备维护保养观。物流设备的维护保养可采用"日常保养"和"定期保养"的二级保养制度。

一、物流设备的日常保养

物流设备的日常保养是全部维护工作的基础。

其特点是经常化、制度化。

其具体内容有:搞好清洁卫生;检查设备的润滑情况,定时、定点加油;紧固容易松动的螺丝和零部件;检查设备是否有漏油、漏气、漏电等情况;检查各防护、保险装

置及操纵机构、变速机构是否灵敏可靠,零部件是否完整。

二、物流设备定期保养

物流设备的定期保养是指物流设备运行一段时间后,由操作人员和保养人员按规范有计划强制性保养,是对物流设备的全面性维护工作,是使物流设备能经常保持良好技术状态的预防性措施。例如装卸机械在使用过程中,由于存在运动、摩擦、内部应力等物理、化学变化过程,必然会导致技术状态的不断劣化,并且通过机械零部件松动、温升异常、异响等现象表现出来。定期地对机械进行保养,使机械运转情况得到及时改善,消除各种磨损和损坏,保持机械的正常性能,延长其使用期。定期保养的基本内容有:

①对机械进行清洁和擦洗;
②检查、调整、紧固各操纵、传动、连接机构的零部件;
③对各润滑点进行检查、注油或清洗换油;
④调整和检查安全保护装置,保证其灵敏可靠;
⑤更换已磨损的零部件;
⑥使用相应的检测仪器和工具,按规范对主要测试点进行检测,并做好检测记录。

第四节　物流设备的折旧与更新

物流设备的使用存在寿命周期,随着使用时间推移,物流设备逐渐磨损,有的需要大修,有的则必须更新。同时,会计方面也对物流设备有一个折旧计算的要求。

一、物流设备的磨损

(一)物流设备的有形磨损

物流设备在使用和闲置过程中所发生的物流设备实体的磨损,称为有形磨损。有形磨损主要分为两种形式:一种有形磨损是物流设备在使用中的实体磨损,这类有形磨损主要是受零部件的摩擦、振动、疲劳和腐蚀等使用因素影响而产生的。另一种有形磨损是物流设备在闲置过程中,所发生的物流设备实体的磨损。

(二)物流设备的无形磨损

物流设备的无形磨损是由于科技进步或社会生产力的提高而不断出现性能更加完善,生产效率更高的设备,使原有物流设备技术上出现陈旧与贬值,也称精神磨损或经济磨损。无形磨损主要分为两种形式:一种是由于技术进步,而使生产同类型物流设备的成本降低,价格下降,导致原有物流设备价值相对地贬值。另一种是由于技术进步,出现了性能更完善,效率更高、耗费原材料和能源更少的新型物流设备,而使原物流设备在技术上相对落后,价值相对贬值.

二、物流设备的寿命周期

物流设备的寿命周期主要有四种确定方法:

(1)物流设备的物理寿命,也称为物质寿命或自然寿命,是指一台物流设备从全新状态开始使用,直到不能保持正常的生产状态,而予以报废为止的全部时间过程。

(2)物流设备的技术寿命,是指从物流设备开始使用到因技术落后而被淘汰,所延续的时间。

(3)物流设备的折旧寿命,是指按照某个规律折旧,从物流设备开始使用到物流设备的帐面价值接近于零所延续的时间。

(4)物流设备的经济寿命,是指物流设备从投入使用开始,至其年平均使用费用最低的年限所经历的时间,是从经济角度看物流设备最合理的使用期限。

三、物流设备的折旧

物流设备的折旧是指物流设备在使用过程中,由于磨损而转移到产品成本中去的价值。物流设备折旧率是指一年内的物流设备折旧基金占固定资产原始价值的百分比。物流设备折旧的计算方法有以下几种。

(一)直线折旧法

直线折旧法是在物流设备的规定期限内,平均地分摊设备价值。

$$D = \frac{K_0 - S}{T}$$

$$d = \frac{D}{K_0}$$

式中:D——年物流设备折旧额;

d——物流设备折旧率;

K_0——物流设备的原始价值;

S——物流设备残余价值;

T——物流设备最佳使用年限。

(二)定率递减余额法

定率递减余额法是用固定的折旧率乘以扣除累计折旧后的物流设备净值。计算中,折旧率不变,物流设备净值逐年递减,折旧额也逐年递减,最后有一个余额。

$$D_m = K_0(1-d)^{m-1} \times d$$

式中:m——表示第 m 年;

其余符号意义同(一)直线折旧法中表示。

(三)双倍递减余额法

双倍递减余额法采用的折旧率是按直线法残值为零时的折旧率的两倍,即 $2/T$,逐年的折旧基数是按物流设备的原值减去累计折旧额后的净值计算。

$$D_{\mathrm{m}} = K_0 \left(1 - \frac{2}{T}\right)^{m-1} \times \frac{2}{T}$$

这种方法,为了使折旧总额分摊完,到一定年数后,要改用直线法。当设备使用年数为奇数时,改用直线法的年数为 $T/2+3/2$;当设备使用年数为偶数时,改用直线法的年数为 $T/2+2$。

(四)年数总和法

年数总和法是根据折旧总额乘以递减系数来确定折旧额。物流设备在最佳使用期内第 m 年度的递减系数(即当年折旧率)如下:

$$d_{\mathrm{m}} = \frac{T+1-M}{T(T+1)/2}$$
$$D_{\mathrm{m}} = (K_0 - S) \times d_{\mathrm{m}}$$

(五)偿债基金法

偿债基金法一种动态折旧法。是把每年的折旧额看作年金,折旧完毕时,各年折旧额本利之和即为折旧总额。

$$D = (K_0 - S) \times \frac{i}{(1+i)^{\mathrm{T}} - 1}$$

(六)年金法

年金法也是一种动态折旧法。是将残值折算成现值,利用年金系数(资本回收系数)计算每年折旧提取额。

$$D = \left[K_0 - \frac{S}{(1+i)^{\mathrm{T}}}\right] \times \frac{i(1+i)^{\mathrm{T}}}{(1+i)^{\mathrm{T}} - 1}$$

四、物流设备的更新

物流设备的更新应该遵循以下一些原则:

不管是购置新物流设备,还是改造旧物流设备,在物流设备经济分析中一般只分析其费用;对服务寿命不同的物流设备进行更新分析时,分析期必须一致;在实际工作中,通常多采用年成本法来进行方案的比较;不考虑沉没成本(已经付出且不可收回的成本);旧物流设备应以目前可实现的价格与新物流设备的购置价格相比。

S 本章小结

本章主要介绍物流设备管理各个阶段的工作内容,物流设备管理的特点,物流设备未来的发展方向,物流设备选用时需要考虑的因素,物流设备管理的工作方法,以及物流设备折旧的计算方法。

E 思考题

1. 物流设备管理的主要阶段和各个阶段的工作内容。
2. 物流设备选择的原则对物流设备选择有什么样的指导意义。
3. 结合实际思考有形磨损和无形磨损的概念和分类。

E 练习题

某型号叉车价值为 20000 元,残值率为 10％,使用年限为 6 年,试用直线折旧法等六种方法计算年折旧额和年折旧率。

C 案例

自动识别方案在企业中的应用

拉丁美洲最大白色家电生产商采用 Intermec 移动数据采集终端,令其物流管理工作更快捷简便和更有效率。全球白色家电制造业是一种"血拼"产业,产品更新换代是以每季、甚至每月的速度进行。此外,消费者要求厂商不断提高家电产品的性价比,准确的说法就是产品性能要日新月异,而售价只能跳水。在这样的市场环境下,家电厂商把产品推进市场必需分秒必争,而生产过程的成本控制更是不容有失,要把这两方面的工作做得到位,其配套的物流系统必须有极高的效率。

Multibrás 也是拉丁美洲最大的白色家电生产商之一。在 2005 年 1 月,Multibrás 在其设于巴西圣卡塔琳娜州(Santa Catarina) Joinville 市的组装线上部署了美国 Intermec 公司(易腾迈)的设备。Multibrás 的物流运输部门配置了 60 台 Intermec 的 CK30-C 移动数据采集终端,用于加强仓储和交货部门的信息交流。Multibrás 希望通过这个部署举措,实现原料与生产部门,以及库存管理和交货部门协作流程的自动化,提升生产力及货品上市速度是最主要的目的。在生产 Brastemp 和 Consul 两品牌冰箱的工厂里,新的自动化系统令主要生产流程更为流畅。生产厂房可以更灵活地向仓库索取原材料供应及提出其他支持要求。使用新系统后,Multibrás 在补充库存方面的得益立竿见影。

如今上述工厂里所有的叉车都配备了 Intermec CK30-C 移动数据采集终端。基于供应规则及仓库和SAP管理系统,Multibrás对其物流链的管理速度得到了显著的提升，更显高效和快捷。

在使用 CK30-C 移动数据采集终端 9 个月后，Multibrás 大幅度改进其市场供货能力，顾客及员工满意度也有显著提高。这是由于公司能够从港口接收自动发来的订货单，货运部门能缩短交货及把货物运上货船的时间。此外，减少人工控制的程度也减少了员工闲散的时间和人为错误的几率，从而提高了生产效率。

Multibrás 拉丁美洲信息技术部主管 Augusto Cruz 表示，该公司采用了自动识别方案后，不但解决了日常交货的瓶颈，物流系统的生产力也得到了大幅度提升。Multibrás 正在考虑在其他地区采用此等方案。Multibrás 选用 Intermec CK30-C 的主要原因之一，是只需增加少些投入，该设备的功能便可扩展至支持 RFID。Multibrás 希望此等设备能实时把信息传输至其 SAP 库存管理模块，RFID 能提供更快的处理速度，而安全性更高。Intermec CK30-C 是一款高性能、经济耐用的无线射频手持电脑，它采用了 Windows CE. Net 平台，体积小巧、防尘及高度可靠。CK30-C 的外观是按照人体工程学原理来设计的，具备防滑及容易操作等特点。Multibrás 选择的配置包括高对比度的彩色显示屏和集成电池、使用蓝牙技术的无线扫描器和移动打印机，以及一个 400 千赫的处理器，64MB 内存(RAM)和闪存。

第十章　物流标准化

了解物流标准与标准化的概念；

掌握我国物流标准化的系统、现状及发展概况。

第一节　物流标准化概述

一、物流标准化的概念与意义

物流标准化是指从物流系统的整体出发，制定其各子系统的设施、设备、专用工具等的技术标准，以及业务工作标准。包括：研究各子系统技术标准和业务工作标准的配合性，按配合性要求，统一整个物流系统的标准；研究物流系统与相关其他系统的配合性，谋求物流系统与社会大系统的和谐统一。

物流标准化工作复杂，难度大且涉及面广。由于我国引入物流系统的概念较晚，各子系统已实现了各自的标准化，因此物流标准化又属于二次系统化，即后标准化系统。它要求更高地体现科学性、民主性和经济性。另外，物流标准化具有非常强的国际性，要求与国际物流标准化体系相一致。

随着全球经济一体化进程的加快，标准化工作所涉及的领域越来越广泛，发挥的作用也越来越大，国际标准的采用已经十分普遍，标准化已成为企业竞争的重要手段。

物流标准化意义重大，只有实现了物流标准化，才能有效地实施物流系统的科学管理，加快物流系统建设，促进物流系统与其他系统和国际系统的衔接，有效地降低物流费用，提高物流系统的经济效益和社会效益。

物流标准化建设滞后，会给社会财富造成巨大浪费。近年来，我国物流费用占GDP的比例呈上升势头：2000年我国物流费用支出高达17880.8亿元，约占GDP的20%；2003年，我国物流总成本达24974亿元，占GDP的21.4%，这一比例高出美国、日本等物流发达国家一倍多。

联合国发布的最新调查也显示,我国物流过程所占的时间差不多是物流和生产全过程的 90％左右。

物流业是一个综合性的行业,涉及运输、包装、仓储、装卸搬运、流通加工、配送和信息等各个方面。我国的现代物流业是在传统行业的基础上发展起来的,由于传统的物流被人为地割裂为很多阶段,而各个阶段也不能很好地衔接和协调,再加上信息不能共享,造成物流的效率不高,在很多小的物流企业表现得尤为明显。

目前,我国共有物流企业二千多家,但物流企业的非标准化装备、非标准化设施和非标准化行为却相当普遍。具体地说有以下的表现:

(1)物流企业的主管部门相互割裂,铁路运输由铁道部管,公路运输、航空运输由交通运输部管,这是行政管理分散;

(2)运输、仓储、包装等物流作业环节不能构成一个有序的连续动作,这是物流资源在操作环节上的分散;

(3)铁路的车站、公路的货场与各企业的仓库还有一段距离,完成一次物流要经过多次中转,这是地域上的分散。

所以,加强物流标准化建设是解决物流企业各种"散"的一个重要途径。

二、物流标准化的作用

1. 统一国内物流概念

我国的物流发展借鉴了很多国外的经验,但是由于各国在物流的认识上有着众多的学派,就造成了国内人士对物流的理解存在偏差。物流的发展不单单是学术问题,更重要的是要为国民经济服务,创造更多的实际价值。所以,我们要弄清物流的概念问题,并对物流涉及的相关内容达成统一的认识,为加快我国物流的发展扫清理论上的障碍。

2. 规范物流企业

目前我国市场上出现了越来越多的物流企业,其中不乏新生企业和从相关行业转行的企业。层出不穷的物流企业使得物流队伍良莠不齐,整体水平不高,不同程度地存在着市场定位不准确、服务产品不合格、内部结构不合理、运作经营不规范等问题,影响了物流业的健康发展。建立与物流业相关的国家标准,对已进入物流市场和即将进入物流市场的企业进行规范化、标准化管理,是确保物流业稳步发展的需要。

3. 提高物流效率

物流业是一个综合性的行业,涉及运输、包装、仓储、装卸搬运、流通加工、配送和信息等各个方面。因此,必须用统一的行业标准很好地衔接和协调起来才能提高效率。

4. 使国内物流与国际接轨

全球经济一体化,使世界各国的跨国公司开始把发展目光集中到我国,物流业将受到来自国外物流公司的冲击。所以,我国的物流业必须全面与国际接轨,接纳最先进的思想,运用最科学的运作和管理方法,以提高竞争力。物流标准化建设,是引导我国物流企业与国际物流业接轨的最佳途径。

5. 为建设绿色物流业打下坚实的基础与保障

建立越多的物流标准并形成系统,对建设绿色物流业有很大帮助。有标准并按标准执行,才能使各个节点的物流业做得更好,达到省工、省时、节约资源、减少对环境的污染。

第二节　物流标准化的方法及国际物流标准

一、物流标准化的方法

政府部门是国家标准的组织制定者和推广者,在国家标准的制定中扮演着重要角色。因此,对于现代物流业相关标准的拟定,要充分发挥政府部门的组织和引导作用。在统一规划下制定出,物流系统标准化总体规范,物流设施、设备标准规范,物流标识系统的标准规范,物流信息服务系统的标准规范等,从而实现物流过程的实体与信息的协调统一。

从 2003 年下半年开始,在国务院有关部门支持下,国家标准委委托全国物流标准化技术委员会和全国物流信息管理标准化技术委员会组建课题组,确定以制定"物流标准体系表"为核心,研制我国物流标准规划。规划研究制定历时约两年,形成了一套较为完善的物流标准体系。

以这个体系为基础,2005 年 6 月 28 日,国家标准委等八个部门联合印发了《全国物流标准 2005 年—2010 年发展规划》。这个《规划》同时也是国务院全国现代物流工作协调机制的重要协调成果。《规划》与国家"十一五"计划相衔接,依据国际现代物流业发展的趋势和我国物流业发展现状,提出了 2005—2010 年我国物流标准化工作的指导思想、总体目标、重点任务、主要措施和 302 项具体的标准制修订项目。

《规划》的出台,为各部门、各行业编制物流标准中长期规划和年度计划提供了依据,对"十一五"期间物流标准化工作具有重要指导意义。从根本上改变了过去我国物流标准工作分散、零乱、衔接性不好、跟不上经济发展需要的落后状况。标志着我国现代物流科学体系已经初步建立和发展起来,从标准技术层面为我国物流业的加快发展奠定了重要和扎实的基础。

由于物流标准的具体条款,是要通过物流行业的具体运作和实践进行检验的。所以,企业应积极配合国家标准的制定,并认真贯彻执行国家标准。企业是我国物流标准化的基础。

国家标准《物流术语》2001年公布以来,在规范我国物流业发展,推进我国物流产业进步等方面发挥了重要作用。随着物流管理和物流技术的日益进步,国际物流企业逐步向国内物流市场的渗透,现代物流理念的不断发展,原有的不少条目已经大大落后于物流实践的发展,不少新的物流现象与理论也需要通过标准作出规定性的解释。2005年,两个标委会组织力量,对《物流术语》进行较大幅度的修订,词条由原145条增加到260余条,并对原有的一半以上的术语进行了重新定义。

托盘应用水平是现代物流发展的重要标志。和发达国家相比,我国的托盘标准化和社会化应用的水平都还有较大差距。日、韩及欧美等国托盘标准化的普及率已经很高,然而我国国内托盘大多只在企业内部使用,并没有进入流通环节,导致多次人工搬运,效率低下。如何缩短这一差距,是降低我国物流总成本、提高物流运作效率的重要环节。

我国现有各类托盘总数约5000万至7000万个,每年以不低于2000万个的速度递增,规格存在几十种之多,标准不统一,大多数局限在企业内部使用,没有实现社会化的周转使用。2005年,物流标准委员会牵头修订《联运平托盘尺寸及公差》的国家标准,除考虑等效采用国际标准规定的六种规格的托盘尺寸外,还将重点推广一、两种,符合我国及亚洲地区特点的规格尺寸的托盘标准,为托盘的社会化应用创造条件。

二、我国物流标准化与国际化的接轨

要建立完整科学的,适合自己国情和特点的物流标准体系,还必须认真借鉴国际上成熟的,先进的物流标准化的工作经验,积极采用和推进国际物流界通行的,共同遵守的国际标准,不断促进物流标准化的创新和与国际接轨。

目前,我国在推进物流标准与国际接轨方面有了进一步发展。

1. 大力开展学术研究

全国物流标准化技术委员会承接的《物流标准化体系》建设和《物流标准化与现代物流业的发展》研究课题于2005年分别完成。这些研究成果,对我国物流标准化发展的历史与现状,发达国家物流标准化的发展状况,中外物流标准化发展状况等进行了深入的调查、分析、研究和对比,提出了中国物流标准化战略实施的构想,对推动我国与国际物流标准化接轨有很重要的参考价值。

2. 努力推进与发达国家物流组织在标准化领域的合作

为建立亚洲共同的托盘流通体系,降低中日韩的国际物流成本,2004年和2005年,中国物流与采购联合会与日本托盘协会、韩国托盘协会合作,召开了多次专家会议,确定三国共同推进亚洲一贯输送用平托盘。并明确了共用托盘的两种采用规格,为实现托盘的区域化、国际化流通和共用奠定了良好的基础。

3. 积极采用国际先进标准

推动我国与国际物流技术标准的统一，是实现我国物流业与国际物流业全面接轨的重要途径。目前我国物流业重要装备的制造，如集装箱、叉车、托盘已普遍采用通行的国际标准。

三、我国物流标准化系统

物流标准体系中很重要的一部分标准，是物流的统一性通用标准。这类标准包括与物流相关的专业术语标准、物流的计量单位标准、物流基础模数尺寸标准等等。

已于 2007 年 5 月 1 日正式实施的《物流术语》国家标准修订版，是我国物流领域的第一个基础性标准。它的实施对于规范我国当前物流业发展中的基本概念，促进物流业迅速发展并与国际接轨，将起到重要的作用。

物流专业计量单位的标准化，是物流作业定量化的基础，目前还没有制定出统一的标准。它的制定要在国家统一计量标准的基础上，考虑到许多专业的计量问题和与国际计量标准的接轨问题。

物流基础模数尺寸标准，是物流系统中各种设施建设和设备制造的尺寸依据，在此基础上可以确定出，集装基础模数尺寸，进而确定物流的模数体系。

物流标准体系中，除了通用性标准，还包括相关行业的子系统标准。其中，子系统的技术标准和作业标准规范是最重要的内容。

在我国运输行业的国家标准中，对集装箱、货运车船以及危险品运输都制定了不同的标准，相对较完备。但是，适应现代物流运输需要的专业标准还欠缺。

在装卸搬运业，目前已拥有一系列的装卸设备、搬运车辆和传输机具的标准，但多是以港口作业为主，其他作业方式的标准还欠缺。

在仓储中已有托盘、叉车等国家标准，但对于仓库、站台、货架、储罐等专业技术标准，以及与仓储相关的作业标准还很欠缺。

物流中的流通加工目前没有国家标准，但是可以与流通加工的各种商品的深加工和精加工标准一同设立。

现代物流强烈依赖现代信息网络技术，因此数据传输格式、接口的标准化非常重要，比如 RF 标准等。

由于电子商务与物流日益融合，并常常较多地依赖于 EDI 来完成。因此，制定统一的 EDI 标准至关重要。

EDI 标准主要分为以下几个方面：①基础标准，②代码标准，③报文标准，④单证标准，⑤管理标准，⑥应用标准，⑦通信标准，⑧安全保密标准。

在这些标准中，首要的是实现单证标准化，包括单证格式的标准化、所记载信息标准化以及信息描述的标准化。

在物流活动的各个环节中,都不可避免地会对环境造成污染,比如大气污染,噪声污染等等。因此,企业在进行物流管理时,还应考虑环境成本,积极推行ISO 14000环境管理标准体系。通过 ISO 14000 环境管理体系的认证,可以提高企业形象,促使企业节能降耗,降低成本,提高管理水平。

我国现有的物流标准如下所示:

托盘标准

GB/T 3716—2000 托盘术语

GB/T 2934—1996 联运通用平托盘　主要尺寸及公差(eqv ISO 6780:1988)

GB/T 4995—1996 联运通用平托盘　性能要求

GB/T 4996—1996 联运通用托盘　实验方法

GB/T 10486—1989 铁路货运钢制平托盘

GB/T 15234—19940 塑料平托盘

GB/T 16470—1996 托盘包装

集装箱标准

GB/T 1992—1985 集装箱名词术语

GB/T 1413—1998 系列 1 集装箱 分类、外部尺寸和额定质量(idt ISO 668:1995)

GB/T 17770—1999 集装箱 空/陆/水(联运)通用集装箱技术要求和试验方法(idt ISO 8323:1985)

GB/T 17271—1998 集装箱运输术语

包装标准

ISO 3676:1983 包装　单元货物大小　尺寸

GB/T 4892—1996 硬质直方体运输包装尺寸系列

GB/T 13201—91 圆柱体运输包装尺寸系列

GB/T 13757—92 袋类运输包装尺寸系列

GB/T 15140—94 航空货运集装单元技术要求

GB/T 15233—94 包装　单元货物尺寸

GB/T 16471—1996 运输包装件尺寸界限

GB/T 1.7—1988 标准化工作导则　产品包装标准的编写规定

GB 190—1990 危险货物包装标志

GB 191—2000 包装储运图示标志

GB/T 6388—1986 运输包装收发货标志

TB/T 2337—1993 铁路行李、包裹运输包装标志

GB/T 13385—1992 包装图样要求

TB/T 2974—2000 国际铁路联运出口货物运输包装质量要求

装卸/搬运标准

SJ/T 10466.12—1993 搬运、贮存、包装、交付质量控制指南

SJ/T 10466.12—1993 搬运贮存包装交货质量控制指南

JT/T 392—1999 港口装卸工具术语

JT/T 2028—1993 港口重大件装卸作业技术要求

TB 1936.1—1987 铁路装卸作业标准 作业程序

TB 1936.2—1987 铁路装卸作业标准 桥式、龙门式起重机作业

TB 1936.3—1987 铁路装卸作业标准 回转式起重机作业

TB 1936.4—1987 铁路装卸作业标准 轮胎式单斗装载作业

TB 1936.5—1987 铁路装卸作业标准 链斗式装、卸车机作业

TB 1936.6—1987 铁路装卸作业标准 小型叉车作业

TB 1936.7—1987 铁路装卸作业标准 人力作业

TB 1938—1987 铁路装卸名词术语

JT 3145—1991 汽车危险货物运输、装卸作业规程

存储作业标准

TB/T 2631—1995 铁路物资仓库技术管理规定

HG/T 20568—1994 化工固体物料堆场及仓库设计规定

SBJ 01—1988 商业仓库设计规范

条码技术标准

GB/T 17172—1997 四一七条码

GB/T 18284—2001 快速反应矩阵码

GB/T 16986—1997 条码应用标识

GB 12904—1998 商品条码

GB/T 12905—2000 条码术语

GB/T 16829—1997 交插二五条码

GB/T 12907—1991 库德巴条码

GB/T 12908—1991 三九条码

GB/T 14257—1993 通用商品条码符号位置

GB/T 15425—1994 贸易单元 128 条码

GB/T 18283—2000128 店内码

GB/T 18347—2001 条码

GB/T 14258—1993 条码符号印制质量检验

GB/T 18348—2001 商品条码符号印制质量的检验

GB/T 16830—1997 储运单元条码

GB/T 12906—2001 中国标准书号条码

GB/T 16827—1997 中国标准刊号条码

GB/T 18410—2001 商品条码印刷适性试验商品条码符号位置车辆识别代码条码标签

物流单元编码标准

GB/T 18354—2001 物流单元的编码与符号标记

GB/T 16472—1996 货物类型、包装类型和包装材料类型代码

GB/T 14945—1994 货物运输常用残损代码

TB/T 2690—1996 铁路货物运输品名分类与代码

JT 0019—1988 运输货物分类和代码

GB/T 16736—1997 道路车辆　车辆识别号(VIN)内容与构成

GB/T 16828—1997 位置码

GB/T 15422—1994 国际贸易单证代码

物流设施与装备编码标准

GB/T 1836—1997 集装箱代码、识别和标记

GB/T 15119—1994 集装箱常用残损代码

GB/T 17272.1—1998 集装箱在船舶上的信息　箱位坐标代码

GB/T 17272.2—1998 集装箱在船舶上的信息　电传数据代码

GB/T 17273.1—1998 集装箱设备数据交换　通信代码

GB/T 15419—1994 国际集装箱货运交接方式代码

GB/T 18366—2001 国际贸易运输船舶名称与代码编制原则

TB/T 2966—1999 铁路运输设备分类与代码基本规定

JT 0010—1984 运输船舶状态代码

S 本章小结

物流标准化是指从物流系统的整体出发,制定其各子系统的设施、设备、专用工具等的技术标准,以及业务工作标准。

物流标准化意义重大,只有实现了物流标准化,才能有效地实施物流系统的科学管理,加快物流系统建设,促进物流系统与其他系统和国际系统的衔接,有效地降低物流费用,提高物流系统的经济效益和社会效益。物流标准化建设滞后,将给社会财富造成巨大浪费。

物流标准化具有统一国内物流概念、规范物流企业、提高物流效率、使内物流与国际接轨的作用。

由于物流标准的具体条款,是要通过物流行业的具体运作和实践进行检验的。所以,企业应积极配合国家标准的制定,并认真贯彻执行国家标准。企业是我国物流

标准化的基础。

物流标准体系中很重要的一部分标准,是物流的统一性通用标准。这类标准包括与物流相关的专业术语标准、物流的计量单位标准、物流基础模数尺寸标准等等。

物流标准体系中,除了通用性标准,还包括相关行业的子系统标准。其中,子系统的技术标准和作业标准规范是最重要的内容。

E 思考题

1. 什么是物流标准化?
2. 物流标准化有什么意义?
3. 物流标准化有哪些作用?

E 练习题

1. 试述在我国物流标准化体系的建设中,政府部门与物流企业是怎样一种地位关系。
2. 试述我国的物流标准化体系所包括的内容。

【资料】 粮食现代物流发展规划

国家发改委于 2007 年 8 月发布了《粮食现代物流发展规划》。规划提出,要实现粮食由包装向散储、散运、散装、散卸的"四散化"变革,并将在全国构建六大主要跨省散粮物流通道。这六大通道分别是东北流出通道、黄淮海流出通道、长江中下游流出通道,华东沿海流入通道、华南沿海流入通道和京津流入通道。

规划的规划期为 2006 年至 2015 年。规划实施具体分为两个阶段,从 2006 年到 2010 年为第一阶段;2011 年到 2015 年为第二阶段。

根据规划,到 2010 年和 2015 年,六大通道将分别形成以下粮食流量:东北通道为 4 600 万 t 和 4 900 万 t;黄淮海通道为 2 400 万 t 和 2 800 万 t;长江中下游通道为 2 100 万 t 和 2 500 万 t;华东通道为 5 300 万 t 和 6 000 万 t;华南通道为 3 800 万 t 和 4 440 万 t;京津通道为 1 370 万 t 和 1 700 万 t。

国家发改委人士表示,目前,全国 85% 的粮食是采用传统的包装运输方式。粮食收购环节基本采用麻袋、塑料编织袋包装,在储存环节拆包散储,到中转和运输环节又转为包装形态。整个过程靠人工操作。由于整个流通环节需要经过多次灌包、拆包,包装资材耗费大、抛洒损失多、掺混杂质情况严重。

据估算,我国粮食从产区到销区的物流成本占粮食销售价格的 20% 至 30%,

比发达国家高出 1 倍左右；东北地区的粮食运往南方销区一般需要 20 天到 30 天，为发达国家同等运距所需时间的 2 倍以上。由于运输装卸方式落后，每年损失粮食 800 万 t 左右。

粮食物流由麻袋包装，人工搬运，向"四散化"转变后，粮食流通成本将大大降低，有助于粮价下降。

与现有平均流量相比，上述六大通道建成后，黄淮海通道、华东通道、华南通道和京津通道四大通道的流量将有大幅增加。

C 案例

集装箱码头质量全球标准化

德国劳氏船级社(GL)与全球物流学会(GIL)已联手推出了一项"集装箱码头质量指标"(CTQI)，在集装箱码头全球标准化的方向上迈出了重要一步。

据悉，该指标将审核码头的多项内部与外部要素，包括每小时自然箱、集装箱停留时间、码头与仓储区装卸效率、船舶周转时间、码头与公路、铁路及驳船的衔接等一般指标。

GL 在一份声明中称："要想在审核中合格，码头必须不断地进步。对更多关键指标的审核将贯穿在整个认证过程中，如：吊机及装卸设备的平均使用年龄、装满或卸空一艘海船所需的时间，这些方面审核人员都将仔细考核。此外，审核内容还将包括组织因素，如公路入口的开放时间、通讯与计划编制的技巧与能力、码头与后方及内陆水路的连通性等"。

据 GL 主管航运与物流认证的负责人诺斯哥特介绍，目前已有一个码头正在参与审核，但未透露其名称，此外，还有不少码头表达了参与的兴趣。他说："CTQI 是在全世界平台上以一个共有的标准评估集装箱码头质量的最行之有效的方式。像这样的一个全球标准，过去还从未有过。"

指标顾问委员会成员、欧洲货主理事会秘书长 Nicolette van de Jagt 说："如果某一指标很低，货主就可以向承运人质询，如何与码头方面来一起改进。指标的提升通常可反映出码头效率的提高以及营运成本的降低，这些或许将体现到与货主商定的港口费用中。"

第十一章 物流信息技术

【学习目标与要求】

通过本章的学习,要求熟练掌握条码技术的基本概念及特点,理解商品条码的结构组成,掌握常用物流单元条码的码制类型,掌握二维条码的相关概念及码制,掌握射频识别技术的基本概念;

熟练掌握数据库管理系统的基本功能,理解数据仓库的概念;熟练掌握 EDI 的定义及特点,理解物流 EDI 的概念及其实施流程;

掌握 GPS 的概念,理解 GPS 的工作原理及系统组成,掌握网络 GPS 的主要功能;理解 GIS 的相关概念及基本功能;

了解 ITS 技术的相关内容。

第一节 识 别 技 术

目前国内外各个领域应用的信息自动识别技术有许多种,包括条码技术、射频识别技术、磁识别技术、图像识别技术、生物识别技术和语音识别技术等。其中,条码技术发展最快、应用领域最为广泛,在当今的自动识别技术中占有重要地位。物流业对于条码技术的应用解决了海量数据采集及分析的瓶颈问题。可以说条码技术是实现 POS(Point of Sales,销售点)系统、EDI 电子商务、供应链管理的技术基础,是物流业实现现代化管理、提高竞争力的重要技术手段。

一、条码技术及设备

1. 概念

条码(bar code)是由一组规则排列的条、空及其对应字符组成的标记,用于表示一定的信息(如图 11-1 所示)。其中条指的是反射率较低的部分,空是反射率较高的部分。

条码所标识的物品可以是用来进行交易的一个贸易项目,如,一包洗衣粉或一箱饼干,也可以是一个物流单元,如一个托盘。对物品的标识,是首先给某一物品分配一个代码,然后以条码的形式将这个代码表示出来,并且标识在物品上,以便扫描识读设备通过扫描条码符号进而对该物品进行识别或查询数据库中相应的信息。

所谓的代码即一组用来表示客观事物的一个或一组有序的符号。在不同的应用系统中,代码可以有含义,也可以没有含义,有含义的代码可以表示出物品的部分信息属性,如:某厂的产品有多种系列,其中代码为 50000～59999 的是小家电类产品,代码为 60000～69999 的是手机类产品等等,从这个编码的规律可以看出产品的分类信息。而无含义的代码则只作代替物品名称使用,不提供其他任何信息。

表 11-1 列出了在条码技术和应用中,经常会接触到的基本术语。

条码技术基本术语　　　　　　　　　　　　表 11-1

序号	术　语	英 文 表 示	定　义
1	条码	bar code	由一组规则排列的条、空及其对应字符组成的标记,用于表示一定的信息
2	代码	code	一组用来表示客观事物的一个或一组排列有序的符号
3	条／空	bar／space	条码符号中反射率较低／较高的部分
4	空白区	clear area	条码符号左右两端外侧与空的反射率相同的限定区域
5	起始符	start character	位于条码符号起始位置的若干条和空
6	终止符	stop character	位于条码符号终止位置的若干条和空
7	中间分隔符	central separating character	位于条码符号中间位置的若干条和空
8	条码字符	bar code character	表示一个字符的若干条和空
9	条码字符集	bar code character set	某类型条码所能表示的字符集合
10	条码数据字符	bar code data character	表示特定信息的条码字符
11	条码校验字符	bar code check character	表示校验码的条码字符
12	供人识读字符	Human readable character	位于条码符号下方,与相应的条码字符相对应的、用于供人识别的字符
13	条高	bar height	垂直于单元宽度方向的条的高度尺寸
14	条宽	bar width	条的宽度尺寸
15	空宽	space width	空的宽度尺寸
16	条宽比	bar width ratio	条码符号中最宽条与最窄条的宽度比
17	条码字符间隔	inter-character gap	相邻条码字符间不表示特定信息且与空的反射率相同的区域
18	条码长度	bar code length	从条码符号起始符前缘到终止符后缘的长度
19	条码密度	bar code density	单位长度的条码所能表示的字符个数

序号	术　语	英文表示	定　义
20	模块	module	模块组配编码方法中组成条码字符的基本单位
21	单元	element	构成条码字符的条或空
22	连续型条码	continues bar code	没有条码字符间隔的条码
23	非连续型条码	discrete bar code	有条码字符间隔的条码
24	定长条码	fixed length bar code	条码字符个数固定的条码
25	非定长条码	unfixed length bar code	条码字符个数不固定的条码
26	自校验码	self-checking bar code	条码字符本身具有校验功能的条码
27	双向条码	bidirectional bar code	左右两端均可作为扫描识读起点的条码
28	附加条码	add-on bar code	表示附加信息的条码
29	码制		条码符号的类型
30	放大系数		条码符号的设计尺寸与标准版尺寸的比值

2. 结构

一个完整的条码结构包括左右空白区、起始符、数据字符、中间分隔符(部分码制)、校验字符(可选)、终止符及供人识读字符组成(如图 11-1 所示)。

图 11-1　条码符号的结构

3. 条码的特点

条码技术经过多年的长期研究和多领域的实际应用,已发展成较为成熟的技术,在自动识别技术中占有重要的地位。与其他识别技术相比,条码技术具有如下一些特点:

(1)采集速度快。一个每分钟打 90 个字的打字员平均 1.6 秒即可输入 12 个字符,而使用条码扫描录入的方式则只需要 0.3 秒。条码技术对于扫描识读环境及人员操作技能方面没有较高要求,从而保证了采集的高速。

(2)采集信息量大。利用条码扫描识读,一次可以采集录入几十位字符的信息,而且可以根据需要选择不同码制的条码来增加字符密度,使录入的信息量成倍增加。

(3)可靠准确。普通键盘录入数据的误码率为 1/300,光学字符识别技术的误码率约为 1/万,而采用条码扫描录入,其误码率仅为 1/百万,且通过一次扫描即可正确录入的比例在 98% 以上。

(4)灵活、实用。作为一种信息录入或识别的手段,条码可以单独使用,也可以和相关设备如 POS 收银机组成识别系统实现自动化识别,与其他控制设备联系起来后,则能够实现整个系统的自动化管理。

(5)自由度大。在扫描条码符号时,识读设备与符号的相对位置的自由度较大。常用码制都采用连续编码,即同一条码符号上表示的信息是连续和重复的,因此如果符号上有部分残缺或污染,仍可以通过译码还原,获得正确信息。

(6)设备简单、成本低。条码符号、标签的制作容易,对印刷设备和材料无特殊要求;扫描识读设备结构简单,操作简便,几乎不需要进行专门的训练。与其他信息录入和自动识别技术相比,条码系统的构建、使用和升级所需的费用比较低。

4.条码的分类

目前世界上正在使用的条码达 250 种,条码的分类方法有很多,主要依据条码的编码结构和条码的性质来决定。条码可分为一维条码和二维条码。一维条码是通常所说的传统条码。一维条码按其应用可分为商品条码和物流条码。商品条码包括 EAN 码和 UPC 码,物流条码包括 128 码、39 码和 ITF 码等。按照条码长度,一维条码可分为定长条码和非定长条码;按照排列方式分,可分为连续型条码和非连续型条码;按校验方式分,又可分为自校验条码和非自校验条码等。二维条码根据构成原理、结构图形差异,可分为行排式二维条码和矩阵式二维条码。

5.常用条码识读器

条码识读设备从扫描方式上可分为接触式和非接触式两种。接触式条码识读设备是在扫描时贴近条码符号,而非接触式条码识读设备在扫描时要与条码符号保持一定的距离范围,这个距离范围称为"扫描景深"。接触式识读设备包括光笔和卡槽式条码扫描器,非接触式识读设备包括 CCD 扫描器和激光扫描器等。

条码识读设备从操作方式上又可分为手持式(也叫枪式)和固定式。固定式条码识读设备不用人手把持,使用于省力、人手劳动强度大或无人操作的自动识别应用中。光笔、激光枪、手持式全向扫描器、手持式图像扫描器等都属于手持式条码识读设备,固定式条码识读设备有卡槽式扫描器、固定式单线单方向多线式扫描器、固定式 CCD 扫描器等。

常见常用的一些扫描设备以一维条码识读设备为主,包括激光枪、CCD 扫描器、光笔和全向式扫描平台、数据采集器等。

(1)激光枪属于手持式自动扫描的激光扫描器(如图 11-2 所示)。激光扫描器是一种远距离条码阅读设备,其性能优越,被广泛应用。其优点有:识读距离适应能力强,具有穿透保护膜识读的能力,识读的精度和速度较易提高。缺点是对识读的角度

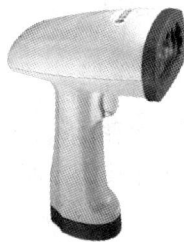

图 11-2　激光枪

要求比较严格，只能识读行排式二维条码(如 PDF417 条码)和一维条码。

(2)CCD 扫描器(如图 11-3 所示)是利用光电耦合(CCD 芯片技术)原理，对条码印刷图案进行成像，然后再译码。其特点是无任何机械运动部件，性能可靠，寿命长，按元件排列的节距或总长计算，可以进行测长，价格比激光枪便宜，但可测条码的长度受限制，景深小。手持式 CCD 扫描器在外形上与激光枪相似。

(3)光笔和卡槽式扫描器属于接触式、固定光束扫描器(如图 11-4 所示)。所谓固定光束扫描器是在扫描器内部不带有任何扫描装置，发射照明光束的位置相对于扫描器是固定的，扫描过程需要贴近条码符号从头至尾扫过一遍。光笔的耗电量非常低，比较适用于连接在由电池驱动的手持式数据采集终端上。

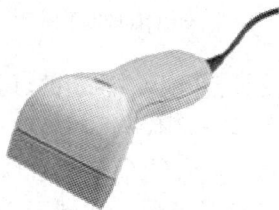

图 11-3　手持式 CCD 扫描器　　　　图 11-4　光笔和卡槽式扫描器

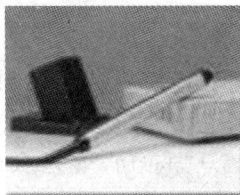

(4)全向扫描平台指的是标准尺寸的条码符号以任何方向通过扫描器的区域都会被扫描器的某条或某两条扫描光束扫过整个条码符号，属于激光扫描器(如图 11-5 所示)。这种扫描器一般用于商业超市的收款台，可以安装在柜台下面，也可以安装在柜台侧面。

(5)数据采集器是把条码识读器和具有数据存储、处理、通信传输功能的手持数据终端设备结合在一起的多功能条码扫描识读设备(如图 11-6 所示)。与普通条码识读设备相比，其具备了实时采集、自动存储、即时显示、即时反馈、自动处理、数据传输等功能。数据采集器在仓储管理、邮政专递、移动销售等领域已有广泛应用。

图 11-5　全向扫描平台　　　　　　图 11-6　数据采集器

6.条码符号的印制

条码的印制方式分为预印制和现场印制。预印制是采用传统印刷设备大批量印刷制作，适用于数量大、标签格式固定、内容相同的条码的印制，如同一款产品包装上的条码符号等。这种印制方式一般采用湿油墨印刷工艺，包括胶片制版印刷、轻印刷系统、条码号码机和高速激光喷码机等。现场印制是由计算机控制打印机实时打印条码标签，灵活、实时性强，适用于多品种、小批量、个性化的需现场实时印制条码的场合，如超市销售的散装商品标签上的条码符号等。这种印制方式通常采用专门为打印条码标签而设计的专用条码打印机或多功能打印设备（如图11-7所示），也可采用普通办公设备中的针式打印机、喷墨打印机或激光打印机。

图 11-7　具带有印制条码标签
　　　　　功能的电子秤

二、商品条码

商品标识代码是由国际物品协会（EAN）和统一代码委员会（UCC）规定的、用于标识商品的一组数字，包括 EAN/UCC—13 代码、EAN/UCC—8 代码和 UCC—12 代码。商品条码是由国际物品编码协会（EAN）和统一代码委员会（UCC）规定的，用于表示商品标识代码的条码，包括 EAN 商品条码和 UPC 商品条码。我国于 1998 年在修订《GB 12904—1991 通用商品条码》标准基础上制定了《GB 12904—1998 商品条码》标准（以下简称《标准》），该标准与国际标准兼容，规定了商品条码结构与国际物品编码协会推行的 EAN 条码结构相同，分为标准版商品条码（EAN-13 商品条码）和缩短版商品条码（EAN-8 商品条码）。

三、射频识别技术

射频识别技术（Radio Frequency Identification，简称 RFID）是近几年发展较快的自动识别技术，在自动收费、货物跟踪、运动计时及航空行李管理等方面应用较为普遍。由于 RFID 具有可携带大量数据、无须人工干预、标签放置灵活、适应恶劣环境、能够识别高速运动物体以及难以伪造等特点，在要求非接触数据采集和交换的场合，特别是需要频繁改变数据内容的场合尤为适用。

1. 射频识别技术的基本概念

RFID 是一种非接触式的自动识别技术，它通过射频信号自动识别目标对象并获取相关数据信息，其工作原理基于电磁理论。

射频识别系统一般包括三个组成部分：

（1）电子标签（Tag）：由耦合元件及芯片组成，每个标签具有唯一的电子编码，附着在物体上标识目标对象。

（2）阅读器（Reader）：读取或写入电子标签信息的设备，可设计为手持式或固定式两种。

（3）天线（Antenna）：在电子标签和阅读器之间传递射频信号。

2. 射频识别技术的分类

（1）按照频率分类

按照采用频率的不同，射频识别技术可以分为低频系统和高频系统两大类。

低频系统一般指工作频率小于 30MHz 的系统，典型的工作频率有 125kHz，225kHz，13.56MHz 等。低频系统具有电子标签的制作成本较低、外形多样，标签内保存的数据量较少，阅读识别距离较短（一般为 10cm 左右），天线方向性不强等特点。

高频系统一般指其工作频率大于 400MHz，典型的工作频段有 915MHz，2450MHz，5800 MHz 等。高频系统的特点是：电子标签及阅读识别设备成本较高，标签内保存的数据量较大，阅读距离较远（可达几米至十几米），天线方向性较强，适应物体高速运动性能较好等。

（2）按照信息注入方式分类

按照标签内保存信息的注入方式，射频识别技术又分为集成电路固化式、现场有线改写式和现场无线改写式三种类型。

集成固化式电子标签内的信息，一般在集成电路生产时即将信息以 ROM 工艺模式注入，其保存的信息是一成不变的。现场有线改写式电子标签，是将标签保存的信息写入其内部的 E2 存储区中，改写时需要专用的编程器或写入器，改写过程中必须为其供电。现场无线改写式电子标签一般适用于有源电子标签（即电子标签内装有电池），具有特定的改写指令，电子标签内保存的信息也位于其中的 E2 存储区。一般情况下，改写电子标签数据所花费的时间（以秒为单位）远大于读取电子标签所花费的时间（以毫秒为单位）。

（3）按照数据实现技术分类

射频识别技术按照读取电子标签数据的技术实现手段来分可分为广播发射式、倍频式和反射调制式三种类型。

广播发射式射频识别系统实现起来最简单。电子标签必须在有源方式下工作，并实时地将其储存的信息对外广播，而阅读器相当于一个只收不发的接收机。该系统的缺点是由于电子标签需要不停地向外发射信息，耗费电能较多，且易造成外部环境的电磁污染，信息的安全保密性不高。

倍频式射频识别系统实现起来有一定难度。一般情况下，先由阅读器发出射频查询信号，电子标签再以数倍于源频率的载频反馈相应的信号（回波信号）。这样的工作模式有利于阅读器接收处理回波信号，但对于无源电子标签（即标签内无电池）来说，电子标签将收到的源频率量转换为倍频回波载频时，其能量转换效率较低，而提高转换效率需要更高的电子标签成本，同时，系统工作时需要占用两个频段，一般较难获得无线电频率管理委员会的产品应用许可。

反射调制式射频识别系统的实现难题在于解决同频收发问题。系统工作时，阅读器发出射频查询信号,无源电子标签收到查询信号后,将其中一部分能量整流为直流电源供电子标签内的电路工作,另一部分能量经过数据信息调制(ASK)后反射回阅读器,在接收到回波信号后,阅读器将从中提取出电子标签中保存的标识性数据信息。工作过程中,设备间发出信号与接收回波信号同时进行,回波信号的强度较发射信号要弱得多,容易造成数据识别错误或数据丢失。

3. 射频识别技术的应用

(1)智能运输系统(Intelligent Transport System,简称 ITS)

智能运输系统是 RFID 最成功的应用之一,实现了车辆高速通过收费站的同时自动完成缴费工作。充分体现了非接触式识别的优势,解决了交通瓶颈问题,避免了拥堵现象的发生,同时也防止了现金结算过程中的乱收费问题。

(2)生产线的自动化控制

RFID 在生产线上的应用,可实现生产流程的自动控制以及对产品质量的监控,从而有助于企业改进生产方式,提高生产率。例如在汽车装配生产线上,国外许多著名品牌的轿车可以按照客户要求进行定制生产,即从流水线上开下来的每一辆汽车都是不一样的。如何通过上万种内部及外部的装配工艺选项来满足各个客户的不同需求,没有一个高度组织、复杂的控制系统是很难胜任这样的任务的。德国的宝马公司在汽车装配线上安装了 RFID 系统,以保证汽车在流水线各个位置上的装配毫不出错。

(3)货物跟踪及监控

像运钞车辆、易燃易爆危险品等特殊货物的运送,需要实时准确地知道其位置,通过沿途安装的 RFID 设备可以实现对运输全过程的跟踪以及对货物现场状态的确定。商场中应用 RFID,可以实时对贵重物品进行监控,以防被盗。

另外,RFID 还可用于跟踪动物,以研究它们的习性,或用在信鸽比赛、赛马比赛中以准确测定到达的时间。

第二节 数据传输与交换技术

在物流业的信息传输领域,EDI 扮演着越来越重要的角色。为竞争国际贸易的主动权,各个国家和地区的企业都积极引进 EDI 技术来改善企业内部的生产和外部的流通环境,以期获得最佳的经济效益。

一、EDI 概述

(一)EDI 的定义

电子数据交换 EDI(Electronic Data Interchange)兴起于 20 世纪 80 年代,是现代计算机技术和远程通信技术相结合的产物。1994 年,国际标准化组织(ISO)明确了 EDI 的技术定义:根据商定的交易或电子数据的结构标准实施行业或行政交易,从计算机到计算机的电子数据传输。

应用 EDI 进行传递和交换的信息主要包括采购计划、到货通知、付款、财务报告等,还涉及行政、合同、安全、生产分销等方面,目前正在开发适用于政府、教育、司法、保险、娱乐、保健和银行抵押业务等领域的 EDI 标准。由此可知,EDI 是一套报文通信工具。它利用计算机的数据处理和通信功能,将交易双方彼此往来的文档如订货单等转成标准格式,并通过通信网络传输给对方。因此,EDI 只是提供了一个电子平台,无论是物流行业还是其他领域,都只是 EDI 的一个具体应用对象。

(二)EDI 的特点

EDI 与现有的一些通信手段如传真、电子邮件等相比较,有着很大区别,主要表现在以下几个方面:

(1)EDI 的应用对象是具有经常性业务联系的单位;传真、电子邮件的资料传送对象可以是临时性的。

(2)EDI 传递的资料是一般业务资料,如发票、订单等,具有法律效力;而传真或电子邮件没有这方面的约束。

(3)EDI 传递的是格式化的标准文件,并具有格式校验功能,对所传送的文件具有跟踪、确认、防止篡改、防止冒领、电子签名等一系列安全保密功能;传真或电子邮件传送的文件是自由格式的,传真没有保密功能,电子邮件虽有一些安全技术,但层次较低。

(4)EDI 信息传递是非实时的,其过程尽量避免人工介入,应由收发双方的计算机系统直接传送和交换;电子邮件的收发也是非实时的,但传真是实时的,两者的操作都需要人工处理。

(三)EDI 工作原理

EDI 的实现过程是用户将相关数据从自己的计算机信息系统传送到有关交易方的计算机信息系统的过程。该过程因用户应用系统以及外部通信环境的差异而不同,一般可以分为以下几个步骤:

(1)发送方将要发送的数据从信息系统数据库中提出,转换成平面文件(Flat File);

(2)将平面文件翻译为标准 EDI 报文,以邮件形式发送到接收方的信箱中;

(3)接收方收取 EDI 邮件并翻译为平面文件;

(4)将平面文件转换为相应数据信息,并传送到信息系统中进行处理。

(四)EDI 的硬件环境

EDI 所需的硬件设备大致有:计算机、调制解调器和路由器、电话线和计算机网络。

（1）计算机：无论是 PC、工作站、小型机、主机等，均可利用。

（2）调制解调器（Modem）和路由器：由于使用 EDI 来进行电子数据交换，需通过通信网络，因此，调制解调器和路由器是必备硬件设备。调制解调器的功能与传输速度应根据实际需求而决定。

（3）通信线路：通常使用电话线路，但如果对资料传输量有较高要求，可以考虑租用专线。

（4）计算机网络：从硬件方面讲，20 世纪 90 年代之前的大多数 EDI 都不通过互联网，而是通过租用电信部门的通讯线路在专用网络上实现，这类专用的网络被称为增值网络（Value-Added Network，简称 VAN）。使用专用网络的目的主要是考虑到安全问题。但随着互联网安全性的日益提高，作为一个费用更低、覆盖面更广、服务更好的系统，Internet 已经表现出替代 VAN 成为 EDI 的硬件载体的趋势，因此有人把通过互联网实现的 EDI 叫做 Internet EDI 或 Web EDI。另外，如果用户想通过增值网络来实现 EDI 数据传输，则需要在 EDI 中心进行注册，即开设一个 EDI 邮箱。

二、物流 EDI

近年来，EDI 在物流行业中被广泛应用，业界称其为物流 EDI。是指货物业主、承运业主以及其他相关的单位之间，通过 EDI 系统进行物流数据交换，并以此为基础实施物流作业活动的方法。

物流 EDI 的参与对象包括货物业主（制作商、批发商、零售商等），承运业主（第三方物流承运企业等），实际运送货物的交通运输企业，协助单位（政府有关部门、金融企业等）和其他的物流相关单位（仓库、配送中心等），其实施的主要流程如下：

（1）发送货物业主（如制造商）在接到订货单后制定货物运送计划，并把运送货物的清单及运送时间安排等信息通过 EDI 发送给物流承运业主和接收货物业主（如零售商），以便承运业主和运输企业预先制定车辆调配计划，以及接收货物业主制定货物接收计划。

（2）发送货物业主依据客户订货的要求和货物运送计划下达发货指令、分拣配货、打印货物标签（Shipping Carton Marking，简称 SCM 标签），并粘贴在货物包装箱上，同时把运送货物品种、数量、包装等信息通过 EDI 发送给承运业主和接收货物业主。

（3）承运业主在向发送货物业主取运货物时，利用车载扫描识读设备读取货物标签上的物流条码，并与之前收到的货物运输数据进行核对，以确认运送货物。

（4）承运业主和运输企业在物流中心对货物进行整理、装载完成后，将发货信息制成 EDI 送货清单发送给接收货物业主，并在货物运送的同时进行货物跟踪管理。在货物全部转交给接收货物业主之后，承运业主再通过 EDI 向发送货物业主发送整个流程的业务信息以及运费清单。

(5)接收货物业主在货物到达时,利用扫描识读设备读取货物标签的物流条码,与之前收到的货物运输数据进行核对、确认,并开出收货发票(可采用 EDI 票据形式),组织货物入库等,同时通过 EDI 向承运业主和发送货物业主发送收货确认信息。

应用物流 EDI 的优点在于供应链中各组成环节只要采用标准化的信息格式和处理方法,均可通过 EDI 共享信息,提高流通效率,降低物流成本。

三、EDI 在供应链中的应用

1. 物流企业应用 EDI

对于物流企业来说,出货单是客户发出的出货指示。物流企业引入 EDI 出货单后可与自己的拣货系统连接集成起来,生成拣货单,以加快内部作业的速度,缩短配货时间。在出货完成后,可通过 EDI 将出货结果告知客户,使客户及时了解出货情况并作相应处理。

对于每月的出货配送业务,物流企业通过开发对账系统与 EDI 出货配送系统集成来生成 EDI 催款对账单,从而减轻财务部门的对账工作量,降低对账的错误率并节省业务部门的催款人力。

2. 制造商应用 EDI

制造商与其贸易伙伴间的商业行为大致可分为接单、出货、催款及收款作业,其间往来的单据包括采购进货单、出货单、催款对账单及付款凭证等。

采购进货单是整个交易流程的开始。制造商在接到 EDI 订单后,经核查程序确认是否与实际交易条件相符,再通过与企业内部的库存系统、拣货系统或生产控制系统的连接,将其直接转换为拣货单或生产任务单,从而节省了人工录入订单数据的人力和时间,同时保证了数据的正确性,加快了拣货和出货的速度,进一步提高服务质量。

制造商在出货前需先通过 EDI 向客户发送出货单,以便客户打印验货单及作好接货准备,从而提高了双方交货、验货、收货的效率。EDI 出货单也可作为验货凭证和催款对账凭证,方便客户确认货物信息,减轻财务部门每月对账的工作量,降低对账错误、节省业务部门催款的人力和时间。

另外,企业还可考虑引入与银行互联的 EDI 转账系统,由银行直接接收 EDI 汇款再转入企业账户内,以加快收款作业,提高资金运用的效率。转账系统与对账系统、会计系统连接集成后,除具有自动转账功能外,还可实现后续会计作业的自动处理,节省人力。

3. 批发商应用 EDI

批发商的业务包括向客户提供产品以及向厂商采购商品。进货或出货时,可将采购进货单转换为 EDI 报文传送给供应商或客户,而不需要为了配合不同供应商和客户而使用不同的电子订货系统,降低了人工录入错误,加快了订单的处理速度。

企业可通过引入 EDI 来改善各项作业流程,依次引入采购进货单、验收单、催款对账单及付款明细表等,与企业内部的业务系统连接集成起来,实现 EDI 自动化处理,使交易效率得到整体性提高。

4. 运输企业应用 EDI

运输企业引入了 EDI 托运单后,可在收到托运人的出货单前先得知托运货物的数量、重量等详细信息,以便调配车辆或安排仓位,并在整理、装载货物的同时,自动向收货人和托运人发送发货明细单,以便双方进行数据核对,完成运送任务后,发货明细单将自动转换为运费清单,回报给托运人或收货人,并可作为催款凭证。这样的运作方式大大缩短了货物在各个企业之间的留转时间,节省了人力并减少人为错误。

第三节 物流动态跟踪与控制技术

一、GPS 技术

(一)GPS 概念及特点

全球定位系统(Global Positioning System,GPS)是利用卫星星座(通信卫星)、地面监控部分和信号接收机对对象进行动态定位。GPS 能对静态、动态对象进行动态空间信息的获取,不受天气和时间的限制,快速、精度均匀地反馈空间信息。

(二)GPS 技术在运输系统中的应用

GPS 技术的出现,给车辆、船舶等交通工具的导航定位提供了具体的实时的定位功能。通过车载 GPS 接收机,驾驶人员能够随时知道自己的具体位置。通过车载电台将 GPS 定位信息发送给调度指挥中心,中心的管理人员便可及时掌握各车辆的具体位置。

1. 车辆 GPS 定位管理系统

车辆 GPS 定位管理系统主要是由车载 GPS 自主定位,结合无线通信系统,对车辆进行调度管理和跟踪。已经开发使用的系统有:车辆全球定位报警系统、警用 GPS 指挥系统等,分别用于城市公共汽车调度管理,风景旅游区车船报警与调度,海关、公安、海防等部门对车船的调度与监控等。

车辆 GPS 定位属于单点动态导航定位,其定位量级约为 100m。为了提高定位精度,可采用差分 GPS 技术。

2. 应用差分 GPS 技术的车辆定位管理系统

若采用一般差分 GPS 技术,每辆车上都应接收差分改正数,这样会造成系统过于复杂,所以实际应用中多采用集中差分技术。

在车辆管理系统中,每一辆车都装有 GPS 接收机和车载电台,监控中心设在基准站位置,坐标精确已知。基准站内安置 GPS 接收机,同时安装通信电台、计算机、电子地图、大屏幕显示器等设备。工作时,各车辆上的 GPS 接收机将其位置、时间和车辆编号等信息一同发送到监控中心。监控中心将车辆位置与基准站 GPS 定位结果进行差分得出差分改正数,对车辆位置进行改正,计算出精确坐标,经过坐标转换后显示在大屏幕上。

这种集中差分技术可以简化车辆上的设备。车载部分只接收 GPS 信号,不必考虑差分信号的接收。而监控中心集中进行差分处理,显示、记录和存储数据。通信方式可采用原有的车辆通信设备,只要增加通信转换接口即可。

差分 GPS 设备能够实时地提供精确的位置、速度和航向等信息,因此车载 GPS 差分设备还可以对车辆上的各种传感器,如计程仪、车速仪、磁罗盘等进行校准。

二、GIS 技术

地理信息系统(Geographic Information System,简称 GIS)是近十年发展起来的一门综合性应用系统,它是将各种信息通过地理位置和有关的视图结合起来,融合了地理学、几何学、计算机科学及各种应用对象、CAD 技术、遥感技术、GPS 技术、Internet、多媒体技术及虚拟现实技术等。GIS 利用计算机图形与数据库技术来采集、存储、编辑、显示、转换、分析和输出地理图形及其属性数据,并根据用户需要将这些信息图文并茂地输送给用户,便于分析及决策使用。目前,GIS 技术的应用已遍及金融、电信、交通、国土资源、电力、水利、农林、环境保护、地矿等国民经济各个领域。

GIS 在物流系统中的应用主要集中于物流分析,主要是利用 GIS 强大的地理数据功能来完善物流分析技术。一个完整的 GIS 物流分析软件通常集成有车辆路线模型、最短路径模型、网络物流模型、分配集合物流模型和设施定位模型。

(1)车辆路线模型用于解决一个起始点、多个终点的货物运输,主要解决如何降低物流作业费用、车辆车次的调配和保证服务质量等问题。

(2)最短路径模型用于解决寻求最有效的分配货物路径问题,也就是物流网点布局问题。例如需要将货物从 N 个仓库运往到 M 个商店,而它们的需求量固定,因此需要研究由哪个仓库提货送往哪个商店的运输成本最小。

(3)分配集合物流模型可以根据各个要素的相似性把同一层上的所有或部分要素分为几个组,用以解决服务范围和销售市场范围的问题。例如某一企业要设立多个分销点,要求这些分销点要覆盖某一地区,而且要使每个分销点的顾客数目大致相同。

(4)设施定位模型用于研究一个或多个设施的位置。在物流系统中,仓库和运输线路共同组成了物流网络。仓库处于网络的节点上,节点决定着线路的设置。运用该模型可以较好地解决在既定区域内设立仓库的数量、每个仓库的位置、每个仓库的规模以及仓库之间的物流关系等,以使实际供求需要及经济效益都得到满足。

三、ITS 技术

(一)ITS 的基本概念及功能

智能运输系统(Intelligent Transport System,ITS),是在较完善的基础设施(包括道路、港口、机场和通信等)之上,将先进的信息技术、数字通信技术、计算机技术、电子控制技术、传感器技术和系统综合技术有效地集成,并应用于地面运输系统,从而建立起大范围发挥作用的,实时、准确、高效的综合运输系统。

其作用主要包括信息提供、安全服务、计收使用费和减少交通堵塞等几个方面。

系统向道路管理者和用户提供的主要是道路交通情况的实时信息及相关的其他信息,如天气、拥堵路况等。

安全服务的内容则有危险警告、人车事故预防、行车辅助等。通过不同的方式来帮助减少交通事故。

费用收取主要是以电子方式自动地向用户收取道路使用费或车辆停车费等。另外,ITS 还可以根据人们的需要提供更多的服务。

(二)ITS 与物流运输

ITS 的主要目标是比以往更广泛地将信息技术运用到物流运输系统中,以及利用最新的有用信息将驾驶者、车辆、道路设施集合成为一个多功能的综合系统。运输是物流的一个重要环节,智能运输是物流运输所追求的。运输的智能化有利于科学组织物流运输,实现实时运输跟踪,提高物流运输的准确性、及时性。智能运输的发展将大大促进现代物流业的发展。

在物流领域,多频度、小数量的运送和及时运送的客户需求使得货物运输的频度大大增加,配送的时间规定也越来越严格。目前一些发达国家的大型道路交通运输企业,利用通信卫星、GPS 和数字式电子交通地图等建立了最佳车辆调配系统。该系统可根据车辆所在位置、装载情况和运输具体信息(如运送目的地、到达时间、货物大小等)自动选择最佳的货物运送路线,并把最佳货物运送路线表示在数字式电子交通地图上。该系统对提高车辆的装载效率,对车辆驾驶的动态管理,对提高物流服务水平起着重要作用。然而最佳车辆调配系统成立的一个前提条件是最佳运送路线的道路交通是畅通的,如果在最佳运送路线上出现交通阻塞的话,则通过该系统得到的最佳运送路线就失去实际意义。因此,需要建立一个具有反映道路使用状况、向道路使用者提供道路信息、扩大现有道路通过容量等多项功能的道路交通信息系统。目前,ITS 与 GPS 的广泛结合,一方面促进了 ITS 的发展,另一方面对物流运输也产生了深远的影响,正日益受到人们的关注。

S 本章小结

信息自动识别技术包括:条码技术、射频识别技术、磁识别技术、图像识别技术、生物识别技术和语音识别技术等。其中,条码技术发展最快、应用领域最为广泛,是实现 POS 系统、EDI 电子商务、供应链管理的技术基础。

电子数据交换 EDI 越来越重要,应用愈加广泛。

物流动态跟踪与控制技术 GPS,GIS,ITS 发展迅速,应用领域广泛,对物流业产生深远影响。

E 思考题

1. 二维条码是如何应用在物流管理中的?
2. 数据库管理系统 DBMS 的基本功能是什么?
3. 什么是物流 EDI? 其实施流程如何?
4. GPS 系统组成如何? 各个部分需要完成什么工作?
5. 什么是 GIS? 其基本功能是什么?

E 练习题

1. 填空题

①"条"是条码符号中反射率较_____的部分,"空"是条码符号中反射率较_____的部分。

②射频识别系统一般包括_____、_____和_____三个组成部分。

③我国 ITS 体系结构可分为_____、_____、_____和_____四个层次。

2. 选择题

①( )是建立在一维条码基础之上、按需要堆积成二行或多行。

    A. 一维条码   B. 行排式二维条码   C. 商品条码   D. 矩阵式二维条码

②网络 GPS 的主要功能有( )。

    A. 实时监控   B. 双向通信   C. 动态调度   D. 数据存储与分析

③商品条码由( )几部分组成。

    A. 厂商识别代码 B. 商品项目代码   C. 校验码   D. 系统字符

④( )是根据商定的交易或电子数据的结构标准实施行业或行政交易,从计算机到计算机的电子数据传输。

    A. GPS   B. ITS   C. EDI   D. GIS

C 案例 11-1

条码技术与仓库管理

下面列举两个例子:一个是经济型、易实施的仓库管理方案;另一个是立体仓库的管理方案。

一、经济型、易实施的仓库管理方案

第一种方案可对仓库中的每一种货物、每一个库位做出书面报告,并可定期对库区进行周期性盘存。这种方案对零售业的商品盘库、医院的药品盘库等是很实用的。

在设计具体方案时应根据不同要求选用不同的软件和条码设备等。例如需要了解:

1.客户是否要求条码扫描器与主机连续通讯?

2.数据是否批处理即可?

3.一天内采集的数据量有多少?

4.是连续扫描还是定时扫描?

5.数据处理的结果需多久报告一次,每小时、每天,还是每月向数据库送库存数据。仓库中的物理位置是怎样标识的?

6.数据项的条码标签何时何地由谁使用,标签离库后是否还有别的用户需扫描等等。

对于本系统是这样操作的:仓库员用手持式条码终端对货位进行扫描,扫入货位号后,对其上的货物相应的物品号(如零件号)进行扫描,并键入该物品的数量,然后对第二个货位及其上的货物进行扫描,如此重复上述步骤,直到把仓库中的货物全部点清。然后将条码终端中采集到的数据通过通讯接口传给PC机。

系统所有使用的软件分为两部分:一部分驻留在条码终端中,另一部分在PC机(或其他的小型机、主机)上。条码终端中的软件只完成数据采集功能,比较简单,一般用户都能自己编程。而PC机中的软件应包括数据库系统和仓库管理软件。

对完成数据采集功能的条码终端的要求并不高,不需要很复杂的功能(例如ZZ9801机)。有一个4行16个字符的显示器来显示所采集到的数据和程序菜单;一个键盘输入物品数量;一定容量的数据存储器(256KB～512KB或更大的容量);条码扫描部分可以用笔式(例如 HP305 光笔)、CCD 式(例如 Cipher Lar 1021 CCD)、激光枪式(通常应选用激光枪);一个 RS-232 串口作为与 PC 机的双向通讯接口。终端中的程序由 PC 机下载,而终端采集到的数据则上传到 PC 机中去。

当仓库作业增加时,可增加条码终端数。但 PC 机不一定要增加,不过其配置要合适。

另外,系统中需配置条码打印机,以便打印各种标签:货位、货架用的标签;物品标识用的标签,并标明批号、数量。要先决定如何对这些物品进行标识,是每件物品,每单元、每箱……贴标签,还是其他什么方案。此外,还要对仓库员进行标识,以方便管理。至于条码如何设计、标签格式如何设计等都是在做方案阶段要完成的。

这种系统的优点是成本低,系统灵活。对于不熟悉条码技术的用户可以以此起步。

二、立体仓库的管理方案

该主体仓库所利用的建筑面积为 3200m²,高 5.5m。有 5 个巷道,其中 4 个双伸位巷道,一个单伸位巷道;货位尺寸约 1.5×1.5×1.1m,总共 3000 个,最高 7 层;货箱尺寸为 1.2×0.7×0.7m,毛重 215kg;托盘尺寸为 1.25×1.47×0.08m,每个托盘上放 2 个货箱。仓库的吞吐能力为 120 个货位/h;入库 80 个货位/h,出库 40 个货位/h。

入库作业:由拖车将货箱从集装箱上卸下后,再用拖车每次 2 箱按指定方位放在入库站台的空托盘上。货物由条码识别系统识别托盘号,由计算机系统控制输送系统将托盘送到指定的巷道的入库货格上,再由巷道车将托盘上的货箱送到指定的货位。

出库作业:根据出库作业单将数据输入到仓库管理系统中去,按出库原则(例如先进先出等)下达出库作业指令,巷道车按指令将指定货位上的货物送到出库货格上,再由输送系统将其送到指定的出库站台上。

系统采用固定式条码阅读器(例如 TLMS-3500 RV)自动识别入库/出库输送系统上通过的托盘标号,并实时将信号上传到计算机系统,经确认无误后由系统指挥输送线将托盘上的货箱送入/出相应的巷道和库位。

系统以计算机监控机为中心,通过 RS-232 口直接连接输送线控制系统。通过一个 8 口通讯管理器连接出库条码阅读器,并直接与可编程控制器的串口模块相连;通过一个 16 口通讯管理器连接入库及巷道条码阅读器,并通过 RS-232 口直接和监控机相连。

采用这种系统可提高货物出库/入库的正确性,确保产品的高质量,同时也可改变原有系统中存在的人工搬运劳动强度大,工作效率低的状况。

条码技术像一条纽带,把产品生命期中各阶段发生的信息连接在一起,可跟踪产品从生产到销售的全过程,使企业在激烈的市场竞争中处于有利地位。并且条码化可以保证数据的准确性,使用条码设备既方便又快捷,自动识别技术的效率与键盘是无法相比的。

日本夏普电子公司四年来采用条码化的仓库管理系统,仓库作业数呈两位数字增加,人员数却没有增加,且库存精度达到100%;发货和进货作业的差异率降为0,而且一些劳动量大的工作也压缩了。过去以纸为基的作业方式,在发货和入库方面,每月约有200个错误发生,错误发生后,往往需要几个月来跟踪这些差异,以免扩大其影响。现在每一件货物出入库时,操作员马上把货物上的条码用一支手持式CCD式激光枪识读,通过数据采集器把数据及时地送入计算机;而有些条码阅读器则直接装在升降机上,避免了错误发生。

现代社会中,市场经济决定着仓库地位不是或缺与否,而是市场经济中市场与现代企业之间商品流通的重要转移和仓储的必需有的基础设施。仓库管理实现现代化管理手段,条码技术是保证仓库作业优化,充分利用仓库空间,快速便捷为客户提供优质服务,创汇增值的优先手段。

C 案例 11-2

条码在新鲜农产品行业的应用

天利成是本港少数在食品批发交易中使用网上电子数据联通的传统中小型蔬菜批发商。2001年12月天利成应其中一家主要零售客户的要求,开始使用网上电子数据联通。该客户早于多年前已开始利用电子系统交换商业资料。

天利成可以从网上数据库读取客户于前一天晚上发出的订单,随即准备货品于早上送货,再在系统上就实际送出货品的价值、种类及数量实时核对订单,并作出修订。天利成亦可在每月指定日期前,根据系统的最新资料制订付款通知单,传送给客户。

在采用"通商易"的网上电子数据联通服务后,用户可以享受到包括提高通讯效率等多种好处。这对于蔬菜或鱼类这些数量大而且讲求新鲜的产品尤其重要,因为客户的订单往往在提货前一天晚上才能确实。迅速和有效地处理订单,大大加强供应链上货物流通的效率。此外,由于订单和付款通知单详列了产品的类别、价格和数量,系统亦会准确地列明每项交易记录,一目了然,对核数工作有很大帮助。

以硬件而言,任何企业只要本身拥有可以上网的个人计算机装备,均无需因为使用"通商易"网上电子数据联通而附加新的计算机硬件。而网上电子数据联通的基本月费亦只需港币100元,收费相宜。

　　"通商易"的网上电子数据联通简单易用。在大部分的情况下,协会只需花5～6个工作天收集及整理所需文件,便可办妥激活系统的程序。而系统的使用方法亦十分简单,只要稍作尝试,员工便可掌握系统的操作。不少"通商易"网上电子数据联通的用户均表示,公司只委派1～2位现职员工兼顾有关系统的日常运作。

　　天利成引进新系统的困难主要在于货物的性质和行业的传统运作模式。新鲜农产品与罐头食品或其他消费品有所不同,较容易会变质,因此有时当蔬菜送到客户手上的时候,客户可能以产品已经变质或其他理由退回部分货品。此外,农产品如蔬菜的价格波动较大,价格往往要待早上送货时才能订出。因此,货物实际的数量和价格往往会由收货一方的职员在验收货品时于货单上用人手修改。

　　天利成的经验充分显示有效率的供应链管理非常重要,要改善供应链管理不能单靠应用技术,还需要配合运作程序,以及贸易伙伴的紧密合作。买家和供货商必须事先制订好大家认同的工作流程,而双方职员亦应明白和贯彻新的工作流程。另一方面,企业特别是中小企可以透过使用"通商易"系统,在网上与贸易伙伴接轨和沟通,有助更有效地满足主要客户的需要,为建立更稳定及长远的合作关系打下良好基础。即使一向被认为是传统、落后的湿货市场亦能透过引进电子数据联通加强效率,其他行业要采用这种企业对企业的数据交换技术,在电子商业世界里迈步向前,相信亦应更有信心。天利成引进"通商易"系统的举措,正好为本地传统中小企在供应链上引进信息科技开拓崭新的里程碑。

C 案例 11-3

中国内地最早的EDI系统使用者

　　在中国内地最早应用 EDI 系统的中国远洋运输集团公司(以下简称中远集团,英文缩写 COSCO)通过 EDI 的应用已获得了实实在在的利益,更确切地说是利润。例如,1990 年,因为有了 EDI 系统,中远集团仅传真费就节省了 70 万美元,而以往需要 100 多人进行处理的舱单,现在只需要几个人。实际上,EDI 系统带给中远集团的远不止这些。

　　1989 年,美国政府要求所有人关船只实施电子报关,否则不予入境。在这种压力下,中远集团极快地找了一个合作伙伴,开发了电子报关系统。习惯了手工报关的中远集团的大大小小近 600 艘船舶,忙了好一阵子,总算过了这关。但是,这给当时的集团管理者敲响了警钟,即信息技术的应用将是一个不可逆转的趋势。所以,在电子报关系统的基础上,中远集团开发了完整的电子报文系统,即 EDI 系统,并在下属各个子公司中推广使用。

这套系统带给中远集团的效益,是他们未曾预料到的。当时中远集团从国内到日本的集装箱一舱有5000个标准箱位,而仅按其中的1000个标准箱位计算,大约需要150多张舱单,发传真需要2个小时,而采用EDI系统后仅需几分钟就可以完成。节省的不只是时间,以当年的业务量计算。中远集团光传真费就节省了70万美元。而现在,中远集团的业务量比1990年增长了几十倍,从中获得的收益可想而知。

1991年,新加坡政府要求所有入关船只必须提前将舱位图用计算机传输到拟进港口,否则将推迟该船的卸货时间并处以罚款。中远集团由于在一年前就构建了完整的图文处理网络系统,所以没有一项业务受到影响。

初尝EDI带来的甜头后,中远集团于1996年建立了EDI中心,专门致力于EDI网络的建设。1997年,中远集团EDI网络完成,覆盖了国内50多家大小港口和国外代理网点,实现了与海关和港口之间的EDI报文交换,并通过北京EDI中心实现了与中远集团海外各区域公司EDI系统之间的互联。

在成立EDI中心的同时,中远集团还成立厂电子邮件中心,利用报文系统进行应用结算、舱单处理等业务。之前,中远集团每年的舱单数以吨计,有100多人专职整理,有时因舱单过多而出现无法整理清楚的情况。但在采用EDI报文系统后,只需几个人工作,每天的舱单就能处理得当。舱单的处理还牵扯到另一个问题,就是资金。以往,由于舱单无法及时处理,几十亿的资金压在外面收不回来,现在舱单整理清楚了,资金流动情况也就清楚了。但由于当时的系统并不能彻底解决资金回收问题,所以中远集团在此基础上又进一步开发了资金处理系统,通过这个系统改善了资金回收及流动现状。可以说,EDI系统的延伸效益,启动了中远集团信息化的步伐,带来了实实在在的效益,并成为了后来整个集团业务网络化的推进器。

繁忙的港口依旧,而远洋航运业务却在不停地变化。随着新型远洋航运业务的出现,中远集团自2000年开始对EDI系统进行升级和改造,目前这项工作已经完成。改造后的EDI系统,在承载量、承载形式等各方面均有了大幅的提高,并能通过EDI系统传送舱单、船图、箱管等数据。

最初,EDI系统只在中远集团总公司使用。一段时间以后,管理班子看到了效果,于是作出决策:尽快在全集团内部进行推广。推广靠什么? 网络无疑是最好的载体。搭建局域网的决策很快就定下了。中远集团找到了GE公司,立项,做方案,实施……经过努力,投入大量资金和人力,1997年终于建成了中远集团全球通信专网。当时,DDN是搭建局域网的最好选择:中远集团也采用了该方案。纤细的DDN线,将中远集团总部与大连、上海、青岛、广州、天津、香港六大港口连接在一起。同时,该专网还覆盖了中远欧洲公司、中远新加坡远星公司、中远美洲公司、中远日本公司和中远澳洲公司,形成了 11 个主要业务区域与总部紧密相连、地理上分散、空间上统一的新中远集团。

在该网络的基础上,中远集团建成了 Intranet 网络平台,并搭建了中远集团全球 E-Mail 中心,形成了以北京为中心,覆盖中国、新加坡、日本、澳大利亚以及美洲、欧洲等国家和地区的电子邮件网络。

1997 年 1 月,中远网(http://www. cosco. com. cn)正式开通。北美公司、欧洲公司、中远集运、中远散运等中远集团所属单位的互联网站也相继建成。自此,五大洲在中远集团的眼里已成为一个整体。中远网不仅是中远集团对外宣传的窗口,也为其开辟了一条与外界沟通、加速信息流转的新途径。

1998 年 9 月,中远集团在网站上率先推出网上船期公告和订舱业务。这一业务的开展,突破了传统服务速度促、效率低、工作量大、差错率高等难点,将货运服务直接送到客户的办公桌上,使客户足不出户便可办理货物出口业务流程中的委托订舱、单证制作、信息查询等多种业务手续。在网上订舱业务的基础上,中远集团又向全球客户推出了中转查询和信息公告、货物跟踪等多项业务,从而使全球互联网用户均可直接在网上与公司开展商务活动。公司推出的整套网上营销系统,已初步具备虚拟网上运输(E-Transport)的雏形。货物运输及中转查询系统则体现出方便、快捷、准确的操作特色。这项功能可使客户对货物实行动态跟踪,在网上随时查询单证流转、海关申报状况、进出口及中转货物的走向等相关信息。

目前,中远网的建设已初具规模,集团下属近 20 个公司的网站建设已基本完成,各站点之间也已实现链接,从而组成了中远网的基本框架。

C 案例 11-4

神目2000行程记录分析与管理系统解决方案

1. 概述

本方案将先进的 GPS 定位技术与计算机信息处理技术结合在一起,为国家机构、企事业单位、军队等的车辆管理自动化提供了优秀的解决办法.与现有的车辆实时定位监控系统不同,本方案充分考虑了国内绝大多数用户的实际需要和经费,强调对车辆行踪数据的记录、分析和任务管理.同价格昂贵的 GPS 实时监控系统相比,本方案最大的优点在于注重实效、节约开支、安装使用简便。

2.本方案的突出特点

- 方案设计先进;
- 系统运行可靠;
- 地图数据详细,来源稳定可靠;
- 系统使用方便;
- 经济有效。

3.系统配置与组成

本系统由两部分组成:车载行踪记录器(以下简称记录器)和车场管理计算机(以下简称管理系统、管理计算机)。记录器配置在每台车上,记录器本身包含GPS接收模块,接收GPS定位数据,记录器采集并临时存储行踪数据,是整个系统的数据采集前端;管理系统配置在车场,用于对数据进行处理分析和管理,是整个系统的事务处理后台。整个系统的配置如图11-8所示。

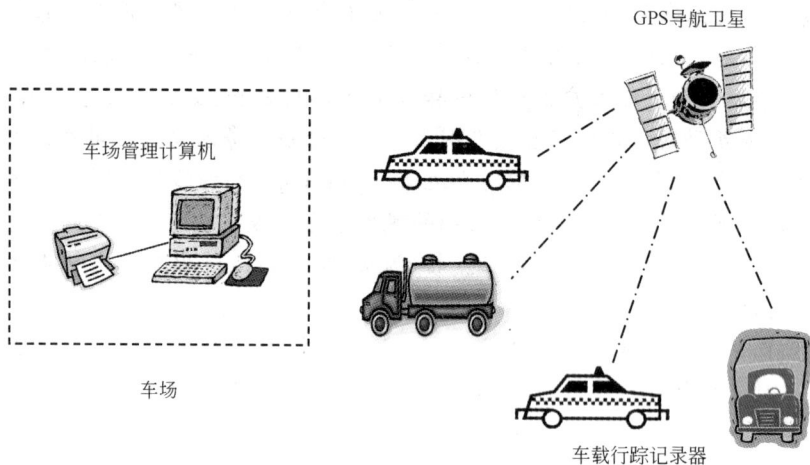

图 11-8　GPS系统的组成与配置示意图

4.系统功能

- 车辆行踪数据获取功能:车辆行踪数据的采集、记录、传输和保存;
- 车辆行踪数据处理功能:由管理计算机对行踪数据、任务记录等进行分析处理,得到各种统计数据,并形成报表供显示和打印;
- 车场调度任务管理功能:任务规划、保存任务、任务派遣、任务查询;
- 车辆人员管理功能:将人员车辆的信息录入计算机可以加强对人员和车辆的管理,提高管理工作的自动化程度,提高管理效率,避免人工管理的差错;
- 地图操作功能:地图查阅、地图信息查询、距离测量、地图打印;

• 系统管理功能：为了系统使用和维护的方便,提供了丰富的系统管理功能,包括用户管理、数据库管理、地图管理、系统配置管理等功能。

5. 工作模式

系统有 3 种工作模式：系统建设、日常管理、任务运作。

• 系统建设模式：系统安装后,任务运作真正开始使用之前,进行一些系统建设工作。主要包括录入车辆基本信息、驾驶员基本信息、用户信息、行踪记录器信息等；

• 日常管理模式：日常工作中,车场管理员可以在管理计算机上进行一些工作,主要包括：地图操作、数据查询、人员车辆查询、统计报表、系统管理、任务规划等；

• 任务运作模式：包含从任务规划到车辆行驶、到车辆归场、最后到任务处理的全过程。

6. 突出特点

• 系统应用经济有效；

• 系统构成快速、使用方便；

• 具有行程记录分析和任务管理等丰富功能；

• 可与其他管理系统集成；

• 可对行车记录仪(终端)扩增 GSM 等通讯模块,从而将系统扩展为监控系统。

第十二章 绿 色 物 流

【学习目标与要求】

认识绿色物流的概念、意义；

理解支持发展绿色物流的可持续发展理论、生态经济学理论和生态伦理学理论；

掌握我国物流业存在的问题，绿色物流的体系内容，绿色物流在国外的发展以及我国在发展绿色物流应做的努力。

第一节 绿色物流概念

一、绿色物流的概念

所谓绿色物流（Environmental Logistics），就是以降低对环境的污染、减少资源消耗为目标，利用先进物流技术规划和实施运输、仓储、装卸搬运、流通加工、配送、包装等物流活动，实现对物流环境的净化，使物流资源得到最充分利用。

物流是社会再生产中的重要一环，物流过程中不仅有物质循环利用、能源转化，而且有价值的转移和价值的实现。因此，物流涉及了经济与生态环境两大系统，既产生经济效益，也产生社会效益。随着经济的快速发展，物流活动对生态环境的破坏越来越严重，如废气污染、噪音污染、资源浪费、交通堵塞、废弃物增加等，这些后果在一定程度上违背了全球可持续发展战略的原则。

人类的认识往往滞后于客观自然界的发展。自 20 世纪 60 年代以来，人类环境保护意识开始觉醒，绿色消费运动在世界各国兴起。消费者不仅关心自身的安全和健康，还关心地球环境的改善，拒绝接受不利于环境保护的产品、服务及相应的消费方式，进而促进绿色物流的发展。

与此同时，绿色和平运动在世界范围内展开，环保勇士以不屈不挠的奋斗精神，给各种各样危害环境的行为以沉重打击，对于激励人们的环保热情、推动绿色物流的发展,也起到了极其重要的作用。所以,现代绿色物流管理理念更强调全局和长远的利益,更强调全方位对环境的关注。绿色物流是人类环境保护意识的觉醒。

绿色物流的发展与政府行为密切相关。凡是绿色物流发展较快的国家,都得益于政府的积极倡导。环保是关系到人类生存与发展的伟大事业,国际组织为此也作出了极大的努力并取得了显著成效。1992年,第27届联大决议通过把每年的6月5日作为世界环境日,每年的世界环境日都规定有专门的活动主题,以推动世界环境保护工作的发展。联合国环境署、世贸组织环境委员会等国际组织展开了许多环保方面的国际会议,签订了许多环保方面的国际公约与协定,也在一定程度上为绿色物流发展铺平了道路。

随着经济全球化的发展,一些传统的关税和非关税壁垒逐渐淡化,环境壁垒逐渐兴起。为此,ISO14000成为众多企业进入国际市场的通行证。ISO14000的两个基本思想就是预防污染和持续改进,它要求企业建立环境管理体系,使其经营活动、产品和服务的每一个环节都对环境的影响最小化。

ISO14000不仅适用于第一、二产业,也适用于第三产业,更适用于物流业。物流企业要想在国际市场上占一席之地,发展绿色物流是其理性选择。在我国加入WTO以后,将逐渐取消大部分对外国的股权限制,外国物流业进入我国市场,势必给国内物流业带来巨大冲击,这意味着未来的物流业会有一场激烈的竞争。我国物流业加紧发展绿色物流,是应对未来挑战和在竞争中占得先机的重要机遇。

二、支持发展绿色物流的理论

绿色物流是现代物流可持续发展的必然。物流业作为现代新兴产业,有赖于社会化大生产的专业分工和经济的高速发展。而绿色物流要发展,一定要与绿色生产、绿色营销、绿色消费等绿色经济活动紧密衔接。

绿色物流应是企业最大限度降低经营成本的必由之路。一般认为,产品从投产到销出,制造加工时间仅占10%,而90%的时间为仓储、运输、装卸、流通加工、信息处理等物流过程。因此,物流专业化无疑为降低成本奠定了基础。

我国的物流基本上还是高投入大物流,低投入小物流的运作模式,而绿色物流强调的是低投入大物流的方式。绿色物流不仅是一般物流所追求的降低成本,更重要的是做到节能、高效、少污染,并由此所带来的经营成本的大幅度下降。

(一)可持续发展理论

可持续发展理论的内容包括以下三方面:

1. 生态持续

生态持续要求改变单纯追求经济增长,忽视生态环境保护的传统发展方式,切实保持整个生命支持系统的完整性,保持生物多样化,保护人类赖以生存的大气、淡水、海洋、土地、森林等自然资源不受污染和肆意侵害,积极治理和恢复已遭到破坏和污染的环境。

2. 经济持续

经济持续要求通过产业结构调整和开发应用高新技术,转变经济增长方式,改善质量,优化配置,节约能源,降低消耗,增加效益,实行清洁生产和文明消费,减少有害废弃物的流出和排放,使经济和发展既能满足当代人需要,又不致对后代构成危害。

3. 社会持续

社会持续要求以提高人类生活质量为目的,积极促进社会向文明、公正、安全、健康的方向发展。为此,必须控制人口数量、提高人口质量;合理调节社会分配关系,消除贫富不均和两极分化;大力发展教育、文化、卫生事业,提高全体人民的科学文化素质和健康水平;建立和完善社会保障体系,保持社会政治稳定。

由此可见,可持续发展既不是单指经济发展或社会发展,也不是单指生态持续,而是生态—经济—社会三维复合系统的可持续。在这个可持续经济、可持续生态和可持续社会组成的三维复合系统中,是以生态可持续为基础、经济可持续为主导、社会可持续为根本的可持续发展。

可持续发展理论应用于现代物流活动中,就是要求从环境保护的角度对现代物流进行研究,形成一种与环境共生的综合物流系统,改变原来经济发展与物流之间的单向作用关系,抑制物流对环境造成危害,同时又要形成一种能促进经济和消费生活健康发展的现代物流系统。于是,就产生了"绿色物流"这一全新的概念。

(二)生态经济学理论

生态经济学理论,是研究再生产过程中,经济系统与生态系统之间的物流循环、能量循环和价值增值规律及其应用的科学。物流是社会再生产过程中的重要一环,不仅涉及到经济系统而且还涉及到生态环境系统,理所当然地担当起经济效益和生态环境效益之间的桥梁。

经济效益涉及的是目前的、局部的密切相关的利益;环境效益则是宏观的和长远的利益。经济效益和环境效益是对立统一的。后者是前者的自然基础和物质源泉,前者则是后者的经济表现形式。绿色物流以经济学的一般原理为指导,以生态学为基础,对物流中的经济行为,经济关系及规律与生态系统之间的相互关系进行研究,以谋求在生态平衡、经济合理、技术先进的条件下,生态与经济的最佳结合以及协调发展。

(三)生态伦理学理论

人类所面临的生态危机,迫使人们不得不反思自己的行为,不得不承担人类对于生态环境的道德责任。这就促使了生态伦理学的产生和发展。生态伦理学是从道德角度研究人与自然关系的交叉学科,它根据生态学提示的自然与人相互作用的规律性,以道德为手段,从整体上协调人与自然环境的关系。生态伦理迫使人们对物流中的环境问题进行深刻反思,从而产生了一种强烈的责任心和义务感。为了人类的切身利益,为了更健康和安全地生存与发展,人类应当维护生态平衡。

三、绿色物流的意义

塑造企业的绿色形象,是一种新的物流管理趋势,是企业在未来的发展中不可回避的选择,它不仅对企业自身的发展有利,而且对整个社会的发展有利。其意义有:

1. 绿色物流有利于企业取得新的竞争优势

绿色物流的核心思想在于实现企业物流活动与社会和生态效益的协调,进而实现企业的可持续发展。日益严峻的环境问题和日趋严厉的环保法规,使企业为了持续发展,必须积极解决经济活动中的环境问题,放弃危及企业生存和发展的生产方式,建立绿色物流体系,追求高于竞争对手的相对竞争优势。不然,将会被淘汰出局。

2. 绿色物流可以避免资源浪费,增强企业的社会责任感,提高企业的声誉度

随着可持续发展的观念不断深入人心,消费者对企业的接受与认可程度,不再以企业能否提供质优价廉的产品与服务,消费者越来越关注的是,企业是否具有社会责任感。比如,企业是否节约利用资源,企业是否对废旧产品进行回收,企业是否注重环境保护等。绿色物流要求企业,从产品的开发研制到最终消费,都要对保护环境和充分合理利用资源这些因素考虑到其中。这不但可以降低旧产品及原料回收的成本,而且有利于提高企业的声誉度,增加其品牌的价值和寿命,也间接增强了企业的竞争力。

3. 绿色物流体系是适应国家法律要求的有效措施

随着社会进步和经济的发展,世界上的资源日益紧缺,而由于生产所造成的环境污染却进一步加剧。为了实现人口、资源与环境相协调的可持续发展,许多国际组织和国家相继制定出台了与环境保护和资源保护相关的协议、法律等。这些法律要求产品的生产商,必须对自己生产的产品所造成的污染,担负相应的责任,并要采取相应的措施,否则将会受到严厉惩罚。比如欧盟规定轮胎生产商每卖出一条新的轮胎,必须回收一条旧的轮胎进行处理或再利用。一些国家,对一次性电池生产厂商也作出了类似的法律规定。所以,企业必须构建相应的绿色物流体系,以降低经营风险和违反法律的成本。

第二节　绿色物流技术与发展

一、我国物流业存在的"非绿色"问题

首先,物流领域的资源浪费现象严重。据统计,目前我国商品周转率只有发达国家的30%,每平方米库存的商品量只及发达国家的25%,配送差错率为发达国家的3倍。每年因包装造成的损失约150亿元左右,因装卸、运输造成的损失约500亿元,因保管不善造成的损失在30亿元左右,仓库过剩量达到40%,公路货运因缺乏

合理的物流组织,空驶率多年来保持在 50% 左右。由于缺乏必要的产业引导和规划,时下又有许多企业正热衷于建设各类物流园区、配送中心和立体仓库,这无疑会加大物流资本存量,与发展现代物流,提高整个社会效益等所倡导的绿色物流理念是背道而驰的。

其次,物流活动的各个环节不可避免地会对环境造成危害。

(1)运输对环境的影响。运输是物流活动中最主要、最基本的活动,也是物流作业造成环境污染的重要方面。在此过程中的非绿色因素主要表现为:

①交通工具本身产生的噪声污染、大气污染;

②不合理的货运网点及配送中心布局,导致货物迂回运输,增加了车辆燃油消耗,加剧了废气和噪音污染;

③集中库存产生了较多的一次运输,从而增加了燃料消耗和对道路面积的需求,破坏生态。即时配送(JIT)要远程实施就必须大量利用公路网,使货运从铁路转到公路,增加了燃油消耗,带来空气污染、噪声等,从而使环境遭到破坏。

(2)仓储对环境的影响。仓储过程中的非绿色因素主要有两个方面。一是商品仓储中心必须进行的一些化学养护方法,会对周边生态环境造成污染;二是一些易燃、易爆、化学危险品,由于保管不当,爆炸或泄漏也对周边环境造成污染和破坏。

(3)流通加工对环境的影响。流通加工是在流通阶段所进行的为保存和便于销售等进行的加工处理。它对环境也有非绿色影响因素,表现为:

①由消费者分散进行的流通加工,资源利用率低下,如餐饮服务企业对食品的分散加工,既浪费资源,又污染了空气;

②分散流通加工产生的边角废料,难以集中和有效再利用,造成废弃物污染;加工产生的废气、废水和废物都对环境和人体构成危害;

③由于流通加工中心选址不合理,也会因增加了运输量而产生新的污染。

(4)包装对环境的影响。一方面,一次性难降解包装长期留在自然界中,会对自然环境造成严重影响。另一方面,过度的包装或重复的包装,造成资源的浪费,不利于可持续发展,也无益于生态经济效益。废弃的包装材料还是城市垃圾的重要组成部分,处理这些废弃物要花费大量人力、财力。

(5)装卸及废弃物对环境的影响。装卸过程中的非绿色因素主要是,装卸不当和商品体的损坏,使资源浪费和污染环境。废旧物质排放到环境中会对环境造成全方位的污染。城市生活垃圾所产生的渗沥水携带各种重金属和有机物,严重污染水体和土壤,并影响地下水质;废弃物发酵过程中产生的甲烷气体则污染大气。

二、绿色物流的体系内容

企业物流包括企业从原材料的采购,产品的生产,产品的销售和废旧产品回收的全部活动,由供应物流、生产物流、销售物流和逆向物流构成。绿色物流就是在闭环的物流各个环节,包括运输、储存、包装、装卸、流通加工和废弃物处理等物流活动中,采用环保技术,提高资源利用率,使对环境的影响达到最小。因此绿色物流可以分为绿色供应物流、绿色生产物流、绿色销售物流以及逆向物流。

绿色物流是经济可持续发展的重要方面,与绿色制造、绿色消费共同构成了一个节约资源、保护环境的绿色经济循环系统。

绿色制造又称清洁制造,是制造领域研究的热点,是以节约资源和减少污染的方式制造的绿色产品,是一种生产行为。绿色消费是以消费者为主体的消费行为。绿色物流与绿色制造和绿色消费之间是相互渗透、相互作用的。绿色制造是实现绿色物流和绿色消费的前提,绿色物流可以通过流通对生产的反作用来促进绿色制造,又可以通过绿色物流管理来满足和促进绿色消费。

绿色物流是一个多层次的概念,既包括绿色销售物流、绿色生产物流,又包括绿色供应物流;它既包括企业的绿色物流活动,又包括社会对绿色物流活动的管理、规范和控制。从绿色物流活动的范围来看,它既包括各个单项的绿色物流作业,如绿色运输、绿色包装、绿色流通加工等,还包括为实现资源再利用而进行的废弃物循环物流,是物流操作和管理全程的绿色化。

绿色物流的目标与一般的物流活动是一致的。一般的物流活动主要是为了实现物流企业的盈利、满足顾客需求、扩大市场占有率等,这些目标最终均是为了实现某一主体的经济利益。而绿色物流的目标在上述经济利益目标之外,还追求节约资源、保护环境这一既具有经济属性、又具有社会属性的目标。

三、绿色物流在国外的发展

目前,世界各国都在尽力把绿色物流的推广作为物流业发展的重点,积极开展绿色环保物流的专项技术研究,促进新材料的广泛应用和开发,进行回收物流的理论和实践研讨,以及积极出台相应的绿色物流政策和法规,努力为物流的绿色化和可持续发展奠定基础。

美国经济高度发达,是世界上最早发展物流业的国家。美国政府推行自由经济政策,因而其物流业务数量巨大,且异常频繁。美国政府在物流高度发达的经济社会环境下,对绿色物流倾向更大的关注,不断通过政府宏观政策的引导,确立以现代物流发展带动社会经济发展的战略目标,其近景、远景目标都十分明确。

美国在其《国家运输科技发展战略》中,规定从现在到 2025 年的交通产业结构或交通科技进步的总目标是:"建立安全、高效、充足和可靠的运输系统,其范围是国际性的,形式是综合性的,特点是智能性的,性质是与环境友善的"。一般企业在实际物流活动中,对物流的运输、配送、包装等方面应用了多种的先进技术,如电子数据交换(EDI)、准时制生产(JIT)、配送规划、绿色包装等,为物流活动的绿色化提供强有力的技术支持和保障。

欧洲是引进物流概念较早的地区之一,而且也是较早将现代技术用于物流管理,提高物流绿色化的先锋。在 20 世纪 80 年代,欧洲就开始探索一种新的联盟型或合作式的物流新体系,即综合物流供应链管理。其目的是实现最终消费者和最初供应商之间的物流与信息流的整合,即在商品流通过程中加强企业间的合作,改变原先各企业分散的物流管理方式,通过合作形式实现原来不可能达到的物流效率,从而减少无序物流对环境的影响。

欧洲最近又提出一项整体运输安全计划,目的是监控船舶运行状态。通过测量船舶的运动、船体的变形情况和海水的状况,可以提供足够的信息,避免发生事故,或者是在事故发生之后,能够及时采取应急措施。这一计划的目的就是为了尽量避免或者减少海洋运输对环境的污染。

欧洲货代组织(FFE)是欧洲的运输与物流业组织,十分重视推进和发展企业的绿色物流。该组织对运输、装卸、管理过程制订出相应的绿色标准,加强政府和企业协会对绿色物流的引导和规划作用。鼓励企业运用绿色物流的全新理念,在规划和兴建物流设施时,应该与环境保护结合起来,要限制危害人类生态最强烈的公路运输的发展,大力推进铁路电气化运输,来经营物流活动。加大对绿色物流新技术的研究和应用,在物流系统和物流活动的规划与决策中,尽量采用对环境污染小的方案;采用排污量小的货车车型,近距离配送,夜间运货,以减少交通阻塞、节省燃料和降低排放等。

日本自 1956 年从美国全面引进现代物流管理理念后,大力进行本国物流现代化建设,将物流运输业的改革作为国民经济中最为重要的核心课题予以研究和发展。

把物流业作为本国经济发展生命线的日本,从一开始就没有忽视物流绿色化的重要意义。除了在传统的防止交通事故,抑制道路沿线的噪音和振动等问题方面,加大政府部门的监管和控制作用外,还特别出台了一些实施绿色物流的具体目标值。比如,货物的托盘使用率,货物在停留场所的滞留时间等,来降低物流对环境造成的负荷。

1989 年日本提出了 10 年内三项绿色物流推进目标,即含氮化合物排出标准降低三成到六成;颗粒物排出降低六成以上;汽油中的含硫量降低 1/10。

1992 年日本政府公布了汽车二氧化氮限制法,规定了允许企业使用的五种货车车型;强制推行排污标准较低的货车,才允许在大都市特定区域内行使的规定。

1993 年,除了部分货车外,政府要求企业必须承担,更新旧车辆使用新式的符合环保标准货车的义务。为解决地球的温室效应,大气污染等各种社会问题,日本政府与物流业界在控制污染排放方面,积极推行实施在干线运输由汽车运输,向对环境负荷较小的铁路运输和海上运输的模式转换,以及构建多种运输方式的干线共同运行系统。在都市内的运送方面推动共同配送系统的建构以及节省能源行驶等。

日本政府在 2001 年出台的《新综合物流实施大纲》重点之一,就是要减少对大气污染的排放,加强对地球环境的保护,对可利用的资源进行再生利用,实现资源、生态和社会经济的良性循环,建立适应环保要求的新型物流体系。

四、我国绿色物流应做的努力

(一)政府的绿色物流管理措施

1. 对发生源的管理

主要是对物流过程中产生环境问题的来源进行管理。由于物流活动的日益增加以及配送服务的发展,引起在途运输的车辆增加,必然导致大气污染加重。可制定相应的环境法规,对废气排放量及车种进行限制;采取措施促进使用符合限制条件的车辆;普及使用低公害车辆;对车辆产生的噪音进行限制。

2. 对交通量的管理

发挥政府的指导作用,推动企业从自用车运输向营业用货车运输转化;促进企业选择合理的运输方式,发展共同配送;政府统筹物流中心的建设;建设现代化的物流管理信息网络等,从而最终实现物流效益化,特别是要提高中小企业的物流效率。

3. 对交通流的管理

政府投入相应的资金,建立都市中心部环状道路,制定有关道路停车管理规定;采取措施实现交通管制系统的现代化;开展道路与铁路的立体交叉发展。以减少交通堵塞,提高配送的效率,达到环保的目的。

推进绿色物流除了加强政府管理外,还应重视民间绿色物流的倡导,加强企业的绿色经营意识,发挥企业在环境保护方面的作用,从而形成一种自律型的物流管理体系。

(二)企业绿色物流管理措施

1. 绿色运输管理

(1)开展共同配送

共同配送(Joint distribution)是指由多个企业联合组织实施的配送活动。几个中小型配送中心联合起来,分工合作对某一地区客户进行配送,主要是指对某一地区的客户所需要物品数量较少而使用车辆不满载、配送车辆利用率不高等情况。共同配送可以最大限度地提高人员、物资、资金、时间等资源的利用效率,取得最大化的经济效益。同时,可以去除多余的交错运输,并取得缓解交通、保护环境等社会效益。

(2)采取复合一贯制运输方式

复合一贯制运输方式(Combined transportation)是指将铁路、汽车、船舶、飞机等基本运输方式的长处有机地结合,实行多环节、多区段、多运输工具相互衔接进行商品运输的一种方式。这种运输方式以集装箱作为连结各种工具的通用媒介,由于全程采用集装箱等包装形式,可以减少包装支出,降低运输过程中的货损、货差。复合一贯制运输方式克服了单个运输方式固有的缺陷,在整体上保证了运输过程的最优化和效率化;从物流渠道看,有效地解决了由于地理、气候、基础设施建设等各种市场环境差异造成的商品在产销空间、时间上的分离,促进了产销之间紧密结合以及企业生产经营的有效运转。

(3)大力发展第三方物流

第三方物流(The third party logistics)是由供方与需方以外的物流企业提供物流服务的业务方式。发展第三方物流,由专门从事物流业务的企业为供方或需方提供物流服务,可以从更高的角度、更广泛地考虑物流合理化问题,简化配送环节,进行合理运输,有利于在更广泛的范围内对物流资源进行合理利用和配置,可以避免自有物流带来的资金占用、运输效率低、配送环节繁琐、企业负担加重、城市污染加剧等问题。

2. 绿色包装管理

绿色包装是指采用节约资源、保护环境的包装。绿色包装的途径主要有:促进生产部门采用尽量简化的,以及由可降解材料制成的包装;在流通过程中,应采取措施实现包装的合理化与现代化:包括,包装模数化、包装的大型化和集装化、包装多次、反复使用和废弃包装的处理、再生处理、开发新的包装材料和包装器具等。

3. 绿色流通加工

流通加工(Distribution Processing)指物品在从生产地到使用地过程中,根据需要施加包装、分割、计量、分拣、组装、价格贴付、标签贴付、商品检验等简单作业的总称。流通加工具有较强的生产性,也是流通部门对环境保护可以大有作为的领域。

绿色流通加工主要包括两个方面措施:

(1)变消费者加工为专业集中加工,以规模作业方式提高资源利用效率,减少环境污染。如饮食服务业对食品进行集中加工,以减少家庭分散烹调所带来的能源和空气污染;

(2)集中处理消费品加工中产生的边角废料,以减少消费者分散加工所造成的废弃物的污染,如流通部门对蔬菜集中加工,可减少居民分散加工垃圾丢放及相应的环境治理问题。

4. 废弃物物流的管理

从环境的角度看,大量生产、大量消费的结果必然导致大量废弃物的产生,尽管已经采取了许多措施加速废弃物的处理并控制废弃物物流,但大量废弃物的出现仍然对社会产生了严重的消极影响,导致废弃物处理的困难,而且会引发社会资源的枯竭以及自然资源的恶化。因此,21世纪的物流活动必须有利于有效利用资源和维护地球环境。

S 本章小结

本章介绍了绿色物流的概念、意义,并介绍了支持发展绿色物流的理论,结合国外先进的绿色物流管理经验和技术,提出了我国在绿色物流方面存在的"非绿色"因素并分别从政府和企业的角度给出于绿色物流的管理措施。

E 思考题

1. 什么是绿色物流?
2. 什么是可持续发展理论?
3. 什么是生态经济学理论?
4. 什么是生态伦理学理论?

E 练习题

1. 名词解释
①绿色物流　　②生态持续　　③经济持续　　④社会持续
⑤生态经济学　　⑥生态伦理学

2. 简答题
①简述绿色物流的意义。
②简述支持绿色物流的主要理论。

3. 论述题
试述我国绿色物流应做哪些努力?

C 案例 12-1

UPS如何实现绿色供应链

作为营业额 360 亿美元的跨国企业,美国的联合包裹服务公司(United Parcel Ser-vice Inc,下称 UPS)自 1990 年代起,开始考虑在环保的前提下,建立绿色供应链,打造绿色工作环境。

UPS 首席执行官吉姆凯利指出,UPS 在全球拥有 91000 台车辆、2850 个服务中心、268 架飞机,如何打造一个绿色供应链及绿色工作环境,对 UPS 而言非常重要。

自 1998 年开始,UPS 与戴姆勒克莱斯勒、美国环境保护局合作,研究开发替代性能源的运输工具;2001 年,公司开始使用油电混合车,创下美国运输业界的先例。此后,电气车、丙烷发电车等陆续被开发出来;2005 年,在与美国环境保护局的合作下,公司开始测试第一台通过水力发电的油电混合车,力图降低运输工具对环境的污染。

此外,UPS 积极地与政府部门、协会合作,共同研究如何减少环境污染及打造绿色环境的计划。UPS 在加州 Palm Springs 的服务设施是通过 145 片的太阳能镜板,来提供该服务中心的相关电力,而公司在加州也有 14 个中心,使用植物如玉米等产生的绿色能源。

1995 年,为节省水资源,公司更改其清洗运输工具的政策,在可维持其干净车体外观之下,决定不再每天清洗运输工具,此举每年约省下 3 亿 6500 万加仑的水(约合 1383350t 水),并在 24 个营运中心加装废水利用系统,将水资源回收利用。2003 年开始运用无害环境的酵素来清洗运输工具,此举每年约节省 100 万美元的洗车剂和水的费用。

如何运用信息科技达到保护环境及成本降低的双赢策略,UPS 亦是个中的佼佼者。UPS 通过无线传输、卫星定位等科技,追踪车辆、飞机等,以规划出最经济的行经路线;并依照天气、风速、飓风或其他因素,选择最有效率的飞航路径,既能节省油料、降低成本,又能减少废气的排放,达到环境保护的目的。

此外,UPS 每一位快递员随身配备的手提式"讯息传递收集器(DIAD)",不仅便于交易,也可以及时与公司保持联系。UPS 车队在取件过程中,可以更灵活地调整路线以满足客户的取件要求,也可以进行更具效率的取件路线规划。

凯利表示,"因为 DIAD 的研发与使用,让公司每年节省了约 5900 万张纸张的用量,平均每年少砍伐 5187 棵树木。"对于必须要运用到纸张的部分,但凡文件信封、计算机纸张、再次送件的客户通知单等,公司皆使用再生纸,并做好垃圾分类,将可再生的物资再次利用。就连运输过程中所使用的分类袋也是由耐用的尼龙线制作,而不使用任何的塑料袋。

UPS 推动绿色供应链的方式,是先由其内部做起,建立良好的制度及环保章程,然后再往外推广至合作伙伴端,提供合作伙伴相关的服务。

2000 年,UPS 开始推动"e-waste"项目,将其内部所有不再使用的主机、屏幕等计算机设备,取出零件再循环使用,6 年下来,将原先可能变成垃圾并污染环境的 1209 万磅(约合 5483931.75kg)电子零件废弃物回收再利用,成为有价值的物品。

对外,公司也开始提供客户或制造商做资源回收的服务,包括:墨盒、计算机器材、书本、录像带、汽车零件、医疗器材等,将这些报废或使用完的资源重新利用或制造,与合作伙伴一起尽企业公民的责任。例如:惠普公司与 UPS 即有一项合作,称为 HP 星球伙伴(HP Planet Partners)的计划。当消费者购买 HP 墨粉盒时,每个墨粉盒的包装盒里都贴有一枚预付运费的 UPS 回程快递标签,消费者用完墨粉盒后,直接寄还给制造商,公司就会在后端协助处理这些计算机废弃物品。

C 案例 12-2

为自己贴上了环保的金色印记

船舶运输是贝克啤酒出口业务的最重要运输方式。贝克啤酒厂毗邻不来梅港,是其采取海运的最大优势。凭借全自动化设备,标准集装箱可在 8 分钟内罐满啤酒,15 分钟内完成一切发运手续。每年,贝克啤酒通过海运方式发往美国一地的啤酒就达 9000TEU(为货柜容量的计算基础)。

之所以选择铁路运输和海运方式,贝克啤酒解释为两个字:环保。欧洲乃至世界范围陆运运输的堵塞和污染日益严重,贝克啤酒选择环保的方式不仅节约了运输成本,还为自己贴上了环保的金色印记。

C 案例 12-3

荷兰发展城市地下物流系统

建立专业的地下物流系统是荷兰发展城市地下物流系统的显著特点。在荷兰首都阿姆斯特丹有着世界上最大的花卉供应市场,往返在机场和花卉市场的货物供应与配送完全依靠公路,对于一些时间性很高的货物(如空运货物、鲜花、水果等),拥挤的公路交通将是巨大的威胁,供应和配送滞期会严重影响货物的质量(鲜花若耽搁 1 天则贬值 15%)。因此,人们计划在机场和花卉市场之间建立一个专业的地下物流系统,整个花卉的运输过程全部在地下进行,只在目的地才露出地面,以期达到快捷、安全的运输效果。

其特点是服务对象明确,针对性强,因此要求系统设计、构建和运行等过程必须全部按照货物质量要求的标准来规划;其局限性在于建造费用高,工程量大。

参 考 文 献

[1] 何三全. 综合运输与装卸机械. 北京：人民交通出版社，2000.

[2] 蒋正雄，刘鼎铭. 集装箱运输学. 北京：人民交通出版社，1997.

[3] 余洲生. 港口装卸机械. 北京：人民交通出版社，1993.

[4] 真虹. 集装箱运输学. 大连：大连海事大学出版，1999.

[5] 刘鼎铭. 国际集装箱及其标准化. 北京：人民交通出版社，1998.

[6] 刘志学. 现代物流手册. 北京：中国物质出版社，2001.

[7] 王之泰. 现代物流学. 北京：中国物质出版社，2000.

[8] 魏国辰. 物流机械设备的运用与管理. 北京：中国物质出版社，2002.

[9] 常红，孟初阳. 物流机械. 北京：人民交通出版社，2003.

[10] 秦同瞬，杨承新. 物流机械技术. 北京：人民交通出版社，2002.

[11] 何焯. 设备起重吊装工程便携手册. 北京：机械工业出版社，2003.

[12] 秦明森. 物流技术手册. 北京：中国物质出版社，2002.

[13] 周全申. 现代物流技术与装备实务. 北京：中国物质出版社，2002.

[14] 秦明森，王方智. 实用物流技术. 北京：中国物资出版社，1999.

[15] 毕华林，李士瀛. 港口起重机械设计手册. 北京：人民交通出版社，2001.

[16] 丁俊发. 中国物流年鉴. 北京：中国物质出版社，2002.

[17] 赵淮. 包装机械选用手册. 北京：化学工业出版社，2001.

[18] 何明珂. 物流系统论. 北京：中国审计出版社，2001.

[19] 李治平. 货运技术. 北京：新世纪出版社，1992.

[20] 董千里. 高级物流学. 北京：人民交通出版社，1999.

[21] 刘延新. 物流设施与设备. 北京：高等教育出版社，2003.

[22] 姜大立，张剑芳. 现代物流装备. 北京：首都经济贸易大学出版社，2004.

[23] 邓爱民，张喜军. 物流设备与运用. 北京：人民交通出版社，2003.

[24] 王大平. 物流设备应用与管理. 杭州：浙江大学出版社，2005.

[25] 夏春玲. 物流技术基础. 北京：机械工业出版社，2004.

[26] 王庆功. 物流运输实务. 北京：中国物资出版社，2003.

[27] 李文斐，张娟. 物流装备与技术实务. 北京：人民邮电出版社，2006.

[28] 张晓川. 现代仓储物流技术与装备. 北京：化学工业出版社，2003.

[29] 蒋祖星，孟初阳. 物流设施与设备. 北京：机械工业出版社，2004.

[30] 周银龙. 物流装备. 北京：人民交通出版社，2005.

[31] 姜宏. 物流运输技术与实务. 北京：人民交通出版社，2001.

[32] 韩平，赵炎. 现代物流技术[M]. 北京：中国物资出版社，2002.

［33］ 蓝仁昌.物流技术与实务［M］.北京：高等教育出版社,2005.

［34］ 张翠花.物流技术装备［M］.北京：中国轻工业出版社,2005.

［35］ 刘凯.现代物流技术基础［M］.北京：清华大学出版社,2004.

［36］ 万志坚.现代物流技术应用实务与案例分析.北京：中国物资出版社,2006.

［37］ 倪志伟.现代物流技术.北京：中国物资出版社,2006.

［38］ 刘北林.流通加工技术.北京：中国物资出版社,2004.

［39］ 张浩.生产管理学［M］.北京：冶金工业出版社,1992.

［40］ 中国物品编码中心.条码技术与应用.北京.清华大学出版社,2003.

［41］ 中国物品编码中心.商品条码应用指南.北京.中国标准出版社,2003.

［42］ 周晓光,王晓华.射频识别（RFID）技术原理与应用实例.北京.人民邮电出版社,2006.

［43］ 王世文.物流管理信息系统.北京.电子工业出版社,2006.

［44］ 鲍吉龙,江锦祥.物流信息技术.北京.机械工业出版社,2006.

［45］ 杨坚争.电子商务案例.北京.清华大学出版社,2006.

［46］ 邓凯.电子商务.北京.中国电力出版社,2003.

［47］ 李明峰,冯宝红,刘三枝.GPS定位技术及其应用.北京.国防工业出版社,2006.

［48］ 邬伦,刘瑜.地理信息系统:原理、方法和应用.北京.科学出版社,2005.

［49］ http://www.portcontainer.com

［50］ http://www.iicc.ac.cn

［51］ http://www.moc.gov.cn

［52］ http://www.56age.com

［53］ http://www.chineserailways.com

图书在版编目（CIP）数据

物流技术与装备 / 黄照伟主编. --北京：人民交通出版社，2009.6
ISBN 978-7-114- 07649-7

Ⅰ. 物… Ⅱ. 黄… Ⅲ.①物流-技术②物流-机械设备 Ⅳ. F252

中国版本图书馆 CIP 数据核字（2009）第 030452 号

Wuliu Jishu Yu Shebei
书　　　名：物流技术与设备
著 作 者：黄照伟
责任编辑：高　培
出版发行：人民交通出版社股份有限公司
地　　址：（100011）北京市朝阳区安定门外外馆斜街 3 号
网　　址：http://www.ccpress.com.cn
销售电话：（010）59757973
总 经 销：人民交通出版社股份有限公司发行部
经　　销：各地新华书店
印　　刷：北京市密东印刷有限公司
开　　本：720×960　1/16
印　　张：19.75
字　　数：381 千
版　　次：2009 年 6 月　第 1 版
印　　次：2017 年 1 月　第 4 次印刷
书　　号：ISBN 978-7-114- 07649-7
定　　价：32.00 元
（有印刷、装订质量问题的图书由本社负责调换）